憲法の「現代化」

― ウェストミンスター型憲法の変動 ―

倉持 孝司・松井 幸夫・元山 健 編著

敬文堂

はしがき

　イギリスの憲法および憲法運用はウェストミンスター型憲法として特徴づけられてきた。日本においても、とくに1990年代の政治改革をめぐる議論を中心に、この言葉は憲法学・政治学の分野において「ウェストミンスター・モデル」として一般的に用いられている。しかし、ウェストミンスター型憲法が何を意味するのか、また、その概念の基本指標を何に求めるのかについて定説があるわけではない。

　このモデルの基礎にイギリスの憲法と憲法運用があることは間違いないとしても、一方では、イギリス憲法自体が、とくに1990年代後半からの「憲法改革」（Constitutional Reform）以降大きく変動し、現在においてもなお変動は続いている。他方では、この変動を踏まえて、ウェストミンスター型憲法なるものをめぐり、イギリス国内のみならず国際的にも議論を呼んできている。

　本書は、これらの動きを、憲法の「現代化」（modernization）という視点から総合的に検討した共同研究の成果をまとめたものである。

　この共同研究の母体となったのはイギリス憲法研究会である。当初数名の若手イギリス憲法研究者によって始められたイギリス憲法研究会は、2014年に30周年を迎えた。この間、同研究会は地道ではあるが継続的に共同研究を積み重ね、2000年度以降4回の日本学術振興会科学研究補助金の採択も受けることができた。これら研究の成果は、各メンバーが公表・発表している個別の研究成果のほかに、研究会全体がかかわった成果として、元山健・倉持孝司編『現代憲法―日本とイギリス―』（1997年、敬文堂）、元山健・倉持孝司編『新版現代憲法―日本とイギリス―』（2000年、敬文堂）、松井幸夫編『変化するイギリス憲法―ニュー・レイバーと「憲法改革」』（2005年、敬文堂）があり、直近の成果としては、倉持孝司・小松浩編『憲法のいま―日本・イギリス』（2015年、敬文堂）がある。

本書は、2011年度～2013年度の3年間の科学研究補助金「ポスト・デモクラシー状況下のウェストミンスター・モデル憲法の理論的・実証的研究」（基盤研究（B）（課題番号：2333001）研究代表者：松井幸夫）に基づく共同研究において、これに参加した各研究分担者、連携研究者、研究協力者等の研究成果をまとめたものである。この研究成果の概要については、イギリス憲法研究会『イギリス憲法の「現代化」と憲法学』（2014年）［報告集］にまとめられている。

この間の共同研究は、春季と秋季の研究会*や、夏季に開催した合宿研究会**を中心に行われた。

　　* 2011年5月・関西学院大学東京丸の内キャンパス、2012年5月・龍谷大学、同10月・明治大学、2013年5月・新潟第一ホテル、同10月・龍谷大学セミナーハウス「ともいき荘」、2014年5月・広島修道大学、同8月・関西学院大学大阪梅田キャンパス、2015年5月・関西学院大学東京丸の内キャンパス
　　**2011年8–9月長野県松本市、2012年8月岡山県津山市、2013年8月長野県諏訪市

また、3回にわたり、日本側から本科学研究補助金共同研究のメンバーのべ9名、イギリス側からのべ8名の憲法学を中心とする研究者が報告を担って「日英比較憲法セミナー***」を開催したことも、国際的な共同研究として大きな成果であった。

このほか本科学研究補助金によって、若手の研究協力者を含むのべ10数人がイギリスを中心とした海外調査を行った。

　　***2012年4月21日龍谷大学深草キャンパス「ウェストミンスター憲法を考える」（同セミナーに招聘したロンドン大学のユーイング教授の基調報告は、K. D. ユーイング（元山健・柳井健一訳）「連立政権下のウェストミンスター・システム」として法と政治（関西学院大学）63巻4号（2013年）に掲載）。
　　2013年9月13–14日ロンドン大学キングスカレッジ "KCL–Japanese Society for the Study of the British Constitution : Comparative Perspectives on Constitutional Law". （日本からの報告を含むセミナーでの報告を元にした論稿は、キングスカレッジのKing's Law Journal, 2015, Vol. 26, No. 2 に掲載）。

2015年9月2日名古屋大学、9月5日キャンパスプラザ京都「スコットランド独立問題と憲法学―比較憲法学の新たな挑戦として」（同セミナーでのヒムズワース教授とマケルダウニィ教授の報告は名古屋大学法政論集に掲載予定である。）

　これら研究会に参加し、編者の要請に応えて本書に寄稿していただいた各執筆者に謝意を表したい。とくに、上記の「日英比較憲法セミナー」に報告者として参加し、本書にイギリスから寄稿してくださった3名の憲法研究者（C. ヒムズワース教授、K. ユーイング教授、J. マケルダウニィ教授）には心より御礼申しあげる。
　また、厳しい出版事情の中にもかかわらず、前書に引き続いて本書の出版をお引き受けいただいた敬文堂社長の竹内基雄氏には厚く御礼申しあげたい。
　なお、本書は論文集であるため表記方法の統一などは最小限にとどめた。

　イギリス憲法研究者の数が多くない日本の憲法学界の中で、イギリス憲法研究会の継続的活動と科学研究補助金による共同研究は、それなりの役割を果たしてきていると、私たちは自負している。
　さらに大きな役割を担えるよう、とくに若手研究者を含めて、研究を続けていく所存である。

　2015年11月

戦後70年を迎え、「自由」と「民主主義」を名に付した政治勢力の軽薄さと傲慢さが際立つ年に

倉持　孝司・松井　幸夫・元山　健

Acknowledgements

This collaborative work is one of the main results of our research titled "The Study of Theory and Practice of the Westminster Model Constitutions in the Post Democracy Era".

At the beginning we would like to express our gratitude to the Japan Society for the Promotion of Science for their support of our research for three years (2011-2013). The final report of this research was published by the Japanese Society for the Study of the British Constitution (JSSBC) in 2014.

This work has also been supported by the continuous collaboration of the JSSBC, which was founded by several young academics thirty years ago, and has played no small part in the study of the British Constitution since then.

The followings are the stimulating seminars held by JSSBC for these three years :
1 "The Significance and Problems of the Westminster Model Constitutions in the Post Democracy Era" (21 April 2012, at Ryukoku University, Kyoto)
2 "KCL-JSSBC : Comparative Perspectives on Constitutional Law" (13-14 September 2013, at King's College London, London)*
  *Also see The King's Law Journal, Vol 26-Issue 2, 2015.
3 "The 3rd Seminar : Japan—UK Constitution—Comparative Perspectives on Constitutional Law" (2nd — 5th September 2015, at Nagoya University, Nagoya & Campus Plaza Kyoto, Kyoto)

We express our gratitude to all the people to support us, especially to Professor Keith Ewing of KCL and Professor John McEldowney of Warwick University for their collaborations and friendship for many years, Emeritus Professor Chris Himsworth of Edinburgh University for joining our seminars both in Britain and Japan, and also Motoo Takeuchi of the President of the Keibundo Publications Ltd. for publishing this title under the difficult publishing circumstances today.

November 2015

Takashi Kuramochi
Yukio Matsui
Ken Motoyama

目　次

はしがき………………………………………………………………… i

第1章　総　論

イギリス憲法の「現代化」とウェストミンスター型憲法の変動
　　　　　………………………………………… 倉持　孝司…… 3
　1　はじめに―本書の課題（3）
　2　「進化」するイギリス憲法（6）
　3　1997年以降の「憲法改革」の概観（8）
　4　1997年以降の「憲法改革」の特徴（12）
　5　おわりに（16）

イギリス憲法と連立政権……………………… キース・ユーイング
　　　　　　　（訳：元山　　健・柳井　健一・宮内　紀子）…… 21
　1　序（21）
　2　政府の組織化（21）
　3　イギリスシステム―基本諸原則（23）
　4　イギリス憲法と連立政権（25）
　5　連立政権と憲法改革―ヨーロッパ（27）
　6　連立政権と憲法改革―国会（30）
　7　連立政権と憲法改革―人権（32）
　8　結　語（34）

第2章　イギリス憲法の「現代化」と憲法理論・憲法原則

イギリス憲法の「現代化」と憲法理論……………… 愛敬　浩二 …… 41
 1　本稿の課題（41）
 2　「憲法改革」後の憲法理論の二潮流（42）
 3　立憲主義派の憲法理論の現在（44）
 4　民主主義派の憲法理論の現在（46）
 5　ラフリンのPublic Law論（49）
 6　結びに代えて（51）

イギリス憲法の「現代化」と「法の支配」論の現状
 ―ビンガムの論説を手がかりに― ……………… 松原　幸恵 …… 57
 1　はじめに（57）
 2　議論の背景―「法の支配」と司法権の独立（58）
 3　ビンガムの「法の支配」論（59）
 4　ビンガム「法の支配」論の継承（63）
 5　むすびにかえて（65）

イギリス憲法の「現代化」と国会主権論の現状 ……… 元山　健 …… 70
 1　問題の提起（70）
 2　国会主権論と1911年国会法への道―議会制民主主義の発展と国会主権の意味転換（71）
 3　ジャクソン事件判決から見る国会主権論の今（75）
 4　国会主権論への挑戦―「新理論」と「コモン・ロー立憲主義」（79）
 5　結びに代えて―国会主権論を我々はいかに理解すべきか（82）

第3章　ウェストミンスター型憲法の変動と国会

変化するイギリス憲法の下での国会……ジョン・マケルダウニィ
　　　　　　　　　　　　　　（訳：倉持　孝司・杉山　有沙）……89
　1　はじめに（89）
　2　国会およびその手続き（92）
　3　強化された審査（95）
　4　権限移譲の憲法上の意味（97）
　5　おわりに（101）

庶民院改革の動向
　——ブラウン労働党政権下の改革から保守党・自由民主党
　　連立政権下の改革へ——………………………………藤田　達朗……107
　1　はじめに（107）
　2　労働党政権下の2005年以降の庶民院改革（108）
　3　保守党・自由民主党連立政権下の庶民院改革（113）
　4　おわりに（117）

現代イギリスにおける小選挙区制改革の動向…………小松　　浩……123
　1　はじめに（123）
　2　2010年総選挙、連立政権誕生をどうみるか（124）
　3　2015年総選挙の結果をどうみるか（126）
　4　イギリス連立政権と憲法改革（127）
　5　小選挙区制改革の動向（128）
　6　おわりに——世界大で広がる民主主義の劣化（131）

貴族院改革とウェストミンスター型憲法の「現代化」……柳井　健一……136
　1　はじめに（136）
　2　ブレア政権以降の貴族院改革（138）

3　近時の動向と示唆（144）
　　4　1999年法の効果——貴族院の活性化？（147）
　　5　むすびにかえて（151）

第4章　ウェストミンスター型憲法の変動と内閣

イギリス型議院内閣制の憲法的基盤と連立内閣………成澤　孝人……157
　　1　はじめに（157）
　　2　ウェストミンスター・モデル再考（158）
　　3　イギリス憲法の構造と近代の議院内閣制（162）
　　4　連立内閣とイギリス憲法（167）
　　5　おわりに（172）

第5章　イギリス憲法の「現代化」と裁判所

変化しつつある憲法の下での司法部……ジョン・マケルダウニィ
　　　　　　　　　　　　　　　　　　　　（訳：倉持　孝司）……179
　　1　はじめに（179）
　　2　主権、EUおよび司法部（180）
　　3　EU——司法権の定義（181）
　　4　人　権（182）
　　5　司法権の将来（187）
　　6　地域的権限移譲と司法部（193）
　　7　結　論（196）

裁判官任命制度の改革
―司法の独立性、アカウンタビリティと裁判官の多様性―
.... 榊原　秀訓 …… 201

1　はじめに（201）
2　裁判官任命における諸原則と2005年法下の制度概要（202）
3　裁判官の多様性の促進（204）
4　下級裁判所の裁判官任命に関する大法官の権限の
　　首席裁判官（と上級審判所長官）への移行（206）
5　上級裁判官の任命過程の改革提案（210）
6　おわりに（213）

第6章　イギリス憲法の「現代化」と君主制

王位継承ルールの変更
―2013年王位継承法の成立― .... 植村　勝慶 …… 221

1　2013年王位継承法の概要（221）
2　2013年王位継承法成立の経緯（223）
3　2013年王位継承法をめぐる論点（226）

大権の改革
―「憲法改革議会」― .... 岩切　大地 …… 234

1　はじめに―イギリス憲法における国王大権の意味（234）
2　国王大権の概要（236）
3　国王大権に関する政治部門での議論（238）
4　大権の「現代化」とは（245）

軍事と大権 .... 大田　肇 …… 252

1　イギリス軍の法的位置づけ（252）
2　イギリス兵の法的地位―1987年国王訴訟手続（軍隊）法に関連して（253）

  3 裁判所による軍事作戦上の活動の審理——「生命に対する権利」
    保障を巡って（254）
  4 国会の軍隊海外派兵決定への関与——結びにかえて（264）

第7章　ウェストミンスター型憲法の変動と地域的分権

連合王国におけるスコットランド……………クリス・ヒムズワース
             （訳：松井　幸夫）……273
  1 はじめに（273）
  2 スコットランドへの権限移譲　1999-2014年（274）
  3 レファレンダム（280）
  4 レファレンダムの結果とスコットランド憲法の現在の位置（288）

第8章　イギリス憲法の「現代化」とヨーロッパ

イギリス憲法の「現代化」とヨーロッパ人権条約
 ——多層的人権保障システムの観点から——……………江島　晶子……297
  1 はじめに（297）
  2 ヨーロッパ人権条約における発展——ヨーロッパ人権条約の
    「憲法化」？（298）
  3 「ヨーロッパ人権条約＋1998年人権法」がイギリス憲法に
    及ぼした影響（301）
  4 「ヨーロッパ人権条約＋1998年人権法」による摩擦と対話（306）
  5 おわりに（309）

欧州統合の展開と2011年EU法
 ——加盟存続国民投票の視点を踏まえて——……………鈴木　眞澄……312
  1 はじめに——国会主権原理とEC／EU加盟（312）

2　「72年EC法」の制定とその後の展開（315）
　　3　「11年EU法」の制定（316）
　　4　「11年EU法」後の情勢変動──加盟存続国民投票問題（319）
　　5　結びに代えて（324）

第9章　ウェストミンスター型憲法の変動とコモンウェルス

オーストラリア憲法とイギリス憲法……………………佐藤　潤一……337
　　1　はじめに（337）
　　2　人権条約の国内適用に関する比較（338）
　　3　対話「理論」の観点からの検討（343）
　　4　おわりに（350）

ニュージーランド憲法とイギリス憲法…………………松井　幸夫……356
　　1　はじめに──ニュージーランド憲法とイギリス・モデル（356）
　　2　イギリス・モデルの受容と「純化」（357）
　　3　ニュージーランド憲法の発展（1）（359）
　　4　ニュージーランド憲法の発展（2）──イギリス・モデルからの「離脱」（361）
　　5　現在のニュージーランド憲法の位置と評価（362）

第10章　イギリス憲法の「現代化」と人権

受刑者の選挙権から見たヨーロッパ人権裁判所とイギリス
　　………………………………………………………河合　正雄……375
　　1　受刑者の選挙権保障を論じる意義（375）
　　2　受刑者の選挙権に関するヨーロッパ人権裁判所の判例法理（376）

3　ハースト判決に対するイギリスの応答とストラスブールの対応（378）
　　4　最高裁判所の立ち位置（382）
　　5　おわりに（384）

イギリスと憎悪扇動表現……………………………………村上　　玲……390
　　1　はじめに（390）
　　2　コモン・ローによる憎悪扇動表現規制と1986年の公共秩序法の制定（390）
　　3　宗教的憎悪扇動罪の創設（394）
　　4　おわりに—憲法改革とヨーロッパ人権条約による影響（400）

市民権概念における国家のかたちの「現代化」
　—イギリスの国民国家化？—……………………………宮内　紀子……404
　　1　はじめに（404）
　　2　国籍法制の歴史の概略とその帝国的構造（405）
　　3　『イギリスの統治』における市民権概念の再考の提起（410）
　　4　『市民権：私たちが共有する絆』における「絆」としての市民権概念（411）
　　5　ゴールドスミス卿の報告書への反応（414）
　　6　おわりに（414）

差別禁止・平等法理の変動と「現代化」
　—障害差別禁止・平等法理の変遷を中心に—…………杉山　有沙……422
　　1　はじめに（422）
　　2　障害差別禁止法理の形成と変遷（424）
　　3　法対象者（427）
　　4　禁止される差別（430）
　　5　平等促進（433）
　　6　むすびに代えて—イギリス差別禁止・平等法理とは何か（436）

The 'Modernisation' of the Constitution and the Transformation of the Westminster-Model

CONTENTS

Part I : General

Chap 1 : Takashi Kuramochi, The 'Modernisation' of the UK's Constitution and the Transformation of the Westminster-Model
1. Introduction
2. The 'evolving' UK constitution
3. The outlines of the UK constitutional reform since 1997
4. The features of the UK constitutional reform since 1997
5. Conclusion

Chap 2 : Keith Ewing, The British Constitution and the Coalition Government
1. Introduction
2. Forming the government
3. The British system—fundamental principles
4. The British constitution and the coalition government
5. The coalition government and constitutional reform—Europe
6. The coalition government and constitutional reform—parliament
7. The coalition government and constitutional reform—human rights
8. Conclusion

Part II : The 'Modernisation' of the UK's Constitution and Constitutional Theory and Principles

Chap 3 : Koji Aikyo, The 'Modernisation' of the British Constitution and Constitutional Theory.
1. Introduction
2. Two schools in constitutional theory after the constitutional reform
3. Theory of the legal constitution revisited
4. Theory of the democratic (political) constitution revisited
5. Martin Loughlin's theory of 'Public Law'
6. Conclusion

Chap 4 : Yukie Matsubara, The 'Modernisation' of the British Constitution and the Present Situation of the Theory on the 'Rule of Law' : The

     Bingham's Argument as a Clue
1 Introduction
2 The background of the argument : the 'Rule of Law' and the independence of judiciary
3 The Bingham's theory on the 'Rule of Law'
4 The succession of the Bingham's theory
5 Afterword

Chap 5 : Ken Motoyama, The Theory of Parliamentary Sovereignty in the 'Modernisation' of the British Constitution
1 Introduction : the theoretical problems suggested in the Jackson case decision
2 Enactment of 1911 Parliament Act, the development of parliamentary democracy, and the appearance of the legislature without the House of Lords
3 The theory of parliamentary sovereignty today (1) —the critical analysis of the views of judges in the Jackson case
4 The theory of parliamentary sovereignty today (2) —the new theory, the common law constitutionalism, and the vindication of parliamentary sovereignty
5 Conclusion-including some further suggestions to Japanese readers for understanding the true nature of the problems in Britain

Part III : The Transformation of the Westminster-Model and Parliament

Chap 6 : John McEldowney, Parliament under the Changing Constitution
1 Introduction
2 Parliament and its procedures
3 Strengthening scrutiny
4 The constitutional implications of devolution
5 Conclusions

Chap 7 : Tatsuro Fujita, Reforming the House of Commons—Recent Development
1 Introduction
2 The reform of House of Commons under the Labour government (since 2005)
3 The reform of House of Commons under the coalition government
4 Conclusion

Chap 8 : Hiroshi Komatsu,The Recent Trend of Electoral Reform in the UK
  1 Introduction
  2 The 2010 general election and the coalition government
  3 The 2015 general election
  4 The coalition government and the constitutional reform
  5 The trend of electoral reform
  6 Conclusion—deterioration of democracy in the world
Chap 9 : Kenichi Yanai, The 'Modernisation' of the House of Lords?—Recent Development and Arguments
  1 Introduction
  2 Lords reform since Blair
  3 Recent development and results
  4 Some effect of the 1999 Act
  5 Conclusion

Part IV : The Transformation of the Westminster-Model and the Cabinet
Chap 10 : Takato Narisawa, The Constitutional Basis for the British Cabinet System and the Coalition Government
  1 Introduction
  2 The Westminster system revisited
  3 The structure of the British constitution and the cabinet system in the modern era
  4 The coalition government and the British constitution
  5 Conclusion

Part V : The 'Modernisation' of the UK's Constitution and the Judiciary
Chap 11 : John McEldowney, The Judiciary under the Changing Constitution
  1 Introduction
  2 Sovereignty, the EU and judiciary
  3 The European Union : defining judicial power
  4 Human rights
  5 The future of judicial power
  6 Devolution and the judiciary
  7 Conclusions
Chap 12 : Hidenori Sakakibara, Reform of Judicial Appointments : Judicial

Independence, Judicial Accountability and Judicial Diversity
1 Introduction
2 Principles of judicial appointments and outline of judicial appointments system under the Constitutional Reform Act 2005
3 Encouraging judicial diversity
4 Transfer of functions about judicial appointments under the High Court from the Lord Chancellor to the Lord Chief Justice (or the Senior President of Tribunals)
5 Reform of the appointment process of senior judges
6 Conclusion

Part VI : The 'Modernisation' of the UK's Constitution and the Monarchy

Chap 13 : Katsuyoshi Uemura, 'Modern' Reform of the British Monarchy?
1 The Succession to the Crown Act 2013
2 The background of the Act
3 The issues of the Act

Chap 14 : Daichi Iwakiri, Reformation of the Royal Prerogative : 'Constitutional Reformation Parliaments'
1 Introduction : the significance of the royal prerogative in the British constitution
2 Outline of the royal prerogative
3 The arguments on the royal prerogative in the politics
4 The meaning of the 'Modernisation' of the royal prerogative

Chap 15 : Hajime Ota, The Armed Forces and the Royal Prerogative
1 The constitutional positlon of the armed forces
2 The legal position of soldiers—concerning the Crown Proceedings (Armed Forces) Act 1987
3 The scrutiny over active military operations by courts—concerning the protection of the Right to Life
4 The involvement with the decision to deploy armed forces abroad by Parliament-as closing

Part VII : The Transformation of the Westminster-Model and Devolution

Chap 16 : Cristpher Himsworth, Scotland and the United Kingdom
1 Introduction

  2 Scottish Devolution 1999 2014
  3 The referendum
  4 The Referendum result and Scotland's constitutional position Today

Part VIII : The 'Modernisation' of the UK's Constitution and Europe

Chap 17 : Akiko Ejima, 'Modernisation' of the UK Constitution and the European Convention on Human Rights—From the Perspective of the Multi-Layered Protection System for Human Rights
  1 Introduction
  2 Development in the European Convention on Human Rights—constitutionalisation of the European Convention on Human Rights
  3 Influence of the European Convention on Human Rights and the Human Rights Act 1998 on the UK constitution
  4 Conflict and dialogue caused by the European Convention on Human Rights and the Human Rights Act 1998
  5 Conclusion

Chap 18 : Masumi Suzuki, EU Integration, EU Act 2011 and EU in／out Referendum
  1 Introduction : parliamentary sovereignty and EC／EU
  2 Enactment of EC Act 1972 and its problems
  3 Enactment of EU Act 2011
  4 After EU Act 2011 and EU in／out referendum
  5 Conclusion

Part IX : The Transformation of Westminster-Model and the Commonwealth

Chap 19 : Junichi Sato, Comparative Constitutional Study : Australian and British Constitution
  1 Introduction
  2 Direct applicability of Human Rights Conventions
  3 "Dialogue Theory" and "Bill(s) of Rights" in Commonwealth of Australia
  4 Conclusion

Chap 20 : Yukio Matsui, The New Zealand Constitution and the UK Constitution
  1 Introduction : The NZ constitution and the UK model
  2 Reception of the UK model and it's 'Purification'
  3 Development of the NZ constitution（1）

4　Development of the NZ constitution（2）'Leaving' the UK model
5　The NZ constitution today

Part X : The 'Modernisation' of the UK's Constitution and Human Rights
Chap 21： Masao Kawai, The Relationship between Strasbourg and the UK：
　　　　From the Viewpoint of the Prisoner Disenfranchisement
1　Introduction
2　The jurisprudence of the European Court of Human Rights on prisoners' voting rights
3　The UK's response against Hirst v UK（No. 2）and the Strasbourg's 'applause'
4　The position of the UK Supreme Court
5　Conclusion

Chap 22： Rei Murakami, History of Offences of Inciting Hatred in England and Wales
1　Introduction
2　Offences of incitement to racial hatred in Common Law and Public Order Act 1986
3　Creation of new offences：incitement to religious hatred and incitement to hatred on the grounds of sexual orientation
4　Conclusion：effect of constitutional reform and European Convention on Human Rights

Chap 23： Noriko Miyauchi, Can the United Kingdom be a Nation State?—the 'Modernisation' of the citizenship—
1　Introduction
2　Overview of the nationality legislation
3　The Green Paper, *The Governance of Britain*（2007）
4　Lord Goldsmith, *Citizenship : Our Common Bond*（2008）
5　The response to the Goldsmith report
6　Conclusion

Chap 24： Alisa Sugiyama, The Transformation and 'Modernisation' of the Discrimination／Equality Doctrine
1　Introduction
2　The construction and transition of disability discrimination doctrine
3　Meaning of "disability" and "person with disabilities"

4 Discrimination as prohibited conduct
5 Advancement of equality
6 Conclusions

第1章
総　論

イギリス憲法の「現代化」と
　ウェストミンスター型憲法の変動

倉持　孝司

1　はじめに―本書の課題

　本書は、「はしがき」においても言及されているようにこの間のイギリス憲法研究会の共同研究の成果発表という性格をもつものであるが、その一部はすでに『変化するイギリス憲法』（2005年、敬文堂）として公刊されている。同書は、その副題「ニュー・レイバーとイギリス『憲法改革』」が示すように1997年総選挙で18年ぶりに政権に復帰したブレア（Blair）首相率いる「新たな労働党」すなわち「ニュー・レイバー」が次々と実行に移した「憲法改革」（constitutional reform）の状況を2005年の時点で概観しようとしたものであった。

　本書は、ブレア労働党政権、それに続くブラウン（Brown）労働党政権下で展開された「憲法改革」、および2010年政権交代後に成立したカメロン（Cameron）＝クレッグ（Clegg）保守党・自由民主主義党連立政権下でなおも継続された「憲法改革」を2014年の時点で概観しようとするものである。その意味で、本書は、前著の続編という性格をもっている。しかし、本書は、書名「憲法の『現代化』―ウェストミンスター型憲法の変動―」が示すように、イギリスにおける「憲法改革」の状況を概観するだけでなく、1997年以降実施されてきた「憲法改革」をイギリス憲法の「現代化」（modernisation）の試みとしてとられ、それがいわゆるウェストミンスター型憲法に変動をもたらしたのかどうか、そうだとしたらいかなる変動をもたらしたのかという観点から一定の検討を行おうとするものである（「連立政権」それ自体がウェストミンスター型憲法の変動とみるかどうかも問題となる［本書第1章］）。

　なお、ここで「ウェストミンスター型」（Westminster model）という場合、日本においてとりわけ1990年代の政治改革において、それが一つの「型」とし

てではなく「ウェストミンスター・モデル」として「二大政党制・小選挙区制・政権交代」「モデル」とほぼ同義化して用いられたということに対する批判的な意味が込められている。「ウェストミンスター型憲法」とは、17世紀以来の歴史の中で確立されてきた議会制統治を核とした一定の規範的構造をもつものであり、それは「二大政党制・小選挙区制・政権交代」「モデル」に矮小化されるものではないし、また「二大政党制・小選挙区制・政権交代」「モデル」を記述的「モデル」化したとしてもそれはイギリスの現実政治においてもはや妥当しえないものになっているからである。この点については、後述することにする。

ここで、イギリス憲法の「現代化」を検討しようとする際、イギリス憲法に関して存するつぎのような論争的諸課題を列挙することで本書の構成を示しておくことにする。

第一に、その最も重要なものは、イギリス憲法の基本原則とされてきた「国会主権」の位置づけあるいはその制限をめぐる現実および論争の展開である。「国会主権」は、それ自体をめぐる理論問題に加えて、イギリス憲法のもう一つの基本原則とされてきた「法の支配」との関係において、さらには1970年代以降影響力を増しているヨーロッパ（EC［EU］（法）およびヨーロッパ人権条約）との法的・政治的関係においても問題となる（本書第2、8章）。なお、イギリス憲法は、今日、ヨーロッパのみならずニュージーランド、オーストラリアなどコモンウェルス諸国の憲法上の展開の影響をも受けていることが問題となる（本書第9章）。第二に、政府に説明責任（accountability）を負わせることとの関わりでの国会の役割、そのための庶民院改革、庶民院における選挙制度改革、およびイギリス憲法における二院制のあり方とも関わって貴族院改革が問題となる（本書第3章）。第三に、「内閣統治」（cabinet government）・「首相統治」（prime ministerial government）といわれて久しい執行府優位の問題およびそれとの関わりで、さらにはイギリス憲法の重要な「法源」としての国王大権（prerogative）の位置づけが問題となる（本書第4、6章）。第四に、1998年「人権法」（Human Rights Act 1998）、地域的権限移譲立法（devolution legislation）などとの関わりで、さらには近年強調される傾向にある権力分立との関係で裁判所の憲法上の地位・役割、裁判官

の任命制度があらためて問題となる（本書第5章）。第五に、地域的権限移譲との関わりで、さらには歴史的に「連合王国」（United Kingdom）として形成されてきた「国家」の今後のあり方（単一国家か［準］連邦国家か）とも関わって、スコットランドの独立をめぐる問題がある（本書第7章）。第六に、EU構成国およびヨーロッパ人権条約の締約国であることとの関わりで、先の「国会主権」に加えてイギリス憲法全体への影響力あるいは端的にイギリスの国家主権が問題となる（EUとの関係で国家主権の制約、EU法およびヨーロッパ人権条約との関係でイギリス憲法特有の「国会主権」の制限）。それはまた、具体的には、とりわけヨーロッパ人権条約の権利条項の大部分を「国内法化」した1998年「人権法」の下で展開する裁判所判決およびヨーロッパ人権裁判所判決とそれらに対するイギリス政府の対応あるいはイギリスにおける「人権」保障システムへの影響という形で問題となる（本書第8、10章）。第七に、移民問題との関わりでの市民権（citizenship）の問題あるいは「ブリテッシュネス」（Britishness）の問題とも関わっても「国家」のあり方が問題となる（本書第10章）。

　以上のような憲法上の論争的諸課題への対応は、イギリス憲法の「現代化」という側面をもちうるが、それにとどまらず「ウェストミンスター型」憲法に変動をもたらすものなのかどうかが問われる。また、近年、憲法の「文書化」（成文化）の作業が進展しているが（近時の重要な一例として、「内閣執務提要」［Cabinet Manual］の作成）、その延長線上で、あるいは上記の論争的諸課題へのいわば究極の包括的対応策として論じられている憲法の法典化（codifying the constitution）は、「ウェストミンスター型」憲法の変動を余儀なくさせる性質のものであるといえようが、果たして憲法の法典化が先の論争的諸課題への有効な対応策たりうるかが問題となる。また、以上の論争的諸問題を踏まえてイギリス憲法が今後どのような方向へ向おうとしているのかについて、憲法理論がどのように問題状況をとらえているのかが問題となる（本書第2章）。

　本章では、上記の諸課題の検討に先だって1997年以降の「憲法改革」を概観するとともにその特徴について予備的な検討を加えておくことにしたい。

2 「進化」するイギリス憲法

イギリスにおいて、いわゆる「近代憲法」に該当するものは、17世紀の名誉革命を経て歴史的に展開・成立したが、それは「混合統治」(mixed government)あるいは「均衡のとれた統治構造」(balanced constitution)などと呼ばれることのある独特の構造をもつものであった。

名誉革命の成果を文書化した1689年権利章典は、当時問題となった文脈で国王の権限を具体的に取り上げ、それを制約の下に置こうとするものであった。(2)結果、国王自体を否定することなく、それを「国会」の枠組みに包摂し、「国会」を構成する一要素として(「国会における国王」[King in Parliament])、国王(君主制)、貴族院(貴族制)および庶民院(民主制)を構成要素とする国会が、国政の頂点に立ち統治を行う体制が確立し、国会を構成する三者の意思の合致が国会制定法(Act of Parliament)として表現され、それが法的に最高の権威を持つものとなった。

このような一定の代表原理に基づいて成立した「国会における国王」すなわち「国会」が国政の中心に位置する議会制統治(parliamentary government)が、イギリス統治構造(constitution)の中核となった。その後、国王の権限は、一方で、立法権との関係では、18世紀を通して漸次的に形式化・名目化し、他方で、執行権との関係では、次第に形成・確立されてくる内閣がその実質を担うこととなった(なお、これらの歴史的展開は主には憲法習律[constitutional convention]によって確保された)。また、貴族院と庶民院の関係については、19世紀を通して選挙制度改革によって庶民院の民主主義化が漸次的に進展する中で、最終的には貴族院に対する庶民院の優位が確立された(なお、これらは国会制定法によって確保された)。(3)

ダイシー(A. V. Dicey)は、その代表的著書である『憲法序説』(Introduction to the Study of the Law of the Constitution, 1885)第8版(1915年)に寄せた「序文」において、1885年から1915年の30年間の統治構造上の議論についての概観を行っているが、その時期には、普通選挙制度(女性選挙権)、比例代表制、連邦制・アイルランド自治(Home Rule)あるいはレファレンダムなどが重要な論争的課題となっていた。つまり、この時期にイギリス民主制

の将来を左右する統治構造上の重要な論争的課題が存在したが、それらに関して政党間のみならず政党内においても合意が成立していなかったといえる。この時期の統治構造上の論議は、最終的には1911年「国会法」（Parliament Act 1911)、1918年「国民代表法」（Representation of the People Act 1918)、1921年アングロ・アイリッシュ条約（Anglo-Irish Treaty）によって決着がつけられた。その場合、すでに展開・成立していた議会制統治の基本構造は前提とされており、その上で統治構造上の重要問題が決着したことにより議会制統治を中核とするイギリス統治構造は安定したものとして受け入れられることとなった。[4]

以上のことからさしあたり確認しておきたいことは、第一に、イギリス統治構造（constitution）（以下、憲法と呼ぶ）は、17世紀名誉革命以来、「革命」（revolution）による変化に直面することなく「進化」（evolution）の過程を経てその時々の状況に対応し続ける能力をもっているとされてきたということである。この社会的変化に対応した「進化的」変化は、イギリス憲法のプラグマティックなかつ柔軟な（flexible）性質を示すものであり、その都度の変化が憲法習律あるいは議会制統治を通して実行されたということはイギリス憲法の政治的性格を示すものでもある。このようなイングランドを中心に歴史的に形成された単一国家の下でのイギリスの議会制統治のあり方は「ウェストミンスター・モデル」（Westminster model）すなわち「ウェストミンスター型」と呼ばれ、イギリス憲法の政治的性格は「政治的憲法」（political constitution）と特徴づけられることがある。[5] 第二に、「ウェストミンスター型」あるいは「政治的憲法」によって表現される議会制統治を中核とするイギリス憲法は、多数決主義的なものであり、権力の分散・抑制・多元化ではなく権力の中央集中化あるいは「権力の蓄積化」（hoarding of power）を特徴とするものであったが、そうであるが故に、第二次大戦後、実際にそれを運用するとりわけ保守党・労働党の二大政党によって一貫して受容されてきたということである。そのような憲法は、二大政党にとって自己の政策プログラムを実行するのに有用なものであるからである。[6] しかし、その際、それを実際に運用する政治的アクター自身が、政治的自己抑制を受入れることで、そこには高度の相互的な礼譲（comity）あるいは信頼関係（trust）が存し、それが「政治

文化」として現実の統治を下支えしていたとされるのである(7)。

　こうして、先にみた20世紀初めの時期に憲法論議に決着がつけられて以降、憲法の基本的なあり方に関わる問題が政治的争点化されることはなく、第二次大戦後、二大政党は既存の憲法を前提にした上で社会的・経済的諸問題への対応を優先することができた。二大政党にとって、権力を中央へ集中・蓄積するイギリス憲法の既存の構造は社会的・経済的諸問題に有効に対応するために適合的なものであったのである。

　イギリスにおいて憲法論議が再び政治的争点化するのは、スエズ危機、1960年代の植民地独立、総じて「帝国」の衰退に伴う社会的・経済的諸問題・諸矛盾（産業の衰退、失業率の増加、移民問題と民族主義の台頭、地域主義の拡大など）に二大政党が有効に対応しえないこと、さらには得票率における三大政党化と議席獲得率における二大政党化との矛盾の拡大に示される有権者と二大政党の関係の変化あるいは端的に有権者の政党・政治離れ（「信頼［trust］の喪失）等々の形で経済的・社会的・政治的諸問題が顕在化した1970年代であった(8)。

　ここで1970年代以降のイギリス憲法の「変容」あるいは「流動化」（in flux）の過程を振り返る余裕はないが、今日の憲法論議にも重大な影響を及ぼしていることとして、第一、1973年EC加盟、および第二、サッチャー（Thatcher）保守党政権が憲法について無関心でありつつ推し進めた経済的急進主義が実際上憲法を一層「流動化」させ、「選挙による独裁」（elective dictatorship）と呼ぶのにふさわしいその統治のあり方が「憲法改革」の必要性についての認識を高めることとなったことを確認しておきたい。そして、この長期保守党政権への対抗策として、労働党は、伝統的なそのいわゆる「憲法上の保守主義」（constitutional conservatism）の立場を変更し、「憲法改革」政党である自由民主主義党あるいは超党派の「憲法改革」運動組織である「憲章88」（Charter 88）などの影響を受けつつ「ニュー・レイバー」として「憲法改革」を掲げ政権復帰をめざすこととなったのである(9)。

3　1997年以降の「憲法改革」の概観

（1）1997-2007年労働党ブレア政権下の「憲法改革」

　ブレア首相自身は、憲法に関心をもっていなかったといわれるが、そのブレ

ア労働党内閣の下で「憲法改革」を実行する国会制定法が次々と制定された。

まず、1997年「レファレンダム法」（Referendums [Scotland and Wales] Act 1997）に基づいて、スコットランドおよびウェールズに対する地域的権限移譲に関するレファレンダムが実施され、その賛成多数の投票結果に基づき制定された「スコットランド法」（Scotland Act 1998）および「ウェールズ政治形体法」（Government of Wales Act 1998）によって、直接公選制の地域議会が設置された（北アイルランドについても、「北アイルランド法」[Northern Ireland Act 1998]に基づいて、権限移譲を実施。ロンドンについては、「大ロンドン政庁法」[Greater London Authorities Act 1999]に基づいて、ロンドン議会、公選市長を設置。なお、これら権限委譲された地域議会の選挙には比例代表制が採用された。同様に、ヨーロッパ議会選挙についても比例代表制が採用された [European Parliamentary Elections Act 1999]。しかし、肝心のウェストミンスター国会［庶民院］の選挙制度改革は実行されなかった）。

次に、1998年「人権法」（Human Rights Act 1998）によって、ヨーロッパ人権条約の権利条項のほとんどが国内法に編入され、それによって公的諸機関（public authorities）はヨーロッパ人権条約と一致するよう行動することが求められ、一定の裁判所には国会制定法につきヨーロッパ人権条約との不一致を宣言（declaration of incompatibility）する権限が与えられた。

さらに1999年「貴族院法」（House of Lords Act 1999）によって、貴族院からほとんどの世襲貴族が排除され（これは第一段階の改革とされたが、以後、第二段階に進むことはなかった）、2000年「情報自由法」（Freedom of Information Act 2000）によって、政府情報に対してアクセスする権利が規定され、2000年「政党、選挙及びレファレンダム法」（Political Parties, Elections and Referendums Act 2000）によって、選挙監視のための選挙委員会の設置、政党登録、政党に対する寄付および全国的キャンペーン支出の制限等が規定されるなどした。

以上のように、「憲法改革」を実行する重要立法の多くはブレア労働党政権の初期に集中して制定されたが、その後の重要な「憲法改革」としては、2005年「憲法改革法」（Constitutional Reform Act 2005）によって、大法官（Lord Chancellor）に代わって首席裁判官（Lord Chief Justice）が司法

部の長たることを規定し、大法官から貴族院の議長としての役割を奪い、裁判官任命過程を改革し、さらに貴族院の上訴委員会（Appellate Committee of House of Lords）および枢密院司法委員会（Judicial Committee of Privy Council）に代えて新たな連合王国最高裁判所（Supreme Court of the United Kingdom）を設置したことが重要である。

　このように、ブレア「憲法改革」は、広範囲に及ぶものであったが、それについては、一方で、地域的権限移譲立法あるいは1998年「人権法」をはじめとして主要な立法の多くはその成立に先だってそれぞれ固有の条件をもっていたことが指摘され、他方で、全般的な一貫したプロジェクトに基くものではなかったと批判的に指摘されるのが一般的である。[11]

（2）2007-2010年労働党ブラウン政権下の「憲法改革」

　これに対して、ブレアに代わったブラウン首相は、「憲法改革」に熱意をもっていたとされ、ブラウン労働党政権は、2007年7月、緑書（政府諮問文書）「ブリトゥンの統治」（The Governance of Britain）を発表し、「憲法刷新」（constitutional renewal）のための政府の見解・提案を述べた。[12]そこでは、第一、いかに権力に説明責任を負わすべきか、および第二、いかに市民の権利および責任を擁護し拡大すべきかが「二つの基本的問題」だとされた。[13]そして、①民主主義の活性化（人民があらゆるレベルで誇りをもって政策決定に参加）、②中央・地方の政府の役割の明確化、③国会と政府の間の権限の再調整、政府に説明責任を負わせる国会の能力を拡大、④人びとが「ブリティッシュ」（British）であるという強い自覚をもつようにするという目標が提示された。[14]その後、2008年3月、白書（政府政策文書）（The Governance of Britain：Constitutional Renewal）[15]および法案草案（Draft Constitutional Renewal Bill）を提出し、2009年7月、法案（Constitutional Reform and Governance Bill）を提出した。しかし、この段階では、当初の「憲法刷新」構想は縮小し、2010年総選挙直前にあわただしく成立させた2010年「憲法改革及び統治法」（Constitutional Reform and Governance Act 2010）は、従来の国王大権事項のうち公務員制度を制定法上の基礎の上に置き、大臣によって批准された条約を国会が承認する規定を設けるなどするにとどまった（緑書段階の構想では、

一般に国王大権を制定法上の基礎の上に置き国会による強力な審査およびコントロールに置くとされていた(16)）。

　ブラウン「憲法刷新」は、ブレア「憲法改革」と異なって、首相自身が意欲をもってとりくみ、構想を提示し、その実行へ向けて一定のプロセスを踏んだが（緑書→白書・法案草案→法案）、それを実際に実行する力はなかったと評され、2009年に明るみに出された国会議員の経費（expences）不正使用をめぐる一大スキャンダルに見舞われ、政権を追われることとなった(17)。

（3）2010年以降、連立政権下の「憲法改革」

　2010年5月、総選挙によって政権交代が行われ、保守党・自由民主主義党の連立政権が成立した。このカメロン＝クレッグ連立政府は、ただちに連立政府政策要綱（The Coalition：Our Programme for Government）を発表し、その「政治改革」の項目において、イギリスの政治制度は「壊れてしまった」（broken）として、透明で説明責任を負う政治制度に変更するとし、また、「市民的自由」の項目において、イギリス国家は権威主義的になりすぎた、過去10年で侵害された個人の権利を回復する必要があるなどとした(18)。

　連立政府は、2010年「ID文書法」（Identity Documents Act 2010）によって、2006年「IDカード法」（Identity Card Act 2006）を廃止し、労働党政府が導入したIDカードのスキームを廃止し全国ID登録簿に含まれるすべてのデータを消去するよう国務大臣に求めた。また、2011年「任期固定国会法」（Fixed-term Parliaments Act 2011）によって、ウェストミンスター国会の会期を5年に固定し（ただし、庶民院が政府不信任動議を可決し14日以内に新たな政府が形成されない場合、庶民院で3分の2以上の賛成で選挙実施動議が可決された場合には、選挙を実施）、2011年「国会投票制度及び選挙区法」（Parliamentary Voting System and Constituencies Act 2011）によって2011年5月に庶民院選挙制度を小選挙区制から選択投票制（Alternative Vote［AV］）に変更すべきかどうかに関してレファレンダムを実施することを規定するとともに、庶民院議員定数を650から600に削減しようとした。さらに、2011年「公的機関法」（Public Bodies Act 2011）、2012年「自由保護法」（Protection of Freedom Act 2012）などを制定した。

4　1997年以降の「憲法改革」の特徴

　1997年以降の「憲法改革」の全体的な評価についてしばしば引かれる政治学者ボグダナー（Bogdanor）は、イギリス憲法の歴史的展開は、「革命」（revolution）ではなく「進化」（evolution）だと特徴づけられてきたが、今日起きているのは「憲法事項における革命、すなわち、以前生じたことからの根本的な断絶にほかならない」とする。すなわち、中央での権力行使を容易にする「旧い憲法」はもはや存在せず、「新たな憲法」が成立したとする。それは、権力の分散化（ウェストミンスターおよびホワイトホールに集中した権限の地域への移譲、EUあるいは司法裁判所への権限の移譲、また、貴族院改革によるウェストミンスター内部での権限の「分散」）をめざすものであり、さまざまな政府機関の中での抑制と均衡による「立憲国家」（constitutional state）すなわち司法部が個人的諸権利および政府の適切な範囲を決する際に重大な役割を演ずる国家に至る過程にあるとする[19]。

　これに対して、一方で、「旧い憲法」に代わって存在するのは「憲法上の乱雑」（constitutional mess）であるとする見解があり[20]、他方で、ボグダナーのような整理は、一面的なものであり、「新たな憲法」の成立というのは過大評価であるとする見解があり[21]、1997年以降の「憲法改革」の位置づけ・評価はなお確定されておらず論争的である。

　1997年以降の「憲法改革」の位置づけ・評価という場合、いわば大・中・小文字の「憲法改革」が区別されるとする指摘が注目される[22]。大文字の「憲法改革」とは、統治システムの基礎となり民主制の型を決定することで憲法を下支えする大文字の「憲法」に関するものであり、選挙制度（比例代表制か否か）、国家システム（単一国家か連邦国家か）および憲法のあり方（正典化憲法か非正典憲法か）の「改革」がそれに該当する。1997年以降の「憲法改革」は、大文字の「憲法改革」には及んでいない。ただし、2014年スコットランドにおける独立の賛否を問うたレファレンダム実施との関係で、スコットランドのみならずウェールズ、北部アイルランドさらにはイングランドへの地域的権限移譲が一層進展する事態にいたると（準）連邦国家化さらには憲法の法典化が現実の政治的争点化する可能性がある。

中文字の「憲法改革」とは、憲法秩序の第二次的要素を構成する中文字の「憲法」に関するものであり、人権立法の国内編入（ただし、国会主権は維持）、最高裁判所の設置（ただし、立法を無効とする権限をもたない）、情報自由立法の導入および単一国家の枠内での地域的権限移譲に関する「改革」がそれに該当する。

小文字の「憲法改革」とは、既存の配列の修正、憲法習律の法典化など憲法秩序の第三次的要素となる小文字の「憲法」に関するものであり、立法を審査する特別委員会制度の改革、従前は秘密であった政府の内部的指導文書の公表および公的機関の創設、廃止および再編に関する「改革」がそれに該当する。この小文字の「憲法改革」は、日常の政治生活において実行され得るものである。

以上からすると、1997年以降の「憲法改革」の核をなすとされる1998年「人権法」あるいは地域的権限移譲立法などは中文字の「憲法改革」に位置づけられるものであって、「憲法改革」によって「新たな憲法」が成立したとはいえないことになる。

また、1997年以降の「憲法改革」を権力の「蓄積」か「分散」かという二者択一的な見方をするのは適当ではなく、一方で、地域的権限移譲などは権力の「分散」を志向するものであるが、他方で、「ソファの上での統治」(sofa government) に象徴される首相およびその周辺での政策決定を重視し閣議での論議を回避する統治スタイルにみられる権力の「蓄積」過程が強化されており、権力の「分散」と「蓄積」が同時的に領域を異にしつつ展開したと把握すべきだとする指摘が注目される。[23]

1997年以降の「憲法改革」の意義に関わって、以下の諸点に注意しておきたい。

第一に、1997年以降の「憲法改革」については、そこにおいて生じた出来事あるいは制定された国会制定法の意義を強調し変化だけをみていたのでは、イギリス憲法について極端に奇妙な見解を持つ結果となるのであって、憲法秩序の新たなかつ変化しつつある要素だけでなく、以前から存在しかつ継続している要素を理解することが必要であること、および具体的にはたとえば庶民院の議事手続の改革にみられるように既存の憲法秩序の「現代化」もさまざまに模

索されていることに注意を払う必要があるとの指摘が重要である(24)。

　第二に、ブレア労働党政権下において、「憲法改革」が実行され権力の分散化がめざされたまさにその時期に、「9・11」（2001年9月11日同時多発テロ）および「7・7」（2005年7月7日ロンドン同時爆破テロ）が生じ、テロへの対応という重大問題に直面したということに注意を払う必要がある。たとえば、「9・11」への対抗としてブレア労働党政府は、ただちに2001年「反テロ、犯罪及び安全保障法」（Anti-Terrorism, Crime and Security Act 2001）を制定した。同法は、外国人テロ容疑者の裁判抜き無期限拘束を可能とする規定を設けたが、それがすでに成立していた1998年「人権法」の存在にもかかわらず成立したこと、最終的には同規定は、貴族院によって1998年「人権法」との「不一致」を宣言されるとともに、ヨーロッパ人権裁判所によってヨーロッパ人権条約違反が認定され、イギリス政府は法改正を余儀なくされた。このことから、一方からは、1998年「人権法」の実効性が問われ、他方からは、1998年「人権法」は有効なテロ対策を妨げるとして攻撃されることとなったが、いずれにせよ、その後の「7・7」へのそれも含めて対テロ立法の漸次的積み重ねによって、政府権限が不可逆的に拡大されたことに注意する必要がある。

　第三に、「憲法改革」を真に成功させるためには、それを求める公衆の圧力の存在が不可欠であるとされるにもかかわらず、世論調査では公衆は「憲法改革」にそれほど関心をもっていないことが示されていることが注目される(25)。この問題について、先のボグダナーは、「憲法改革」による権力の分散がエリート間での分散にとどまり、エリートと人民の間でのそれではないことが問題であり、「憲法改革」の主要な弱点は人民の位置づけであるとした。人民の位置づけという観点から、ボグダナーが注目する1997年以降の「憲法改革」の二つの特徴は、重要な憲法問題に関するレファレンダムの実施（レファレンダムは憲法習律化したとする）およびヨーロッパ議会選挙その他について選挙制度として比例代表制が採用されることで「人民」の果たす役割が増大したことである(26)。

　第四に、ボグダナーは、1976年保守党ヘイルシャム（Hailsham）が、当時の労働党政権批判として展開し、その後イギリス憲法政治の実態を示す用語として用いられるようになった「選挙による独裁」（elective dictatorship）(27)論に

ついて、1997年以降、「選挙による独裁」は現状の正確な記述ではなくなったとする。すなわち、1997年以降の「憲法改革」の主要な成果は、政府・国会の権限の制限であるとして、そのことを示す立法の際の六つのハードルとしてEU法、準連邦制、バックベンチャーの反乱、貴族院、裁判官および人民をあげる。これに対して、法制史学者ベイカー（Baker）は、まったく反対に、首相およびその周辺への権限の過度の集中こそが問題（これは、前述のように、閣議さえ回避しようとする統治スタイルであることから「ソファの上での統治」などと呼ばれる）であるとして「不文憲法」下での問題状況を検討している。

　第五に、ベイカーが「不文憲法」の問題点として最も重視するのは、具体的にはたとえば2005年「憲法改革法」による「憲法改革」が突然プレス・リリースから始まったという「憲法改革」のプロセスをめぐる問題である。貴族院憲法特別委員会（House of Lords Select Committee on the Constitution）による調査報告書によると、当時、ブレア首相は、突然、大法官職廃止の意向を発表したのだが、その後になって、大法官職の廃止は国会制定法によらなければならないことが判明したというのである。ここで、同委員会が関心を寄せたのが、「憲法改革」実行のプロセスであった。そして、同委員会調査報告書は、そのプロセスにおいて、政府内部（大法官）、政府外部（特に上級司法部）双方において事前の協議が行われていなかったということを明らかにした。当時の首相であったブレア自身が、同委員会に対して「プロセスは、確かに不注意なものであった」と述べた。

　その上で、同委員会調査報告書は、内閣府は、大法官職廃止というような憲法上重要な変更を行う際に適切な憲法上の規範の遵守を確保できなかった」として、「政府機構の変更についての国会による審査は拡大されるべきであり、最低限の条件として、政府は、内閣府の助言を経て、国会に対して、憲法的含意をもつ政府機構の変更の提案に関して関連する争点および結果についての書面による分析を提出することが要求される」などと勧告した。

　このようにして、従来肯定的にとらえられてきた、社会の発展に応じて「進化」することを可能にするイギリス憲法のプラグマティックなかつ柔軟な性質あるいは政治的性格が、「憲法改革」のプロセスとともに、そのプロセス

において「憲法」が特別な法的地位を有していないこととの関係で問題視されるに至っている。この動向は、イギリス憲法の「法典化」(codifying the constitution)論に連なるものであるとともに、一方で、憲法の「成文化」が進行し、他方で、1998年「人権法」・地域的権限移譲立法などが裁判所の役割を事実上増大させることで「法的憲法」化しつつあるとされる中での、「政治的憲法」(political constitution)から「法的憲法」(legal constitution)への移行をめぐる議論とも連なり、イギリス憲法のあり方をめぐっての最大の論争的主題となっている。というのは、憲法の「法典化」あるいは「法的憲法」への移行が、イギリス憲法が抱える諸問題を解決しうる処方箋足りうるのかが不明だからである。したがって、イギリス憲法の歴史的に形成されてきたプラグマティックかつ柔軟な性質を維持しつつ、「政治的憲法」の再生を課題とすべきだとする議論が、「法典化」化あるいは「法的憲法」化に対するアンチ・テーゼとして十分存在しうる状況があるといえる。

5　おわりに

　2010年総選挙の結果成立した連立政府を構成する一方は、一貫して「憲法改革」を主張してきた自由民主主義党であるが、その優先事項は、ウェストミンスター国会（庶民院）の選挙制度改革（比例代表制への移行）、貴族院改革（公選院への移行）、成文憲法典の制定などであった。これに対して、連立のもう一方の保守党は、伝統的に労働党と同様に既存の憲法の「保守」を前提にしていたのであり、本来「憲法改革」には否定的な立場をとってきた。したがって、庶民院選挙制度として妥協的な選択投票制（AV）導入の賛否を問うレファレンダムの「失敗」、貴族院改革についての合意形成の「失敗」（貴族院の公選化の程度、任期、庶民院との権限関係、二院制を支えてきた習律の取扱い）などが相次いだことは、連立政府のあり方に影響を与えた（そもそも、連立政府がこれまでの憲法において二大政党を前提に展開されてきたイギリス憲法に与える影響が検討される必要がある）。また、その後の2015年成立の保守党政権が直面する憲法問題として、イギリス国家の構成に関わるスコットランド独立に関するレファレンダム実施（2014年9月18日実施。投票率約85％、反対票約55％、賛成票約45％で、反対票が多数を占めた）の際のさらなる地域的

権限移譲実施の「誓約」（Vow）がスコットランドのみならず他地域への権限移譲に与える影響（さらには、単一国家としての「連合王国」のあり方に影響を及ぼす可能性）、それとの関係での憲法の成文化（法典化）への移行の可能性、EUとの関係でのレファレンダム（2011年「EUに関する法律」（European Union Act 2011）がイギリス憲法の基本原則に与える影響、ヨーロッパ人権裁判所判決とそれに対する政府の対応との調整など課題が山積している。また、保守党は、そもそも1998年「人権法」について、それを廃止し、独自の「英国権利章典」（British Bill of Rights）に置き換えることを主張している。[39]

　以上のことは、ブレア労働党政権下で実施された「憲法改革」は、一方で、根本的なものであるといわれるが、なおも「流動化」の可能性を有しており、他方で、不可逆的なものであるといわれるが、実際にはたとえばその「憲法改革」の重要な成果とされる1998年「人権法」[40]でさえ現実の政治過程における位置づけは安定したものとはなっていないという側面もあることを示している。このようなことから、1997年以降の「憲法改革」は、「憲法上のアノミー」を帰結していると総括した場合、それは現在も続いている。[41]

注
（1）Cabinet Office, *The Cabinet Manual—A guide to laws, conventions and rules on the operation of government*, 2011（国立国会図書館調査及び立法考査局『英国の内閣執務提案』［2013年］）.
（2）法律を無視し、法律を執行しない権限、および法律の効力を停止し、法律の執行を停止する権限が特に重要である（臣民の権利および自由を宣言し、王位継承を定める法律（高木他編『人権宣言集』［岩波書店、1957年］））.
（3）E. Wicks, *The Evolution of a Constitution*, Hart Publishing, 2006.
（4）V. Bogdanor, *Politics and the Constitution*, Dartmouth, 1996, at 3-20.
（5）J. A. G. Griffith, "The Political Constitution", (1979) 42 *M. L. R.* 121.
（6）V. Bogdanor, *Politics and the Constitution*, above note（4）, at Chap. 1 ; V. Bogdanor, *The New British Constitution*, Hart Publishing, 2009, at 3-21.
（7）M. Elliott & R. Thomas, *Public Law*, Oxford U. P., 2011, at Chap. 1 ; D. Oliver, *Constitutional Reform in UK*, Oxford U. P., 2003, at 20.
（8）それまでは、こうした状況への対応策として政権交代が機能してきたが、それが機能しえなくなったという問題がある。M. Russell, "The Left, Democracy and

the constitution", in J. Purnell & G. Cooke eds., *We Mean Power*, Demos, 2010, at 165 ; V. Bogdanor, *Politics and the Constitution*, above note（4）, at 3-20.

（9）以上につき、松井幸夫＝元山健＝倉持孝司「ニュー・レイバーとイギリス『憲法改革』」松井幸夫編著『変化するイギリス憲法』（敬文堂、2005年）3頁以下。M. Evans, *Constitution—Makng and the Labour Party*, Palgrave, 2003.

（10）以上について、松井編著・前掲注（9）で包括的に検討した。「憲法改革」全般について、V. Bogdanor, "Our New Constitution",（2004）120 *L. Q. R.*, 242 ; V. Bogdanor, *The New British Constitution*, Hart Publishing, 2009, at 23-49 ; C. Turpin & A. Tomkins, *British Government and the Constitution*, 7 th ed., Cambridge U. P., 2011, at 24-39 ; D. Oliver, *Constitutional Reform in the UK*, Oxford U. P., 2003, Chap. 1 ; M. Flinders, *Democratic Drift*, Oxford U. P., 2010, at 35-59、など。なお、本稿3、4（の一部）は、倉持孝司「イギリス憲法における『憲法上の変更』とそのプロセス」法時85巻5号（2013年）86頁以下を利用した。

（11）P. Norton, "Tony Blair and the constitution", *British Politics*（2007）2, at 269 ; P. Norton, "Introduction", in P. Norton ed., *A Century of Constitutional Reform*, Wiley-Blackwell, 2011, at 1 ; A. Seldon & D. Kavanagh eds., *The Blair Effect 2001-5*, Cambridge U. P., 2005. 改革を含めイギリス憲法の現状について、加藤紘捷『概説イギリス憲法（第2版）』（勁草書房、2015年）。

（12）The Governance of Britain, Cm 7170.

（13）The Governance of Britain, above note（12）, at 5.

（14）The Governance of Britain, above note（12）, at para. 10.

（15）The Governance of Britain : Constitutional Renewal, Cm 7342.

（16）The Governance of Britain : Constitutional Renewal, above note（15）, at para. 24.

（17）M. Russell, "The Left, Democracy and the constitution", above note（8）, at 165. 以上につき、倉持・前掲注（10）87頁。

（18）倉持・前掲注（10）87頁。The Coalition : Our Programme for Government, at paras. 24, 3. K・ユーイング「イギリスにおける連立政権の下での市民的自由」倉持＝小松編著『憲法のいま—日本・イギリス』（敬文堂、2015年）38頁以下。

（19）V. Bogdanor, *The New British Constitution*, Hart Publishing, 2009, at Chaps. 1, 2 & 11. 倉持・前掲注（10）88頁。

（20）A. King, *The British Constitution*, Oxford U. P., 2007.

（21）C. Turpin & A. Tomkins, *British Government and the Constitution*, above note（10）, at Chap. 1.

（22）Flinders, *Democratic Drift*, above note（10）.

(23) Flinders, *Democratic Drift*, above note (10).「二つの軸の立憲主義」(bi-constitutionalism) と呼んでいる。
(24) C. Turpin & A. Tomkins, *British Government and the Constitution*, above note (10), at 36.「憲法改革」において、大部分手つかずに残っている重要な側面として、君主制、国王大権、政府の構造、大臣と官僚の関係、委任立法、EUとの関係、EU法の憲法に対するインパクト、庶民院と貴族院の関係、マグナ・カルタ、1689年権利章典、1701年王位継承法などをあげる。なお、K. D. ユーイング（元山健＝柳井健一訳）「連立政権下のウェストミンスター・システム」法と政治63巻4号（2013年）171頁。
(25) Flinders, *Democratic Drift*, above note (10). この点に注目するものとして、C. Turpin & A. Tomkins, *British Government and the Constitution*, above note (10), at 37-38.
(26) V. Bogdanor, "An Era of Constitutional Reform", *Political Quarterly* (2011), at 53-64 ; V. Bogdanor, *The New British Constitution*, above note (19), at. ⅷ, 276.
(27) Lord Hailsham, "Elective Dictatorship", *The Listener*, 21 October 1976, at 497 ; Lord Hailsham, *The Dilemma of Democracy*, Collins, 1978.
(28) Bogdanor, *The New British Constitution*, above note (19).
(29) J. Baker, "Our Unwritten Constitution", *Proceedings of the British Academy* 167 (2010), at 91.
(30) Baker, "Our Unwritten Constitution", above note (29).
(31) House of Lords Select Committee on the Constitution, The Cabinet Office and the Centre of Government, 4 th Report of Session 2009-10, HL Paper 30, at para. 188。
(32) House of Lords Select Committee on the Constitution, above note (31), at paras. 207, 208.
(33) House of Lords Select Committee on the Constitution, above note (31), p. 87.
(34) House of Lords Select Committee on the Constitution, above note (31), paras. 214, 217. 以上につき、倉持・前掲注（10）89-90頁。
(35) House of Commons Political and Constitutional Reform Committee, Second Report of Session 2014-2015, A new Magna Carta?, HC 463, 2014 ; Institute for Public Policy Research, *The Constitution of the United Kingdom*, 1991.
(36) A. Tomkins, "Constitutionalism" in M. Flinders, C. Hay & M. Kenny eds., *Oxford Handbook of British Politics*, Oxford U. P., 2009, at 254.
(37) P. Munce, "The Conservative Party and Constitutional Reform：Revisiting

the Conservative Dilemma through Cameron's Bill of Rights", *Parliamentary Affairs* (2014) 67, at 80.
(38) V. Bogdanor, *The Coalition and the Constitution*, Hart Pablishing, 2011.
(39) 以上につき、倉持・前掲注（10）87頁。Munce, "The Conservative Party and Constitutional Reform", above note (37). なお、UK権利章典についての委員会報告が出された（Commission on a Bill of Rights, A UK Bill of Rights?, 2012.）。
(40) A. King, *Does the United Kingdom still have a Constitution?*, Sweet & Maxwell, 2001.
(41) Flinders, *Democratic Drift*, above note (10), at Chap. 1.

イギリス憲法と連立政権

キース・ユーイング
［訳］元山　健・柳井　健一・宮内　紀子

1　序

　2010年の総選挙は現代英国史上、最もどっちつかずの結果をもたらした。庶民院の650議席中、保守党が307議席を獲得したのに対して、与党労働党は258議席を得た。その間に立って釣合いをとったのが自由民主主義党（Liberal Democrats。以下、自民党と略する）であったが、同党は20世紀初頭以降、一度たりとも政権に就いたことがなかった。自民党は57議席を得てキング・メーカーの役を割り振られたのであるが、この種の事態に対処すべき憲法上の準則はなかったのであった。かつて1974年2月総選挙に、これに最も良く似た事態が生じたことはある。そのとき労働党は庶民院の635議席中301議席を獲得し、与党保守党政府は297議席、自由党（Liberals）は14議席を得た。このとき労働党は—連立政権ではなく—少数政権を組織して、同年末の総選挙で信任を新たに得ようとしたのであった。この総選挙で労働党は辛うじて過半数の議席を確保した。

2　政府の組織化

　「英国憲法」の公式の準則によれば、首相を任命するのは言うまでもなく君主である。通常は個々の人物（男性であれ女性であれ）について選択が行われるが、憲法習律によれば、任命されるべき人物は最多数議席を有する政党の党首であり、同時に往々にして、過半数の議席を有する政党の党首である。しかし1923年、1929年、そして1974年（あるいは2010年も）に起こったように、最多数にして過半数という絶対的過半数を有する政党が存しない場合、どういうことになるのであろうか。憲法の見方は明確である。現に政権にある首相が

(1923年、1929年、1974年そして2010年のときのように）政府を組織できない場合、最多議席を有する政党の党首（男性であれ女性であれ）が政府を組織し得るのであれば、まず女王はその人物を選択しなければならない。しかし最多議席を有する政党の党首が政府を組織することができない場合には、女王は庶民院の信任を得られる可能性が最もあると思われる政党の党首に首相就任を打診しなければならない。

　こうした準則や原理の背後には、実は一つの単純な準則または原理が隠されている。それは、即ち、女王は庶民院の信任を確保することができる人物を首相に任命しなければならないということである。(3) 通常は、それは過半数の議席を有する政党の党首ということになろう。というのは、庶民院の信任を得ることができるのは、彼または彼女しかいないからである。絶対的過半数を有する政党がない場合、状況はさらに一層難しくなるのであって、女王の選択は、最終的には、少数政党がどの政党の党首を支持する意思があるかにかかってくることになるであろう。1923年に258議席という最多議席を得たにもかかわらず、保守党は自由党（158議席を得た第三党）の信任を得られなかった。自由党は、保守党ではなくて、政権に就いていた労働党（191議席）を幾分であれ支持する意向だったのである。この労働党政権は、結局、わずか10ヶ月しかもたなかった。(4)

　2010年、女王は賢明にも、問題の解決を政党の党首たちに委ねた。その結果として、ゴードン・ブラウン（Gordon Brown）とニック・クレッグ（Nick Clegg）の間、そしてニック・クレッグ（Nick Clegg）とデビット・キャメロン（David Cameron）の間で一定期間、ともに激烈な議論が、展開された。1931年来初めて、平時連立政権を作ろうというニック・クレッグとデビット・キャメロンの合意はその結果である。かくしてデビット・キャメロンが、庶民院の信任を確保することができるただ一人の党首として、女王により首相として任命される道が開かれたのである。私は、このプロセスは正しい結果をもたらしたと考えている。というのは、なるほど保守党は307議席しか確保できず、36％の得票しか獲得していないけれども、しかしそれは労働党政権に対する5％のゆり戻しになり、それによって91議席、およそ200万票が労働党から離れた結果だからである。それだけでなく、仮に自―労連立政権が成立したとして

も、それは庶民院で半数に満たない議席しかないという情けない立場に追い込まれていたであろう。⁽⁵⁾

3　イギリスシステム—基本諸原則

　さてここでの問題は、英国型統治システムが、連立政権または少数政府を維持することができるか、あるいはこれに耐えられるか、という問題である。⁽⁶⁾これに対する私の最初の応答は、この2つの間に何かしら矛盾があるとは思えないということである。つまり、政府の形式と政府の構成との間にいかなる不一致もないというのが私の見方である。政府の形式は、政府与党が結局は長続きしなかったということが時にあったとしても、依然としてかなり安定している。この安定性は、私の考えでは、その柔軟性と適応性、そして政治的変化に順応する能力を反映していると思われる。したがって英国システムは、連合王国の民主主義以前の時代にその起源があるとはいえ、その内部で民主的構造を発展させることができ、制度構造を根本的に変更することができる、そういうシステムでもあるのである。⁽⁷⁾

　英国型統治システムは、本質的にいって、厳格な権力分立概念とはなじまないシステムであり、また、強力な執行府の活動にその基礎を有するシステムである。⁽⁸⁾この目的からして、ウェストミンスター型統治システムには3つの必須の特徴があると私は考えている。

- 政府の大臣は国会議員でなければならず、彼らはその職務の執行に当たって国会に対して、個人として、また集団として、責任を負っている。⁽⁹⁾
- 主権的国会はおよそいかなる法であれ、これを制定する、又は制定しない権限を有しており、また、政府に歳出予算を付与し、又はこれを付与しない権限を有している。⁽¹⁰⁾
- 政府は、司法部により執行される法に従って活動しなければならないのであって、司法部は機能的に政府から独立していなければならない。⁽¹¹⁾

かくてウェストミンスター・システムには鍵となる3つの特徴があることになる。即ち、責任政府、主権的国会、そして法を遵守する政府の3つである。

　この原則の枠の範囲内で、様々な制度形式がありうる。かつては大臣の補給源は、庶民院又は貴族院のいずれかであったといえよう。だが今日は、大臣は

主として、政府が責任を負うべき民主的議院である庶民院から供給されるべきだと考えられている。必ずしも常に真理であったとはいえないが、それでも、総理大臣とその他の主要閣僚が庶民院出身でないことは、現在、考えることはできない。大臣の国会に対する責任に関しても、規定された形式はないのであって、これもまた、発展をし続けている。伝統的には、これは国会における質問、討論、歳出予算法案の票決、究極的には信任投票という形式であったかもしれない。しかしもっと現代になると、国会が政府省庁の活動を一層しっかりと監督することができるように、1972年に特別委員会が設置されたことで、省庁別の活動を一層厳しく審査する形式が採用されている。[12]

国会に関しては、英国システムはいかなる特定の議会形式も求めるものではない。ニュージーランドの場合がそうであるように、一院制の立法府があるからといって、それが英国システムと相容れないようには思われない。同じく連合王国の場合がそうであるように、二院制の立法府があるからといって、それが英国システムと相容れないようにも思われない。それだけでなくウェストミンスター・システムは、第二院の構成についても、いかなる形式も定めてはいないのである。カナダと連合王国の場合のように、第二院は指名制で選挙によらないこともあるし、あるいはオーストラリアのように、直接公選されることもある。さらにまた英国システムは、下院の構成についても何か特定の方法を定めているわけでもない。様々な選挙制度の形式が英国型統治システムに完全に合致するように思われる。だからカナダと連合王国では、伝統的な小選挙区制（first past the post voting system）が機能しているのを見ることができるし、オーストラリア人は「選択投票制（alternative vote）」を用いているし、ニュージーランド人は小選挙区比例代表併用制（additional member system）と呼ばれる制度を採用しているのである。[13]

連合王国では（英国システムを採用したその他の国々の場合と同様）、少数政権を経験したことがあり、それは平時において、通常、かなり不安定であった。ウェストミンスター・システムの発展・適応力に鑑みると、連立政権の制度が英国システムの基底に存する諸原則と抵触するとは私には考えられない。実際に、この連立政権という制度は、たとえ選挙制度改革がなくても、われわれが使いこなさなければならない代物になるかもしれない。市民が特定の

政党を支持し続けることは段々廃れてきていて、有権者は従来に比して、その投票を進んで他党に切り替えようとしているように思われる。小政党の乱立化も起こっており、そのうちの幾つかは国会の議席を得ることもできる。有権者の特定政党への堅い支持が失われた場合、そのことがどれか1つの政党が庶民院で絶対的過半数を確保する力能に対して将来的にいかなるインパクトを与えることになるのかについて語るのは時期尚早であるかもしれないけれども、ウェストミンスター・システムが政党政府の新たな形式のもたらす諸現実に適応し得ないと信ずべき理由は存在しない。庶民院が「バベルの院」（House of Babel）になるリスクもあるだろう。

　それゆえ連立政権は、英国システムの基底にある諸原則と何ら矛盾するものではないというのが私の意見である。いずれにせよ実際には、およそ政党というものは諸利害の非形式的な連合であるし、かつまた、すべての単一政党政府は、政府をまとめ上げていこうとすれば、自党の中で広範な問題を考慮に入れなければならないのである。さらに幾つかの政府与党は、実際、まるで緩やかに集まっただけの別個の政党の連合体であるかのごとき様相を呈していた。これは近年のメイジャー政権（保守党）とブレア政権（労働党）に当てはまるように思える。なるほど連立政権は、単一政府よりも広範に政党間利害を考慮しなければならないし、その際には、連立に参加している各政党の外縁部分を取り込まねばなるまい。こうした様々な利害を取りまとめる政党指導者たちの力量が、連立政権が成功するか否かを決定づけるのである。とはいえこれは政治問題であって、憲法問題ではないし、およそ統治というものに付物の問題である。

4　イギリス憲法と連立政権

　ゆえに、われわれが課題とするべきであるのは、連立政権が英国憲法の基底にある諸原則に抵触するか否かという議論ではなく、2010年の総選挙以降の連立による憲法改革の内容が英国憲法に抵触するか否かということになる。両党党首間の合意に基づいて、両党は政府の政策策定の交渉に入ったが、これには憲法および政治改革にかかわる幾つかの重要な取り決めが含まれていた[14]。まずは、最初に問題にすべき点であるが、新たに選出された国会は5年の任期を全

うするという、類例がないとまではいわないが、まず普通はしないような約束が、その合意には含まれていたことである。これはどちらかの党が政治的に自党に有利であると思われる時点で、連立を解消することを不可能にする狙いがあるし、それだけでなく、両党に対して建設的な長期的関係に入ることを求めることになるであろう。

　この合意は、2011年国会任期固定法（Fixed-term Parliaments Act 2011）をもたらしたが、同法は次回総選挙期日を2015年5月7日に行うことを宣言しただけでなく、今後のすべての総選挙は5年毎に定期的に行われるものとすると宣言している。[15]この規定は、首相の総選挙期日の決定権を排除する重要な規定である。[16]ゆえに、総選挙期日は今や、連立政権のパートナー同士によって決定済みであって、しかも法律に明記されている。従来首相は、総選挙を実施するため、議会を解散させる国王大権の行使を女王に助言する排他的な権限を有していた。その権限を行使するにあたり、首相は閣僚に意見を求めるであろうが、しかし、自身または自党にとって最も有利に選挙を運べるようにその権限が行使されると考えられてきた。

　しかしだからといって、2011年国会任期固定法の下、任期満了前に総選挙が行われる可能性がないということにはならない。第一に、同法の規定によれば、庶民院議員の3分の2の多数決により動議が可決されれば、当該動議に従って、任期満了前に総選挙を行うことができるのである。[17]これが実質的に意味するところは、連立二党が合意すれば、早期の総選挙は行えるということである。なるほど、連立両党は合わせても3分の2の議席を有しない。しかし、連立が解消され、首相が選挙を求める場合、野党労働党がこれに反対することは想像しがたい。国家を統治可能にしておくことが、すべての議会人—与党および野党も同様に—にとっての義務なのである。

　さらにもう一つ、政府が庶民院で信任動議に敗北を喫した場合にも早期の総選挙がありうる。[18]しかもこの動議は単純過半数投票に基づいて行われることになるので、実際には、連立政権が崩壊して、自民党が政府を引きずりおろすべく労働党に加勢するという成り行きの中ではじめて、提出されることになるであろう。2011年国会任期固定法は、国会の決議が有効であるためには特別多数決が必要だと定めていて、一見すると重要な憲法上の革新であるようにみえる。

私の知る限り、これは前例のないことであるが、とはいえ、特定の方策がとられるに先立って特別の多数決が求められる可能性については、かつて憲法研究者が研究したことがある[19]。

しかし、2011年国会任期固定法は通常の国会制定法であって、したがってその他の国会制定法と同一の手続で廃止することができることを、重要なこととして指摘しておくべきであろう。2011年法の廃止に先立って、特別多数決が必要だとの示唆はどこにも見られない。2011年法は、結果的には、現職の首相の解散権に縛りをかけてはいるが、それは彼が将来的にもこの縛りを受け入れる意思がある場合に限ってのことである。したがっていうまでもないことながら、現職の総理大臣が国会での過半数を掌握して、同法を廃止しようとすれば、廃止することができるという条件付きでのことなのである。もし上述の分析が正しければ、2011年国会任期固定法は、それゆえ連立政権を固めるための法的な方策以上のものではないように思える。そこでは最多議席を有する政党の党首が、総選挙の実施が自党の利益にかなうときに、総選挙に打って出る権利が、実質的には容認されているからである。

同法はそれ自体としては、自民党および連立政権の副首相となったニック・クレッグ党首による交渉の大きな成果である。しかしながら2011年国会任期固定法は将来の国会を拘束しない。将来の国会はこれを廃止することができるのである[20]。将来の国会が2011年法の廃止法案を提出することは政治的には困難であるかもしれないが、そうすることはいつでも可能である。なぜなら同法は、両党それぞれが抱えていた特有の政治的問題に対処すべく、両党党首間でなされた私的な合意の中での特定の約束に応えるものであったからである[21]。しかしもっと大切なことは、庶民院議員の過半数の信任を政府が失った時には、2010年に選出された国会が政府を退陣させることを、2011年法は阻止しないということである。

5 連立政権と憲法改革——ヨーロッパ

既述の仕方で政府の政策綱領を固めることのほかに、連立政権は実質的な憲法改革にいかなるコミットメントをしているのだろうか。憲法改革は自民党の熱愛するところであるが、連立合意は両党の志向に対応するものであるか

ら、これは保守党右派としては欧州に関して、「煽動的な争点（red meat）」を投げ込まれることになった。この点は2011年EUに関する法律（European Union Act 2011）にみることができるのであって、同法はEUの権力の増大とそれに伴う英国の国家主権の侵害に対する保守党平議員たちの重大な懸念に応ずるものであった。この懸念は2007年のリスボン条約（Treaty of Lisbon）時点で沸騰点に達した。このとき多くの国民は、当時の労働党政府が連合王国が条約を批准するには、それに先立ってレファレンダムを行うという約束を破ったと感じていた。

　2011年EUに関する法律は2つの憲法的革新を導入したと考えられる。それらはいずれも、国家主権および——本稿の目的からはそれより重要なのだが——国会と人民の主権を主張しようとするものであった。(22)憲法原則に関わるレベルでは、2011年EUに関する法律は第18条で以下のように定めている——

　「直接適用または直接効あるEU法（即ち、1972年ECに関する法律（European Communities Act 1972）第2条第1項に言及されている権利、権限、責任、義務、制約、救済手段及び手続）は、1972年法の効果により、または、法的に承認されまたは適用しうることをその他の制定法により要求される場合にはじめて、連合王国において法として承認されて、適用されることになる。」

　この規定はどちらかといえば無意味で同義反復的な規定であり、自明なことを述べているにすぎない。欧州連合法は連合王国で直接効を有しており、英国の裁判所で適用可能なのは、国会制定法の力によるものであり、それのみによって可能になるものだからである。(23)

　問題の国会制定法は1972年ECに関する法律であって、同法は直接効あるEU法（たとえばEU諸条約中の諸規定）は同法によって直接効を有するものとすると規定している。(24)1972年法（皮肉なことに保守党によって導入されたことは銘記しておいてもよいかもしれない）はまた、直接効あるEU法はこれに反する国会制定法に対して優位すると定めている。(25)これは幾人かの注釈——私の考えでは間違っている注釈だが——によれば、国会主権への直接的脅威として見られている規定である。なるほど裁判所は、共同体法に反している国会制定法の適

用を拒んできた。しかし私が国会主権は無傷のまま存続していると信ずるわけは、国会は常に国会制定法の中で、当該制定法がEU法の下で生じるいかなる義務に対しても優位すると述べることができるからにほかならない。このような状況の下では、裁判所の義務は国会制定法に従うことになるのである。

　2011年EUに関する法律の他の規定の方が恐らくより現実的で、したがって、より論争的かつ斬新である。しかしこれらの規定はまた、欧州から権限を取り戻すことと国会主権を主張する保守党のいくつかの党派の要求に関わっている。これは、国家主権を犠牲にして、現在以上にEU諸条約を修正したり、または、EUの諸制度の権限を拡大しようとする場合には、まず最初に、国会制定法によって、かつ、レファレンダムによって、承認を得る必要があるという要求である。これは単なる諮問的レファレンダムではなくて、レファレンダムが実施されて、その結果が批准に賛成であることがわかるまで、政府は条約を批准してはならないという要求なのである。これは実質的に、人民に政府の行為および国会の意思に対する政治的拒否権を法的に付与するものであり、したがって、国会主権を犠牲にして人民主権を擁護するものとみることができるかもしれない。

　このような手続の下、国会は条約を承認するかもしれないが、人民はこれを拒否することができる。その場合、国会の意思は人民の意思に譲歩しなければならない。このような目的の下、2011年EUに関する法律は（ⅰ）EU諸条約を修正する新たな諸条約、および（ⅱ）欧州条約（Treaty of European Union＝TEU）の権限による現行条約への改正を区別している。2011年法第2条はTEUまたは欧州連合機能条約（Treaty on the functioning of the European Union＝TFEU）を修正するいかなる条約も以下の要件を満たさなければ批准されないとしている。それは、（ⅰ）国会に提出される、（ⅱ）国会制定法により承認される、および（ⅲ）「レファレンダムの要件」または「免除の要件」のいずれかを満たしていること、である。「レファレンダムの要件」とは、条約の承認を規定するいかなる制定法も、その条約の適用をめぐりレダレンダムが行われ、その結果、多数派が批准に賛成であることがわかるまで、効力を発しないとするものである。

　国会制定法による国会での承認およびレファレンダムの両方の要求に加え、

2011年法第7条は、国会制定法によりまず承認されなければならない決定があると規定するが、もっとも、それは国務大臣が賛成する前のレファレンダムまでは求めていない。賛成される前に国会制定法により承認されなくてはならないとするTFEUの下での決定には4つの分類がある（欧州市民の権利および欧州議会の選挙の権利に関連する問題も含む）。そして、国会制定法により承認されない限り、国務大臣により支持されてはならないとするTEUおよびTFEUの下での決定草案には別の6つの分類がある。いくつかの類型はあるが、このように国会制定法の根拠なしに国務大臣がEUのイニシアティブを支持することを制限することが、標準的な手順となっている。

6　連立政権と憲法改革―国会

　それでは、自民党は連立合意から何を得たのか？2011年国会任期固定法を別とすれば、保守党ほどのものは得ていない。たしかに、連立プログラムは自民党の2つの主要な関心事に向けられていた。選挙制度改革と貴族院改革である。自民党は、選挙制度改革について特別に強い利害関係を有している。なぜなら、小選挙区制の下で、自民党は獲得できる得票数に比べて過少な議席数を強いられるからである。たとえば2010年の総選挙においては、自民党は庶民院において23％の得票率の下で10％の議席しか得ることができなかった。しかしながら、連立合意は、全国レベルでの投票を立法府に最低限反映するであろう選挙制度（選択投票制 alternative vote）を提案した。選択投票制の下では、全国は一人選出の選挙区に分割される。

　この制度を採用する唯一の主要国はオーストラリアであるが、そこでは世界中で最も強力な二大政党制が作り出され、小選挙区制をとる連合王国よりも小政党が活路を見出すことが遥かに困難であることが指摘されている。[32]しかしながら、2011年国会選挙制度および選挙区法は、「レファレンダムにおいて『反対』という回答よりも『賛成』という回答への投票が上回った場合には」[33]、現行の選挙制度を変更するための命令を提出する義務を課していた。国民投票は2011年5月5日に予定通り行われ、現状を支持する投票が上回った。変更への賛成票が約610万票、反対票が約1300万票であった。多くの人々は無関心であったと思われ、投票率が41.9％であり、このことは選挙制度改革が有権者のわ

ずか12％からしか支持されなかったことを意味している。

　500選挙区のうちで、賛成が多数を占めたのはわずか10選挙区（ケンブリッジとオックスフォードを含む）であった。結果として、選挙制度を変更するための試みがなされるまでにはなお長い時間がかかることとなった。比例代表的な国会を作り出すこと、また個々の選挙区において多数によって支持された国会議員を選ぶことに失敗したこと、さらに新しい政党や小政党の参入への障壁となるにもかかわらず、小選挙区制には単純性という長所がある。多くの人々が現在ではこの制度を旧式であるとみなしているとしてさえ、そうである。もしレファレンダムの結果が異なっていたら、あるいは別の種類の選挙制度が選ばれていたらどうであったかはわからない。だが、スコットランド議会の新しい選挙制度は、より比例代表的な立法府をもたらすべく比例代表併用制（additional member system）と呼ばれる制度を取り入れつつも、重要な小選挙区制的要素を保持していることが銘記されるべきである。[34]

　自民党によるもう一つの重要なイニシアティブは貴族院改革に関するものであり、連立合意によれば両党は「比例代表に基礎をおく、完全にもしくは主に選挙された上院という提言を実行する」としている。目下のところ、貴族院については「直近の総選挙において政党の得票比率が反映」されることを確保するための方途がとられるようである。2011年4月1日現在、貴族院は89名の世襲貴族、25名のイングランド国教会の主教および歴代の首相の助言により女王によって任命された678名の一代貴族によって構成されている。このような状況が貴族院を世界最大規模の議院にしていると考えられ、もし政府が民意を「反映した」制度改革を実行した場合には議員数はさらに膨れ上がる。2011年4月1日時点で、保守党は全体のわずか28％、自由民主党は12％を占めているに過ぎない。

　1997年から2010年の労働党政権は、貴族院改革についていくつかの対応を行った。1999年には世襲議員の数は92名に減じられた。[35]また、2005年には法服貴族が最高裁判所の設立に伴って貴族院を去った。しかし、完全にもしくは部分的に選挙された議院を目指したより急激な変革は以下の理由から達成が困難であった。政治的なコンセンサスの欠如や、貴族院の同意なくして改革の進展は望むべくもないが、その同意自体の調達が困難だったのである。しかし、〔キ

ャメロン〕首相が保守党と自民党の代表を増やすためにより多くの貴族院の任命を続ける一方で、貴族院改革法案が2012年に提出された。これによると導入段階として、貴族院の360議席が直接に選挙で選ばれた議員となり、さらに90人が指名され、12人の主教および人数が不確定の閣僚議員が設けられることとなっていた。

　これらの提案は何年かかけて徐々に実施される予定であった。そして、選挙により選ばれる議員が15年ごとに選出され、改革された議院の議席の3割に対して5年ごとに選挙が行われるというものであった。本提案により庶民院の優位性には影響はなく、また、貴族院の権限を変えることもなく、1911-1919年国会法が変わらず有効であることは明示的に規定されることになっていた。選挙制度は欧州議会が用いていたものと同じ手法を採用することになっていた。これによりグレート・ブリテンは、10の地域選挙区に分割され、各地区から選挙名簿により議員が選出されることになっていた。本法案は連立合意の規定を履行するために作成された政府法案であったにもかかわらず、保守党平議員から強い反対に直面し、第二読会後に撤回された。それにもかかわらず、やはり、それは扱いにくい問題への的確な解決方法であった。

7　連立政権と憲法改革—人権

　最後に考察の対象となるのは、市民的自由および人権に関する領域であり、連立政権は安全保障に過敏であった労働党政権の自由抑圧的な政策を一部を押し戻す提言していた。提言の中には、IDカード計画の廃棄やナショナル・アイデンティティの登録、CCTVカメラの規制、そして警察によるDNAデータベースのついての保護手段が含まれている。非暴力的抗議の権利を「修復」することや反テロ立法の誤用への保護手段を導入することも提言されている。2012年自由保護法により多数の変化がもたらされたものの、われわれは政府の誇張に欺かれるべきではない。これら変革の多くは、いずれにせよヨーロッパ人権裁判所（European Court of Court of Human Rights＝ECtHR）の判決の結果として必要だったものである（たとえば、DNAデータベース、反テロ法の運用）。実際、政府は前政権と全く同様の傾向を明確に示し続けており、全てのインターネット利用やEメールの通信について監視する諜報機関の権限

の拡張などを提言している。

　人権は近年、際立って論争の的になっている領域である。制定法の構造についてみてきたように、英国憲法のシステムの中で国会主権の法的原則は保たれており、裁判所は人権の見地から制定法を無効にする権限を欠いている。しかし議論は進展し、そして現在、ヨーロッパ人権条約（European Convention on Human Rights＝ECHR）およびストラスブールの裁判所の法体系は概して、政治的意味として国会主権をおびやかしているとする一般的懸念が支配的である。裁判官たちはこの議論に取り組み始めており、裁判官の中には、人権条約上の諸権利を国内で適用するに際しての相違を認めるために、ストラスブールの裁判所よりも緩やかなアプローチを主張する者がいる。

　後者は司法権の範囲を拡張しようとする判事には論争の的になる立場であり、人権法（Human Rights Act＝HRA）が人権規範を強化するよりむしろ国内法において希薄化させる媒介となりうるとの懸念につながるのである。しかしながら、それは支払わなければならない政治的対価なのであろう。「人権」が連立政党を分裂させる原因であることは誰しも知っていることである。連立政権の保守党側の多くはECHRやHRAに敵意を表している。他方、自民党はその両方を概して支持している。移民に関する決定について、ECHR 8条の実施のための指針を提供するため2012年移民規則改正の試みを受けて、憲法上の原則という祭壇の上で敗れた内務省こそが、困難を感じているということは公然の秘密である。

　「人権問題」のより広範な局面に取り組もうとするいくつかの試みを、政府の連立プログラムに見出すことができる。そこで両政党は、「ヨーロッパ人権条約の下でのわれわれの義務を受け入れ、これを基礎とし、権利が英国法に記され続けることを確固たるものとし、そして英国的自由を保護かつ拡張する(42)」とする英国権利法典の創設を調査する委員会の立ち上げに同意していた。連立政権の存続期間中に、しかしながら、両者の違いがはっきりと表れるようになり、保守党議員の中にはECHRから離脱するように公然と（信じがたいけれども）求める者がいる。ECHRおよびHRAも両者ともに新聞産業からの異常な悪意の対象となっている。

　そのような誇張は政府および新聞の両者が強く反対するECtHRの決定によ

りたきつけられたものである。特に重大なことは在監者の投票権の制限に関する緩和を求める決定であった。⁽⁴³⁾過激派であるアブ・カタダ（Abu Qatada）の引き渡しを阻止する決定も同様である。⁽⁴⁴⁾この加熱した雰囲気の中、権利章典が両政党にあるはっきりとした違いを解決することは、到底見込めない。引退した上級公務員が議長を務め、最後はもっぱら9人のQCで構成された委員会は全員一致の報告書を作成することができなかった。⁽⁴⁵⁾なるほど、メンバーのうち1名から、9人中7人が「[われわれ]特有の歴史や境遇を反映する文言で記された連合王国の権利章典に肯定的」⁽⁴⁶⁾であったと報告されていたにもかかわらず。

　政府の観点からは、これはおそらく悪い結果ではない。委員会が存在することで、見解の分かれている問題について、解決はできないまでも、それに対応し、何がしかの手を打つことができる。同委員会はいずれ純粋に政治的な理由から保守党を引き付けることになるであろう変革の青写真は提出した。それはHRAの大部分の表現を、おおむね同様の他のものにうまく取り替えるためなのである。HRA変更の国内法へのインパクトは、かなりの部分連合王国がECHRの当事者として留まるのか否か次第ではあるが、たとえこの〔人権〕条約の当事者でなくなったとしても、ECtHRの法体系がこの国に影響を及ぼし続けると信じるに足りる根拠がいくつもある。⁽⁴⁷⁾

8　結　語

　英国の憲法は状況に順応続けている。憲法改革は進展を続けており、その中で政治制度は憲法原理と一貫するように絶えず更新されてきた。⁽⁴⁸⁾われわれが連立政権の下での5年間に目撃したのは、総選挙がいつ行われるかを決定する自らの（しかし庶民院のではない）権限を放棄する首相であり、EUに関する政府の決定についてより多くのコントロールを行う庶民院であり、より民意を代表する議院を目指した諸提言であった。いくつかの重要な提案（特に、選挙制度改革および貴族院改革にかかわるもの）は不首尾に終わったにもかかわらず、これらのうちのいずれについても憲法上の根拠について議論することは難しい。

　これは、労働党も直面しうる非常に中立的な問題である。しかしながら、レファレンダムをより頻繁に実施したいというような、新たな地平を切り拓く提

言もある。2011年の選挙制度についてのレファレンダムは、1975年以来のものであり、われわれは現在、将来のEU条約についてレファレンダムを行う義務を負っているのみならず、加えて、2014年9月18日にもスコットランドの独立についてのレファレンダムが行われた。[49]スコットランドの人々は、55対45で独立に反対に投票したが、しかしながら、レファレンダムは非常に重要な出来事であった。独立賛成派がキャンペーンを広めていた間に関心が一点に集中し、政治的秩序の中に突然の恐怖が一気に創出されるという事態が生ずる一方、スコットランドの政治は活気づいていたということである。

重要事項についてしばしばレファレンダムが行われることのみならず、それが政府と議会に対して拘束的な影響力を持つことも明らかである。より重要なのは2011年EUに関する法律の規定であり、それは人民が議会の権限に対する拒否権を有することを先取りしている。しかし、重大な決定に関する権力が、表面上は人民に移行しつつある一方で、権力は同様に国内および欧州の両方の裁判所にも移行している。政治のますますの司法化（これを連立政権は止められないと私は思う）、（人民主権の名の下に）ポピュリズムに訴えることは、伝統的に実践されてきたように英国型統治システムを何らかの圧力の下に置くであろう。しかしながらそのような圧力は、司法の自制とレファレンダムがそれほど頻繁には必要とならないことで軽減されそうである。[50]何が起ころうとも、英国憲法は連立政権の下でも生き延びるであろう。

注

（1）ここで論じられる争点の背景を知るには、以下の文献を参照。V. Bogdanor, *The Coalition and the Constitution*（2011）.
（2）詳細については、以下の文献を参照。A W Bradley and K D Ewing & C J S Knight, *Constitutional and Administrative Law*（16th ed, 2015）, ch 10B.
（3）Ibid, p. 242-3.
（4）以下の文献を参照。R. Lyman, *The First Labour Government*, 1924（1957）.
（5）詳細については、以下を参照。R. Blackburn, 'The 2010 General Election Outcome and Formation of the Conservative-Liberal Democrat Coalition Government' [2011] *PL* 30. Bradley, Ewing & Knight, above, ch 10Bも参照。
（6）本稿における「イギリスシステム（British system）」の定義は以下の通り。「ウ

ェストミンスター・システム (Westminster system)」として他国に普及または受容されたもので、著名な例として、オーストラリア、カナダ、ニュージーランドなどがある。これらは英国型統治システムの重要な諸事例であり、重要な共通点として「責任政府」という原則を維持している。この点こそがイギリスシステムの鍵であると私は考えている。ただし、これはイギリスシステムのみに見られる特徴ではない。

(7) 良質の歴史書にして古典的解説として、以下の文献を参照。J. P. Mackintosh, *The British Cabinet* (3 rd ed, 1977).

(8) 同じく参照；Mackintosh, Ibid, and J. P. Mackintosh, *The Government and Politics of Britain* (4 th ed, 1977).

(9) 以下の文献を参照。Bradley, Ewing & Knight, above, ch 5.

(10) Ibid, chapters 3, 8.

(11) Ibid, chapter 4 C.

(12) 特別委員会制度の説明に関しては、同じく参照、ibid, ch 8 E.

(13) オーストラリアでは、「優先順位投票制 (preferential voting)」と言われている。

(14) The Coalition, *Our Programme for Government* (Cabinet Office, 2010), available at http://www.cabinetoffice.gov.uk/sites/default/files/resouces/coalition_programme_for_government.pdf.

(15) 2011年国会任期固定法第1条第2項、第1条第3項。

(16) 総選挙期日について女王に助言する総理大臣の権限に関しては、以下の文献を参照。Bradley, Ewing & Knight, above, pp. 245-6.

(17) 2011年国会任期固定法第2条第1項、第2項。

(18) 同上、第2条第3項、第4項—1979年、キャラハン政権が不信任投票にしたがって総辞職したのと同様。

(19) 以下の文献を参照。W. I. Jennings, *The Law and the Constitution* (5 th ed, 1959), pp. 145, 153, 161.

(20) いかなる国会も後の国会を拘束し得ないというのは基本的な原理だが、これは国会主権の原理の賜物である。以下の文献を参照。Bradley, Ewing & Knight, above, pp. 57-59.

(21) 問題の私的な合意が上述の連立合意である。

(22) 以下を参照のこと。M. Gordon and M. Dougan (2012) 37 *European Law Review* 3.

(23) 詳細な解説は以下を参照。Bradley, Ewing & Knight, above, p. 143.

(24) 1972年ECに関する法律第2条。

(25) 同上。

(26) *R v Secretary of State for Transport, ex p Factortame (No. 2)*〔1991〕1 AC 603.
(27) 以下の判例を参照。*R (HS2 Action Alliance Ltd) v Secretary of State for Transport*〔2014〕UKSC 3,〔2014〕1 WLR 324.
(28) より十全な議論については、以下の文献を参照。Bradley, Ewing & Knight, above, ch 6 D.
(29) 2011年EUに関する法律第2条。
(30) 実際にレファレンダムの義務が適用される13項目のリストがある。
(31)「免除要件」とは、修正が免除される法律が、条約の改正が2011年欧州連合法第4条の範囲内にはないと明記していることである。
(32) 以下を参照。G. Orr and K. D. Ewing, Written Evidence to Political and Constitutional Reform Committee on Parliamentary Voting System and Constituencies Bill, HC437 (2010-11).
(33) 2011年国会選挙制度および選挙区法第8条。
(34) 1998年スコットランド法　第1条、参照。
(35) 1999年貴族院法；Bradley, Ewing & Knight, above, ch 7 I.
(36) 北アイルランドは異なる規定となる。
(37) これらの措置の背景については、K. D. Ewing, *Bonfire of Liberties : New Labor Human Rights and the Rule of Law*（2010）を参照。
(38) The Coalition, *Our Programme for Government*, above, p. 11. 同意の1章分全てが「市民的自由」に充てられている。
(39) *S and Marper v United Kingdom*〔2008〕ECHR 1581；*Gillan and Quinton v United Kingdom*〔2009〕ECHR 28.
(40) この点についての考察は以下で存分に行っているので参照。Bradley, Ewing & Knight, above, ch 14.
(41) たとえば、以下を参照。*Home Secretary v Izuazu*〔2013〕UKUT 45, *MF (Nigeria) v Secretary of State for the Home Department*〔2013〕EWCA Civ 1192,〔2013〕WLR (D) 380.
(42) The Coalition, *Our Programme for Government*, above, p. 11.
(43) 特に以下を参照のこと。*Hirst v United Kingdom (No.2)*〔2005〕ECHR 681, (2006) 42 EHRR 41.
(44) *Othman v United Kingdom*〔2012〕ECHR 56, (2012) 55 EHRR 1；*Othman v Home Secretary*〔2013〕EWCA Civ 277.
(45)（議長以外の）QCではないメンバーはMichael Pinto-Duschinsky博士のみであった。彼は委員会が報告する前に辞職している。*The Guardian*, 11 March 2012. 報告書については、Commission on a Bill of Rights, *A UK Bill of Rights?-The*

Choice Before Us（2012）を参照。
(46) *BBC News*, 18 December 2012.
(47) 以下を参照。C. Gearty, in Campbell, Ewing and Tomkins (eds), *The Legal Protection of Human Rights : Sceptical Essays*, ch 23. 委員会の報告書にまつわる諸問題の複雑性およびより一般的な問題についての優れた考察として、H. Fenwick, 'The Report of the Bill of Rights Commission : disappointing Conservative expectations or fulfilling them?', *UK Const L Blog*（21 March 2013）(available at http://ukconstitutionallaw.org) を参照。
(48) 以下を参照。K. D. Ewing, 'The Politics of the British Constitution' [2000] *PL* 405.
(49) スコットランド独立レファレンダム法。
(50) 司法の自制については以下の文献を参照。F. A. Mann Lecture, 2011, by J. Sumption QC, 'Judicial and Political Decision Making-The Uncertain Boundary : http://www.legal week.com/digital_assets/3704/MANNLECTURE_final.pdf. サンプションは現在最高裁判所の裁判官である。これに対する応答として、参照。Sir Stephen Sedley, 'Judical Politics', London Review of Books, 23 February 2012.

第2章
イギリス憲法の「現代化」と憲法理論・憲法原則

イギリス憲法の「現代化」と憲法理論

愛敬　浩二

1　本稿の課題

　トニー・ブレア（Tony Blair）首相の主導のもとでニュー・レイバー政権が「憲法改革」に着手して以来、20年近くの歳月が流れた。ブレア政権によれば、「憲法改革」の目的は、「イギリス憲法の現代化」にあった(1)。2005年に公表した拙稿「イギリス『憲法改革』と憲法理論の動向」の中で私は、「憲法改革」前後のイギリス憲法理論の動向を整理・分析したうえで、その後の「憲法改革」の進行に伴う理論的諸課題について展望したことがある（以下、「2005年論文」と略す)(2)。本稿では、2005年論文以降に書き溜めた拙稿を整理することで、イギリス憲法の「現代化」のもとでの憲法理論の動向についての一つの見方を提示してみたい(3)。

　以上のとおり、本稿は2005年論文の続編としての性格を有するが、問題関心の在処は異なっている。このテーマについての研究を始めた当初、とりわけ興味を惹かれたのは、「イギリス憲法の立憲主義化」を進めるうえで重要なステップとなるであろう1998年人権法（Human Rights Act 1998. 以下、「人権法」と略す）の導入に対して批判的な論陣を張る憲法学者の存在であった(4)。私がかつて、「イギリスは硬性の成文憲法典が存在しないからこそ、『立憲主義と民主主義』という問題をめぐって生産的な理論的論争が行われつつあり、そこには魅力的な民主主義憲法学の萌芽さえみて取れる」と書いたのも、当時の問題関心の反映であった(5)。ただし、私の問題関心はその後、イギリスを「準拠国」として日本憲法学に対して何らかの問題提起を行うことよりも、「独特の憲法」(6)をもつ「例外国」の憲法議論を紹介・検討することを通じて、日本の憲法議論のあり方を相対化することへとシフトしている。

　本稿の課題は、比較憲法研究としては、イギリス憲法の「現代化」のもとで

のイギリス憲法理論の動向を整理・分析することにあるが、私自身の問題関心からいえば、「例外国＝イギリス」の憲法理論を紹介・検討することで、日本憲法学において語られる「民主主義の復権」のための議論の地平を僅かなりとも広げることにある。

2 「憲法改革」後の憲法理論の二潮流

次節以下での考察の便宜上、本節では、2005年論文で示したイギリス憲法理論の整理・分析の視点を確認しておきたい。(7) 従来、日本で紹介されてきたのは、A. V. ダイシー（A. V. Dicey）のように裁判所（法の支配）を重視する学説を「伝統的アプローチ（法的憲法観）」、アイヴァ・ジェニングス（Ivor Jennings）のように議会制民主主義（国会主権）を重視する学説を「批判的アプローチ（政治的憲法観）」に分類する方法だった。しかし、政治的憲法から法的憲法への移行が現代イギリス憲法（理論）の顕著な特徴であるとすれば、「伝統的」の方が新しい憲法状況（司法審査の活性化や人権法の制定）を支持し、「批判的」の方が従来の国会主権を擁護していることになる。そのため、従来の分類方法で現在の理論動向を適確に整理できるのか疑問である。また、法的憲法を擁護する論者のダイシー評価が分裂していることにも注意したい。たとえば、エリック・バレント（Eric Barendt）はダイシーが立憲主義を軽視したと批判するが、T. R. S. アラン（T. R. S. Allan）はダイシー学説を「英国立憲主義の真髄」に位置づける。以上のように複雑な理論状況を整理するために、2005年論文ではあえて単純な分類を採用した。すなわち、国会主権を擁護する論者を「民主主義派」、国会主権を批判し、司法審査の活性化や違憲審査制の導入を支持する論者を「立憲主義派」と呼ぶことにしたのである。

立憲主義派の議論には二つの潮流がある。第一の潮流は、「コモン・ロー立憲主義」と呼ばれるものである。トマス・プール（Thomas Poole）によれば、コモン・ローは基本的な価値を反映する諸々の道徳原理のネットワークであり、政府活動の合法性を審査する一連の高次の価値を組み込んでいると考えるのが、コモン・ロー立憲主義である。そのため、裁判所が重大な役割を引き受けることになる。コモン・ローによる人権保障が可能と考えるので、人権法制定の意義を過小評価する点も、この潮流の特徴の一つである。その代表的論者とし

て、アランを挙げることができる。成文憲法・権利章典の導入を論ずるのが第二の潮流である。バレントは成文憲法や権利章典の方がコモン・ローに基づく法の支配より、有効な基本権の保障を提供するはずだと論ずる。コモン・ローはつい最近まで表現の自由を保護して来なかったし、性差別や人種差別に対する救済も不十分だったと彼は述べる。以上のとおり、「立憲主義派」の議論には、二つの流れがあることを確認しておきたい。

　民主主義派にも二つの潮流がある。第一の潮流は、「機能主義」の再構成を目論む議論である。たとえば、K. D. ユーイング（K. D. Ewing）は、法的主権者たる立法府と政治的主権者たる選挙民に対する制度的抑制がないという点において、イギリス憲法は社会改革を望む者にとって最良の手段を提供するという観点から、法的憲法への流れを批判する。一方、アダム・トムキンス（Adam Tomkins）は、J. G. A. ポーコック（J. G. A. Pocock）やクエンティン・スキナー（Quentin Skinner）等の政治思想研究の動向を参照しながら、「共和主義的立憲主義」という考え方を示す。トムキンスの議論は、従来は機能主義によって正当化されてきた政治的憲法を、政治哲学に訴えて規範的に正当化しようとするものといえる。以上のとおり、民主主義派の中にも、機能主義の再構成（ユーイング）と規範主義（トムキンス）の二つの流れがある。

　ところで、イギリス憲法理論の「現場」では、「法的憲法（論）」と「政治的憲法（論）」の対抗図式で検討するのが一般的であるが、第4節で論ずるとおり、この対抗図式は、①憲法理論のレベルでの議論なのか、②憲法解釈のレベルでの議論なのかを十分に意識しない場合、論争を貧困にする危険性もある。その原因の一つになっているのが、人権法の制度設計である。同法は裁判所に国会制定法を違憲無効とする権限を与えておらず、制定法の「合憲性」に関する最終的判断権は国会に留保されているため、「国会主権は維持された」と論ずることは容易である。また、国会に置かれた人権合同委員会（Joint Committee on Human Rights）が積極的な役割を果たしており、「国会中心の人権保障」という議論をしやすい環境にもある。そのため、②のレベルで論点を構成すると、法的憲法（論）と政治的憲法（論）の対抗図式を相対化することも容易になる。しかし、だからといって、①のレベルでの対抗関係まで解消されるわけではない。そこで本稿では、立憲主義派と民主主義派の対抗関

係を①のレベルで理解しつつ、②のレベルでの議論も含めて、イギリス憲法（学）における法的憲法（論）と政治的憲法（論）の現状を整理・分析する。

3　立憲主義派の憲法理論の現在

「憲法改革」以降、立憲主義派の議論の主流となったのは、アランのようにコモン・ロー立憲主義の立場からイギリス憲法の「現代化」を正当化する議論である。彼の憲法論の核心的主張を引用しておこう。「成文の憲法典において宣言され、特別な法的権威の源として尊重される高次の『憲法』がないため、イギリスにおいては、法の支配が憲法の存在形態としての役割を果たしている。イギリスがコモン・ロー憲法をもっているというのは、このような根本的な意味においてである。すなわち、法の支配を構成する諸々の観念や価値は、通常のコモン・ローの中に反映され、埋め込まれているのである」[9]。

アランの憲法論の当否の検討は別稿に譲るとして、ここで確認しておきたい[10]のは、アランの議論が、上級裁判所の一部の（ただし有力な）裁判官の見解と共鳴している点である。最近では貴族院判決（Jackson v. Attorney General [2005] UKHL 56）の中でさえ、「裁判所が執行する法の支配が、我々の憲法の基礎にある究極の支配的要素である」（Lord Hope, par. 107）とか、「国会主権は現在も我々の憲法の一般原理であるが、それはコモン・ローの構築物であり、裁判官が創造した原理である」（Lord Steyn, par. 102）といった議論が行われるようになっている。

このような理論状況のもと、ジョン・ローズ（Sir John Laws）裁判官は近年、『コモン・ロー憲法』と題する著作を公刊し、その中で、イギリス憲法の「現代化」を伝統的憲法からのコモン・ロー的な漸進的発展として説明している[11]。アランも近年、「自由、憲法、及びコモン・ロー」という副題をもつ『法の主権』と題する著作を公刊して、コモン・ロー立憲主義の立場を改めて擁護している[12]。前述のとおり、アランの議論については詳細に検討したことがあるので、以下では、ローズの憲法論を取り上げたい。その理由は、第5節での考察と関連するが、裁判官による憲法秩序の変更（の正当化）という問題を考えてみたいと思うからである。

ローズは、法の支配の形式的概念も遡及処罰の禁止など実体的な内容を含む

のだから、「形式的概念 vs. 実質的概念」という二項対立はミスリーディングであり、同一のスペクトルにおける色の変化としてみるべきと主張する。よって、問題は、「コモン・ローに基づく司法審査が考慮すべき道徳原理はどの色か」ということになる。ローズは理性と自由意思の主体として個人を把握するカントの個人像こそ出発点となるべきと論じ、カントの定言命題をリベラル・デモクラシー一般の道徳原理に措定した上で、それを法の支配の内容に読み込むのである。(13)

しかし、以上の説明のみでは、「憲法問題について裁判官が決定権をもつのはなぜか」という難問を封じ込めることはできない。そこでローズは、「消極的権利」と「積極的権利」の区別を導入する。消極的権利の理念は「最小限の国家介入」の原理であり、これはカントの定言命題が前提にする市民の主権的自律を尊重するものである。積極的権利とは、義務教育や社会保障のように、個人の自己充足を具体化するために必要な施策を要求する権利である。ローズはこの区別をした上で、積極的権利について国会は主権的であり、消極的権利と積極的権利のバランスをとるのも究極的には国会だが、消極的権利を政府権力の限界として認めない憲法は善い憲法ではない、という論理を展開する。(14) ただし、実際には消極的権利と積極的権利の境界は不明確だし、また、安全保障との関係で報道の自由が制限されるケースのように、消極的権利も制約に服する場合があるだろう。この点についてローズは、通常の事案においては、消極的権利と積極的権利の振り分けや最小限度の規制が何かを決めるのは裁判官であるとしながらも、市民の間にコンセンサスがない場合、その役割を果たすのは国会であると論じる。(15)

私がローズの議論を巧妙だと思うのは、二つの権利の区別を通じて、アメリカ型の違憲審査をも正当化する議論の筋道を付けておきながら、①政治的論争の種になる問題（→積極的権利）や②道徳的なハード・ケースの解決を国会に「丸投げ」するからである。たとえば、②に関してローズは、根強い偏見に基づいて意図的に制定された差別立法を廃止するのは国会の仕事だと論じている。(16) 近著での議論はさらに巧妙なものになっている。イギリスの「コモン・ロー憲法」は、①政治的意思（民主的決定）の即時性と②コモン・ローの漸進的発展の間の妥協であり、②では対処するのが難しい重大な挑戦（テロリズムを含む

宗教的極端主義)への対応は、①の問題であると論じて、ローズはテロ対策等の分野における司法消極主義を正当化している。[17]

4　民主主義派の憲法理論の現在

　民主主義派の憲法論(＝政治的憲法論)の動向を検討しよう。従来の政治的憲法論の特徴は、政治的憲法を規範的に正当化するのではなく、規範論を拒否することで、自らの立場を正当化した点にある。たとえば、「政治的憲法論の古典」と評しうる論稿「政治的憲法」(1979年)においてJ. A. G. グリフィス(J. A. G. Griffith)は、①イギリス憲法は「起こったこと」以外の何物でもない、②法は権力関係の表明であり、政治紛争を行ううえでの一つの手段に過ぎない、③社会内の利害・価値観の対立は深刻であり、「共同体の道徳的規準」や「一般的福祉」など存在しない、という憲法観を示している。[18]そのため、政治的憲法論は、「規範主義＝裁判所重視→司法的憲法観」に対抗する理論として、「機能主義」と呼ばれてきた。[19]

　イギリス憲法の「現代化」が進展する現在、政治的憲法論者の間でも、グリフィス論文に対する評価は分かれている。トムキンスは、「グリフィスの政治的憲法の擁護論は完全に記述的である」との認識に立ちつつ、規範論の欠如を克服すべき問題点として指摘する。[20]しかし、プールによれば、グリフィスが記述的な説明に終始していたと考えるのは誤りである。ポレミカルな議論のスタイルに注意して読めば、グリフィスの議論は徹頭徹尾、規範的なものであり、その立場から、法的憲法の擁護論(権利章典議議やドゥオーキン流の権利論)を批判していたことがわかる。すなわち、グリフィスの機能主義は社会正義に対する根強い関心に基づいていたのである。グリフィスは権力を行使する者に対する徹底的な不信感をもっており、彼の機能主義・実証主義は、幻想とレトリックのもとにある真実を暴くことこそ、自由を確保する最良の手段であるとの確信に基づいていたとプールは評価する。[21]

　次に、グリフィス流の政治的憲法論に対する実践的観点からの批判をみてみよう。デヴィッド・ダイゼンハウス(David Dyzenhaus)は、グリフィス等の機能主義派は裁判官と法律家が政治に介入しなければ、社会進歩の実現が不可避と考えてきたが、この意識はサッチャー政権によって粉砕されたと論ずる。[22]

戒能通厚でさえ、グリフィス等の政治的憲法論は政策提言等において「極めて具体的で実践的」であるが、「憲法として理論的に語られるものは少なく、『理論』の意味にかかわるが、ボグダナアーが言うように『独特の憲法』に適合的な理論であっても政府をコントロールする憲法論を直接に提供するものではない」と評価している。

公平にみて、「憲法改革」以降の政治的憲法論は「苦境」の中にあり、その論調もやや防衛的なものになってきている。このような「苦境」の中、政治的憲法論においても分岐が生じている。たとえば、人権法の批判者から支持者に「転向」したコナー・ギアティ（Conor Gearty）がその最たる例であるが、政治的憲法の正当化を「公民的共和主義」という規範論に求めようとするトムキンスも、機能主義からの逸脱といえるであろう。トムキンスがグリフィス論文の規範論の欠如を消極的に評価している点は前述した。では、「政治的憲法論の苦境」のもとで、民主主義派の憲法学者はどのような議論をしているのだろうか。幸いなことに、*German Law Journal*が近年、政治的憲法論の意義を多角的に検討する特集を組んでおり、トムキンスとユーイングも寄稿している。そこで、以下では両者の論稿を参考にしつつ、「政治的憲法論の現在」について若干の考察をしてみたい。

トムキンス論文の核心的主張は、イギリス憲法は政治的憲法の要素と法的憲法の要素を併せ持つ「混合憲法 mixed constitution」であるということだ。この事実は「憲法改革」以降の現在でも変わりはないと彼は評価する。国会の両院は憲法をシリアスに受け止めているし、とりわけ、人権合同委員会のような国会の機関が憲法保障の強化のために役立っていることを強調する。一方、裁判所も人権法のもとで、ローズ裁判官等のコモン・ロー立憲主義者が期待したような「高次の法」の考え方を取らず、貴族院のJackson判決での裁判官たちの発言（前節を参照）も、単なるエピソードに終わったとして、「憲法改革」によっても、当初懸念された「裁判官支配」の問題は深刻化していないと評価する。特に注目したいのは、もし民主主義派が法的憲法への移行の象徴として人権法を捉え、その廃止を主張するのであれば、彼らの目的は達成できないとトムキンスが主張している点である。人権法が仮に廃止されても、裁判官はコモン・ロー立憲主義の秘術に戻るだけなので、裁判官の権限を縮小するこ

とにはつながらないと彼は論ずる。⁽²⁷⁾

　ちなみに、トムキンスは人権法の施行前後の時点では、人権に関する基本原則を定めた憲法的文書がなければ、裁判官が個別の事案ごとに権利と自由のバランスを決定することになるので、問題は人権法が裁判官に過大な権限を付与することではなく、裁判官がすでに行使している過大な権限を人権法の導入によって抑制できるかという点にあると論じたサンドラ・フレッドマン（Sandra Fredman）の議論に対して、人権法制定後もローズのような裁判官は、コモン・ロー上の権利と彼が考えるものに基づいて判決をしており、人権法が司法積極主義の一定の側面を抑止するというフレッドマンの期待は楽観的に過ぎると批判していた。⁽²⁸⁾よって、トムキンスは、人権法の運用実態を踏まえて立場を変更したと評価することが許されよう。

　「混合憲法」の観念に訴えて、政治的憲法と法的憲法を前者に有利なかたちで「和解」させようとするトムキンスの議論は、きわめて興味深いものである。⁽²⁹⁾しかし、本稿の問題関心との関係で、彼の議論には決定的な問題点がある。すなわち、トムキンスが、政治的憲法（論）と法的憲法（論）の対抗をイギリス憲法の解釈・運用の問題に封じ込め、政治的立憲主義と法的立憲主義の間の選択という憲法理論的・比較憲法学的な問題関心とは一線を画している点である。トムキンスは、「イギリスにおける政治的立憲主義者と法的立憲主義者の間の論争は主に、どのようにして、そして、どの機関によって、行政責任の確保がもっともよくできるのかという問題であり、国会制定法がどの程度まで、裁判所の違憲審査権に服するべきかという議論ではない」との認識に立ちつつ、自分の議論は、普遍的な立憲主義やグローバルな憲法理論に対して問題提起を行うものではないと明言している。⁽³⁰⁾

　この点、ユーイングは、トムキンスと同様、立憲民主制の憲法は当然、政治的憲法と法的憲法の両方の要素を含むので、政治的憲法論と法的憲法論を対峙させる議論の仕方に疑問をもつとしながらも、国会主権のもとでは、代表民主制を通じて示された民意である国会制定法を通じて、国会と裁判所が行政権を統制し、諸個人の人権保障を確保すると論ずる。ユーイングは裁判所が国会制定法（人権法を含む）に示された民意の解釈を通じて、行政裁量に統制をかけていくことを何ら批判しない。彼が問題視するのは、現実の政治闘争の結果か

ら独立して裁判官が適用できる政治的価値があると安易に想定する（法律家に特有な）思考癖である。(31)そして、ユーイングが法的憲法論を批判するのは、法的憲法論者の掲げる政治的価値が一般に、新自由主義的なものであり、ヨーロッパ的な社会民主主義的価値とは一線を画すものだからである。(32)

　以上の議論を整理したい。トムキンスとユーイングは共に、イギリス憲法が「混合憲法」であることを認めている。しかし、トムキンスがイギリス憲法の解釈論のレベルに問題を限定するため、「混合憲法」の枠内での調整論に議論が集中するのに対して、ユーイングは社会民主主義的価値に奉仕する憲法論の構築を課題としているため、政治的立憲主義と法的立憲主義の対立という憲法理論的問題に足を踏み入れざるをえなくなる。イギリス憲法学に固有の文脈において、いずれの議論が有用かを判断する能力はないが、比較憲法研究の観点からみて有意義なのは、ユーイングの議論であると私は評価する。(33)

5　ラフリンのPublic Law論

　法的憲法（論）と政治的憲法（論）の対抗関係を規定するイギリス憲法論議のあり方それ自体を根本的に反省しようとするのが、マーティン・ラフリン（Martin Loughlin）の Public Law 論である。(34)現在のイギリスで"Public Law"という言葉は、憲法と行政法を統一する呼称として用いられる場合が多いが、ラフリンは特別な意味を付与している。ラフリンによれば、英語圏の法律家は、①統治手段としての「法律 lex, la loi, das Gesetz」と、②権利秩序の構成的原理の表明としての「法 ius, le droit, das Recht」の区別を無視しがちである。主権国家における②の問題を検討する場合、ラテン語の"ius publicum"、ドイツ語の"allgemeines Staatsrecht"、フランス語の"droit politique"という言葉で表現することになるが、これを「政治的権利 political right」や「政治的法 political law」と直訳すると混乱するので、「公法 public law」という用語を使用したと述べている。(35)なお、憲法と行政法を対象とする通常の意味での「公法学」と区別するため、ラフリンがいう意味での「公法」に関わる学問を「国法学」と記す。

　ラフリンによれば、国法学は、統治関係の規制的側面だけではなく、構成的側面も説明できなければならない。公法とは諸準則から成る法典でも、諸原理

のセットでもなく、統治活動を条件付け、そして維持する、準則、原理、規準、法諺、慣習、慣行、および作法の集合として理解されるべきである。統治活動を規制・維持する実践としての公法の領域には、先験的・形而上学的な正義や善の観念は存在しない。公法は「国家理性」という言葉で最もよく表現される政治的理性の形式である。国法学は抽象的な哲学的前提からの道徳的推論ではなく、賢慮に導かれた政治的推論の形式である。そして、500頁弱の大著『公法の基礎』でラフリンが行ったのは、「公法・国法学」という学問領域の形成過程に関する歴史研究(主に思想史と憲法史)と、その知のあり方が現代イギリス公法学に対して有するインパクトの測定であった。

　私のみるところ、「Public Lawの復権」を唱えるラフリンの意図とは、①法律家(特に裁判官)の視点を特権化する法理論のもとで、②従来のイギリス憲法(学)が、理論的・制度的な転換を十分に意識しないまま、③アメリカ憲法(学)へと移行・接近するのを批判することにある。紙幅の都合上、本稿では、①の問題のみ検討する。

　政治的憲法から法的憲法への移行という憲法秩序の変容が進む中、現在のイギリス憲法学では、第3節で検討したコモン・ロー立憲主義という考え方が有力な潮流となってきている。ただし、ラフリンは、政治的憲法から法的憲法への憲法秩序の変容は、司法部の政治的企図に基づく憲法の革命的転換であり、それは政治的批判から自由ではありえないと主張している。ところで、ラフリンは、法的言説が憲法政治の領域を植民地化すると、連帯と共通の市民権という社会民主主義的価値を保護するために公的領域を再活性化させるという課題意識が消失することを問題視する。よって私は、ラフリンのPublic Law論は――その外見的中立性の装いにもかかわらず――福祉国家(社会民主主義)擁護の観点から裁判所の権限の拡大に反対する民主主義派の議論と実践上、協働関係にあると評価する。

　キャロル・ハーローは、1961年にイギリスを訪問したアメリカの法学者が、イギリスの裁判官たちがなお、裁判官の活動の政策形成機能を否定し、裁判官の仕事は既存の法の発見と個別事案へのその論理的な適用であると考えていることを知って驚いた、というエピソードを紹介している。ラフリンも、「法の不確定性＝司法裁量」の問題はアメリカ合衆国と大陸ヨーロッパ諸国の法学に

おいて熱心に議論されたが、イギリスの法律家はあまり関心を払わなかったと述べたうえで、その主な理由をイギリスの司法がクラブの閉鎖性を維持していることに求めている。

イギリス司法の「クラブ的性格」（とそれに伴う政治的党派性）を暴露した著作として有名なのが、グリフィスの『司法の政治学』である。同書に対するイギリスの法律家の評価が興味深い。たとえば戒能通厚は、「私のような外国人がその存在を知っていることに、露骨に嫌悪感を示す何人かの法律家にも会った経験がある」と述べている。グリフィスのある論文が名高い裁判官（Sir Stephen Sedly）への人身攻撃になりうるとの理由で、主要専門誌（Public Law）への掲載が拒否されたというエピソードを聞くと、イギリス憲法の文脈で法律家（特に裁判官）の視点を特権化する議論・学説については、批判的観点から精読する必要性を痛感する。

第3節で述べたとおり、①通常法たるコモン・ローが、②実質的な根本法であるのみならず、③限界事例においては最高法規性をも獲得するという議論が有力説として存在し、④上級裁判所の裁判官の中にも同様の見解を示す者がおり、判決の中でさえ同様の見解が示される理論状況のもとで、⑤法律家（特に裁判官）主導の憲法秩序の再編による「アメリカ憲法化」の是非を問題にするための理論的枠組みを求める場合、ラフリンの Public Law 論は、この課題への一つの回答になっている。すなわち、公法と実定法を区別することで、①から②への展開を論理的に抑止し、公法に関する学問（国法学）を法的言語から自立・自律させることで、④や⑤の問題を検討する議論の地平を広げることができる。ラフリンの Public Law 論は、イギリスの法律家（特に裁判官）の「独断のまどろみ」を破るための問題提起であると評価することができよう。よって、「イギリス憲法の現代化＝政治的憲法から法的憲法への移行」がコモン・ロー立憲主義によって正当化される理論状況のもとでは、ラフリンの Public Law 論を——彼の主観的意図に反して？——民主主義派の憲法論に位置づけることも許されよう。

6　結びに代えて

アメリカとイギリスで活躍する法哲学者のジェレミー・ウォルドロン

(Jeremy Waldron) は、アメリカ型違憲審査制の批判者として有名である。ウォルドロンによる違憲審査制批判の意義に関する検討は別稿に委ねるとして、ここで確認しておきたいのは次の二点である。⁽⁴⁶⁾

　第一の点は、ウォルドロンの違憲審査制批判の限定的性格である。この点でまず確認しておくべきなのは、ウォルドロンは行政活動に対する司法審査を積極的に評価している点である。彼が異を唱えるのは、議会制定法に対する違憲審査である。また、ウォルドロンは、アメリカの違憲審査制を「強い違憲審査制」、イギリスやニュージーランドの制度を「弱い違憲審査制」と呼び、前者のみを批判の対象としている点である⁽⁴⁷⁾。よって、トムキンスのように政治的憲法と法的憲法の対抗関係をイギリス憲法の解釈・運用の問題に封じ込めてしまえば（第4節を参照）、ウォルドロンの問題提起の意義は極小化することになる。だからこそ確認しておくべき第二の点は、ウォルドロンの「違憲審査制批判＝立法の権威の擁護」論の背景には、「レッセ・フェール立憲主義」への批判的観点があることである。

　ウォルドロンによれば、法の支配に対する世界銀行のアプローチの特徴は、社会経済立法や労働立法に対して懐疑的な点にある。市場を通じて自律的に生成される法システムと、立法府が政策的に制定する規制立法とを峻別する法の支配論を、政治経済学・開発学の論文や世界銀行の文書の中に見出すことができるが、これらの議論は、法の支配の課題を自由市場の促進と良好な投資環境の確立に求める「ワシントン・コンセンサス」の一部であると彼は評している⁽⁴⁸⁾。ウォルドロンはまた、「人民立憲主義 Popular Coustitutionalism」という呼称を拒否する理由の一つとして、現在語られている立憲主義は「大きな政府」に対する保守主義的批判と関連しており、人々が「レッセ・フェール立憲主義」を立憲主義の極端なバージョンとしてではなく、立憲主義の本来的なスタンスであるかのように論じていることを挙げている⁽⁴⁹⁾。

　「法的立憲主義の主流化」が生じた時期が、国内的・国際的な経済格差が拡大した時期と重なることに注意を促したうえでラン・ハーシュル (Ran Hirschl) は、立憲主義を通じた司法権強化の世界的傾向は、自己利益を追求する政治的・経済的エリートが、民主主義と持続可能な発展への支持を表明しつつ、民主政治の気まぐれから政策形成を絶縁させるための試みの一つである

と論じている。議論のレベルやスタイルが顕著に異なるにもかかわらず、ウォルドロンとユーイングが共通して、政治的立憲主義（政治的憲法）と法的立憲主義（法的憲法）の対抗関係を憲法理論のレベルで問題化しているのは、ハーシュルの指摘する問題状況は、現在の憲法理論が取り組むべき喫緊の課題であるとの認識を共有しているからであると解される。また、前節で論じたように、ラフリンの重厚で難解なPublic Law論の中にも、同様の問題意識を読み取ることができると私は考える。

　第1節でも述べたとおり、本稿の基底にある問題関心は、「例外国＝イギリス」の憲法理論を紹介・検討することで、日本憲法学において語られる「民主主義の復権」のための議論の地平を僅かなりとも広げることにある。本稿が、民主主義派の憲法理論の検討に多くの字数を用いたのも、そのためである。

注
（1）Martin Loughlin, *The British Constitution : A Very Short Introduction* (Oxford University Press, 2013) pp. 1-3.
（2）愛敬浩二「イギリス『憲法改革』と憲法理論の動向」松井幸夫編著『変化するイギリス憲法』（敬文堂、2005年）47頁以下。
（3）2005年論文以降、イギリス憲法理論の動向を論題とした拙稿として、A「立憲主義、法の支配、コモン・ロー」浦田賢治先生古稀記念『現代立憲主義の認識と実践』（日本評論社、2005年）、B「イギリスにおける憲法制定権力論の復権？」名古屋大学法政論集225号（2008年）、C「現代イギリス憲法理論の一傾向」法律時報81巻8号（2009年）、D「政治的憲法論の歴史的条件」樋口陽一ほか編『国家と自由・再論』（日本評論社、2012年）、E「通常法と根本法」長谷部恭男編『岩波講座現代法の動態Ⅰ　法の生成／創設』（岩波書店、2014年）、F「イギリス憲法学における政治的憲法論の行方」全国憲法研究会編『日本国憲法の継承と発展』（三省堂、2015年）等がある。
（4）たとえば、次の書物に収められた論稿を参照。Thomas Campbell et al. (eds.), *Sceptical Essays on Human Rights* (Oxford University Press, 2001).
（5）愛敬浩二「現代イギリス憲法学における『立憲主義と民主主義』——遅れ馳せの論争？」法律時報74巻6号（2002年）108頁。
（6）Vernon Bogdanor, *The New British Constitution* (Hart Publishing, 2009) は「憲法改革」以前のイギリス憲法をpeculiar constitutionと呼ぶ（pp. 3-21）。
（7）本節の記述は、愛敬・前掲注（2）53-61頁を要約したものである。参照した文

献の情報については、同論文65-68頁を参照。
（8）「近年、イギリスの公法理論は、政治的立憲主義と法的立憲主義に関する議論とそれらの競合するモデルによって支配されている」。Stephen Gardbaum, *The New Commonwealth Model of Constitutionalism*（Cambridge University Press, 2013）p. 23.
（9）T. R. S. Allan, *Law, Liberty and Justice : The Legal Foundations of British Constitutionalism*（Clarendon Press, 1993）p. 4.
（10）愛敬・前掲注（3）のA論文を参照。
（11）John Laws, *The Common Law Constitution*（Cambridge University Press, 2014）.
（12）T. R. S. Allan, *The Sovereignty of Law : Freedom, Constitution, and Common Law*（Oxford University Press, 2013）.
（13）John Laws, "Illegality : The Problem of Jurisdiction" in *Judicial Review*, eds. by M. Supperstone & J. Goldie, 2nd ed.（Butterworth, 1997）pp. 4.32-4.33. なお、「形式的概念」と「実質的概念」の内容・関係を含めて法の支配の分類学に関する簡単な考察として、愛敬浩二『立憲主義の復権と憲法理論』（日本評論社、2012年）51-54頁を参照。
（14）John Laws, "The Constitution : Morals and Rights", [1996] *Public Law*, pp. 627-629.
（15）*Ibid.*, pp. 632-633.
（16）*Ibid.*, p. 633, n. 11.
（17）Laws, *supra* note 11, pp. 29-32, 54-56.
（18）J. A. G. Griffith, "The Political Constitution" *Modern Law Review*, vol. 42, pp. 12, 19-20（1979）.
（19）元山健「英国における憲法理論の二つの潮流」比較憲法史研究会編『憲法の歴史と比較』（日本評論社、1998年）81頁以下を参照。
（20）Adam Tomkins, *Our Republican Constitution*（Hart Publishing, 2005）pp. 36-40.
（21）Thomas Poole, "Titling at Windmills? : Truth and Illusions in The Political Constitution" *Modern Law Review*, vol. 70, pp. 251-257（2007）.
（22）David Dyzenhaus, "The Politics of the Question of Constituent Power" in *The Paradox of Constitutionalism*, eds. by M. Loughlin & N. Walker（Oxford University Press, 2007）p. 134.
（23）戒能通厚「イギリス憲法の実像　その歴史的文脈・2」法律時報83巻2号63頁（2011年）。「独特の憲法」については、前掲注（6）を参照。

(24) 次の論稿を参照。Conor Gearty, *Can Human Rights Survive?* (Cambridge University Press, 2006); Conor Gearty, "11 September 2001, Counter-terrorism, and the Human Rights Act" *Journal of Law and Society,* vol. 32, pp. 18-33 (2005).

(25) Adam Tomkins, "What's Left of the Political Constitution?" *German Law Journal,* vol. 14, p. 2275 (2013); K. D. Ewing, "The Resilience of the Political Constitution" *German Law Journal,* vol. 14, p. 2111 (2013). なお、愛敬・前掲注（3）のF論文において、両者の議論をもう少し詳しく検討しておいた。

(26) Tomkins, *supra* note 25, pp. 2275-2280.

(27) *Ibid.,* p. 2282.

(28) Sandra Fredman, "Scepticism under Scrutiny" in *Sceptical Essays on Human Rights,* eds. by Tom Campbell et al. (Oxford University Press, 2001) p. 202; Adam Tomkins, *Public Law* (Oxford University Press, 2003) p. 191.

(29) 特集の企画責任者もトムキンスの「転回」を重視し、機能主義的な「政治的憲法」から規範主義的な「政治的立憲主義 political constitutionalism」への展開に注目する。Marco Goldoni & Christopher McCorkindale, "A Note from the Editors: The State of the Political Constitution" *German Law Journal,* vol. 14, p. 2103 (2013).

(30) Tomkins, *supra* note 25, p. 2275, n. 1.

(31) Ewing, *supra* note 25, pp. 2111-2120..

(32) *Ibid.,* p. 2127.

(33) 愛敬・前掲注（3）F論文163-165頁を参照。

(34) ラフリンの Public Law 論については、愛敬・前掲注（3）のE論文を参照。

(35) Martin Loughlin, *Foundations of Public Law* (Oxford University Press, 2010) pp. 8-9.

(36) Martin Loughlin, *The Idea of Public Law* (Oxford University Press, 2003) pp. 30-31, 85-86, 144-149, 155-163. 愛敬・前掲注（3）のB論文は、『公法の観念』を中心にしてラフリン学説を検討した論稿である。なお、同書の邦訳書が最近出版された。マーティン・ラフリン（猪股弘貴訳）『公法の観念』（勁草書房、2015年）。

(37) ②と③の問題については、愛敬・前掲注（3）のE論文54-59頁を参照。

(38) Martin Loughlin, "Rights Discourse and Public Law Thought in the United Kingdom" in *Rights & Democracy : Essays in UK-Canadian Constitutionalism,* ed. by Gavin W. Anderson (Blackstone Press, 1999) p. 213.

(39) Loughlin, *supra* note 1, p. 118.

(40) 愛敬・前掲注（13）72頁。愛敬・前掲注（3）のE論文64頁の注（11）も併せて参照。
(41) Carol Harlow, "Disposing Dicey" *Political Studies,* vol. 48, pp. 356-357（2000）.
(42) Martin Loughlin, *Sword & Scales,*（Hart Publishing, 2000）p. 81.
(43) J. A. G. Griffith, *The Politics of the Judiciary,* 5th edition,（Fontana Press, 1997）. 初版は1977年に公刊された。
(44) 戒能通厚『土地法のパラドックス』（日本評論社、2010年）391頁。
(45) Martin Loughlin, "John Griffith：Ave atque Vale" [2010] *Public Law,* pp. 643, 653, n. 40. 問題の論文は別のジャーナルに掲載された。J. A. G. Griffith, "The Common Law and the Political Constitution" *Law Quarterly Review,* vol. 117, p. 42（2001）.
(46) 愛敬浩二「ジェレミー・ウォルドロンの違憲審査制批判について」名古屋大学法政論集255号（2014年）。
(47) Jeremy Waldron, "The Core of the Case Against Judicial Review" *Yale Law Journal,* vol. 115, pp. 1354-1356, 1402-1406（2006）.
(48) Jeremy Waldron, *The Rule of Law and the Measure of Property*（Cambridge University Press, 2012）. pp. 92-93.
(49) Jeremy Waldron, "Constitutionalism：A Skeptical View" p. 16（2010）. 同論文は次のサイトからダウンロードできる（最終アクセス日、2015年6月20日）。
http://scholarship.law.georgetown.edu/hartlecture/4
(50) Ran Hirschl, *Towards Juristocracy*（Harvard University Press, 2004）pp. 211-223.「法的立憲主義の主流化」については、愛敬・前掲注（13）37-46頁を参照。

イギリス憲法の「現代化」と「法の支配」論の現状
―ビンガムの論説を手がかりに―

松原　幸恵

1　はじめに

　「法の支配」の原理は、イギリスにおいて中世以来の伝統を有する基本的憲法原理である。そのような歴史的文脈からこの原理を見てみると、国王権力に対する制限原理として長らく機能してきたことが指摘される。しかし、この原理は抽象的であるがゆえに、その具体的内容は時代とともに変遷してきた。現代においても、この原理は、さまざまな論者によってそれぞれ異なる意味合いで使われるのが常であり、極めて多義的な概念として理解される。

　そもそも、「支配」するのはどんな「法」なのかという点についてさえ、意見の一致を見ていないことからして、この原理の概念的理解を限られた紙面で網羅的に紹介することの困難さは推測できよう。したがって、時期と論者を限定せざるを得ない。そこで、本稿では、イギリス憲法の「現代化」という見地から、「法の支配」原理がどのような文脈で論じられているかに焦点を絞ることとする。

　現代においてこの原理が制限原理として機能する場合、その相手方は、過去において当然だったはずの国王権力に限定されるものではない。また、近年、この原理を特に必要とする主体、そして実際声高に掲げている主体は誰かを考えてみると、裁判官の存在は欠かせない。そこで、本稿では、近年のイギリスにおいて確固たる重要度を占める、故ビンガム（Thomas Bingham）裁判官[1]の論説を中心に据えて考えてみたい。特に彼を採りあげるのは、その代表的著作である『法の支配』[2]の中で、彼が提示した「法の支配」の定義が、多方面で引用され、大きな影響力を与えていることによる。[3]

2 議論の背景――「法の支配」と司法権の独立

　近年のイギリスにおける裁判所の動向として注目されるのは、2009年の最高裁判所（Supreme Court of the United Kingdom）の設置である。これは、ニュー・レイバー政権下における2005年憲法改革法（Constitutional Reform Act 2005, 以下「2005年改革法」と略する）の制定により実現したものである。この改革法は、立法・行政・司法の三権の分離を促進することをねらっており、この三権にまたがる広範な大法官（Lord Chancellor）の職務権限も修正（具体的には、司法的権限が廃止）され、これに伴い、貴族院も従来有していた国内最終審としての司法的権限を失って、それが最高裁判所に移管されることにより、立法権と切り離された司法権の独立が確立することとなった。(4)

　このような、伝統的なイギリスの司法制度にメスを入れる憲法改革法に対しては、法案段階から、貴族院内でも強力な反対論が展開され、一時はこの法案の成立自体も危ぶまれるほどであった。これほどの激しい反対論が喚起された事の発端は、2003年、時の労働党政権が突如改革計画を打ち出したことにある。この背景として、同年、ヨーロッパ評議会により、大法官の権能を修正するよう勧告する決議がなされた（具体的には、ヨーロッパ人権条約第6条「公正な裁判を受ける権利」との抵触性が問題視されたものだが、この点については、後述する本稿3の注（23）参照）ことが指摘されているが、国内的に見れば、2001年総選挙の際のマニフェストにもなく、閣内での議論もなされなかったことから、大法官を始めとする反対者らは、ブレア首相とその側近らによるゴリ押しと見なし、政府に対する不信感を募らせた。(5) と言っても、貴族院内の法服貴族全てが改革に反対の立場を採っていたわけではない。司法権の独立を推進するために改革は必要だという考えの者もいた。そうした者達は、改革の論拠として「法の支配」原理との整合性を主張した。ビンガムもその1人であった。

　ともあれ、紆余曲折を経ながらも成立した2005年改革法は、第1条で「法の支配」原理との整合性について規定し、第3、4条で司法権の独立を明文化した。ここでは、先ず、同法第1条を見てみよう。

第1条　法の支配
　　本法は以下の項目に反する影響を与えない。
　　（a）法の支配に関する現行憲法原理、または
　　（b）前項の法の支配原理に関わる大法官の現行憲法上の役割。⁽⁶⁾

　上記に示したように、2005年改革法第1条（b）において、大法官が法の支配原理に関して果たしてきた憲法上の役割に対して同法は影響しないと規定されたとは言え、実際のところ、同法の主眼のひとつが大法官の伝統的権限を縮小することにあったことは間違いない。⁽⁷⁾
　この点に関するビンガムの見解は次のようなものであった。すなわち、法の支配原理の下にある民主主義国家において、形式的にしろ、立法府（この場合は貴族院）の一委員会として最上級裁判所が置かれているということ自体、現代社会では極めて特異なことであるが、それが合理的一貫性を保ち続けていられたのは、なんと言っても首席裁判官としての大法官の存在があればこそである。その大法官から裁判官の権限が失われるのであれば、法服貴族が立法に対して何らかの役割を果たすことも最近ではなくなってきている以上、彼らが立法府に存在し続ける意味はあまりない。結局のところ、最高裁判所創設の最大の障害は、大法官の司法権限である。⁽⁸⁾
　こうしてみると、ビンガムの主張と2005年改革法における政府の思惑は一見合致しているかのようにも思えるが、ビンガム自身は必ずしもそのようには見ていないようである。すなわち、政府主導の憲法改革は、あくまで政府の都合の産物であり、彼の見解とは相容れないものだと断言するのである。⁽⁹⁾それでは、次の3で、彼の議論をもう少し詳しく見てみたい。

3　ビンガムの「法の支配」論

（1）「法の支配」の8要素

　ビンガムは、その著書の第1部において、「法の支配」原理が1215年マグナカルタ以来の歴史的発展の産物であると述べた上で、⁽¹⁰⁾第2部で、同原理が以下の8つの要素⁽¹¹⁾から成り立つ⁽¹²⁾と説明する。

①法の利用しやすさ

　　法は、利用しやすく、可能な限りわかりやすくて、予想しやすいものでなければならない。⁽¹³⁾

②裁量的判断ではなく法規範の適用

　　法的権利や責任に関する問題は、通常、裁量的判断ではなく、法規範の適用によって解決されなければならない。⁽¹⁴⁾

③法の下の平等

　　国の法は、客観的な違いが区別を正当化できる程度を除けば、全ての人に平等に適用されなければならない。⁽¹⁵⁾

④権力の適正な行使

　　どんな公務員も、信頼されて与えられた権力を、その限界を越えないように適正に行使しなければならない。⁽¹⁶⁾

⑤人権保障

　　法は、基本的人権の適切な保障を与えなければならない。⁽¹⁷⁾

　ここでビンガムは、具体的に法が保障すべき権利として、1998年人権法 (Human Rights Act 1998) の規定に則って説明する。先ず、同法第1部（ヨーロッパ人権条約）の権利として、生命に対する権利（2条）、拷問の禁止（3条）、奴隷及び強制労働の禁止（4条）、自由及び安全についての権利（5条）、公正な裁判を受ける権利（6条、但し、この詳細は後述する⑦で説明）、法律なくして処罰なし（7条）、私生活及び家庭生活の尊重に対する権利（8条）、思想、良心及び信教の自由（9条）、表現の自由（10条）、集会及び結社の自由（11条）、結婚に対する権利（12条）、差別禁止（14条）を挙げ、続いて同法第2部（条約第1議定書）の財産権の保障（1条）、教育を受ける権利（2条）について述べている。⁽¹⁸⁾

⑥全ての人に提供される紛争解決手段

　　当事者同士で解決できない真正の民事紛争については、法外な費用又は過度の遅延なく解決するための手段が提供されなければならない。⁽¹⁹⁾

⑦公正な裁判

国によって提供される裁判手続は公正でなければならない。[20]

ビンガムは、この項で、「司法の独立性」を重視した議論を展開する。[21]これとの関連で、すでに本稿２で紹介した2005年改革法について言及している。具体的には、同法第３条第１項と第５項を挙げているので見ておこう。

　　第３条　司法の独立の継続の保障
　　　（１）大法官、その他の国務大臣および司法部あるいは司法の運営に関する事項について責任を有する全ての者は、司法の独立の継続を擁護しなければならない。
　　　（５）大法官およびその他の国務大臣は、司法部への特別なアクセスを通じて個々の司法的決定に影響を及ぼしてはならない。[22]

　上記条項を引用することで、ビンガムは、伝統的な大法官の職務権限を縮小することを肯定して、そこから司法へのアクセスを遮断する。[23]そしてさらに、裁判官の政治的中立性を厳格に求めることで、司法から政治部門への働きかけも遮断して、司法部の分離を達成しようとしている。[24]

　　⑧国内法並びに国際法の遵守義務
　　　法の支配は、国内法ならびに国際法における国の遵守義務を要請する。[25]

（２）「厚い法の支配」と「薄い法の支配」

　（１）で述べたような多岐にわたる「法の支配」の定義を、ビンガムは、従来の「薄い」（thin）定義と比べて「厚い」（thick）定義であるとしてこれを肯定する。それこそが、ビンガムの「法の支配」論の大きな特徴であると言える。

　具体的に、この「厚い」定義を顕著に示しているのが、（１）で紹介した⑤と⑧であろう。すなわち、人権保障を「法の支配」原理に組み込み、国際法を「支配する法」の中に含める考え方である。ここでは、特に前者に注目してみたい。

ビンガムが、人権保障を組み入れて「厚い」定義をするのはなぜだろうか。彼は、そうした見方が普遍的に受け入れられているわけではないことを自覚しながらも、次のように言う。すなわち、人民の一部でも残酷に抑えつけ、しいたげるような国家は、法の支配を遵守しているとみなすことはできない。基本的人権がどんな権利や自由を指すかについて世界的なコンセンサスがない状況下では、通常その線引きは広範囲に設定するものであり、その頼みの綱が裁判所である。法の支配は、社会において、そうした人権の保障を要求するものである。

こうした実務家らしい見地から、ビンガムが、「薄い」定義の典型として槍玉に挙げるのが、ジョゼフ・ラズ（Joseph Raz）である。確かに、ラズは、民主主義、正義、平等、人権や人間の尊厳等を「法の支配」と混同すべきでないと明確に区別しているので、この点で、（１）⑤を「法の支配」原理に組み込むビンガムとは明確に立場を異にしている。

しかし、ラズの「法の支配」論がビンガムのそれと全く重なるところがないかと言えば、必ずしもそうではない。ここでラズの「法の支配」原理の理論構成を確認しておこう。

　①あらゆる法の不遡及効、公開性、明確性
　②法の相対的な安定性
　③公開され、安定的で、明確なルールに基づく個別の法（法秩序）形成
　④司法権の独立の保障
　⑤自然的正義の原則の遵守
　⑥諸原理の履行に関する裁判所の審査権
　⑦裁判所へのアクセスの容易さ
　⑧法を悪用するような犯罪防止機関の裁量権は認められないこと

このように見てみると、上記の概念構成のいくつかはビンガムのそれと重なる点があることがわかる。したがって、ラズにおいては、「法の支配」原理の中に人権保障は含まれないものの、人権が保障される条件として「法の支配」が位置づけられていることが言えよう。

以上を踏まえて、ビンガムとラズとを比較してみると、ビンガムが「法の支配」の前提条件として人権保障を位置づけているのに対し、ラズはそれとは逆の方向で捉えているように思われる。

(3)「国会主権」と「法の支配」

「国会主権」と「法の支配」は、イギリス憲法の指導的原理として、共に確固たる地位を占めてきたが、その両者の関係をどう捉えるかについては、イギリス憲法学が長年持ち続けて来た課題でもあった。19世期のダイシー（Dicey）が、両者を適合的に理解した上で、前者を後者に優先させたように、イギリスの伝統的憲法学説においては、「国会主権」が優位を占めてきた。しかし、近年、その傾向に多少変容が見られてきている。それでは、ビンガムは両者の関係をどのように見ているだろうか。

これまで見てきたように、ビンガムの「法の支配」原理に対する思い入れは相当深いものがある。彼は、「国会主権」と「法の支配」の間に矛盾が出てくる可能性を指摘し、その場合には「国会主権」も変わりうるとする。そして、さらに硬性憲法化の可能性にまで言及する。これだけを見ると、「法の支配」原理が俄然優先されているかのようである。

しかし、ビンガムは、1949年国会法によって一部修正された1911年国会法に基づいて制定された2004年狩猟法（Hunting Act 2004）を是認すべきかどうかが争われた2005年のジャクソン事件判決において、ステイン（Steyn）裁判官やホープ（Hope）裁判官が国会主権原則に対し懐疑的な立場を示したのに対し、国会主権を支持する立場を表明する。すなわち、裁判所には、国会制定法を無効とする権限は与えられていないとしたのである。

こうして見ると、少なくともビンガムは、「法の支配」原理を最優先させるコモンロー立憲主義に与する立場にはないと思われる。この点に関し、ローズは、（2）で述べたビンガムの「厚い法の支配」論を批判的に捉えているようである。

4 ビンガム「法の支配」論の継承

ビンガムの「法の支配」論は、継承されていくものだろうか。ここでは、現

最高裁判所長官である、ニューバーガー（David Neuberger）の見解を紹介したい。ニューバーガーは「法の支配」の特徴について次の3点を挙げている。
(36)

　①法は、自由にアクセスできなければならない。
　　（人々が、最大限利用できて、理解可能であること）
　②法は、ある特定条件を満たしていなければならない。
　　・適正手続を確保した上で、法と秩序を効果的に実現すること
　　・国家に対抗できるだけの基本的権利を市民に認めること
　　・正当なやり方で、市民同士の関係を調整すること
　③法は、実現できるものでなければならない。
　　刑事訴訟手続における適正手続の権利、国家の暴走や権力の濫用から身を守る権利、他の市民に対抗する権利が実現されなければ、その法は存在しないも同然である。

　このように見てみると、ニューバーガーも、「法の支配」理解においては、ビンガムとかなり共通する部分を持っていることがわかる。それでは、司法権の独立に対する見解はどうであろうか。この点について彼は、行政部や立法部からの司法部に対する脅威について述べている。その際、例として、大法官等
(37)
からの働きかけを禁じた2005年改革法第3条第5項を引き合いに出していることから、行政部からの干渉をより警戒しているようである。
　一方、「法の支配」と「国会主権」との関係性についてはどうだろうか。ニューバーガーは、2011年の講演で、「国会主権」原則の優位性を主張した。彼は、ヨーロッパ人権条約等に基づき、国内制定法の司法審査は可能であるとの立場に立つが、それは、イギリス議会が同条約を国内法化して1998年人権法を制定したからだと言う。そして、もし、同法第3条1項に基づいて、国内制定法の不適合宣言が出されたとしても、それに対する判断権は国会に委ねられているといったように、裁判所が個別の事案に対して何らかの判断を下しても、最終的には制定法の改変等により国会が決着をつける構造になっているのである。
(38)
彼のそうした主張の背景には、民主的正当性を有する国会に対する強固な信頼感がうかがえる。

5 むすびにかえて

　本稿では、イギリス法曹界の重鎮であったビンガムの議論をもとに、「法の支配」原理に関わる議論を、他の基本原理との関係性も交えながら概観してきた。すでに見たように、法曹界においても、「国会主権」原則に対する見方は一様ではない。依然として同原則に対する根強い信頼感が維持されている一方で、同原則の変容を唱える動きも見られてきている。後者の変容をもたらすものはなんであろうか。そもそも、後者の動向は、「国会主権」の揺らぎによるものなのか、それとも「法の支配」の興隆によるものなのか。

　いずれにしろ、EU統合の進展にともない、EU諸法の国内における効力が増してきたことが、こうした変容の一因としては挙げられるだろう。その意味で、ビンガムが「法の支配」の第8の要素として、遵守義務を国際法にまで拡大したということは示唆的である。本稿ではこの点について論究できなかったが、今後の課題としたい。

　ここで出された問題提起は、単なる形式論にとどまるものではないと思われる。つまり、イギリスにおいて長らく基本的憲法原理として生き続けてきたものが、何らかの変化の兆しをみせてきているということは、イギリスの憲法状況自体の変容（現代化）の問題と無関係ではない。はじめに紹介したように、21世期に入ってから行われた憲法改革は、単に政治状況の偶然がもたらしたものと見ることも可能とは思うが、そう断ずるには筆者の材料はあまりにも不足しており、ためらいを禁じ得ない。そうしたためらいの背後には、イギリス固有の伝統的憲法観と、ヨーロッパに普遍的な憲法観とのせめぎ合いのイメージがある。現時点では、そう簡単に答えを出せそうにはない問題なので、これも今後の課題としたい。

注

（1）ビンガム（1933-2010年）の主な経歴は次の通りである。ロンドン生まれ。セドバーグ校（Sedbergh School）、オックスフォード大学ベイリオル・カレッジ（Balliol College, Oxford）、グレイズ・イン（Gray's Inn）を経て、1959年バリスタ（Barrister）に。1972年勅撰弁護士（Queen's Counsel）。1980年高等法院女王座部裁判官（High Court Judge in the Queen's Bench）、1986年控訴院（Court of

Appeal) 裁判官、1992-1996年記録長官 (Master of the Rolls)、1996-2000年イングランド・ウェールズ首席裁判官 (Lord Chief Justice of England and Wales)、2000-2008年最先任貴族院裁判官（常任上訴貴族）(Senior Lord of Appeal in Ordinary)。Blom-Cooper, Dickson, and Drewry, *The Judicial House of Lords 1876-2009,* Oxford University Press, 2009, p. 754.

（2）ビンガムが「法の支配」と銘打った論稿として、本文に挙げた著書 (Bingham, *The Rule of Law*, Allen Lane, 2010) の他、同名タイトルの論文もある (Bingham, "The Rule of Law," *Cambridge Law Journal,* 66 (1), March 2007, pp. 67-85)。本稿では、前者の著書（以下、Bingham 2010）に主に依拠しながら、適宜後者の論文（以下、Bingham 2007）を参照する。

（3）イギリスの憲法論において、裁判官の視点がややもすると「特権化」される傾向が強いことに対して警鐘を鳴らすラフリン (Martin Loughlin) の視点は重要と思われる (Loughlin, "John Griffith : Ave atque Vale," *Public Law,* 643, 2010, pp. 653-654)。このようなラフリンの議論については、愛敬浩二「通常法と根本法——ラフリンの問題提起を踏まえて」『岩波講座　現代法の動態1』岩波書店、2014年、58-61頁参照。

（4）但し、新設された最高裁判所の裁判官には、従来の国内の最終審に相当した貴族院の上訴委員会 (Appellate Committee of the House of Lords) の構成メンバーである法服貴族（常任上訴貴族 Lord of Appeal in Ordinary) が任命された。

（5）憲法改革法案をめぐる当時の動向については、以下を参照。榊原秀訓「ブレア政権の司法改革——大法官廃止と最高裁判所・裁判官任命委員会設置の提案」『名経法学』17号、2004年10月、1-86頁。岡久慶「短信：イギリス」憲法改革法案：司法権独立の強化」『外国の立法』222、2004年11月、166頁。Le Seur, A., "From Appellate Committee to Supreme Court : A Narrative," Blom-Cooper, Dickson, and Drewry (eds.), *The Judicial House of Lords 1876-2009,* Oxford University Press, 2009, pp. 65-68. 溜箭将之訳、ニール・アンドリュー「イギリス最高裁判所：イギリス連合王国の最上級審裁判所について考える」『法の支配』159号、2010年10月、66頁。

（6）2005年改革法の訳文については、次の文献を参照した。江島晶子「イギリス——2005年憲法改革法」初宿正典・辻村みよ子編『新解説世界憲法集（第3版）』三省堂、2014年、44頁。

（7）大法官は、同法の施行によって、権限が縮小され、現在は枢密院と内閣の一員と位置づけられている。

（8）Bingham, "The Old Order Changeth," *The Law Quarterly Review,* vol. 122, April 2006, pp. 221-222.

（9）Bingham, "The Evolving Constitution,"（Justice Annual Lecture 2001）, p. 31（http://www.justice.org.uk/data/files/resources/156/The-Evolving-Constitution.pdf）.
（10）Bingham 2010, pp. 10-33.
（11）「要素」という表現は筆者の意訳である。Bingham 2007では、これに該当する用語として"sub-rule"（下位規則）を使用しているが、Bingham 2010ではそのような表現を用いていない。同書が一般の読者向けを意図して平易に書かれたものだからかもしれない。なお、Bingham 2007の訳語については、次の文献を参照した。佐藤潤一訳、バラット・マルカニ「イギリス法体系における人権条約」『大阪産業大学論叢　人文・社会科学編』18号、2013年6月、244頁。
（12）Bingham 2010, pp. 37-129. なお、Bingham 2007では、8つの下位規則の内容はBingham 2010と同じだが、順番が若干違っている。
（13）Bingham 2010, p. 37.
（14）Bingham 2010, p. 48.
（15）Bingham 2010, p. 55.
（16）Bingham 2010, p. 60.
（17）Bingham 2010, p. 66.
（18）1998年人権法の訳語については、次の文献を参照。江島晶子「イギリス─1998年人権法」初宿正典・辻村みよ子編前掲書、39-42頁。
（19）Bingham 2010, p. 85.
（20）Bingham 2010, p. 90.
（21）Bingham 2010, pp. 91-92.
（22）訳文については、江島晶子「イギリス─2005年憲法改革法」初宿正典・辻村みよ子編前掲書、44頁参照。
（23）大法官の職務権限縮小の根拠として、ここで採りあげた司法の独立の観点以外にも、⑤で紹介したヨーロッパ人権条約第6条との関連からも導き出すことも可能であろう。事実、2005年改革法成立以前にすでに、大法官の広範な職務権限に対する批判的姿勢を、ヨーロッパ評議会は明確に打ち出している。立法と司法双方に関与する大法官の権限が、「法律にもとづいて設置された裁判所において独立した公平な裁判を受ける権利」を締約国に保障したヨーロッパ人権条約6条に抵触する旨の勧告的決議が2003年3月に採択されている。高野敏樹「イギリスにおける『憲法改革』と最高裁判所の創設─イギリスの憲法伝統とヨーロッパ法体系の相克─」『上智大学短期大学部紀要』第30号、2010年、86-87頁。この観点は、本稿3（1）⑧の要素にも関わるものである。
（24）Bingham 2010, pp. 93-95. ここでビンガムは、アメリカ合衆国の例を引き合いに

出して、イギリスと対比させている。
(25) Bingham 2010, p. 110.
(26) Bingham 2010, pp. 67-68.
(27) Bingham 2010, pp. 66-67.
(28) Raz, J., "The Rule of Law and its Virtue," Raz, *The Authority of Law : Essays on Law and Morality,* 2nd ed., Oxford University Press, 2009, pp. 211, 221.
(29) *ibid.,* pp. 210-229.
(30) ラズの「法の支配」論を紹介した文献として、以下を参照。植村勝慶「現代イギリスにおける『法の支配』論」憲法理論研究会編『憲法理論叢書⑩　法の支配の現代的課題』敬文堂、2002年、4‐5頁。
(31) アラン（T. R. S. Allan）やローズ（John Laws）裁判官らに代表されるコモンロー立憲主義（「法の支配」を優先させる議論）がその一例である。詳しくは、愛敬前掲論文48-49頁参照。
(32) Bingham 2010, p. 174. 彼は、「法の支配」の理想を「普遍的な世俗的宗教」（universal secular religion）にまで近づけることと結論づけている。
(33) しかし、ビンガムは「法の支配」も固定化したものとは見ていないようである。Bingham 2010, p. 174.
(33) Bingham 2010, pp. 160-170.
(34) *Jackson v Her Majesty's Attorney General* (2005) UKHL 56, para. 9 (per Lord Bingham). この判決において、「国会主権原則」に関する各裁判官の見解の相違は見られたが、結論として、当該法を有効とすることでは裁判官全員の意見は一致した。なお、ジャクソン判決については、次の文献参照。岩切大地「憲法の危機・仮定・対話―イギリス貴族院のジャクソン判決に関する一考察」『総合政策論集』（東北文化学園大学）7巻1号、2008年、131-158頁。
(35) Laws, J., "The Good Constitution," *Cambridge Law Journal,* 71 (3), November 2012, p. 576.
(36) Lord Neuberger, President of The Supreme Court, "Justice in Age of Austerity" (Justice-Tom Sargant Memorial Lecture 2013 Tuesday 15 October) (http://www.supremecourt.uk/docs/speech-131015.pdf).
(37) Lord Neuberger of Abbotsbury MR, "Where Angels Fear to" (Holdsworth Club 2012 Presidential Address) on 2 March 2012, para. 25. (http://www.judiciary.gov.uk/Resources/JCO/Documents/Speeches/mr-speech-holdsworth-lecture-2012.pdf)
(38) Lord Neuberger of Abbotsbury, Master of the Rolls, "Who are the Masters

Now?" (Second Lord Alexander of Weedon Lecture) on 6 April 2011, paras. 14-51 (https://www.judiciary.gov.uk/Resources/JCO/Documents/Speeches/mr-speech-weedon-lecture-110406.pdf). ニューバーガーは、この講演の中で、3（3）で紹介した、2005年ジャクソン事件判決におけるステイン、ホープ両裁判官の「国会主権」原則軽視を批判している。

イギリス憲法の「現代化」と国会主権論の現状

元山　健

1　問題の提起(1)

(1) 本稿の主たる課題

　本稿はジャクソン事件判決を主たる素材として、国会主権論（又は「国会の立法的最高性」）の現状を紹介しようとするものである。そのためにジャクソン事件の真の憲法的問題である1911年国会法（Parliament Act 1911. 以下、11年法）の制定史を概観する《第2節》。そのうえでジャクソン事件判決を整理して紹介する《第3節》。ここでの課題は、国会の法的最高性原理を当該事件に即して把握することにある。またその際、その先例としての価値の如何を整理するというよりも、その次の節での国会主権の「新理論」および「コモン・ロー立憲主義」論の検討の序論的舞台として紹介すること《第4節》を目的としている。

　具体的には、（a）国会制定法とみられている法律は法的に正しい意味で国会制定法であるのかどうかを審査する管轄権が裁判所にはあるのか否か、（b）前法の定める制定の手続き（「態様と形式（manner and form）」）は後の国会を拘束するか、（c）制定法の内容も制定の手続きも司法審査を免れないか（即ち、国会主権制限論または否定論）、という三方向から今日国会主権論に投げかけられている理論的課題を検討することにする。

(2)「前の国会は後の国会を拘束できない」という国会主権の基本準則の現代的問題点

　そこで最初に、上記の（a）～（c）の課題設定の前提ともなる国会主権の重要な準則、「前の国会は後の国会を拘束しえない」という準則について、本稿での以下の分析に資するために若干の示唆をしておくことにする。

①「前の国会は後の国会を拘束しえない」という準則から派生するコモン・ローの準則は、「黙示の廃止」準則である。それは一般的には「後法優位」の原理の帰結ともいえる。しかし国会が前法の或る条項について、「後法によりこれを廃止するときは、その旨を明示しなければならない」と（当該前法中に）定めた場合、後法による当該条項の「黙示の廃止」は許されないものであろうか。先例の答えは「許される」である。だが、前法又はその当該条項が憲法的重要性のある規定であったとしたら答えは同じになるであろうか。本稿ではジャクソン事件を素材に検討してみたい。

②「前の国会は後の国会を拘束できない」という準則には前提として、対象となる国会制定法の「内容」と「制定手続き」の正当性が前提になっている。ところでその「内容」については、それが憲法的な重要性を有する規範（例えば成文憲法にいうところの基本権など）である場合にはこの準則を機能させるべきではなく、コモン・ロー裁判所による違憲審査権を認めるべきだという主張がある（「コモン・ロー立憲主義（又はコモン・ロー・ラジカリズム）」論と称されている）。次にその手続きについては、当該制定法が「国会制定法として承認されて然るべきである法的文書」であることを見極めるための法準則（簡単に言えば、「国会制定法とは何か」を見極める準則）がコモン・ロー上、用意されている。それは、法案が法になるには、それが両院により承認され、国王の裁可を得ていなければならないという準則である。それでは両院の同意と国王の裁可のいずれかを欠く国会制定法はコモン・ローの準則に反して効力を否定されるべきものであろうか。この制定手続きの在り方、その「態様と形式」の側面から国会主権の制限を説くのがいわゆる「新理論」である。この新理論の検討も本稿の課題の一つである。

2　国会主権論と1911年国会法への道―議会制民主主義の発展と国会主権の意味転換

ここでは主としてヘイル卿（Baroness Hale）とビンガム卿（Lord Bingham）による1911年法の制定史の概括に依拠して11年国会法制定の意義を明らかにしたい。ヘイル卿によれば、11年法は憲法的危機の産物であって、その歴史の概括は今日の国会主権論議にとって不可欠の作業であるとされる。

(1) 立法前史

　貴族院の立法拒否権を排除しようという考えは、少なくとも1893年グラッドストーンのアイルランド自治法案の敗北にまで遡って検討しなければならない。それ以降、この2つの憲法的争点は常に解きがたく結びついていく。⁽⁵⁾

　1906年総選挙時、保守党バルフォアは彼らとユニオニスト党の連立が偉大な帝国の運命を常にコントロールしていると述べていたが、実際は案に違って自由党の地すべり的大勝におわってしまった。さらに自由党は労働党とアイルランドナショナリスト党に支持されていた。だが、貴族院で永久的に保守・ユニオニスト党が過半数を占めている限り、自由党が彼らの意思に反して政策を実現することは極めて困難であった。

　1906年の新会期当初から、自由党政権の重要法案は次々と貴族院で否決されていった。困難に直面した自由党政権は貴族院改革を現実的な日程にのぼせた。いろいろな改革案が検討され、その中には11年法の原案らしきものや、国民レファレンダムで貴族院の否決を乗り越えようとする案も含まれていた。1907年庶民院は、貴族院改革に関する首相の提案を支持する決議を圧倒的多数で可決したが、具体的提案は1908年の国王演説には含まれなかった。同年4月、病気のキャンベル・バナマンに代わってアスキスが首相となった。

　1910年貴族院は、250年以上にわたってその拒否権を行使したことのない「歳出予算」の否決を行った。ロイド・ジョージの「人民予算」、そこでは累進課税が予定されて、老齢年金その他の社会改革が、海軍の要請にこたえた戦艦建艦予算とともに、盛り込まれていた。⁽⁶⁾国を運営するための予算を否決された政府は、その当時は、解散総選挙か総辞職かの選択肢しかなかった。つまり貴族たちは、国民に選ばれた政府が引き続き統治できるのかどうかを決めようとしていたことになる。かくて1909年11月、貴族院による予算案否決に伴い、政府は総選挙に打って出た。

(2) 立法過程と庶民院の優位の確立

　1910年1月の総選挙結果では自由党政府は圧倒的な過半数を獲得できなかったが、労働党とアイルランドナショナリスト党の支持を得ることができれば、

保守・ユニオニスト党に112議席の差をつけることが可能であった。アイルランドナショナリスト党は人民予算を支持していなかったが、貴族院の拒否権を奪うという計画は支持していた。それしかアイルランド自治を実現する手段がないことが分かっていたからであった。

2月21日、自由党政府は国王演説を通じて、財政に関する庶民院の揺るぎなき権威を確保し、立法におけるその優位を確保するために、国会両院の関係を「再定義」する法案が提出されると明言した。これらの法案は当初3つの決議案の形で庶民院に提出された。それはキャンベル・バナマンの構想であって、閣内でもグレイやチャーチルはそれとは別に、貴族院の構成の改革を考えていた。ともあれ政府としては、3つの決議案提出でまとまったのであった。4月14日提出された決議案は、第一に貴族院の金銭法案修正又は拒否権の廃止、第二に3会期連続して、しかも2年以内に庶民院で可決された法案は貴族院の同意なくして法律となること、第三に国会の任期の5年への短縮を内容としていた。この決議案の内容自体ではないのだが、その序文において、外務大臣であるグレイに敬意を表するために、世襲でなく国民に基礎を有する第二院を貴族院と置き換える意図があることが宣言されていた。審議に入るや、特に第二決議案に対しては、決議の内容を無にするに等しいような修正案（即ち、法案の除外事例を増やそうとする修正案）が次々と提出されたが、それらはすべて退けられた。その一つに「貴族院の構成又は権限に不利な影響を与える法案」という案があるが、これがジャクソン事件で95年後に現実問題となるのであった。95年後に問題とされた法律は実際には1949年国会法であるが、同法は11年法を継いだ国会制定法であるので、つまりは11年法自体の憲法的意義が問われることになるのである。ここで留意すべきは、既にこの時点で保守・ユニオニストたちは49年法が制定される可能性を察知していたことである。さらに重要なとはその可能性を察知して、これを排除しようとした彼らの法案が否決されていることである。また貴族院改革が既に意識されていることにも気づく。こう見てくると文字通り、「世紀を超える憲法改革」といえるのではないだろうか。

4月27日予算が庶民院を通過し、翌日貴族院を通過して成立し、政局の焦点は貴族院の拒否権の是非に移った。この時点では国王エドワード7世は万が一の場合の新貴族創出の奏請は受けていなかった。ただ奏請があれば彼は断らな

いだろうと考えられていた。ところが5月6日、エドワード7世が死去して、事態は混乱する。新王ジョージ5世は即位直後であって、まだ決断できる状態になかった。そこで自由党とユニオニスト党から4人ずつ代表が出て、「憲法会議」が召集された。この会議はアイルランド自治問題で行き詰まり、11月初めには決裂した。それにもかかわらず、国会法案は貴族院に提出された。貴族院はこの間に代替案を国民に示すことができたはずであったが、何も行動しようとしていない。他方この間に新国王は新貴族創出に同意を与えた。保守・ユニオニスト党のバルフォアは自由党アスキスが首相を辞任した後、組閣できるかを問われて、これを断ったので、国王には選択肢がなくなった、その結果である。11月28日国会解散。その年2度目の総選挙であった。結果はほぼ前回と同様であった。しかし自由党は憲法的変革を行うための民主的委任を国民から3度にわたって獲得したことになった。

　1911年5月、庶民院を法案が通過したが、その間にも900以上の修正案が出された。新国王の戴冠式をはさんで貴族院での審議が始まったが、貴族院は成立させない「ためにする修正案」を可決するに至り、自由党政府は国王に新貴族創出を奏請した。国王は受諾したが、貴族院の行った修正を庶民院が判断し、その判断を受けての貴族院の出方をみてからにしたいと要望した。ここでも新国王の消極的姿勢は歴然としている。結局貴族院は131対114で庶民院案を可決して、ようやく1911年国会法が成立した。ビンガム卿は11年法の成立過程で注目すべき2つの点として、①原案のany Public Bill other than a Money Billに or a Bill containing any provisions to extend the maximum duration of Parliament beyond five yearsが付加されて制定されたこと、②これ以外にも条件を付加する修正案が出されたが、すべて否決されたことを挙げている。本稿の筆者としては、Bill for modifying this Actという修正案が出されたこと、およびこれが否決されたことは重要だと考える。つまりany other Public Billの中に11年法自体の改廃手続きが入っていないのである。逆に言うと11年時点で両院と国王の「3者構成の国会」と庶民と国王という「2者構成の国会」の2つの種類の国会が意識されていて、「3者構成で決めた法律の改廃は3者構成で行う」という考え方自体はあったけれども、その考えは否決されているのである。この点は後に述べるジョンソン事件と「新理論」の検討にとって、歴

史的な示唆になろう。

　1912年、アイルランド自治法案とウエールズ教会法案が提案され、1911年法の手続きが用いられた。両法案とも1914年に成立したが、第一次大戦勃発で執行停止になったことは周知のとおりである。

　ヘイル卿は11年法制定史の結語において以下のように述べている、「以上の歴史は、1911年法によって治癒せねばならなかった災いを明確に見せてくれていて重要である。世襲貴族が選挙民の支持を得た被選挙議院の意思を永遠に挫く。当時、それは政府に対する必要なチェックなどではなかった。11年法の手続きの成立によって連合王国は真に民主主義になったのである。民主的要素は11年法によって国会の任期が5年に短縮されたことで一層補強された」、と。11年法とその歴史は民主主義の確立の歴史である、ヘイル卿はそう言いたかったのであろう。

3　ジャクソン事件判決から見る国会主権論の今

（1）ジャクソン事件

　2004年狩猟法（Hunting Act, 2004）は狩猟犬を用いたキツネ狩りを違法とするものであったが、貴族院で激しい反対に遭い、1911年国会法（1949年法による修正を経てのもの）の手続を用いて可決、成立した。キツネ狩り賛成派は、1949年法は最高の国会によって可決されたものではないうえに、1911年に定められた貴族院の承認なくして立法することができる権限に付された条件を修正している（貴族院の遅延権を2年から1年に減じた）ので、これを用いて制定された2004年狩猟法は無効だと主張した。控訴院は、「重大な憲法的変更を11年法に基づいて行うことはできないが、遅延権の期間縮減は重大な変更に当たらない」と判示した。

　貴族院はこの控訴院の判断を否定して、（a）9名の法律貴族は全員一致で、1949年法も狩猟法もともに有効であると判示した。彼らはさらに以下のように判示している。（b）1911年法において国会は、貴族院の承認なくして庶民院と国王だけで立法することを可能にすることで、貴族院の権能を制限する意思を示した（8名の裁判卿の概括的な一致した意見）、（c）この11年法の手続きは通常の立法手続き（両院と国王の3者構成の国会）に代わる副次的で

あるが正規の手続き（庶民院と国王の2者構成の国会）である、（d）ゆえに11-49年国会法の下で可決された法案は第一次的立法であって委任立法ではない。（e）この方法で立法を行う権能が「黙示の除外」の法準則に服することはないのであって、11年法に明示されているように、国会の任期の延長には貴族院の同意が不可欠である。（f）そして過半数の裁判卿は、その傍論で、この例外（任期の延長についての）を11年法から外すために11-49年国会法の手続を用いることは許されないとも判示したのであった。(10)

(2) ジャクソン事件貴族院判決の検討

ジャクソン事件判決は以上のように概括されている。そこで次に本稿の課題（1）について、後の議論の展開とかかわる論点を以下の三方向（①～③）から若干検討することにする。

①国会制定法と称されているものは本当に国会制定法なのか

ここではピッキン事件等の裁判で提起された論点(11)、「国会制定法とみられている法律は法的に正しい意味で国会制定法であるのかどうかを審査する管轄権が裁判所にはあるのか否か」について、ビンガム裁判卿の意見を紹介する。同卿は、「ピッキン事件の先例があるが、本件にはあてはまらない。本件はピッキン事件と異なり、国会の内部手続きを審査しようとするものではなくて、問題の制定法が本当に「制定された法（enacted law）」なのかどうかを問う事件だからであると説く。もう一つの理由はもっと実際的理由であって、「本件では上訴人は国会では解決しえない法律問題（question of law）を提起しているからである」と述べている。結論的には貴族院は全員一致で49年法と04年法の有効性を承認した。だがその行論中で幾人かの裁判官は国会主権の様々な側面について論評を加えている。

②「新理論」―「態様と形式（manner and form）」は後の国会を拘束するか

ジャクソン事件で貴族院の複数の裁判卿は、この「態様と形式」理論に言及している。これらの意見はすべて傍論であって、したがっていずれの意見も事案を決定的に解決できるものではないが、ここでは新理論を支持したステイン卿（Lord Steyn）の意見と明白な反対論のホープ卿（Lord Hope）の意見から該当部分を紹介しておく。

ステイン卿は、伝統的な法制定の方法のほかに、正規に 3 構成要素で構成された国会が、伝統的な方法とは異なる方法で立法権能を再配分ことはあり得るとして、11-49年法制定の手続きの正当性を承認したうえで、例え話として、「国会は特定の目的のために、両院の各々で三分の二以上の多数決を要すると定めることは可能ではないだろうか」と反語的に新理論を提唱している。彼がトレソーバン事件判決（Trethowan case）の多数意見を引照していることも示唆的である。[12]

　これに対してホープ卿は、「国会は後の国会を拘束できないというのは主権に関する準則の基本的な側面である。いかに巧みに起草しようとも、いかなる手段をとろうとも、国会制定法を特別保障することは不可能である。国会がある事項を制定して、後の国会がこれと同じ問題を扱う制定法を定めたとして、当該の事項・条項に関してはその後の制定法では改廃できないと、あらかじめ前法で規定することは不可能なのである」と述べて、正統派の国会主権論に与する。[13]

　③「新理論」を超えて？――制定法の内容もその制定手続きも司法審査を免れない

　ジャクソン事件での国会主権への言及は傍論である上に、貴族院の同意なく可決された制定法に関する訴訟という文脈の中でなされた言及なので、先例としての価値はないともいわれている。しかし他方で裁判卿たちは、彼らの国会主権についての見解が1911年国会法に基づき可決された立法の文脈においてのみ当てはまるものであるとも言っていない。このこと自体にある種の含意の伏在を感じるのは私だけであろうか。[14] ここでも二人の裁判卿（ステイン卿とホープ卿）の相反する傍論を紹介する。

　ステイン卿は以下のごとく述べている。「連合王国の憲法は決してコントロールが効かないものではない。…ヨーロッパの文脈では、第二ファクルターメ事件判決がこの点を明確に示してくれている。[15] 98年スコットランド法（Scotland Act, 1998）に見られる解決策もまた主権の分割の証である。さらに98年人権法（Human Rights Act, 1998）が新たな法的秩序を創設した。…純粋かつ絶対的なダイシーの言うところの古典的国会の最高性の教義は、現代の連合王国にはその居場所がないように思える。にもかかわらず国会の最高性は依然としてわが憲法の一般原則である。この原則を作り出したのは裁判官

である。もしそうだとしたら、裁判所が今とは別の憲法的仮説に基づいて確立された原則に資格を与えねばならない事態が生じうることも考えられない訳ではない。司法審査権を廃止しようとする例外的な試みがなされるようなことが生じれば、貴族院上訴部又は新設の最高裁は、その試みが庶民院の切望に主権的国会が応じたものであるとしても、そのような試みは廃止しえない憲法的根本義であるか否かを審議しなければならなくなるだろう。この問題にかかわるいろいろな論点をここで詳述する必要はない。それはまた本件上訴の争点でもない。」ここで同卿が「今と同じ憲法的仮説」と言っているのは、「国会の最高性」の原理を指している。真に見事なイギリス型の違憲審査権論を展開しているのが印象的であるが、鮮明な政治的主張をしたがゆえにであろうか、その文末で傍論であることを敢えて明記する手法に政治性を看取しないのは私だけであろうか。

　次にホープ卿の意見を紹介しよう、同卿は次のように述べる。「イギリス憲法は国会主権に支配されている。だが昔はともかく今日、国会主権は絶対的ではない。一歩一歩、徐々にしかし確実に、ダイシーがクックとブラックストーンから引き出してきた国会の絶対的主権というイングランドの原則は条件づけられてきつつある」。とはいえ、「すべての主要政党と両院とが1949年法の立法手続きの利用を認めて、立法を行う場合、司法裁判所がこの政治的現実を無視できる余地があるとは私には思えない。この信頼関係が崩れるとすれば、それはステイン卿が言うように、当該法案が途方もないものか、比例性を欠いたものである場合であろう。それにもかかわらず、こうした問題の最終的判断は選挙された議員としての庶民院に委ねられなければならないのである。」

　ステイン裁判卿とホープ両裁判卿とでは、明らかに最終的な結論は異なるであろう。しかしそれだけでなく、ステイン卿の意見には注目すべき認識がうかがえるように思える。ステイン卿はその意見の冒頭で、国会主権が制限されている3つのケースを挙げている。それはEC＝EU加盟、1998年のスコットランドへの権限移譲、1998年人権法である。同卿は別途、1998年法の権限移譲を「主権分割」と述べ、あるいは98年人権法を「新たな法的秩序」と述べている。いずれも国会の主権性を縛る憲法的法律であると同卿が考えていることを示唆している。そしてその重大な侵害には裁判所が関与して審査しうるのであ

り、それを可能ならしめるのは、国会主権原理自体がコモン・ロー（したがって、裁判官）の創造物だということに他ならないと弁証するのである。果たして国会主権原理は司法の創造物でしかないのだろうか。またステイン卿は98年人権法を「新たな法的秩序」という。この含意として、ステイン卿は98年法に「司法的最高性（judicial supremacy）」という新秩序の創造を期待しているのかもしれない。だがこれに対しても、98年法はヨーロッパ人権条約と国会主権のバランスをとろうとするものであって、国会主権が同法の枠組みの中に保存されるように作られているという認識が対置されている。このユーイングらの認識は、（ホープ卿の意見は理解しづらいのだが）ホープ卿が政治的事実に寄せている信頼に通じるように思える。そしてこの政治の重視は、ジャクソン事件に半世紀以上先立つ、ウイリアム・ウエイド（Sir William Wade）の国会主権についての言説を思い出させる。国会主権がイギリス憲法において法的最高性を享有するという命題を支える権威の源とは何か。ステイン卿らコモン・ロー・ラジカルと称される人たちは、それは（国会主権の法源は）裁判所が創り出すコモン・ローの準則であると言い、ウエイドとホープ卿は、すぐ後に紹介するように、その源は政治的事実、正確に言えば、政治的事実の司法的承認にあると言う。ウエイドの理論なども含めて理論的側面から国会主権論をめぐる論議の現状を整理・紹介するのが次節の課題である。

4　国会主権論への挑戦——「新理論」と「コモン・ロー立憲主義」

（1）国会主権の「新理論」

「新理論」を理解するためには二つの方向から分析するのがわかりやすい。一つは学説・理論、二つ目は判例から迫ることである。本稿では前者の方向を中心に置き、後者については前節《3》で簡単に紹介した他はこの項の末尾で示唆するにとどめたい。

「新理論」は主権の持続性、つまり主権は普遍的で不変的だとする見解に対する批判から出発する。それはイギリス憲法に即して言えば、「前の国会は後の国会を拘束できない」というコモン・ローの準則への批判となる。

その理論をたどるためにハート（H. L. A. Hart）の「承認の準則（rule of recognition）」から議論を始めることにする。ハートは国会主権の準則をいわ

ゆる「イギリスの法体系の承認の準則」の一部であると考えている。ハートによれば「承認の準則」は、有効な法の準則を認識するための基準を述べている法体系の基本的な又は究極の準則を意味する。それはその他の準則と異なり、それが社会によって、とりわけ裁判官と官吏によって受け入れられているという理由だけで拘束力を有している、そういう準則のことである。そしてイギリスの憲法体系を支えている「承認の準則」には、「国会は自らを拘束できない」という命題が含まれていると言うのである。[19]

「承認の準則」は、一方でこのように国会の継続的な主権を肯定するのに用いられているが、実は時の経過につれて変化する準則でもある。それは政治的な展開によって裁判所は、修正された承認の準則あるいは新たな承認の準則に従わされることがあることを意味している。この理をウエイド（H W R Wade）は大要以下のように述べている。「いかなる制定法も『裁判所は国会制定法を遵守する』という準則を確立することができないとすれば、同じくいかなる制定法もこの準則を改廃することはできない。……しかしこの準則はある意味ではコモン・ローの準則であるが、別の意味では、立法の全体系が依拠している究極の政治的事実なのである。裁判所と国会の間の関係にとって何より重要なのは政治的現実である。実際にも裁判所は、主権者の座が変わるたびごとに「国会制定法」の定義を変えていっている。市民革命の主権者の変転の歴史をたどればそのことは明白である。サーモンド（Sir John Salmond）が『究極の法的原則』と称したものは、国会によって変更できない――それは革命によって変更されるのであって、立法によるのではない――という点で唯一無二である準則なのである。」[20]

そこで以上の正統な国会主権理論を踏まえて、次にいわゆる「新理論」それ自体を紹介する。「新理論」派は上に述べた正統派の国会主権論を全て否定しようとするものではない。彼らは立法の内容についてはともかく、将来の立法の「態様と形式」については、国会は自らを拘束することができるというのである。彼らによれば、ある国会制定法について、両院での特別多数決で、あるいはレファレンダムでの選挙民の承認を得て、又は修正法で規定された文言通りの公式にしたがっていれば、これを改廃することができると国会は実効性をもって定めることができるという。国会は自らで手続的な自己制約を課するこ

とができるという「新理論」はそのかなりの部分を英連邦諸国の先例に依拠している。[21]

既に述べたように、連合王国では「新理論」が採用された判例は今のところ皆無である。「態様と形式」について国会が後の国会を拘束する規定として明示的に定めて、その違反があったときに司法的に審査しうるか否かに触れた判決もあるが、それは結論としては「新理論」派を励ますものではない[22]。とはいえ新理論は、私見でも現実を踏まえてイギリス憲法の思想的継承と発展を期する魅力ある主張である。したがって今日もこれを支持する有力な論調が存する[23]。

なおこの「新理論」の危険性を危惧する向きもある。それによれば、現在の政府がその立法を将来の国会（政府）に覆されるのを危惧して、この「新理論」によって「突支い棒」をしようとするのではないか、政府に却って危険な権力を与えてしまうのではないかと言うのである。だがこの批判に対しては、「新理論」の成否を握っているのは裁判所であるという反論が予想できる。そしてその反論には当然ながら、司法が最終的決定権を行使することを危惧する側からの再反論が予想される。この根本的対抗は次項でも色濃く現れる。筆者はここではこれ以上立ち入らないことにする。[24]

（2）コモン・ロー・ラジカリズムからの挑戦

トムキンスらによれば、イギリス憲法の要石としての国会主権の持続的地位を脅かす挑戦のうちで最も影響力のある挑戦はコモン・ローからの挑戦であるとされる。その主張の最も端的な結論は、国会（制定法）を拘束する「高次の法」がコモン・ローに含まれている、ということである。[25]

ここでは記録長官ウルフ裁判卿（Lord Woolf MR）の以下の論説を紹介するにとどめたい。「仮に国会がおよそ考えられないようなことをして、例えば高等法院から行政行為の適法性を審査する役割をはく奪するようなことが起れば、裁判所もまた前例のないようなやり方で行動することを求められようと私は言いたい。……究極的には国会の最高性にすら限界があるのであり、これを確認し、支持する責任は他の誰でもないまさしく裁判所の責任なのである。」[26] 因みにローズ裁判卿も、「イギリス憲法は現時点では、国会の最高性と憲法の最高性との中間の発展段階にあると言えるかもしれない」と述べている[27]。なお

こうした言説を典型とするコモン・ロー・ラジカルたちが批判を免れているわけではない。(28)

5　結びに代えて―国会主権論を我々はいかに理解すべきか

「国会の最高性」というイギリス憲法の根本原理は様々な挑戦を受けてはいるものの、法の問題としては公式には維持されている。しかしこの原理は現実には制約を受けている。第一に、自治領・植民地の独立に伴う立法権の放棄、第二にEC＝EU法の優位、第三に1998年人権法によるヨーロッパ人権条約の導入、第四にウエールズとスコットランドへの権限移譲、第五に無制限の立法権行使を制約する憲法習律の存在、そして第六に国民・世論の批判など、国会は近年に至るほど法的又は政治的な制約を自ら受容してきているからである。今述べたように、これらの制約はすべて、裁判所による強制ではなく、すべて法的な意味での主権の主体たる国会自らの自己制限である。(29)

本稿ではまた、「国会の立法的最高性」に法的制限が存在するのか否か、とりわけ、裁判を通じて強行することができる何らかの制限があるのか否かについての理論問題を検討してきた。イギリスの伝統は第一次立法の司法審査にきわめて消極的だが、裁判所は必要とあれば、立法としての権威ありと主張されている文書が「本当に国会制定法なのかどうかを決定」しなければならない。この裁判所に期待されている作用を実際に行使したのがジャクソン事件判決であった。かくして裁判所は、兎にも角にも第一次的立法の司法審査の実現に接近した。「新理論」派はこの「接近」の事実を、その判決の傍論も含めて高く評価している。

他方で、国会の最高性が限定されねばならないとしても、その承認された適用範囲内で、それは依然として最高の権力であって、「国会の最高性」があればこそ、政権の座に就いた政党はその政策を実現する十分な法的能力を保証され、福祉国家の建設もそれを破壊したサッチャー主義も可能になったと、「国会の最高性」を高く評価する見解もある。(30)

このユーイングらの主張は、スカーマン卿の「国会の主権的権力」が「堅固なマジョリティに支えられた執行府の意思でしばしば行使される。そしてそれが、法体系の不均衡を引き起こしている。」との危惧に応えねばならない。(31) ブ

ラッドレィもまた、「国会の立法上の権威（authority）には将来の国会が必ずしも最高の存在ではなくなるような制度枠組みを新たに設ける権力（power）が含まれている」と述べて、新理論の立場から批判的見解を披瀝している。そのうえでブラッドレィは、国会の立法上の最高性を今後も保持すべきたという主張の立場を強化するためには、「政治制度が基本的憲法原則や基底的な人権に反するような立法を行わせないような安全装置を備えていることを立証すること」ができなければならないが、それは疑わしいとして、その主張を結んでいる。
(32)

これに対してはこの問題の根底にある対抗テーマに関するゴールドワーシィの以下の簡潔な文章を紹介しておくことにする。「賭されているものは法体系における最終的な意思決定権の配置―「決定的な意見」への権利―である。国会が不文の権利を侵害するのを許さないことによって、裁判官たちが国会主権の原理を拒否することになれば、彼らはその究極の権限を自らが要求することになるであろう。人民の有する基本的諸権利とは何か、特定の立法がそれに矛盾しているかどうかについての意見の違いを解決するにあたっては、裁判官の言葉の方が国会の言葉よりも終局的なものになるであろう。現代西欧社会でのすべての重大な倫理的政治的議論は権利に関する不一致を伴うものである以上、これは国会から裁判官への大量の政治的権力の移行と言って差し支えないであろう。さらにそれは、国会の制定法や人民のレファレンダムによって民主的に成し遂げられた権力の移行というよりむしろ、裁判官によって選ばれた権利を守るべく、裁判官によって始められた権力の移行といえるであろう。」
(33)

まことに国会主権の実態とその理論とは、現実政治の展開の中で法と民主主義の矛盾と統一の様相をどの国の憲法よりも鮮明に我々に見せてくれている。本稿はその一端を切り取っただけに過ぎない。本格的理論分析が待たれる。

注
（1）本稿執筆にあたっては主として以下の文献に依拠した。注記冒頭に記して謝意を表する。Anthony Bradley, Keith Ewing and Christopher Knight, *Constitutional and Administrative Law* (16th ed., 2015, Pearson Education); Anthony Bradley, "The Sovereignty of Parliament-Form or Substance?" in J Jowell and D Oliver (ed), *The Changing Constitution* (7th ed., 2011, Oxford); Colin

Turpin and Adam Tomkins, *British Government and the Constitution*（7 th ed., 2011, Cambridge）; Jackson and others v Attorney General ［2005］UKHL 56 on appeal from：［2005］EWCA Civ 126.

（2）See Bradley, Ewing and Knight, *Id.*, at 55. See, Vauxhall Estates Ltd v Liverpool Corporation ［1932］1 KB 733 ; Ellen Street Estates Ltd v Minister of Health ［1934］1 KB 590, 597（Maugham LJ）.

（3）See Lee v Budge & Torrington Railway Co（1871）LR6CP 577, 582（Willes J）. Pickin v British Railways Board ［1973］QB 219.

（4）See Jackson and others v Attorney General, *supra* note 1, paras 6-20（Lord Bingham）, paras 142-156（Baroness Hale）.

（5）ロジャー裁判卿はこの2つの争点（プラス、1914年ウエールズ教会法）は別個の問題だというが、そうではあるまい。「別個の問題」とすることによって、1911年法の憲法的意義、同法の包括する領域が限定される。これがこの評価の意義である。See *Id.*, para 131（Lord Rodger）.

（6）See *Id.*, para 145（Baroness Hale）. ヘイル卿はユニオニストが反対すべくもない「建艦」予算まで道連れにしたことを言いたいようである。その他の裁判卿たちはこの点に触れない。

（7）See *Id.*, para 20（Lord Bingham）.

（8）本稿は国会の構成とのかかわりで、主題を検討するものだが、ここで問題となった国会任期の延長の可否とのかかわりで、ジャクソン事件判決を検討する興味深い研究として以下のものがある。See Christopher Forsyth, "The Definition of Parliament after Jackson：Can the Life of Parliament be extended under the Parliament Acts 1911 and 1949?", *International Journal of Constitutional Law*（2011）Vol. 9 No. 1, 132-143.

（9）See *supra* note 1, para 156（Baroness Hale）.

（10）See Bradley, Ewing and Knight, *supra* note 1 at 62. ジョンソン事件の事件概要はブラドッレィの記述に負っている。しかし本論中に引いた彼のジョンソン事件貴族院判決の内容の要約については、彼の立場（第4節で紹介される「新理論」）が反映されているように思えて全面的には採用できない。（e）だけでなく（f）も傍論として述べられていると思われる。

（11）See Edinburgh & Dalkeith Railway Co v Wauchope（1842）8 CL & F 710 ; Lee's Case ; British Railways Board v Pickin ［1974］AC 765（HL）. Also see, Turpin and Tomkins, *supra* note 1, at 44-7.

（12）See Jackson and others v. Attorney General, *supra* note 1, para 81（Lord Steyn）. トレソーバン事件については、後述注（21）を参照のこと。

(13) See *Id.,* para 113 (Lord Hope).
(14) この点については、See Michael Plaxton, "Cases：Bubbins v United Kingdom：Civil Remedies and the Right to Life, and The Concept of Legislation：Jackson v Her Majesty's General" (2006) 69 MLR 249-61.
(15) See R v. Secretary of State for transport Ex parte Factortame Ltd (No. 2) [1991] 1 AC 603.
(16) See Jackson and others v. Attorney General, *supra* note1, para 102 (Lord Steyn).
(17) See *Id,* para104, 107, 124 and 127 (Lord Hope).
(18) See K D Ewing, "The Human Rights Act and parliamentary sovereignty" (1999) 62 MLR 79.
(19) See H L A Hart, *The Concept of Law* (2nd ed, 1994, Oxford Clarendon) 149-50.
(20) See H W R Wade, "The basis of legal sovereignty" [1955] CLJ, 187-9. and also see Sir John Salmond, *Jurisprudence or the Theory of Law* (7th ed., 1924, Sweet & Maxwell).
(21) See Harris v Minister of Intereor 1952 (2) SA 428 (Appellate Division of the Supreme Court of South Africa)；Attorney General for New South Wales v Trethowan [1932] AC 52；Bribery Comr v Ranasinghe [1965] AC 172. 筆者は伊藤正己教授の『イギリス法研究』(1978年、東京大学出版会) において、トレトーバン事件判決の分析によって「新理論」に接した。伊藤教授はこの時点で、国会主権の持つ負の側面を明確に意識されていたのだろうと思う。あるいは延いては、主権論と（それにまつわる）議会制民主主義への批判的視点が伏在していたのかもしれない。
(22) See Ellen Street Estates Ltd v Minister of Health [1934] 1 KB 590 (CA). このほかに同一の結論を出した判決として、Vauxhall Estates Ltd v Liverpool Corpn [1932] 1 KB 733.
(23) その現代における代表的論者がブラッドレィであり、クレイグである。See, Paul Craig, "Sovereignty of the United Kingdom Parliament after Factortame" (1991) 11 *Yearbook of European Law* 221；A Bradley (Jowell and Oliver eds), *supra* note 1, at 35.
(24) Also See Rivka Weill, "Centennial to the Parliament Act 1911：The Manner and Form Fallacy" [2012] P. L., January, 105-126. ここでウエィル (R Weill) はジャクソン事件判決を検討しつつ、イギリス憲法が本質的にhybridであると説く。
(25) See Turpin and Tomkins, *supra* note 1, at 66. 旗幟鮮明な裁判官としてローズ

裁判官がいる；See, Sir John Laws, "Law and Democracy" [1995] PL 75, 82. 主権は国会と裁判所の協働によるとするセドリィ裁判官の「二極主権」論もこの中に含まれるとトムキンスらは評する。See Stephen Sedley, "Bipolar Sovereignty" [1995] PL 386, 389. 研究者にはアラン（TRS Allan）はじめ少なくない人々が挙げられようが、これはここでは割愛する。

(26) See "Comments" [2004] *Judicial Review* 107.

(27) See International Transport Roth v Secretary of State for Home Department [2002] EWCA Civ 158, [2003] QB 728 (Lord Woolf).

(28) See J A G Griffith, "The brave new world of Sir John Laws" (2000) 63 MLR 159 ; Poole, "Back to the future? Unearthing the theory of common law constitutionalism" (2003) 23 *Oxford Journal of Legal Studies* 435 ; A Tomkins, *Our Republican Constitution* (2005) Chap. 1. 後述のゴールドワーシィも加えられよう。

(29) 主権理論にとっての習律の意義については、See Elliott, "Parliamentary sovereignty and the new constitutional order" (2002) 22 *Legal Studies* 340.

(30) See Ewing, "Human Rights, social democracy and constitutional reform" in C Gearty and A Tomkins (eds), *Understanding Human Rights*, chap. 3 (1996, Pinter)

(31) See L Scarman, *English Law-the New Dimension* (1974, Stevens) 74.

(32) See Bradley, Ewing and Knight, *supra* note 1, at 74.

(33) See Jeffrey Goldworthy, *The Sovereignty of Parliament : History and Philosophy* (1999, Oxford UP) xx. このゴールドワーシィの理論への応答の一つとして、以下の文献を参照されたい。See Vernon Bogdanor, "Imprisoned by a Doctrine : The Modern Defence of Parliamentary Sovereignty" (2012) 32 OJLS 179-195.

第3章
ウェストミンスター型憲法の変動と国会

変化するイギリス憲法の下での国会

ジョン・マケルダウニィ
［訳］倉持　孝司・杉山　有沙

1　はじめに

　歴史の各時期は、国会の役割と任務を定義する連合王国の現行の憲法上の配列に貢献した。17世紀、1688年の革命およびクロムウェルの護国卿政治は、対抗する君主権限に優越する議会権限を定義した。18世紀および19世紀の観念は、いかに立法部、執行部および司法部がその各々の役割を演じるかについての基礎を形成するのに役立った。大陸的モデルを決して受け入れたわけではないけれども、権力分立に関するモンテスキューの思想に由来する権力の分立の諸要素は憲法が機能する方法に行き渡った。1832年の庶民院の直接選挙および貴族院改革の危機は1911年国会法（Parliament Act 1911）を結果した。法典化構想におけるベンサムの影響は、継続した。大陸で支持された成文憲法のモデルは拒絶され、イギリス法の全面的な法典化は実現していない。植民地への独立の付与は、憲法起草の技術を発展させた。というのは、多くの国ではその憲法上の配列において統治に関するウェストミンスター・モデルを採用し、多くの成文憲法が新たなコモンウェルスに採用されたからである。政治的影響は、進んで法的形式を生み出す。1707年におけるイングランドのスコットランドとの連合、1800年のグレイト・ブリテンとアイルランドとの連合は連合王国を形成し、また主権の概念に影響を与えた。

　19世紀末のダイシーの『憲法序説』の影響は、憲法自体の定義および国会主権の主張において基本的なものであった。ダイシーがフランス的行政法制度を拒絶したのは有名であるが、それは行政による政策決定に対する司法的抑制についてのフランス的観念を採用するのを渋ったことの証拠であった。ダイシーの異議は撤回されたけれども、それはダイシーの存命中その遺産として生き続

け行政法の展開を遅らせることとなった。1936年の国王退位の危機は君主の地位に影響を与えたが、憲法上の権力は継続した。

　二つの世界大戦直後の20世紀において、福祉国家の展開と国営化およびさまざまな国有の形体を通して、政府権限は漸次的に増大した。国家は、とくに1973年にEC（EU）の加盟国となって以来、新たな影響力の下に入った。おそらく、最大の変化は、ヨーロッパの大陸法的伝統およびEC（EU）の連合王国の憲法に対する影響力である。

　1970年代のサッチャー政権に始まった民営化は、拡大された監督システムを生み出し、1980年代ブレア政府の下でさらに拡大した。21世紀も重要である。2010年5月の新たな連立政府の選出もまた、5年の任期固定国会を含む新たな政治課題を提示した点で変換期である。

　個々の庶民院議員（バックベンチャー）とフロント・ベンチとの間のバランスは、特別委員会の委員長公選制を認めるライト（Wright）改革[3]を通して達成されたが、それは、政府に説明責任を負わす国会の能力を変化させる効果を持った。近時、国会の慣例・慣行を含めて憲法の多くの側面の法典化を求める声があるが[4]、それと同時に、国会による執行府に対するより十分な審査を求める声がある。国会改革は、国会研究グループ[5]、ハンサード協会[6]およびロンドン大学憲法ユニット[7]によって検討されてきた。国会およびその役割に関する文献は、J・グリフィス（John Griffith）の「立法過程における国会の位置」[8]、「政治的憲法」[9]および『グリフィスとライルによる国会の機能、慣行及び手続』[10]を嚆矢とする。最も影響力のあるのは『政府法案についての国会による審査』（Parliamentary Scrutiny of Government Bills）であるが、そこでグリフィスは初めて庶民院における法案の委員会段階についての体系的研究を行った。多くの著者が支持した、前から存在する政治的憲法ではなく、法に基づく憲法（a law-based constitution）への移動という文脈における国会の役割の性質についての議論が進行中である。実際の改革は、立法前および立法後の審査[12]および法案のプログラム化[13]として知られる立法についてのタイムテーブルの設定にみられる。

　21世紀の影響は、これまでのすべての時期を上回っている。スコットランドの独立に関して2014年9月18日に実施されたレファレンダムは、ウェールズ、

北部アイルランドおよびロンドンにおける今後の権限移譲された政府だけでなく連合王国にとって重要な憲法上の意義を有するものであることが明らかになるであろう。307年に及ぶ旧連合を支持する「ノー」（独立反対）票は、独立を支持する45％の「イエス」票を上回る55％の多数を獲得した。投票率は、連合王国における最高値である85％に達し、一部では91％の投票率であった（East Dabartonshire）。初めて16歳に投票権が付与された。

　スコットランドの連合王国に残留するという投票が、少なくとも近い将来については、独立を求めるスコットランド独立主義者（Scottish Nationalists）の要求に決着を着けた。SNP（Scottish Nationalist Party）党首およびスコットランド議会第一大臣（首相）であるサーモンド（Salmond）氏は、投票日翌日に辞任し、連合王国首相カメロン（Cameron）氏は、税の引き上げおよび借入れのためのさらなる権限の移譲に対する誓約はスコットランドにさらなる自治権を付与する法案において履行されるであろうと表明した。権限と計画の詳細は、概略的なものであるが、「スコットランド議会に与えられる永続性とともに、所得税率、支出および福祉に対する広範な権限をスコットランド議会に付与する」ことを含んでいる。加えて、レファレンダムの含意はまた、スコットランドに移譲された権限と同時に、次の点についても考慮される。すなわち、現行の権限移譲された政府（ただし、イングランドも含む）間の平等な権限を支持して連合王国の不文憲法の「バランスを取り直す」こと、特にイングランドの地方政府に対してより大きな権限を移譲し、イングランドの地域にも権限移譲を行うことを約束することである。これは、元来2003年に労働党政府によって提起されていたことであるが、提案された権限が控え目なものであり、当時それを求める声は大きくなかったことから実現しなかった。北東イングランドにおいて2004年に実施されたレファレンダムの結果は、そのような権限移譲を拒絶した。スコットランドのレファレンダムは、「ブリティシュネス」の感覚を喚起したが、等しく「イングリッシュ」であるという感覚および4つの王国のうち最大の王国としての富の感覚（この富はより貧困な地域を補助するために用いられる）も喚起した。

　以下、国会から始め、その手続き、責任政府に対してより大きな説明責任を提供するための改革プロセスを検討する。続いて、国会が審査の点でいかに強

化されたかについての実例を示す。次に、権限移譲およびスコットランドのレファレンダムが新たな緊張および連合王国の憲法の改革を作り出す可能性について検討する。最後に、連合王国の憲法上の配列が、スコットランドにおけるレファレンダムに続いていかに激しい議論の下にあるのかを示唆して結論とする。

2　国会およびその手続き

　法に基づいた立憲主義（a law-based constitutionalism）が作用しているという強力な証拠が存する。これは成文憲法の制定にまでは至っていないが、国会と政府および公務員との関係については実際に法典化の段階に至っている。公費調査委員会（Public Accounts Committee）および特別委員会のような説明責任に対する既存の機関を補うものとして、国会により多くの情報を与えそれによって国会をより実効的なものとすることを意図した機関が新たに設置された。一例は、独立予算責任局であるが、その他に、イングランド銀行金融政策委員会が含まれる。それらの役割および職務は、制定法上定式化されている。

　1997年大臣行動準則（Ministerial Code）は、多くの慣例上の準則を含んでいるが、成文化された行動準則に依拠する度合いを高める効果をもった。ある公務員は、「内閣執務提要草案」（Draft Cabinet Manual）を内部的に準備したが、それは論争的なものであり、政府の行為および作用に影響を与える法律、準則および慣例を規定し、一般に成文憲法とみなされる形式のものとなっているように思われる。それは、ひとつの指針として優れているが、不相応の地位が与えられるようだと、それはあまりに大きな責任を引き受けることになり、国会による監視を損わせることになるかもしれない。「内閣執務提要草案」は、従来の不文の了解を成文の形式にすることで一貫しており、その重要性において過小評価されるべきではない。大臣および公務員は、2010年憲法改革及びガヴァナンス法（Constitutional Reform and Governance Act 2010）の規定の範囲内にあり、公務員制度は制定法の基礎をもつものとなった。2005年憲法改革法（Constitutional Reform Act 2005）は、新たな連合王国最高裁判所を設置し、裁判官の任命の新たな手続きを規定し、イングランドおよびウェールズ主席裁判官に新たな責任を課した。これらの変更に続いて、司法予算は新たに

設置された司法大臣の下で省庁の審査に服することとなった。国会の役割についての制定法上の定式化は、これまで以上にありふれたものとなった。2010年憲法改革及びガヴァナンス法は、国王大権による立法形式を条約締結権限に関して制定法上の枠組みの中に含め、これによって条約は21日以内に国会に提出されなければならなくなり、庶民院は承認の機会をもつこととなった。外国での戦闘への軍隊の派遣は、習律によって国会の承認に服することを条件とされていたが、これは制定法上の基礎の上に置かれるべきだとする強力な見解が存する。これは、直ちに公表されるべきだがなお公表されていない、イラク戦争についてのチルコット（Chilcot）調査報告書に照らしてさらに議論される可能性がある。これらの例は、法的形式でのコントロールを大きく進展させるだけでなく国会による調査を拡大するが、かならずしも一貫してそうだというわけではない。グリフィスは、次第に増加する司法権の審査機能について関心を提起するかもしれない。

　1997年以来、「現代化」アジェンダ[14]が、1990年代とくに立法過程に関するハンサード協会委員会がリッポン（Lord Rippon）を委員長、M・ライル（Michael Ryle）を秘書として作成した『法律の制定（Making the Law）』（1992年刊行）において行われた勧告について、体系的な調査を実施した。リッポンの任務は、立法の過程、いかに国会制定法が作用したかについての立法後調査の潜在性を含む立法についての国会による調査を審査することであった。リッポン報告書は、立法過程の段階ごとに問題が存することを認定し、変更のための広範囲にわたる勧告を行った。その時以来、リッポン報告書は、分岐点となり、その報告書に由来する多くの改革が少しずつ実行されてきた。2001年ハンサード協会は、ニュートン（Lord Newton of Braitree）委員長の下で『国会に対する挑戦—政府に説明責任を負わせる』においてさらなる調査を行った。この調査は、いくつかの変更にもかかわらず、国会は「過去20年間における憲法、政府および社会に対する広範な変更の背後に取り残されてきた」ことを認定した[15]。国会を説明責任のシステムの頂点に置くことは、いくつかの改善をもたらした継続的な取組みであるが、行われるべきことは多い。

　実際の改善のいくつかの例は、次の通りである。今日、説明文書（explanatory notes）が法案に含まれており、国会制定法とともに利用可能である。規制的

影響評価は、法案に付されており、法案についてのありうる効果を説明している。とくに人権に関して、両院合同委員会が存する。そのような委員会の設置は、過去におけるよりもより柔軟にできる。A・タイリー（Andrew Tyrie）委員長の下での銀行業委員会は、最近の例である。[16] アド・ホックな合同委員会もまた、法案の評価を概観するために設置されよう。[17] 省庁別特別委員会は、近年のライト改革によって拡大されたが、[18] 2011年に導入された改革の影響を十分に評価するには時期尚早であるが、政党の指令の影響外の特別委員会委員長公選制の導入は重要な一歩であると思われる。また重要なのは、議院議事日程委員会（House Business Committee）の設置であり、これは改革を審査し続け、適切な議事日程が存することを確保し、バックベンチ議事日程委員会（Backbench Business Committee）を含む。[19] 法案のプログラム化は、タイムテーブルの設定を認め、法案の国会における進捗状況の追跡を可能とする。法案草案についての委員会による立法前審査は、法案が国会に正式に提出される前に、討議と改善のための時間を確保するためにより頻繁に適用される。[20] 法案草案がこのように審査されることを認めることは、時間の浪費となる可能性があるが、審査の一般的実効性を改善すべきである。2013年1月に、連絡調整委員会（Liaison Committee）は、2010年国会において連立政府成立に伴い18の法案草案が公表されたが、審査のために割り当てられた時間について批判されたと報告し、合同委員会が審査のための最も実効的な方法あるが、これは必ずしも常にみられることではないと示唆した。[21]

ある者は、これを成功とみるが、他の者は、本会議室の外で適用されつつある専門家の専門知識について懐疑的である。[22] 『国会及び立法過程』（Parliament and Legislative Process）に関する貴族院憲法委員会報告書に従って、事後的立法審査は、常に立法の生涯に渡って、少なくとも5年ごとに定期的に検分し、立法の価値を評価する手段を提供する。[23] とくにEUおよび憲法的事項に関して専門家の助言者を加えることは、法案の審査を助力し、特別な政策事項に対する調査に対する審議を情報に基づいたものとする。2012年11月、連絡調整委員会は、[24] 2003年以前に認められていた、特別委員会の核となる任務を明確にしかつ説明するためのさらなる措置をとった。[25] これは、経験に照らして最新のものにしかつ改訂し、また、変化する政党政治の情勢の性格を反映する良い例であ

る。特別委員会は、審査の根拠を拡大した最も重要な変更の一つであり、その役割は今後さらに展開する可能性がある。実効性に対する公の要求は、財政危機の直後に増大し、公費調査委員会による銀行家に説明責任を負わせる試みがされたが、庶民院における非難の機会は限られている。

3 強化された審査

　説明責任のシステムもまた、内部的に強化されたが、他方で外部委託された説明責任のシステムに依拠している。会計検査院（NAO）、国会オンブズマン、公職任命規制委員の仕事に大きく依拠している。独立国会倫理基準局（IPSA）は、国会議員の経費および給与を規制し、公衆のためにシステムにおける説明責任および透明性を達成することを目的としている。特別委員会の役割の再活性化もまた、国会による審査をより信頼性あるものにする方向での重要な一歩である。委員会の委員長の名にちなんで名付けられた近年のライト改革は、全院の秘密表決による特別委員会委員長公選制を提案したが、それは院内幹事の直接的指示範囲を超えて特別委員会の委員長選出を強化するものであった。ライト改革は、審議に35日間を割り当てる責任をもつバックベンチ委員会の設置を勧告したが、これは庶民院議事規則15によって実施された（2010年6月15日）。

　貴族院を改革するための提案は、現在審査中である。全体的あるいは部分的に公選の議院は、貴族院の役割および国会との関係において重要性をもつ可能性がある。庶民院議員数の削減および選挙区境界の再設定もまた、国会の将来に関係する。

　1998年人権法（Human Rights Act 1998）の下での国会の役割の評価もまた必要である。多くの者にとって、これは憲法的監視を引き継ぐために訴訟を提起する潜在性を提供する。人権法は、国会の立法上の権限を維持しているが、裁判所が国会の制定した立法をヨーロッパ人権条約に適合していないと宣言することを認めている。司法的外観をもつ説明責任は、政治的形体による抑制と均衡に対する代替を提供するが、それらに取って代わるものではない。S・セドリィ（Stephen Sedley）は、これを「国会における国王と裁判所における国王の二重主権」という新たに出現しつつあるパラダイムとみなしている。これ

は、とくに両者の境界が明確に定義されず、両者が抵触する際の解決が結果において不確実なので、支持を得る方向性として魅力あるものではない。

　連合王国の憲法はまた、国会における特別委員会の役割の漸次的進化における変化のように、政府に対する国会の説明責任追及の内部的作用における前例のない変更の舞台となっている。1979年以降導入された改革は、14の省庁別特別委員会を設置した。今日では、24のそのような委員会が政府省庁横断的に存しており、省庁の財政上、政策上、運営上および作用上の決定を審査する権限を有している。大臣、およびその指示に基づいて公務員は、証言をするために出席が求められる。最古の特別委員会は、公費調査委員会（PAC）であり、バリュー・フォー・マネーを含む政府支出の説明責任を問う役割を与えられている。公費調査委員会は、庶民院の役員である会計検査院長の下での独立した会計検査職である会計検査院の援助を受け、公金および省庁の計算書の審査について国会に対して責任を負っている。会計検査院を通しての専門知識と公費調査委員会の下での政治的説明責任という二つの対となる要素は、19世紀の慣行・慣例に基づくが、政府を審査する現代的かつ実効的な手段を提供する。会計検査院長の仕事の実質は、制定法上の授権に基づいて会計検査院によって実施されるが（1983年会計検査院法（National Audit Act 1983））、19世紀にまで遡ることのできる慣例および準則によって影響を受けている。立法過程においても重要な改革が行われており、立法前・立法後の審査および委員会の構成員の選出方法と同時に特別委員会委員長の選出方法の改革を含んでいる。執行府に対する国会による審査は、政府に説明責任を負わせる手段を提供する点で基本的なものである。憲法的な妥当性および審査という広範な問題は、国会による審査の作用を検討する場合に提起される。連合王国において、執行府の実効的財政上の審査の程度は、特別委員会からのいくらかの情報提供を伴う公費調査委員会の仕事に大きく依存している。公費調査委員会の役割および手続は、公費調査委員会がいかに実効的にその役割を実行するかを理解する文脈で調査される。公費調査委員会の評価は時宜を得ている。連合王国において現在調査されている多くの問題があるが、少なくとも政府資金の適切な管理を示す政府の能力の問題がある。また、国会の働き、政党資金提供および自身の手続を自己規制する国会の能力についてかなりの程度の公の懐疑が存する。国会議員の

財政的手当および給与に対する公の当惑にもかかわらず、公的生活における財政的誠実さに対する高い評判が維持されている。この理由の一つは、会計検査院および公費調査委員会の仕事に対して与えられる高い評価である。現行体制の重要な特徴は、公費調査委員会は会期検査院からの報告書を受け取ることである。会計検査院は、公費調査委員会が専門的知識さらには省庁情報へアクセスしてその役割を実行できるようにする。その結果、さまざまな省庁別特別委員会によって可能となる以上に政府の説明責任に対する組織的かつ分析的アプローチが可能となる。公費調査委員会の高い評価は、その価値があるものだろうか。公費調査委員会および時の政府に対する説明責任を問うことに向けられたその働きから得られる教訓とは何であろうか。[33]

　特別委員会は、一般に、公共支出に対する事後のコントロールを行使し得る。手続に関する特別委員会、大蔵省特別委員会は、公共支出に関する多くの情報を得て、それをコントロールするのを助力するのに積極的である。公費調査委員会の権限および付託事項は、二つの点で他の特別委員会のそれとは異なっている。第一は、それがその任務に際して採用するのは非党派的アプローチであり、古参の反対党議員が委員長を務める。第二に、その調査は、ほとんどすべてが会計検査に基づいており、会計検査院の働きを通して会計検査院長から専門的助力を得る。[34] バリュー・フォー・マネーの審査の場合には、その国会への報告書は、かなりの影響力を有している。

4　権限移譲の憲法上の意味

　2014年9月18日木曜日の決定は、連合王国の憲法上の配列において分岐点となるものである。イングランド法のためのイングランド議会を求める声がある。これは、周知の西ロジアン問題を再び提起した。イングランド外の選挙区を代表する国会議員が、イングランドにのみ影響を与えるであろう事項に対して表決することに正当性は存するであろうか。政治的には、ウェストミンスターの連合王国国会においてスコットランド選出議員が、教育のような権限移譲された事項について表決することが公平かどうか疑問を抱いている多くの人を納得させることは難しい。というのは、スコットランドの教育制度はスコットランドに権限移譲されているから、イングランド選出議員はスコットランドの教育

制度については表決できないからである。ここには、党派的含意がある。つまり、労働党は、スコットランド選出議員が占めるウェストミンスターの議席の大多数の支持を獲得するが、保守党にはそうした見込みはほとんど存在しないのである。実際、労働党は、政府を形成するために選挙で勝利するにはスコットランド選出議員を必要とするのである。したがって、もし、イングランドの事項に対するスコットランド選出議員の表決を制限すると、労働党はその政策の多くに対する十分な支持を獲得するために苦戦する可能性がある。

　主要政党が直面する政治的なジレンマを別としても、全体として重大な憲法上の争点が存する。もし、権限移譲がイングランドの地域および地方政府の有利なように再調整されるならば、連合王国は連邦制国家の形体に進むことになろう。スコットランド、ウェールズおよび北部アイルランドに対する権限移譲体制を強化することが検討される場合には、このことは明確になる。その場合、連合王国は、現在のような単一国家ではなくなり、準連邦制国家の形体をもつことになり、成文憲法を検討しなくてはならなくなる可能性がある。また、新たな配列についての財源調達をめぐる重大な問題があり、そこでは、連合王国中央政府が強化された権限移譲に直面していかに効果的に政策を提示し経済的進展を定義するかが問題となる。たとえば、イングランド銀行によって実施される量的金融緩和制度について、金利の設定と同時に最後の貸し手としてイングランド銀行は連合王国国会および大蔵省に対して大蔵大臣とともに責任を負っている。どのようにして、そうした制度は、権限移譲された政府に移転された多くの歳入・歳出計画とともに進められるのであろうか。

　スコットランド議会、ウェールズ国民議会および北部アイルランド議会の設置は、連合王国の財政コントロール制度と権限移譲された政府との間の財政上の関係の検討を必要とする。(35)一般原則は、大蔵省が発行した『財政支出政策説明書』（Statement of Funding Policy）に含まれている。すなわち、全般的な財政政策および予算・公共支出の作成に対する責任は連合王国大蔵省が維持すること、権限移譲についての連合王国政府財政支出は通常は省庁の「支出審査」（SR）を通して決定されるであろうこと、権限移譲された政府は総額の範囲内で個々の活動に財政支出する決定を行うであろうことである。

　連合王国国会は、交付金という形で権限移譲された政府のための関連規定を

表決するであろう。権限移譲されたレベルでの予算の追加的要素は、地方調達の支出、ヨーロッパ委員会からの財源および地方政府による借入から生じる。スコットランドの場合、追加的財源はスコットランド所得税可変税率およびビジネスレートを通して、権限移譲に基づく課税権から生じうる。これらの制度は、スコットランド議会および委員会にスコットランド執行府の支出計画を審査する機会を与える。財政委員会のような重要な新制度が導入され、議会における協議プロセスおよび各年の支出審査期間を通して戦略的計画を認める年次評価報告書を監督する。執行府は、暫定的支出計画（年次評価報告書）を提出し、これは財政委員会の報告書と並んでスコットランド議会によって検討される。執行府は、次財政年度のための支出計画を含む予算案を９月に準備する。提出されたコメントおよび情報に基づいて、財政委員会は、代替予算を作成することが可能であるが、執行府が設定した支出制限額の範囲内に限られる。12月には、財政委員会は、本会議で審議される報告書を準備し、これは執行府支出計画に修正を行うことが認められている。執行府が１月に提出する年次予算とそれに伴う法案が存する。これは、来るべき財政年度における支出に対して議会の権威を与える。いったん法案が提出されると、執行府のメンバーのみが修正を提案することができるので迅速に可決される。この制度の利点は、連合王国国会の場合よりも透明性が高く、支出計画に対する十分な審議と熟考の機会があるということである。反対提案は財政委員会を通して行うことができる。

　権限移譲に関して、連合王国政府は多くの全般的財政コントロールの技術を維持していることは明らかである。これには、権限移譲された政府に対する予算を補整する権限および権限移譲された政府は追加的あるいは予期しえない財政負担を実行するだろうという予測が含まれる。連合王国政府は、EUからの財源の受領および支出に対する責任を維持している。

　連合王国の税収あるいは借入れから資金提供される権限移譲された政府のための予算あるいは財政制度の変更は、連合王国の照応する省庁の移出計画に依拠するであろうということが一般的に想定されている。明白な「同等」の要求は、一般的にはバーネット・フォーミュラを通して達成される。

　バーネット・フォーミュラ（1978年大蔵省主席政務次官 J・バーネット[Joel Barnett]によって採用）の下で、スコットランド、ウェールズおよび

北部アイルランドは、各々財源の割当てを中央政府からの一括交付金の形で受け取るが、それは、連合王国の諸構成部分間の多様な支出レベルを反映している。広範な変数が存するが、それは、人口、輸送ニーズ、健康不良のレベル、教育に対する非都市部のニーズおよび産業上のニーズを含んでいる。これら変数の各々は、連合王国の各部分において計算され適用されるが、公共支出のニーズに基づくのではなく、関連のイングランドの部門における計画化された支出に基づいて計算される。イングランドにおける計画化された支出の変化は、スコットランド、ウェールズおよび北部アイルランドに利用可能な総額に反映される。バーネット・フォーミュラは、調査されており、ウェールズおよびスコットランドにおける権限移譲体制が変更された後まで残存する可能性はない。ウェールズ議会は、経済学者G・ホルサム（Gerald Holtham）議長の下での独立審査を行っており、同委員会は当該フォーミュラの廃止を勧告した[39]。シルク（Silk）委員会は、さらに審査を行い、バーネット・フォーミュラは廃止されるべきであり、ウェールズ大臣が借入れおよび所得税引き上げ権限を含む、自身の予算の25％引き上げに対する権限および責任を有すべきであり[40]2014年ウェールズ法案において提案すべきである[41]（ただし、レファレンダムに服することを条件とする）と勧告した。スコットランドの場合は、コールマン（Calman）委員会[42]が同様の研究を行い、連合王国とスコットランドの間での資金提供制度の透明性を高めフォーミュラの一部として連合王国を通してニーズ評価を導入することを主張した。スコットランドのレファレンダムの結果[43]、ウェールズおよび北部アイルランドはバーネット・フォーミュラ一般についての判断を考慮して自らの選択肢を検討している[44]。

　スコットランド、ウェールズおよび北部アイルランドと同時にロンドン議会への権限移譲立法は、単一国家を維持しているが、連合王国国会は権限移譲された立法部の同意がなければ権限移譲された事項に関して立法は行わないとするシーウェル（Sewel）習律を強調している。レファレンダムを利用することによる正当性[45]は、連合王国国会の直接的影響力を超えて一般大衆の政治参加の機会を与える。説明責任の媒体としてレファレンダムを利用することは、ヨーロッパに対してもそうである。2011年EUに関する法律（European Union Act 2011）は、連合王国とEUの関係の憲法上の重要性について独特の「二重

鍵」を付ける形で国会および政府双方を拘束している。連合王国がEUの構成国であり続けるかどうかに関するレファレンダムを要求する声がある。これらの例は、議論の場を国会から公衆に移すのに仕えるが、このことが国会の役割に対して持続的な影響力を有するのかは決して明らかではない。2011年国会任期固定法（Fixed-term Parliaments Act 2011）は、国会の存続期間および連立政府の5年という固定期間内に政府の不信任投票が行われる制度を変更した。

5 おわりに

上で検討したさまざまな改革および潜在的改革すべては、国会をより実効的なものとするであろうか。上述の憲法上の変更の全体を評価することは容易ではない。V・ボグダナー（Vernon Bogdanor）のような政治学者は、近時の改革が行われるまでの連合王国の憲法を「格別なもの」とみなしており、「旧い憲法」と人権によって定義される「新しい憲法」とを区別しようとしている。すなわち、そこでは、権限移譲、貴族院改革および新たなイギリス憲法と同等視できる1997年以降導入されたすべての改革を含むより明確な統治の組織図が提供されたとしている。他の者は、多くの変更を当該時代の政治と同一視しており、変化を「再編」「混乱」あるいは「未解決」と特徴付けている。重要なのはJ・グリフィスの分析であり、その国会および立法過程についての分析は、今日の検討に関係する新たな信頼性を維持している。グリフィスが述べたように、「過剰な期待はすべきではないし、不可能なことを要求すべきではない」。法に基づく立憲主義は成長しつつあるが、成文憲法にまでは達していない。国会、立法過程および裁判所が正義を望んでいるとみなされる場合には、グリフィスは強い者に対抗して弱い者に個々の救済を与えることに焦点を当てている。このことを正式の法あるいは国会による抑制と均衡を通して達成するのは容易ではない。グリフィスの思考方法および公法に対するアプローチの仕方は、偏見あるいは不相応の影響力の疑いによって堕落させられていない良き統治についての道徳的善に依拠している。権限移譲に関する議論は、連合王国国会の役割の再定義についてのものである。スコットランドにおけるレファレンダムは、解決されなければならない一連の困難な問題を憲法上の「るつぼ」に投げ込んだ。最も基本的な問題は、イングランドに権限移譲された議会を設置し、それ

を現在約束されようとしているスコットランド、ウェールズおよび北部アイルランドに対する再調整され強化された権限移譲体制に付加すべきかどうかということである。

　マッカイ（McKay）委員会(48)が連合王国に対する権限移譲の影響を検討するために憲法議会を設置することを勧告したことが想起されよう。スコットランドのレファレンダムの後、貴族院憲法委員会は、スコットランド選出の庶民院議員および貴族院議員に対する含意を審査するであろう(49)。西ロジアン問題に関して、委員会は、連合王国の一部に影響を与える決定は連合王国の当該部分の選挙民の多数の同意によって行われるべきであるという原則にいくらかの共感を示していた。しかし実際には、マッカイは、イングランドの事項に対するイングランド議会という考えを退けた。その代わりに、試験的に勧告したのは、庶民院で立法を行う際に議員の選挙区およびその表決結果を考慮して庶民院での議員の表決を数えるという何らかの方法である。これは、代表観念に基づくものとして合理的な考えであるが、実際には実施は困難である。

　スコットランドのレファレンダムは、スコットランドは連合王国によって定義される連合の構成員であるということを解決したかもしれない。しかし、このことは重要な憲法上の危機を導き、構成員であることは何を意味するのか、地域的権限移譲された政府は、権限移譲自体の性格からは連合王国の憲法に取り消せない変更を与えたと認めたとは思われない一つの構造の中でいかに作用することができるのかという問題を提起した。成文憲法あるいは連邦憲法が最も可能性のある解決であるが、これが諸政党によって同意されるであろう選択肢であることは決して明確ではない。ウェストミンスターでの「代表」政府は、疑問視されつつある。というのは、それは、選挙民がロンドンから統治されるではなく、統治されるより満足の行く方法を求めつつあるという兆候の背後で、あまりにも長期に渡って遅れをとっているからである。解決の発見にあまり多くの時間はなく、負債に苦しむ連合王国経済に対する経済的プレッシャーは、新たな憲法体制がむしろ緊急に必要とされていることを示している。同じように、EUの加盟国であることに関するレファレンダムを行おうとする連合王国政府にとって、そのような投票は意図しない結果、少なくとも政治的不確実性および経済的不安定性を生み出すという教訓が存する。連合王国の不文憲法は、

そのプラグマティズムおよび柔軟性を示すが、独立に関するスコットランドにおけるレファレンダムの結果に照らして再考される必要があるかも知れない。

注
(1) Montesquieu, *The Spirit of the Laws,* eds. A. M. Cohler, B.C. Miller and H. S. Stone, Cambridge U. P., 1989.
(2) Dicey, AV, *Lectures Introductory to the Study of the Law of the Constitution,* London : Macmillan, 1885. AV Dicey, "The Development of Administrative Law in England" (1915) 31 *Law Quarterly Review* 148.
(3) The Select Committee on Reform of the House of Commons ; *Rebuilding the House,* HC 2008-09 (HC 1117) Chaired by Tony Wright MP.
(4) See, A New Magna Carta?, Second Report of Session 2014-15 (HC 463).
(5) Generally see ; Dawn Oliver, "Reforming the United Kingdom Parliament" in D. Oliver and J. Jowell eds., *The Changing Constitution,* Oxford : Oxford University Press, 2011, 167-212. Hansard Society, *The Challenge for Parliament : Making Government Accountable, Report of the Hansard Society Commission on Parliamentary Scrutiny,* Chair Lord Newton of Braintree, Hansard Society, 2001, p. x.
(6) The Study of Parliament Group, see : http://www.studyofparliament.org.uk/
(7) The Hansard Society, see : http://www.hansardsociety.org.uk/
(8) University College, London see : http://www.ac.uk/constitution-unit
(9) J. A. G. Griffith, "The Place of parliament in the Legislative process" (1951) 14 *Modern Law Review* 4, 425.
(10) J. A. G. Griffith, "The Political Constitution" (1979) 42 *Modern Law Review* 1, 1.
(11) R. Blackburn and A. Kennon, eds., with Sir Michael Wheeler-Booth, *Griffith and Ryle on Parliament, Functions, Practice and Procedures,* London : Sweet and Maxwell, 2 nd edition, 2003.
(12) House of Commons Library Research Papers SN/PC/5859 *Pre-legislative scrutiny under the Coalition Government* (4 th June 2013).
(13) House of Commons Library Research Papers SN/PC/6877 *Programming of legislation-recent proposals* (20th June 2014).
(14) Generally see ; Dawn Oliver, "Reforming the United Kingdom Parliament" in D. Oliver and J. Jowell eds., *The Changing Constitution* Oxford : Oxford

University Press, 2011, 167-212.

(15) Hansard Society, *The Challenge for Parliament : Making Government Accountable, Report of the Hansard Society Commission on Parliamentary Scrutiny,* Chair Lord Newton of Braintree, Hansard Society, 2001, p. x.

(16) The Parliamentary Commission on Banking Standards, A Joint Committee appointed by both Houses, 5th Report, *Changing Banking for Good*, HL Paper 27-IX／HC 175 - Vols. I-IX（19th June 2013).

(17) House of Commons Library：Standard Note；*Parliamentary Commissions of Inquiry* SN／PC／06392（24th July 2012).

(18) The Select Committee on Reform of the House of Commons, *Rebuilding the House, op. cit..*

(19) House of Commons Library：Standard Note；*House Business Committee* SN／PC／06394（31st May 2013).

(20) See House of Commons Library：Standard Note；*Pre-Legislative Scrutiny under the Coalition government* SN／PC／5859（19th June 2013). Also see：House of Commons Library：Standard Note；Pre-legislative scrutiny SN／PC／2822（9th April 2010).

(21) Liaison Committee, *Select Committee, Effectiveness, Resources and Powers*, HC 2012-13（HC 697) paras 38-39（24th January 2013).

(22) *Ibid.*, paras 39-40.

(23) House of Commons Library：Standard Note；*Post-legislative Scrutiny* SN／PC／03161（29th January 2013). 立法後審査の歴史と働きは、House of Lords Constitution Committee, *Parliament and the Legislative Process* HL 173-1（2003-04). Liaison Committee, *Review of Select Committee Activity and Proposals for New Committee Activity*（21st March 2012) HL 279.

(24) Liaison Committee, *Select Committee, Effectiveness, Resources and Powers, op. cit..*

(25) Liaison Committee Annual Report 2002（1st April 2003) HC 2002-03（HC 558) para 13. これには、EUを含む緑書や白書のような政策提案の調査が含まれる。たとえば、支出計画の調査、省庁の責任の下にある規制機関の調査、立法その他政策的イニシアティブの履行調査、ウェストミンスター会堂ホールを含む議院での議論のため報告書の作成などである。

(26) House of Commons Standard Notes：Select Committees-core tasks SN／PC／03161（29th January 2013). House of Commons Standard Notes：Select Committees：evidence and witnesses SN／PC／06208（29th January 2013).

(27) 議員は、改正1871年証人宣誓法（Parliamentary Witnesses Oaths Act 1871）に基づいて宣誓することを求められる。次を参照。The Liaison Committee, *Select committee, Effectiveness, Resources and Powers*, op. cit., paras 28-35, Evidence Witness 85.

(28) Griffith and Ryle, *op. cit.*, para 3-020.

(29) Select Committee on Reform of the House of Commons, *Rebuilding the House*, op. cit. and *Rebuilding the House-Implementation* HC 2009-10（HC 372）.

(30) House of Commons Standard Notes：*Effectiveness of select committees* SN／PC／6499（29th January 2013）.

(31) See the background paper；House of Lords Library Note；*House of Lords : Reform of Working Practices 2000- 2012* LLN 2012／033（11th October 2012）.

(32) Stephen Sedley, *Ashes and Sparks*, Cambridge：Cambridge University Press, 2011, pps. 270-1 and 283.

(33) See：J. Wehner and W. Byanyima, *Parliament, the Budget and Gender*, World Bank Institute, 2004. Also see：David Webber, *Good Budgeting, Better Justice : Modern Budget Practices for the Judicial Sector*, Legal Vice Presidency, *World Bank Law and Development Working Paper Series* No. 3, Washington, 2007.

(34) Public Accounts Committee Reports on the C&AG's Report on the *Millenium Dome* HC 1999-2000（HC 936）.

(35) House of Commons Research Papers；*Public expenditure by country and region* SN／EP／4033（29th July 2014）.

(36) See Iain McLean and Alistair McMillan, 'The distribution of public expenditure across UK regions'（2003）24 *Fiscal Studies 1*, 45-71.

(37) *Scotland's Parliament,* Cm. 3658；Scotland Act 1998；*Serving Scotland's Needs : Department of the Secretary of State for Scotland and the Forestry Commission : The Government's Expenditure Plans for 1999-2002,* Cm. 4215（March 1999）. A Voice for Wales, Cm. 3718；Government of Wales Act 1998；*The Government's Expenditure Plans 1999-2002,* Departmental Report by the Welsh Office, Cm. 4216（March 1999）. Belfast Agreement, 10 April 1998；Northern Ireland Act 1998；*Northern Ireland Expenditure Plans and Priorities-The Government's Expenditure Plans 1999-2002,* Cm. 4217（March 1999）. HM Treasury, *Funding the Scottish Parliament, National Assembly for Wales and Northern Ireland Assembly*（31 March 1999）.

(38) See, House of Lords, *Select Committee on the Barnett Formula,* 1st Report Session 2008-09（HL 139）（17 July 2009）.

(39) Holtham Commission, *Replacing Barnett with a needs-based formula*（June 2009）.

(40) Commission on Devolution in Wales（Chair Paul Silk）Empowerment and Responsibility : Financial Powers to Strengthen Wales（November 2012）See : John McEldowney, "The Impact of Devolution on the UK Parliament" in A. Horne, G. Drewry and D. Oliver eds., *Parliament and the Law*, Oxford : Hart Publishing, 2013, pps. 197-219.

(41) HM Government, *Wales Bill : Financial Empowerment and Accountability*, March 2014, Cm. 8388. House of Lords Library Notes, *Wales Bill（HL Bill 34 of 2014-15）*. 本法案は、印紙税の権限移譲のための構造を規定する。

(42) Commission on Scottish Devolution, *Serving Scotland Better : Scotland and the United Kingdom in the 21st Century ; Final Report*（The Calman Commission）（June 2009）.

(43) House of Commons Research Papers : *Impact on the UK of Scottish Independence : Social Security and Tax Credits* SN06957（7th August 2014）.

(44) Northern Ireland Assembly, *Funding the United Kingdom Devolved Administrations*, Paper 82／10（20 June 2010）.

(45) House of Commons Library : Standard Notes ; *Regulation of referendums* SN／PC／05142（29th January 2013）. Also see the Political Parties, Elections and Referendums Act 2000.

(46) Vernon Bogdanor, *The New British Constitution*, Oxford : Hart Publishing, 2009.

(47) Anthony King *The British Constitution*, Oxford : Oxford University Press, 2007.

(48) Mckay Commission : *Report of the Commission on the consequences of devolution for the House of Commons*, March 2013.

(49) House of Commons Library : Standard Notes ; *The McKay Commission : Report of the Commission on the Consequences of Devolution for the House of Commons* SN／PC／06821（14th February 2014）.

庶民院改革の動向
―ブラウン労働党政権下の改革から保守党・自由民主党
連立政権下の改革へ―

藤田　達朗

1　はじめに

　筆者は、「ニュー・レイバーと庶民院改革―ブレア労働党政権下の庶民院改革の動向―」と題する前稿で、1997年のブレア（Tony Blair）労働党政権の成立から2004年頃までの英国庶民院改革の動向を検討した。そこでは、庶民院の改革について、概略次の様な状況を指摘した。すなわち、労働党は、1997年の総選挙の際のマニフェストの中で憲法改革の一環として庶民院の「現代化（modernisation）」を掲げ、政権発足後、庶民院現代化特別委員会（Select Committee of the Modernisation of the House of Commons）を設置した。そして、同委員会の提案を受けて、①法案審議のプログラム化、②会期をまたいでの法案の継続審議（キャリー・オーバー）、③法案草案の事前審査、④ウェストミンスター・ホールでの審議の導入などの改革が実施されたが、その後の展開を見ると、全体として改革の停滞が指摘される状況であった。他方、省庁別特別委員会（Departmental Select Committee）、省庁横断特別委員会（Cross-cutting Select Committee）、議事手続委員会（Procedure Committee）など庶民院内の委員会の委員長によって構成される連絡調整特別委員会（Liaison Select Committee）は、行政国家現象のもとで肥大化した政府に対する監視の強化のために、特別委員会活動の強化・改善を目指し、2000年から2002年にかけて委員選任方法の改善や法案審査権限の強化、特別委員会スタッフの充実等を提案したが、その中心ともいうべき委員の選任方法改善の提案は政府によって受け入れられず、改革は充分には進展しなかった。

　その後英国では、2007年6月にブレア首相からの禅譲を受けたブラウン（Gordon Brown）政権の誕生、庶民院議長の辞職にまで発展した2009年5月

からの議員経費不正請求スキャンダルと国民の議会不信の拡大を経て、2010年の総選挙による政権交代、すなわち保守党・自由民主党連立政権の成立という大きな変化を経験している。この流れの中で、庶民院改革はどのように取り組まれ、どのような改革が実現したのか(あるいはしなかったのか)。本稿は、この庶民院改革の現段階とその特徴の検討を課題とする。

2　労働党政権下の2005年以降の庶民院改革

(1) 2005-2006年会期の庶民院現代化特別委員会報告書

　前稿での検討時期の後で、庶民院改革に関する動向としてまず取り上げるべきは、2005-2006年会期の現代化特別委員会の報告書『立法過程(The Legislative Process)』(2006年7月)(2)であろう。同報告書は、法案の事前審査や情報開示のあり方、プログラミング動議の提出時期などと並んで、法案審議の機能強化のために委員会審査段階の改善につき議論している。この中で特に注目すべきは、第一に、草案法案の事前審査である。同報告書は、その改革は近年で最も成功したものの一つであるが、その対象が政党間の対立の少ないものなどに限定されているため、対象範囲を拡大すべきこと、また事前審査に当たる委員会委員がその後法案審査を担当する常任委員会の委員に任命されない場合があるので、審議の継続性確保のため、事前審査時の委員のうち少なくとも4名を常任委員会委員とすることを提案した。第二に注目すべきは、常任委員会の改革である。常任委員会は実際には「常任」ではなく、第二読会後に法案が送付される都度設置されるので誤解を招くとして、各種委員会を、法案審査を担当する一般委員会(general committees)と主として調査(具体的には、政府活動の監視、各省による決定の検討、法案提出前の草案の提出前審査等を行う)を任務とする特別委員会(select committees)に分類し、前者を全体として公法案委員会(Public Bill Committee)と呼称するとともに、審査する法案ごとにそのタイトルを個別に冠する委員会名とすること、またこの公法案委員会には参考人招致、書類及び記録の提出要求、公聴会開催の権限を付与し、法案審議の機能の強化を図ることを提案したのである。(3)

　現代化特別委員会のこれらの提案は、2006年11月に庶民院において承認され、実現の運びとなった。この改革は、「従来の常任委員会では政府代表に対する

質問のかたちでしか行いえなかった法案の審査について、委員会独自に調査を実施し、幅広い意見を聴取できるようになったことの意味は極めて重大であり、長期的には下院の立法過程を大きく変えていく可能性をもつもの」と評価された(4)。

なお、主として調査を担当する特別委員会、とりわけ省庁別特別委員会は、1979年の設置以来活発な活動を展開してきたのであるが、その活動を強化するためのスタッフの充実や調査権限の拡充を求めてきおり、これをうけてすでに2002年5月に庶民院において証人喚問権の付与、スタッフの充実、起草段階の法案審査の充実などについて承認されている(5)。

(2) 2007年のブラウン労働党政権下の改革提案

ブレア首相の退陣を受けて登場したブラウンは、首相就任直後の2007年7月に政策提案書（緑書）『英国の統治（The Governance of Britain）』(6)を公表して、前政権末期にはその後退が顕著となっていた「憲法改革（Constitutional Reform)」を政権の主要課題として掲げた。ブラウン政権は、さらに、翌2008年3月に新たな政策提案書（白書）『英国の統治—憲法の刷新（The Governance of Britain-Constitutional Renewal)』および「憲法刷新法案草案」(Draft Constitutional Renewal Bill) を公表し、憲法刷新法案草案両院合同委員会に付託した(7)。上記の緑書及び白書で取り上げられた項目のうち、庶民院の議事手続や委員会の権限等に関係するのは、4つの柱の中の「行政の説明責任の強化」において取り上げられた「政府に対する議会の調査」の項目の中で、議会に提出予定の法案は議会冒頭の国王演説に先だって明らかにされること、および「庶民院における省に関する討議」の項目の中で、主要な省の目標及び年次報告書につきバックベンチャーに討論の機会を与えることが提起されたこと、また「民主主義の活性化」において取り上げられた「庶民院の再生」の項目の中で、バックベンチャーの役割を含めた院の現代化に関する現代化特別委員会の報告書を歓迎するとしたこと、などである(8)。これらのうち、議会に提出予定の法案リストの事前公表は、「立法草案計画」として2007年7月に政府によって実施されることになったが、これ以外は事実上具体化されることはなかった。また、両提案書に盛り込まれた憲法改革の提案も、ブラウン政

権が2008年のリーマン・ショックに端を発した金融危機への対応に追われる中、憲法改革への取り組みは後退していくことになり、実質的には棚上げの状態となっていった。

（3）2009年の議員経費不正請求スキャンダルと改革提案

ブラウン政権が再び庶民院改革に正面から取り組むことになるのは、2009年5月からの議員経費不正請求スキャンダルと国民の議会不信の拡大の中で、与党である労働党が6月の欧州議会選挙及び地方議会選挙で大敗北を喫した後のことである。すなわち、ブラウン首相は、2009年6月10日に下院で行った演説の中で、議員経費の濫用への具体的対応策と並んで、特別委員会運営の民主化、政府案件以外の審議に時間を割くための議事日程の改革、および市民参加による議題の設定という具体的項目を挙げて議事手続の改革に言及し、下院の委員会と協力して改革に取り組むと述べた。ブラウン政権は、この時に公表した『英国の未来の建設（Building Britain's Future）』の中の「第1章　現代の、民主的英国への信頼の再構築（Rebuilding trust in a modern, democratic Britain）」において憲法改革にかかわる議論を展開したが、特に「議会の改革（Reform of Parliament）」という項目を立て、ここ10年の議会改革の取組を踏まえ、庶民院の議事手続に関して、特別委員会の民主化、政府案件以外の審議に時間を割くための議事日程の改革、および審議への市民参加の推進の具体策を検討するための庶民院の特別委員会との協力を表明した。[9]

議員経費不正請求スキャンダルはとりわけ与党労働党およびその庶民院議員に対し厳しく作用したが、いうまでもなくそれは庶民院全体、そしてその運営のあり方を厳しく問う問題でもあった。この危機的状況の中で、これまで積極的に議会改革にかかわってきた労働党のライト（Tony Wright）議員を委員長とする庶民院改革特別委員会（Select Committee on Reform of the House of Commons、通称「ライト委員会」）が同年6月に設置され、集中審議の後、11月24日に報告書『庶民院の再建（Rebuilding the House）[10]』が公表された。報告書は、委員会の審議と勧告の基礎とした原則として、次の6点を挙げる。すなわち、①議題、タイムテーブル及び議事手続に対する庶民院の統制を強化すること、②議員の集合的権限を強化し超党派の活動を促進すること、さ

らに各議員により多くの機会を与えること、③庶民院の意思決定の透明性を高め、議会議事に対する公衆の影響力と理解力を増大させること、④政府議事の審議の担保（政府はその議事、特に政府立法の保証が与えられること）、⑤審議時間の制約（議院、ウェストミンスター及び諸委員会での時間は限られており、それゆえ現在の審議時間の枠組みの中で活動すること）、⑥実現可能な改革を目指すことである。同報告書は、その上で、次の３つの項目について、概略次のように提言する。

①特別委員会：委員及び委員長の選挙（SELECT COMMITTEES： ELECTION OF MEMBERS AND CHAIRS）

英国議会では、政党規律が徹底され、省庁別特別委員会を含む特別委員会の委員の選任について与野党幹部の意向が決定的な影響を及ぼしてきた。すなわち、これまで委員の選任は各党の院内幹事（Whip）を主な構成員とする選考委員会（Committee of Selection）による選考と指名をもとに、本会議で承認・決定されていたが、この院内幹事の強力な統制権を通じて与野党幹部の意向に沿う人事が進められたのである。また、委員長人事も、形式的には委員の互選によるが、実質的には「通常の経路（Usual Channels）」とよばれる与野党の院内幹事長間の非公式協議を通じて院内幹事長らによる事前の根回しにより内定した候補者が委員長に選任される仕組みとなっていた。この選任システムに対しては、公平性、透明性の点で問題が多いとして、これまでも、院内幹事からこれら委員会の独立性を高め、その活動をより有効なものとするための様々な提案がなされてきた。例えば、2000年に庶民院連絡調整特別委員会は、委員選出における院内幹事の影響力を取り除き、非党派的な方法により委員会委員を推薦するために、従来の選考委員会を特別審査会（Select Committee Panel）に改組して国会の会期のはじめに特別委員会委員の選任を委ねることを提案した。また、2002年には、現代化特別委員会も、委員選任の中立化の提案を行った。しかし、これらの提案はいずれも受け入れられることはなかった。

これに対して、報告書『庶民院の再建』は、まず、省庁別特別委員会その他の特別委員会について、委員の欠員の常態化や複数の委員会の掛け持ち等をなくし、委員会が一体性をもって活動できるよう各委員会の定数を11名以内とし、政党間の交渉で委員長ポストの各党への配分を決定した上で、立候補者を募り、

下院本会議での秘密投票によって委員長を選挙すること、委員については、議席数に応じて各党への割当数が確定した段階で、それぞれの党内で秘密投票を実施して選任することを提案した。

②議事日程（BUSINESS IN THE HOUSE）[15]

　与党による審議支配の強固さは、英国庶民院の特徴といわれる。議院内閣制の下での政府と与党の一体化の下で、野党日（Opposition days）等を除く、審議における政府議事（主に政府提出の案件）の優位、審議打ち切り（guillotine）動議、「通常の経路」と呼ばれる与野党間協議制度が、与党による審議支配を支えてきたといわれる。この状況に対し、ブレア労働党政権下の1997年から2001年にかけて庶民院現代化委員会が、法案の充分な審議のための時間の不足、法案修正の低調さ、一般議員（バックベンチャー、backbenchers）の活動機会の不足などを問題として、立法のプログラム化（programing of legislation）、ウェストミンスター・ホールの第二議場化等の提案を行った。立法のプログラム化は実行に移されたが、それは実際には審議時間の合理的活用の方策であり、政府法案の確実な成立を確保するという政府にとっての効率性優先に重きがあった。

　既に見たように、議員経費不正請求スキャンダルと議会不信の拡大の中で、ブラウン労働党政権は政府案件以外の審議に時間を割くための議事日程の改革をうちだした。これを受けて、報告書『庶民院の再建』は、政府法案を審議するため、政府が議事日程の決定について主導権を握るのは当然だとしつつも、過剰に政府議事への分類が行われ、本来、議会が自律的に決定すべき議事まで政府が牛耳っている現状を改善すべきとし、具体的には、厳密に見て「政府案件」と区分されない案件については、新たに立ち上げるバックベンチ議事委員会（Backbench Business Committee）が審議日程を決定し、時事問題等に関する討論（topical debate）、特別委員会報告書に関する討論、多数の超党派のバックベンチャーから支持された動議に関する討論及び議員提出法案の審議等を管轄するとされたバックベンチ議事には少なくとも週1日を充てること、また庶民院全体の議事日程案を作成する庶民院議事委員会（House Business Committee）を設置し、議事日程決定にあたっては庶民院の議決を経ること等を勧告した。庶民院議事委員会は、バックベンチ議事委員会の代表、政府の

代表及び野党の代表で構成され、歳入委員会委員長（下院副議長）を委員長とするとされたが、議事日程の調整については従来通り政府と野党とが「通常の経路」を通して交渉することが認められていた。

③　公衆の参加（INVOLVING THE PUBLIC）(16)

報告書『庶民院の再建』は、公衆の議会議事への参加と影響力を強化するため、これまでその導入と活用が検討されながら財政上の理由等で見送られてきた電子請願（e-Petition）の早期導入に向けた検討、それまで軽視されてきた討論日未定動議（Early Day Motion）を含む有権者の意向を受けたバックベンチャーからの提案を審議する方策の構築などを提案した。

3　保守党・自由民主党連立政権下の庶民院改革

（1）ライト委員会による庶民院改革の提案の実現

ライト委員会報告書『庶民院の再建』は、メディアからはおおむね好意的に受け止められたといわれる。そしてそこで示された改革提案のいくつかは、労働党政権下で実行に移されることになった。すなわち、2010年2月から同報告書に関する討論が庶民院で開始され、省庁別特別委員会を含む特別委員会の委員および委員長の選出について、報告書の提案に沿って議院規則を改正し、次期会期から実施する事を承認した。すなわち、委員長については、その職を各党に対しその所属議員数に応じて配分した上で庶民院議員全員が選択投票制により選挙し、委員については、各党にその所属議員数に応じて配分された数の委員を各党内で秘密投票により選挙することとなったのである。(17)また、バックベンチ委員会の設置についても報告書の提案を承認するとともに、そこで示された①特別委員会のバックベンチ議事への積極的な関与、②本会議におけるバックベンチャーの動議の提出及び動議の表決の促進、③バックベンチ議事の審議時間の確保（1週間に1日以上）、④予算見積もり審議日の充実という諸原則を尊重すると決議した。なお、3月25日、ブラウン政権はバックベンチ議事委員会の設置に伴う庶民院規則の改正案を公表したが、改正案が本会議に上程される前に庶民院の解散を迎えたため、庶民院規則の改正は次期政権に委ねられることとなった。こうして、特別委員会委員および委員長の選任とバックベンチ委員会の設置は、庶民院の承認するところとなった。しかし、庶民院議事

委員会の設置や庶民院の議決を経て議事日程を決定するというライト委員会の提案は、次期議会期以降に先送りとなった。
(18)

　他方、公衆の議会議事への参加と影響力の強化に関しては、この段階では特に具体策が庶民院で検討されたわけではないようであり、この問題は次の総選挙を経て保守党・自由民主党連立政権が成立する中で具体的な姿を現してくることになる。

（2）保守党・自由民主党連立政権協議と庶民院改革提案

　2010年5月に投票が行われた総選挙は、1976年以来36年ぶりに、いずれの党も過半数を獲得できないハング・パーラメント（hung parliament）状態が生じるという結果となった。この結果を受けて、政党間で連立交渉が行われ、結局5月11日に保守党と自由民主党間で連立協議の合意が成立し、キャメロン（David Cameron）保守党党首を首相とする新たな政権が発足した。キャメロン新政権は、5月20日に『連立：我々の政府綱領（Coalition：our programme for government）』を発表し、連立合意の詳細を明らかにした。
(19)
その中で庶民院改革に関して重要なのは、次の4点である。すなわち、①議会期を5年に固定し、2015年5月の第1木曜日に次の選挙を予定し、この間に議会を解散する場合は、庶民院で55％以上の賛成を必要とする、②庶民院改革を検討してきたライト委員会の提案の完全な実現を図り、バックベンチ議事の運営のための委員会を開始するとともに、3年以内に政府議事を含む庶民院の議事日程全体を検討する議事委員会を設置する、③10万人の署名を確保した請願には議会での正式の討論に付す適格性を、また最も多数の署名を得た請願については議会で議決される法案を提出する適格性を認める、④法案の審議に「国民読会ステージ（Public Reading Stage）」を新設し、提案されている法案に対しオンラインで意見を述べる機会を与えるとともに、法案の委員会の段階に「公衆による読会日」を設ける、という4点である。

　②については、ライト委員会の提案の1つとして、総選挙前の労働党政権時に庶民院で承認された内容の確認であり、当時次期会期に先送りとされたものを連立政権下で実現することを合意したものである。しかし、庶民院の議事日程全体を検討する庶民院議事委員会の設置は、3年以内とされたが、この段

階でも再び先送りされることになった。③については、ライト委員会でもその検討が提案された「討論を求める請願」をさらに具体化するものであり、総選挙時に保守党のマニフェストで取り上げられ、連立政権でも合意事項とされたものである。④は、ライト委員会が提案した公衆の議会議事への影響力強化の方策の検討に関係するが、もともと2009年9月に保守党がその導入の提案をしていたものであり、やはり総選挙時の保守党のマニフェストに「国民読会ステージ」の導入として盛り込まれ、連立政権の合意事項とされたものである。保守党のマニフェストでは、寄せられた意見が法案審議を行う委員会において特別に審議される「国民読会日（Public Reading Day）」の設置と対になっていたが、これもそのまま合意事項の中に取り込まれているのである。これに対し、①の議会期の固定化は、総選挙時に自由民主党がマニフェストに盛り込んでいたものであり、連立協議の中で合意事項に加えられたものである。[20]

（3）保守党・自由民主党連立政権下の庶民院改革の動向

キャメロン連立政権発足後、政治改革に関する権限が法務大臣からクレッグ（Nick Clegg、自由民主党党首）副首相の下に移されることになるが、彼の主導の下で、保守党・自由民主党の連立合意に基づき、庶民院改革への取り組みが開始されることになる。連立合意のうち、前項で指摘した②に関しては、まず特別委員会委員および委員長の選挙が、3月に改正された議事規則に従い実施された。また、バックベンチ議事委員会についても、2010年6月15日に庶民院規則の改正が行われ、保守党・自由民主党間の連立合意に基づき、したがってライト委員会の提案に沿ってバックベンチ議事委員会の構成人数（委員長を含め8名）、委員の選任及びバックベンチ議事の割当日数等が定められた。すなわち、その所掌は、①政府議事、②各会期において20日間割り当てられた野党日における議事、③散会動議、法律案の提出許可を求める動議及び特別委員会の委員の指名を求める動議並びに抽選による議員提出法案等に関する議事、④私法案に関する議事等以外のあらゆる議事とされ、討論の議題は、議員の要求、早朝動議、議院に提出された請願、特別委員会の報告書、下院外での大臣の声明、最新の話題、動議等に基づいて決定するものとされた。また、討論割り当て日数は各会期中の35日分とされ、うち少なくとも27日分はウェストミン

スター・ホールではなく、本会議場で行われるものとされた。同委員会委員長選挙は、立候補者本人とそれ以外に20人以上25人以内の著名のある候補者推薦届（うち10人以上の候補者所属政党の議員とこれ以外の10名以上の議員の署名とが必要とされる）の提出を行った候補者につき庶民院議員による秘密投票によるものとされているが、同月22日に行われた選挙で、ライト委員会委員でもあった労働党のエンゲル（Natascha Engel）議員が選出され初代委員長に就任した。これに対し、委員の選挙は、委員長選出後可能な限り早期に実施するものとされ、候補者の届出は、立候補者本人に加え12人以上15人以下の議員の署名が必要とされ、他の特別委員会が所属党内の秘密投票で選出されるのと異なり、本委員会委員は庶民院議員の投票により選出されるものとされた。[21]

　前項指摘の庶民院改革に関する連立合意の③については、2011年1月の庶民院で、署名数10万に達した請願を討議の対象とするか否かの最終判断はバックベンチ議事委員会であることを示唆する発言が、ヒース（David Heath）副院内総務によって行われた。その後、同年8月に新電子請願システム「英国政府電子請願（HM Government e-Petitions）」が一般に公開されたが、そのフローチャートの中で、署名が10万件に達した場合、庶民院院内総務はバックベンチ議事委員長にその請願を議事にすることを検討するよう要望書を出し、同議事委員会において請願を主題とする討議を支持する議員が議事として提出した場合に、同議事委員会の最終決定を経て、時間配分が可能であれば討議が行われる、との説明が行われた。[22] そして実際に、保守党・自由民主党連立政権下の最初の会期である2010-2012年会期で、10万人以上の署名を集めた電子請願について既に5回討議が行われているのである。[23]

　次に、前項指摘の連立合意④については、国民が議会で審議中の法案に対して意見を寄せる場として、法案ごとにオンラインツール（ウェブツール）を公開し、法案審議に国民の声を反映させようとするものであるが、保守党・自由民主党連立政権下で、これまで3件の法案について試行版を公開し、運用してきている。その最初は、2011年2月からスタートした自由保護法案（Protection of Freedom Bill）に関する試行である。第2回目は、2012年7月から審議入りした少額慈善寄付法案（Small Charitable Donations Bill）に対する試行である。第3回目は、2013年2月から審議が開始された児童及び家族

法案（Children and Families Bill）に関する試行である。これら3件の試行には、いずれも多数の国民からのオンラインツールへのアクセスがあり、1回目は500件以上、2回目は1000件以上、そして3回目は1100件の意見が寄せられたという。[24]

最後に、前項の連立合意の①については、2010年7月に議会期固定法案（Fixed-term Parliament Bill）が提出され、これが9月に成立することにより、実現が図られることになる。[25]その内容は、第1に、議会期を固定し、次期総選挙を5年後の2014年5月7日とし（1条2項）、その後の総選挙は5年ごとに5月の第1水曜日に実施するものとする（1条3項）、第2に、任期固定の例外として、庶民院における3分の2以上の賛成で早期総選挙が可決された場合（2条1項、2項）、および庶民院が政府不信任を可決し、14日以内に政府に対する信任決議がない場合（2条3項、4項、5項）には、議会は解散され総選挙が行われる、というものである。[25]

本稿の検討で最後に残る項目は、庶民院の議事日程全体を検討する庶民院議事委員会の設置である。同委員会は、2010年の保守党・自由民主党連立合意では2013年には設置の予定であったが、2014年6月の段階でも、コンセンサスがとれないため、同委員会の設置を計画していないという状況である。[26]

4　おわりに

以上見たように、ここ約十年の英国における庶民院改革は、数多くの成果をあげたようにみえる。とりわけ省庁別特別委員会を含む特別委員会の委員および委員長、バックベンチ議事委員会の設置と政府議事等以外の議事の同委員会による日程の決定などは、政府・与党による庶民院の審議支配を緩和し、一般議員（バックベンチャー）の役割を拡大するもの、すなわち院内幹事を中心とする与野党執行部による強い党議拘束、政党規律を一定程度後退させる結果、議会の自律的な活動を促進する可能性を高めるものとして、重要な意味をもつといえる。また、電子請願の制度の整備と試行段階とはいえ10万人以上の署名を集めた請願の庶民院での討議の導入、さらに後者の手続へのバックベンチ議事委員会の関与も、一般国民の議会統治への参加の機会の拡大と与野党執行部以外の一般議員の役割の拡大をもたらすものである。[27]しかしながら、2014年

段階でも議事日程改革はあくまでバックベンチ議事に限定されており、庶民院全体の議事を決定するはずの2013年設置予定の庶民院議事委員会はいまだ設置されていない。選挙によって信任を得た政府・与党による政策の実現、そのための政府・与党による審議支配のシステムという枠組みは、全面的には改革されていないのである。その意味で、上記の庶民院改革は、「ウェストミンスター・モデルに沿った工夫」[28]の範囲にとどまっているといえよう。

　また、議会期固定法についても、首相の権限を制限し、庶民院に自律解散権を付与することにより議会権限の強化が図られることになる、あるいはこの首相の解散権の制限は、バックベンチャーの造反を押さえ込む手法の制限となるともいわれる。[29]しかし、「解散権が議会に移ったとしても、やはり、バックベンチャーは、院内幹事、党幹部の指示に従うのであり、この議会権限は、結局は、党幹部、首相に簒奪されてしまうであろう。その意味では、任期固定制議会法が内閣権限を弱め、議会権限を強化するといういい方は、やはり、適切ではなかろう」。[30]その意味では、この改革も、上記の特別委員会委員と委員長選挙やバックベンチャー議事院会の設置などと同様の評価と位置付けにとどめなければならないであろう。

　この約10年の庶民院改革が上記のようなものであるとしても、しかし、その変化は決して小さなものではない。そしてそれが、議会のあり方をめぐる政治的危機と総選挙後の連立合意の協議を契機に進んだことは重要であると思われる。すなわちそれは、英国の統治の中心に位置する議会に対する国民の信頼が大きく揺らぎ、その中で国民の支持を獲得して政権を維持し、あるいは新政権を成立させようとする各党の取り組みの中で、従来の庶民院のシステムに変更を加えることを国民に訴えかけなければならなかった結果の改革であるということである。確かに、現代英国で政権の中枢に座る与党執行部、あるいは政権獲得を目指す野党執行部は、その依拠する現在の議会制度の枠組みを全面的に変更する立場に立つことは困難となろう。これに対し、与野党のバックベンチャーの中には、いわば超党派的に議会、あるいは下院に対する国民の信頼の揺らぎを受けて、その信頼を回復するために議会改革に取り組む部分があらわれてきているように思われる。この点につき筆者は、前稿で、庶民院の改革に関して次の政権交代時の政策動向が注目されるとしつつ、改革は「政権から一定

の距離を置き、特別委員会を中心とした委員会、さらには国会の機能回復ないし強化に関心を持つ、したがっていわば『議会人』としてその職務の遂行に熱心な立場をとる人々による、イギリス国会内部からの改革の努力があってはじめて成り立つものである。ブレア政府・与党労働党・野党・庶民院改革を進めようとする連絡調整特別委員会を中心とした議会勢力の三者の関係、そしてその三者間で展開される今後の改革論議の推移が注目される」[31]と指摘した。この指摘のうち、「庶民院改革を進めようとする連絡調整特別委員会を中心とした議会勢力」について、「連絡調整特別委員会」の部分を「バックベンチャー」に改めなければならないが、基本的な構図はなお続いていると言っていいのではないかと考える。この構図を基本に、なお今後の庶民院改革の動向を見守る必要があるのである。

注
（１）藤田達朗「ニュー・レイバーと庶民院改革—ブレア労働党政権下の庶民院改革の動向—」松井幸夫編著『変化するイギリス憲法—ニュー・レイバーとイギリス「憲法改革」—』敬文堂（2005年）71頁。
（２）HC1097. 同報告書はttp://www.publications.parliament.uk/pa/cm200506/cmselect/cmmodern/1097/1097.pdfによった。
（３）See ibid. paras. 12-35, 50-87. また、大山礼子「変革期の英国議会」駒澤法学9巻3号（2010年）87-88頁、梅田實「イギリス下院における法案審議手続改革とその問題点—現代化委員会の提言（1997〜2007年）をめぐって—」同志社法学63巻5号（2011年）26-27頁参照。なお、庶民院の委員会の概略は、古賀豪・奥村牧人・那須俊貴『主要諸国の議会制度』国立国会図書館調査及び立法考査局（2010年）18頁参照。
（４）大山、前掲論文89頁。
（５）藤田、前掲論文80-86頁参照。大山、前掲論文89頁。
（６）See CM 7170. 同書は、https://www.gov.uk/government/uploads/system/uploads/attachment_data/file/228834/7170.pdfによった。
（７）See, CM7342-Ⅰ-Ⅲ。同書は、https://www.gov.uk/government/uploads/system/uploads/attachment_data/file/250803/7342_i.pdfによった。
（８）両提案書とこれを受けた審議状況については、さしあたり、齋藤憲司「英国の統治機構改革—緑書「英国の統治」及び白書「英国の統治：憲法再生」における憲法改革の進捗状況—」レファレンス2009. 3参照。

(9) See CM 7654. paras. 14-16. 同書は、https://www.gov.uk/government/uploads/system/uploads/attachment_data/file/228621/7654.pdf　なお、大山、前掲論文、84-85頁参照。
(10) See HC 1117. 同報告書は　http://www.publications.parliament.uk/pa/cm200809/cmselect/cmrefhoc/1117/1117.pdfによった。
(11) See HC 1117 paras. 20-35（pp.12-14）. また、奥村牧人「英国下院の議事日程改革―バックベンチ議事委員会の設置を中心に―」レファレンス2011. 12、110頁参照。
(12) See HC 1117 paras. 36-94（pp.15-29）. なお、大山、前掲論文、93頁、小松由季「英国議会下院改革及び選挙制度改革党の動き」立法と調査321号（2011年）77頁参照。
(13) 河島太朗「イギリス議会における行政監視」外国の立法255号（2013年）49頁、大山、前掲論文93頁参照。
(14) 藤田、前掲論文80-86頁参照。たとえば、キャリー・オーバーは　梅田、前掲論文40頁など参照。
(15) See HC 1117 paras. 95-213（pp. 40-65）.
(16) See HC 1117 paras. 224-286（pp. 66-81）.
(17) House of Commons, *Parliamentary Debates*, Vol.506 No.50, 4 March 2010, col. 1093.なお、特別委員会の委員および委員長の選出等については、奥村牧人「英国下院の省別特別委員会」レファレンス2010. 11、193-197頁、河島太朗「イギリス議会における行政監視」外国の立法255号（2013年）49-50頁参照。委員及び委員長の選出手続を含め、現在の省庁別特別委員会の活動状況については、さしあたり、奥村、前掲論文参照。
(18) Ibid. col. 1099. なお、奥村牧人「英国下院の議事日程改革―バックベンチ議事委員会の設置を中心に―」レファレンス2011. 12、111-112頁、小松由季、前掲論文77-78頁、参照。バックベンチ委員会の活動内容及びその実際の活動については、さしあたり、奥村、前掲「英国下院の議事日程改革」112-118頁参照。
(19) Cabinet Office, The Coalition：our programme for government
　〈https://www.gov.uk/government/uploads/system/uploads/attachment_data/file/78977/coalition_programme_for_government.pdf〉
　　なお、連立政権の成立とそのもとでの政治改革の動向については、さしあたり、齋藤憲司「英国の2010年総選挙と連立新政権の政治改革」レファレンス2010. 9、および小松由季、前掲論文を参照。また、2010年総選挙の時期の各政党間の論争や連立政権成立の動きについては、小堀眞浩『ウェストミンスター・モデルの変容―日本政治の「英国化」を問い直す―』法律文化社（2012年）44-80頁参照。
(20) 齋藤、前掲論文20-22頁、32-33頁、中井万知子「国民の議会への関与―英国議

会の取組をめぐって―」レファレンス2012. 10、15頁、18頁参照。また、議会期の固定に関する英国でのこれまでの動向については、小松浩「イギリス連立政権と解散権制限立法の成立」立命館法学341号（2012年）9‐12頁参照。
(21) 奥村、前掲「英国下院の議事日程改革」112‐113頁、齋藤、前掲論文33頁、参照。
(22) E-Petitions and the Backbench Business Committee
〈http://www.parliament.uk/e-Petitions-and-the-Backbench-Business-Committee#jump-link-5〉
(23) 電子請願システムの導入と10万人の署名を得た請願の庶民院での討論については、ほぼ、中井、前掲論文15‐18頁に依拠して整理した。
(24) See "Public Reading Stage of Bills-Commons Library Standard Not"
〈http://www.parliament.uk/business/publications/research/briefing-papers/SN06406/public-reading-stage-of-bills〉 なお、「国民読会ステージ」の内容と試行については、中井、前掲論文18‐19頁参照。
(25) 小松浩、前掲論文、12‐13頁、齋藤、前掲論文、21‐23頁、小松由季、前掲論文、84頁参照。

　なお、法律のタイトル（あるいは、連立合意事項の中の表現なども）は"Fixed-term"となっており、日本にこれを紹介する齋藤、前掲論文や、小松由季、前掲論文でも英文に即して「議会期固定法」とする。しかし、小松浩、前掲論文が指摘するように、「不信任決議に対抗する解散と自律解散を認めているので、任期固定制議会という名称は、ミスリーディングで、確かに、『誤称』であるとはいえよう」（13頁）。

　ところで、同法の内容を「議会解散制限立法」と捉えるとすると、それは端的に議院内閣制における首相の解散権の問題を意味することになるが、ここでは、任期固定の例外として、庶民院の早期総選挙可決と政府不信任可決による議会の解散・総選挙に着目して、議会自身の判断による以外は議会期が固定される側面から、庶民院自体の判断による重要な議事運営、会期継続に関する改革の一つとして取り上げている。
(26) See House Business Committee-Commons Library Standard Note
〈http://www.parliament.uk/business/publications/research/briefing-papers/SN06394/house-business-committee〉
(27) 奥村、前掲論文は、「この度の議事日程改革は、バックベンチャーの議事への積極的な関与を促すものであり、これは政府の説明責任をより一層確保する上で、また社会の様々な意見を国政審議の場に反映させる上で大きな意義を有すると言えよう。」と述べる（118頁）。また、小松由季、前掲論文も、「今回の下院改革においてバックベンチ議事委員会が創設されること等により、多少なりとも議事運営にお

ける内閣の影響力が抑制されることが想定される。下院改革特別委員会の報告書も、内閣ではなく議員が重視する事項を取り上げる時間を確保できることにより、議員が議会運営を主導し責任を持つ機会が生ずることの意義を強調している。」と述べる（86頁）。
(28) 河島、前掲論文66頁。
(29) 小松由季、前掲論文86頁、小松浩、前掲論文15頁、参照。
(30) 小松浩、前掲論文15-16頁、参照。もともと、労働党ブラウン政権下の2007年に、すでに紹介した『英国の統治』の中で、国王特権の議会への移管の一つとして「首相は解散を求める前に庶民院の承認を求めなければならない」との提案が行われていた。また、連立政権下で、保守党は、同法の導入は、連立政権の安定化につながるとの判断をしていたともいわれる。その意味では、議会期固定法は、保守党・自由民主党の連立合意事項としてだけでなく、労働党にとっても異論の少ない改革であったともいえ、これまでの保守党・労働党の二大政党を軸としたウェストミンスター・モデルの枠組みの中からでてきたものといえるかもしれない。
(31) 藤田、前掲論文89頁。

現代イギリスにおける小選挙区制改革の動向

小松　浩

1　はじめに

　2010年5月6日実施のイギリス総選挙の結果は、保守党307議席、労働党258議席、自民党57議席、その他の小政党28議席で、総議席650議席中、過半数を制する政党が存在しない、いわゆるハング・パーラメント（hung parliament）となった。イギリスにおいて、ハング・パーラメントとなったのは、2010年総選挙を除くと、1945年の第2次大戦以降、1974年2月総選挙の1回のみである。イギリスは、いうまでもなく、小選挙区制であり、二大政党、とりわけ第1党に、圧倒的に有利であり、いわゆる「3乗比の法則」が働くといわれ、得票率で過半数を割っていても、議席率は過半数を上回るのが通例である。こうした小選挙区制の第1党の過大代表「効果」からすれば、ハング・パーラメントとなった2010年総選挙の事態は、通例からすれば、やはり、極めて「異例」なことだといえる。

　1974年2月総選挙は、総議席635議席中、労働党301議席、保守党297議席、自由党14議席で、ハング・パーラメントとなり、保守党ヒース首相による自由党との連立も模索されたが、これが頓挫し、結局、ウイルソン率いる労働党が少数与党政権を誕生させ、連立政権誕生には至らなかった。2010年のハング・パーラメントの事態においては、連立工作が模索され、保守・自民の連立政権が誕生した。保守、自民の政策距離は、保守、労働の政策距離よりも遠いともいわれ、その意味では、最も政策距離の遠い連立といえ、自民党の左派には保守党との連立に抵抗感が強かったともいえるが、2010年総選挙結果からすれば、過半数政権を構築するには、政策距離の近い、労働党、自民党の連立では258議席、57議席で、過半数に及ばず、保守、労働の「大連立」以外は、保守、自民の連立にならざるを得ないといった「事情」も存在した。「小選挙区制→二

大政党制→単独政権」がイギリス、ウェストミンスター・モデルであるとすれば、また、2010年の連立政権が第2次大戦後はじめての連立政権であることからすれば、やはり今回の事態は、「異例」、「逸脱」であるといえよう。

ところで、2015年の総選挙では、当初の再びハング・パーラメントになるとの事前の大方の「予測」に反し、過半数を5議席上回るという僅差ではあったが、保守党の単独政権が復活することとなった。このことからすれば、2010年の事態はやはり「異例」な「逸脱」であったとみることもできるかもしれない。はたして、2010年の総選挙の結果、さらには連立政権の構築が、「異例」な「逸脱」といえるのか、はたまた、今後「常態化」することが予測されるのか、このことを検討することが本稿の課題の第1である。

次に、2010年成立の保守・自民の連立政権は、その連立政権合意において、解散権の制限による任期固定制議会（Fixed-Term Parliaments）の導入、選挙制度改革、貴族院改革、国会議員リコール制度の導入など、一連の「憲法改革」を提起した。解散権の制限による任期固定制議会、国会議員リコール制度については、すでに別稿で検討を行ったので、本稿では、小選挙区制改革の動向をめぐる問題を検討することとする。

2　2010年総選挙、連立政権誕生をどうみるか

2010年総選挙に先立って行われた2009年のEU議会選挙の結果は、保守党が得票率27.7％で26議席、英国独立党（UKIP）が16.5％で13議席、労働党が得票率15.7％で13議席、自民党が得票率13.7％で11議席、緑の党8.6％で2議席、英国民党6.2％で2議席、スコットランド国民党2.1％で2議席、その他3議席であった。労働党は、得票率で英国独立党（UKIP）に及ばず、得票率でみれば第3党に転落している。さらに、保守・労働の二大政党の得票率の合計は43％に過ぎず、過半数にも及ばない。EU議会選挙は、比例代表制で、有権者の支持がストレートに反映されるが、この結果をみると、もはやイギリス二大政党制は「崩壊」しているといえるのかもしれない。

他方、総選挙においても、1940年代、50年代、60年代は、二大政党の得票率の合計はおおむね90％程度に達していたが、70年代から低落傾向をみせ、おおよそ70％台に低下し、2005年総選挙では68％、2010年総選挙では65％と、70％

を割り込む事態に陥っている。

　さらに、1999年に誕生した地域分権議会、スコットランド議会、ウェールズ議会においては、ほぼ連立政権が常態化しているといえる。スコットランド議会は、総議席129議席で、1999年選挙で第１党労働党は56議席、2003年選挙では同じく第１党労働党50議席、2007年選挙第１党スコットランド国民党47議席で、いずれも第１党が過半数に達していない。2011年選挙では、スコットランド国民党が69議席を獲得し、初めて過半数を制することとなった。同様に、ウェールズ議会は、総議席60議席中、1999年選挙で第１党労働党は28議席、2003年選挙で第１党労働党は30議席、2007年選挙で第１党労働党は26議席、2011年選挙で第１党労働党は30議席で、いずれの場合も過半数には達していない。

　以上のように、第３党以下の進出により、保守・労働の二大政党制は危機に瀕しており、選挙制度改革が頓挫し、小選挙区制が維持された下でも、今後も、ハング・パーラメントが出現し、連立政権が樹立される可能性があるといえる。

　他方、連立政権は、イギリスにおいて決して「逸脱」ではないとの見方もありえよう。例えば、1997年に労働党政権によって設置された「選挙制度に関する独立委員会」(Independent Commission on the Voting System)、通称、ジェンキンズ委員会の「報告書」は以下のよう指摘する。すなわち、「報告書」は、単独政権がイギリスの政治伝統か否かについての検討を行い、過去150年のうち、43年間は明白な連合政権の時代であり、1915年から16年、1940年から45年の時期のように全政党が参加する連立政権が樹立された時期もあった、と指摘する。また、1886年から92年のソールズベリー政権のような閣外協力の時代も34年間存在したとし、さらに、アトリー政権末期のように政権党が過半数をわずかに上回る議席しか有さず政権が不安定であった時期が９年間あった、とする。それゆえ、過去150年間のうち、64年間のみが単独安定政権であったに過ぎず、むしろ、野党の協力に依拠していた政権の方がイギリスの政治伝統である、とする。

　しかしながら、1915年から16年、1940年から45年の時期は、戦時であり、また、1931年は財政危機であり、いわば「国家緊急事態」であり、平時とは異なり、これをイギリスの「常態」ということはできない。「平時」においては、やはり、1974年２月のハング・パーラメントの事例が示すように、連立政権で

はなく、短命の少数政権に至るケースが通例だといえる。少なくとも、保守・労働の二大政党制が確立した第 2 次大戦以降は、やはり、単独政権がイギリス政治の「通例」であるといえよう。とすれば、2010年の連立政権は、これまでのイギリス政治からすれば、やはり、「逸脱」であるといえる。自民党が連立政権参加以降、マニフェスト違反を繰り返し、支持を減らしている状況があるとはいえ、今後、ハング・パーラメントが「常態化」し、連立政権が「常態化」する可能性はやはりあるといえるのではなかろうか。

3 2015年総選挙の結果をどうみるか

　それでは、2015年の保守党単独政権の成立はどうみたらよいのであろうか。「小選挙区制→二大政党制→単独政権」というウェストミンスター・モデルに「回帰」したといえるのであろうか。ウェストミンスター・モデルは「崩壊」していないといえるのであろうか。

　2010年総選挙以降の動向として、2014年EU議会選挙の結果をみてみよう。ここでは、英国独立党（UKIP）が27.49％の得票率で第 1 党となり、24議席を獲得し、労働党の20議席、保守党の19議席を上回る結果となった。この結果からすれば保守・労働の二大政党制は完全に「崩壊」したといってもよいであろう。

　こうした動向からして、2015年総選挙は、ハング・パーラメントとなるとの「予測」が一般的で、選挙直前の世論調査においてもそうであった。しかし、結果は、大方の「予測」に反し、保守党の単独政権の復活となった。しかしながら、保守党は331議席と過半数をわずかに 5 議席上回るのみで、さらに、得票率は36.9％で前回2010年のハング・パーラメントとなった総選挙と比してわずかに0.8ポイント得票率が上昇したに過ぎない。保守党支持は、消極的、消去法的支持に過ぎないのである。保守・労働の二大政党の得票率の合計も67.3％で10年総選挙と比して2.2％の上昇に過ぎない。さらに、スコットランド地域に目を向ければ、保守・労働の二大政党の崩壊は明らかである。同地域では、保守党 1 議席、労働党 1 議席、自民党 1 議席で、残りの56議席はスコットランド国民党（SNP）が独占する状況で、同党のスコットランドにおける得票率は50％となっている。また、英国独立党が小選挙区制ゆえに 1 議席にとどまっ

たとはいえ、その得票率は12.6％に及んでいることも無視できない。

いずれにしても、「小選挙区制→二大政党制→単独政権」というウェストミンスター・モデルは、極めて「危機的」な状況にあるのであって、ウェストミンスター・モデルが「復活」したとは到底いい得ない。「首の皮1枚」でつながっているといえる状況であるといえよう。なお、植村勝慶は、「連立を選択した自由民主党が得票率にふさわしい議席を有していないために独自色を出せず支持率が下が」[17]ったとみることも可能だと指摘するが、その通りであるといえよう。

4　イギリス連立政権と憲法改革

2010年の連立政権が「逸脱」ではなく、今後「常態化」する可能性が大であるとすれば、単独政権を前提にしてきたイギリス憲法において、根本的な憲法問題が提起されることになるといえる。例えば、ハング・パーラメントとなった場合に、現職首相は直ちに辞職すべきであるのか、それとも、ブラウン首相の辞職は早すぎたといえるのかなど、現職首相の役割、連立政権形成手続についてどうあるべきか、検討を要する課題であるといえよう。さらに、保守党と自民党との連立を有権者は支持したといえるのか、連立政権合意を支持したといえるのか、総選挙時のマニフェストは無視されたといえるのではないかなど、連立政権にふさわしいマニフェストの在り方、さらには、マンデイト論の再検討も必要になるといえよう。いずれにしても、多党制化、ハング・パーラメント、連立政権にふさわしい憲法の在り方、「憲法改革」が模索される必要があるといえよう[18]。これは、労働党ブレア政権下における未完の「憲法改革」[19]をさらに推し進める課題であるともいえよう。

2010年5月20日の連立政権合意文書「連立：政府綱領」（The Coalition：our programme for government）[20]は、24「政治改革」において、「政府は、我々の政治制度は壊れていると考える。我々には根本的な政治改革が緊急に必要である」とし、①5年任期固定制議会の創設、②選挙制度改革に関するレファレンダム法案の提出、③リコール権限を導入する法案の早期提出、④比例代表制に基づき完全にないし主として選挙された上院を提案する委員会の創設、などの一連の「憲法改革」、「政治改革」が提起された[21]。①は、これまでの「自

由」な解散権を制限し、5年任期固定制議会を創設ことであり、②は、小選挙区制を廃止し、AV（Alternative Vote、優先順位付投票制）を導入するか否か、さらにそれを国民投票で決することであり、従来の国会主権とは対立的であり、③のリコール制は伝統的国民代表観と対立的であり、④は、民選第2院創設による貴族院改革であり(22)、いずれも重大な憲法問題であり、これまでのイギリス憲法の形を大きく変えるものであるといえよう。

5　小選挙区制改革の動向

この間のイギリスでは、ウェストミンスター・モデルに対する批判が高まってきている。すなわち、二大政党制の下で首相に権限が集中し、これを止める手段がない。選挙はあるがひとたび勝利すれば、これをコントロールする手立てがない、「選挙による独裁」だとの批判である。97年ブレア労働党政権の成立により、憲法改革の一環として、選挙制度改革が行われ、新設されたスコットランド議会、ウェールズ議会、さらにそれまでEU諸国で唯一小選挙区制で行われていた既存のEU議会選挙などにも比例代表制が導入され、イングランド、ウェールズの地方議会を除けば、小選挙区制は、ウェストミンスター国会のみという状況になってきている(23)。

さらに、保守・自由の連立政権は、2010年7月、翌2011年5月5日に、現行小選挙区制の維持か、それともAV（Alternative Vote、優先順位付投票制）に改めるかを問う国民投票を実施する法案（Parliamentary Voting System and Constituencies Bill）を提出した(24)。同法案は、2010年11月庶民院を通過したが、貴族院では、最低投票率40％条項の提起による抵抗などがなされ、2011年2月に成立した。オルターナティブ・ヴォートは、1人区において、有権者は候補者に順位を付けて投票し、過半数を制した候補者がいれば当該候補が当選、過半数を制した候補がいなかった場合には、最下位の候補者の第2順位票を上位の候補者に配分し、これと第1順位票を合算し、過半数になれば当選、過半数にならなければさらに下から2番目の候補者の第2順位票を合算するというものである(25)。

AVのメリットとしては、①すべての議員が有権者の過半数の支持を得ている（2010年総選挙においては、3分の2の議員が過半数の支持を得ていなかっ

た)。②区割を変更する必要がなく、現行の選挙区を維持することができ、選挙区と議員とのつながりを侵食しない。③多数の第2順位票を獲得することが困難なことによって、過激主義政党の進出を阻止できる。④死票になることを恐れて次善の候補者に投票するといった戦術投票を行う必要がなくなる。⑤候補者は第2、第3順位票の獲得を欲するので、ネガティブ・キャンペーンが減少する、等が指摘される。

しかし、他方、①第3党以下を支持する有権者の第2順位票が考慮されるに過ぎない。第1位、第2位の候補者に投票した有権者の第2順位票は無視される。②第1順位票と第2順位票以下が同等の比重でカウントされる。③ハング・パーラメントが常態化する恐れがある。④最も嫌われていない候補者を選出する。⑤比例性について大した改善にならない、といったデメリットも指摘される。

AVは究極の多数代表制で、比例代表制ではない。フランス2回投票制を1日でやることに近い制度だといえる。AVのシミュレーションによれば、保守党が306議席から281議席、労働党が258議席から262議席、自民党が57議席から79議席へと比例性に関しわずかな改善がみられるにすぎない。ただし、ハング・パーラメントが常態化する可能性もあるといえる。さらに、2010年総選挙の場合は、保守・自民の連立しかあり得なかったが、AVの導入によって、自民が保守と労働のいずれかを選択可能な連立になる可能性もあり、自民が主導権を握ることになる可能性も指摘される。しかし、第3党以下の躍進、北アイルランド、スコットランド、ウェールズなどで保守党の議席獲得が困難になっていることなどからして、単純小選挙区制でも連立政権が恒常化するとも指摘される。

保守党は小選挙区制維持、自民党は元来比例代表制支持、労働党がAV「支持」で、AVに関するレファレンダムの実施は、保守・自民の連立にあたっての「大いなる妥協」であって、保守・自民の各党は、レファレンダム運動において自由に自らの主張を展開できるとするものであった。世論の動向も、選挙制度改革を支持するかと問われれば、広範な支持があるが、小選挙区制かAVかと問われれば、両者に大した違いがない、あるいは、ハング・パーラメントの常態化などの理由で、世論は真二つで、レファレンダムで否決される公算を

予測する論者もいた。また、レファレンダムでAVが否決、単純小選挙区制が支持されれば、今後しばらくの間選挙制度改革は困難になる恐れもある。他方、AVがレファレンダムで支持された場合も、これを将来の比例代表制に向かう第１歩とみることができるのか、それとも、当面AVに固定化し、比例代表制への改革が遅れるのか、評価が分かれるところであった。

ちなみに、1884年に比例代表協会として設立されイギリスで最も歴史のある選挙制度改革に関する運動団体であり、従来STV方式による比例代表制の導入を主張してきた選挙制度改革協会（Electoral Reform Society）は、今次のレファレンダムにおいてAV支持を表明した。ERSは、広範な団体によって組織されたレファレンダムにおけるAV支持運動を展開する YES！to Fairer Votesの有力団体ともなった。YES！to Fairer Votes には、ERSの他に、1974年設立の保守党系の選挙制度改革の運動団体 Conservative Action for Electoral Reform、1976年設立の労働党系の選挙制度改革の運動団体 Labour Campaign for Electoral Reform、自由民主党、緑の党、社会民主労働党、グリーンピースなど広範な団体が支持組織として加盟していた。

2011年２月の世論調査（psos MORI, 25 FEB 2011）によると、AV賛成49％、AV反対37％、わからない13％で、自民党支持者のAV支持60％、労働党支持者のAV支持53％、保守党支持者のAV支持22％で、全体的にはAV支持が当初有力であった。しかし、投票結果は予断を許さず、また、AV支持の結果がでたとしてもそれが比例代表制に向かう一歩となるか否かも不透明であったが、小選挙区制改革をめぐって国民投票を実施しなければならない事態に追い込まれている、小選挙区制に対し相当に批判が悪いというのが今のイギリスの状況であることは間違いない。

2011年５月５日に、AV（優先順位付投票制）導入か、小選挙区制の維持かをめぐるレファレンダムが実施され、結果は、AV支持32％、反対68％というダブルスコアーで、小選挙区制の維持が決定された（投票率42％）。この結果については、マニフェスト違反を繰り返す自民党に対する反発がAV不支持となって現れた、そもそも比例代表制ではなく改革案がAVであったことなどが敗因として指摘される。小選挙区制か比例代表制かというレファレンダムであれば、比例代表制支持が勝利した可能性は大であったといえよう。それゆえ、

小選挙区制支持の保守党は何としても小選挙区制か比例代表制かのレファレンダムは避けなければならなかった。その意味では自民党がAVで妥協したことがきわめて大きくひびいたといえよう。

2015年総選挙で、自民党は49議席を減らしわずか8議席となった。自民党はSTV方式による比例代表制の導入をマニフェストに掲げていたが、自民党の壊滅的敗北は小選挙区制改革にとって極めて打撃的といわざるを得ない。小選挙区制のもとで単独政権に復帰した保守党はもとより、労働党も選挙制度改革には冷淡であるといえる。「希望の光」は2015年マニフェストに比例代表制の導入を掲げたスコットランド国民党の躍進であろうか。しかしながら、小選挙区制の下でスコットランド地域で圧勝したスコットランド国民党が今後、本気で選挙制度改革に取り組むかについてはやや疑問が残るともいえよう。

6　おわりに——世界大で広がる民主主義の劣化

以上、イギリスにおける小選挙区制改革の動向をみてきたが、「デモクラティック・ステイツ」の「ステイツ・オブ・デモクラシー」が問題だといわれるように、民主主義の劣化ともいえる事態は、世界大で広がっており、グローバルな問題状況であるともいえる。最後にこの点に触れて、本稿の結びと替えたい。

近時の民主主義諸国の動向は、「党員なき政党」、「選挙至上主義政党」、「市場競争型デモクラシー」などとも称せられる状況を呈している。党派性が減退し、無党派層が増大する。他方で、とりわけテレビ・メディアの発達にともない、また、政党の側のメディア戦略によっても、政策ではなく、党首などの個人、個性に焦点を合わせた劇場型選挙、イメージ選挙化が進展し、総選挙の結果は党首力が左右することになる。「その都度」支持が増大し、政党制の溶解が進展している。とりわけ、二大政党制においては、中間層の支持を得るため二大政党間の政策距離は近くなり、大差のない政策間の選択に過ぎない、政策ではなく人の選択となり、党首の権限強化につながっていく。そして、中野晃一が指摘するように、「市場競争」型といっても小選挙区制による「寡占市場」、「不完全市場」であって、「A社を選んだ客のほうが多かったと言って、客全員にレジでA社の商品を供給するシステム」に過ぎない。

冷戦崩壊によって、「社会主義」と競争し、資本主義の正当性を求めるインセンティブが低下し、国民の不満を放置しても大丈夫といった状況が出現してきている。また、グローバリズム、グローバル競争は、一国における福祉国家政策の採用を「困難」化しているともいえる。棟居快行は、以下のように述べ、現状に対し極めて悲観的である。

「政治の領域においてすら、最終的意思決定権を持つのは――つまり定義上『主権者』であるのは（！）――、人民でも国民でも国家自身でもない。グローバル経済そのものが、定義上、『主権者』の地位を手中に収めつつある。人民・国民や国家といった主権のこれまでの名義人らは、グローバル市場において決定が下された所与の事実に国民経済ばかりでなく、政治的決定そのものを追随させるほかに、選択肢を与えられていない。市場に対して国家は、もはや市場の失敗を補い正義にかなった秩序を与える倫理的存在ではない。国家は単なる市場の従属物であり、市場の失敗の赤字を負担する『裏帳簿』の地位にまで貶められている」。(41)

財政「規律」、法人税減税、福祉のカットなどなど、「既成」政党の政策は似たり寄ったりで、新自由主義の席巻によって主権の相対化が生じ、政治が経済を統制できない、「政治の周辺化」、「脱領域化」といった状況になってきている。(42) このことが、民意が議会に届かない、民意と議会意思とのゆがみ、「既成」政党不信、政治不信、閉塞感を生んでいる。そしてこうした閉塞感が、グローバル化批判、国際金融批判、反EUへと連なり、ヨーロッパ各地で反EU、極右ナショナリズムの台頭がみられる。例えば、2014年EU議会選挙では、既にみたように、イギリスUKIP（英国独立党）が27.49％で第1党、フランスFN（国民戦線）が24.86％で第1党になった。

本秀紀が指摘するように、「『一国福祉国家』は、もはや不可能であるとともに『不道徳』でもある」、「国際機構の民主化、主権国家の民主化……、多層的な『グローバル公共圏』による包囲というトリアーデを通じて、グローバリゼーションがもたらす『歪み』を統御していく、という道筋」(44)が模索されなければならないのであろう。

日本において、反原発集会・デモ、秘密保護法反対、戦争法反対デモなど、直接民主主義の活性化状況がみられる。これは、ある意味、議会制民主主義の

日詰まりの反動だともいえる。もはや多数の声さえ届かない、議会意思と民意との乖離が生じている。これに対しては、国民投票など「もっと直接民主主義を」という処方箋もあるかもしれないが、ポピュリストによる誤用・濫用の恐れもあり、警戒が必要なのはいうもでもない。処方箋は、はやりの「討議民主主義」ではなく、ムフのいう「闘技民主主義」でなかろうか。話せば分かる、討議による合意形成ではなく、利害は異なるのであり、宗教、階級など合意不能なものもある、無理に合意しようとせず、非和解的対立が存在する、徹底的に議論し、違いを明らかにする。敵対性を明確化する、「この道しかない」のではなく、他のオルターナティブが存在することを明確にすることが求められているのではなかろうか。そのためにも選挙制度の民主的変革が求められているのである。

注
（1）V. Bogdanor, The Coalition and the Constitution, 2011, p. 9.
（2）憲法調査研究会「Watch英国議会政治⑬　連立政権の今」時の法令1881号（2011年）47頁は、「自由民主党には、労働党以上に左派的な側面があるとも言われている（例えば、イラク派兵への反対など）」と指摘する。同様に、齋藤憲司「英国の2010年総選挙と連立政権の政治改革」レファレンス716号（2010年）14頁も、「自由民主党は、政策的には労働党に近く、保守党とは、選挙制度改革をはじめ、欧州統合、核政策、公共支出の削減についても意見の隔たりがあ」ると指摘する。
（3）池本大輔「イギリス二大政党制の行方」法学研究90号（2011年）439頁。
（4）小松浩「イギリス連立政権と解散権制限立法の成立」立命館法学341号（2012年）、小松浩「イギリスにおける国会議員リコール法の行方」立命館法学352号（2014年）を参照されたい。
（5）1945年第2次大戦以降の二大政党の得票率の推移については、D. Kavanagh and P. Cowley, The British General Election of 2010, 2010, pp. 350-351 を参照されたい。
（6）Bogdanor, op. cit., p. xi.
（7）スコットランド議会選挙の結果については、スコットランド議会のHP（http://www.scottish.parliament.uk/Electionresults/2011%20election/1_Summary_of_Seats.pdf）で参照できる。
（8）ウェールズ議会選挙の結果については、P. Norton, The British Polity, 5th ed., 2010, p. 281, http://www.bbc.co.uk/news/special/election2011/overview/html/wales.stmを参照されたい。

(9) The Report of the Independent Commission on the Voting System, 1998.

なお、ジェンキンズ委員会および同「報告書」については、さしあたり、小松浩『イギリスの選挙制度』(現代人文社、2003年) 103頁以下を参照されたい。
(10) Ibid., para. 45.
(11) Ibid., para. 46.
(12) Ibid., para. 47.
(13) Ibid., para. 48.

なお、D. バトラー編・飯坂良明ほか訳『イギリス連合政治への潮流』(東京大学出版会、1980年) は、「単独過半数政党に依拠する内閣が実際に政権を担当したのは20世紀の半分以下にすぎない」(213頁) と同様の認識を示している。
(14) Bogdanor, op. cit., p. xi.
(15) Ibid., p. xi.
(16) 憲法調査研究会・前掲論文56頁は、同様の認識を示すP. Nortonのインタビューを紹介し、Nortonは、それゆえ、「将来的にはこれまでのウェストミンスター・モデルに復帰していくだろう」との見解を示したという。
(17) 植村勝慶「イギリス統治機構の変容」憲法問題26号 (2015年) 70頁。
(18) Bogdanor, op. cit., p. xⅱ.
(19) ブレア政権下における「憲法改革」については、松井幸夫『変化するイギリス憲法』(敬文堂、2005年) を参照されたい。
(20) 「連立:政府綱領」は、内閣府のHP (http://www.cabinetoffice.gov.uk/sites/default/files/resources/coalition_programme_for_government.pdf) で参照できる。
(21) 「連立:政府綱領」の「憲法改革」、「政治改革」については、R. Hazell, The Conservative-Liberal Democrat Agenda for Constitutional and Political Reform, 2010、齋藤・前掲論文を参照されたい。
(22) 貴族院改革については、田中嘉彦「二院制に関する比較制度論的考察 (2・完)」一橋法学10巻1号 (2011年) 120頁以下、同「英国の貴族院改革」レファレンス731号 (2011年)、同『英国の貴族院改革』(成文堂、2015年) を参照されたい。
(23) 小松・前掲書107-109頁。
(24) 同法案提出の経緯、内容については、小松浩「小選挙区制論・二大政党制論の再検討」立命館法学333・334号 (2011年)、小松浩「選挙制度と政権交代」憲法問題22号 (2011年)、齋藤・前掲論文、甲斐祥子「連立政権の成立と選挙制度改革」帝京法学27巻1号 (2010年)、同「選挙制度改革の夢は潰えたか」帝京法学28巻1号 (2011年)、小堀眞裕『ウェストミンスター・モデルの変容』(法律文化社、2012年) 81頁以下、同「イギリスにおける選挙制度改革国民投票とその後」論究ジュリスト (2013年春号) 23頁以下を参照されたい。

(25) 小松・前掲書52頁。
(26) 後述の選挙制度改革協会は、AVのメリットとして以上の5点を指摘する。Electoral Reform Society, Alternative Vote, 2010. ERSのHP（http://www.electoral-reform.org.uk/article.php?id=55）を参照されたい。
(27) Kavanagh and Cowley, op. cit., p. 417.
(28) Ibid., p. 417.
(29) Hazell, op. cit., p. 19.
(30) Norton, op. cit., p. 123.
(31) Hazell, op. cit., p. 7.
(32) 小松・前掲書145頁。
(33) Electoral Reform Society, What is AV?, 2010. 同パンフレットは、ERSのHP（http://www.electoral-reform.org.uk/downloads/What%20is%20AVweb.pdf）からダウンロードできる。
(34) YES！to Fairer Votesについては、同運動体のHP（http://www.yestofairervotes.org/content/）を参照されたい。
(35) Liberal Democrats, Manifesto（http://www.libdems.org.uk/political-reform-fair-votes）．
(36) Scottish National Party, Manifesto 2015, p. 10（http://votesnp.com/docs/manifesto.pdf）．
(37) 吉田徹「ステイツ・オブ・デモクラシー」憲法理論研究会編『変動する社会と憲法』（敬文堂、2013年）。
(38) 中北浩爾『現代日本のデモクラシー』（岩波書店、2012年）。
(39) 二大政党制においては、政策距離は近くなり、大差のない政策間の選択に過ぎなくなることについて、詳しくは、小松・前掲書74頁以下を参照されたい。
(40) 中野晃一「小選挙区制」世界2014年2月号121頁。
(41) 棟居快行「グローバル化が主権国家にもたらすもの」長谷部恭男ほか編『現代立憲主義の諸相（上）』（有斐閣、2013年）711頁。
(42) 杉田敦「周辺化・脱領域化される政治」世界2014年2月号。
(43) 本秀紀『政治的公共圏の憲法理論』（日本評論社、2012年）57頁。
(44) 同上書36頁。
(45) シャンタル・ムフ著（酒井隆史監訳・篠原雅武訳）『政治的なものについて』（明石書店、2008年）。
(46) 筆者の考える「処方箋」については、小松・前掲（注24）論文、小松浩「選挙制度民主化の課題」月刊全労連2013年6月号を参照されたい。

貴族院改革とウェストミンスター型憲法の「現代化」

柳井 健一

1 はじめに

　ある新聞記事の引用から本章の考察を開始しよう。「1999年、世襲貴族を排除したことで改革に終止符が打たれるとは誰も思っていなかった。しかしそれ以来、次の段階の改革はある者にとっては常に過剰なものであり、他の者にとっては不十分なものだった。したがって公選による上院という宿願を捨て去ることなく、ささやかに歩を進めるべき時期にきている」[1]。このような見解は、積極・消極いずれの立場からであれ、イギリス貴族院改革をめぐる近時の動向に関心を有する者に支持されうるものであろう。積極的支持とは、貴族院の現状が機能や構成の点で基本的に望ましいものであり、これ以上の抜本的な改革は不要と考える立場である。消極的支持とは、この間の貴族院改革の動向に鑑みれば「ささやか」な改革以外に実現の方途は存在しないとする立場である。いずれにせよ、1999年の世襲貴族の排除以降、貴族院改革には多くの労力と時間が投下され、いくつもの具体的提言が行われてきたにも拘らず、当初予定された大幅な制度改革は実現しないまま現在に至っている。

　イギリス議会制度について考えるとき、総選挙によって明らかにされた民意を体現する第1院＝庶民院に対して、民主的正統性において劣後する第2院＝貴族院が、それゆえ立法や内閣への政治的統制に関する権能について譲歩しつつ、一定の抑制と均衡の役割を担うという現在の仕組が、19世紀以降における普通選挙制の普及とともに、目指されるべき「現代化」の方向であったことに多くの異論はあるまい。現在の議会制度の形成に重大な役割を果たした1911年国会法（Parliament Act 1911）の前文が、「世襲ではなく人民を基礎にして構成された第2院を現行の貴族院に代替することが企図されているが、このような代替を直ちに実施することはできないので…〔以下、略〕」、と述べていたこ

とにそれが端的に表れされている。

　長いイギリス議会制度の歴史の中で、就中20世紀以降、常に潜在的な政治課題であった貴族院改革は、断続的に実際の制度改革へとつながってきた。具体的には、1911年国会法の制定と、1949年国会法による貴族院の立法に関わる権限の制約ないし縮小、1958年の一代貴族法の制定を通じた任命制議員の貴族院への導入、そして1999年貴族院法による世襲貴族の大部分の排除等がその重要な成果であった。これらの改革を一貫して枠付けてきたのは、中世における身分制社会下に成立し、爾来一貫して特権的階層の政治的基盤であった貴族院は民主的正統性を欠いているとの理解であった。その意味で、時々の政治状況に応じてその含意は異なるにせよ、貴族院の「現代化」とは立法機関として当然に帯びるべき民主的正統性を欠く議院のあり方の是正という点で一貫していた。

　以下では、ブレア政権成立以降の貴族院改革を考察の対象とするが、事態は本質的に同様であり、絶えず議論の前提とされたのは、およそ民主主義国家において、立法機関は民意による民主的正統性、すなわち公選という契機によって裏打ちされるべきとの強い信念あるいは漠然とした理解であった。それゆえ、このような原理に真っ向から対立する世襲貴族を排除するという決断はそれほどの難題ではなかったはずである。貴族院では永らく世襲貴族の存在によって保守党が常に多数派を占めており、自由党政権、そして後に労働党が政権に就くようになって以降は、その政策の実現に対して少なからず障害となっていた。当時ニュー・レイバーを標榜して「憲法改革」を政策プログラムの中心に据え、圧倒的多数の議席をとって政権に返り咲いたブレア政権に改革実現の強い動機があった以上、それが可能となる客観的情勢も十分にあった。しかしながら、当初は第1段階の改革とされた世襲貴族の排除以降、第2段階の改革として目論まれた具体的構想は、そのいずれもが頓挫した。劈頭で引用した記事の指摘の背後には、現状の貴族院とりわけその機能と職責の実現に対する肯定的評価が存在する一方で、制度の根幹に関わる改革提言が現実政治の中でいずれも実現することなく水泡に帰したことへのある種の諦念が見受けられるように思われる。

　このような事態に立ち至った理由は何か？第2段階の改革を一貫して方向付けてきた議論枠組自体の中に、要因があったのではないかというのが本章の見

立てである。そこでは、権限や機能に関しての両院関係、あるいはそれによって必然的に帰結される貴族院のあり方については手を加えないことが前提とされていた。つまり、歴史的に確立されてきた庶民院の権能上の優位とりわけ立法についての権限の優越を前提としつつ、国会法によって規定された延期的拒否権（suspensory veto）を梃子に立法内容の精査や議論の深化等の第2次的な権能ないし役割を担う第2院という貴族院のあり方には変更を加えないことが議論の前提であった[2]。他方、議論のもう1つの焦点は、貴族院に過少である「民主的正統性」を是正するための望ましい構成のあり方ないし構成員の選出方法の再検討であった。これらの相反する2つ要素を両立させることは、抽象的な制度の構想としてはともかく、その実現という点で多大な困難を伴うものとなった。相反するというのは、そもそも貴族院が民主的正統性を欠いていたがゆえにその権限が制定法や習律・慣行によって順次制限され、その結果として現在の仕組が形成されたのであり、民主的正統性を加算すれば劣後する権限は逆に強力化するというのが理屈のはずだからである。

以下本章では、近時のイギリス貴族院改革についての経緯を瞥見しながら、望ましい第2院のあり方について紆余曲折を経てきたイギリスの経験から、この問題についての議論の方向性について示唆を得ることとしたい。

2 ブレア政権以降の貴族院改革

(1) 第一次ブレア内閣

前著拙稿と一部重複するが、この間の状況を一瞥する[3]。1999年年頭に政府白書『議会の現代化―貴族院改革―』[4]が公表され、改革の第1段階として世襲貴族の出席表決権を廃止すること、第2段階の改革実現までの「過渡期の院」（Transitional House）が存置される期間に、爾後の改革について検討するための王立委員会を設置することや独立の任命委員会を創設することなどが提言された[5]。1999年11月には貴族院法（House of Lords Act 1999）の制定により世襲貴族の大部分が排除された結果、貴族院は92名の世襲貴族、一代貴族、聖職者、そして法服貴族から構成されることとなった。

この白書を受けて、1999年2月ウェイカム卿（Lord Wakeham）を委員長とする「貴族院改革に関する王立委員会」（Royal Commission on the House

of Lords）設置され、2000年1月に報告書『未来へ向けた議院』が公表された。
当該報告書が前提とした検討課題は、この間のイギリス貴族院改革をめぐる
困難の要因を象徴的に示している。それは、「庶民院の優越を維持する必要性
に配慮し、〔中略〕現在の憲法構造の性質を十分に考慮した上で、第2院の役
割と機能について検討と勧告を行うこと、当該役割と機能を果たすに相応しい
第2院を構成するのに必要な方法またはいくつかの方法の組合せについて〔中
略〕勧告を行うこと」であった。そして、実際に委員会が示した方針は、任命
議員と公選議員を組合わせるというものであった。

（2）第二次ブレア内閣

2001年6月の総選挙で労働党は再び大勝したが、その際のマニフェストの中
では貴族院改革の完成を公約に掲げていた。同年11月に政府は白書『貴族院
―改革の達成』を公表している。また、同じ時期には公行政委員会（PASC＝
Public Administration Select Committee）が報告書を公表しているが、そこ
では議員の選出方法やその組合わせのあり方が爾後の重大な論点となるであろ
うことが暗示されていた。

このような状況の下、2002年5月に「上院改革両院合同委員会」（Joint
Committee on House of Lords Reform、通称カニンガム（Cunningham）委
員会）が設置され、同年12月に報告書を提出した。同報告書に関して2点重要
な論点を指摘しておきたい。第1に、庶民院を補完するという現行の貴族院の
役割の必要性とそれが継続・促進されるべきであるとともに、改革された貴族
院の属性として、正統性、代表制、一党支配の排除、独立性そして専門的性格
の保持が明言されていることである。第2に、構成員の選出方法の選択肢とし
て公選制と任命制と挙げ、両者の間の構成比率を提示していた点である。具
体的には、同報告書は議員構成について7種類の選択肢を提示した。すなわち、
①全員任命、②全員公選、③80％任命・20％公選、④80％公選・20％任命、⑤
60％任命・40％公選、⑥60％公選・40％任命、そして⑦50％公選・50％任命の
7案である。2003年2月にはこの報告書への賛否を問う表決が両院それぞれに
おいて行われた。その結果、貴族院では完全に任命議員によって構成される第
2院という案が支持されたものの、庶民院では1院制議会へ向けた修正動議も

加えた、合計8点の選択肢いずれもが否決された。これを受けて2003年5月に貴族院改革についての両院合同委員会から報告書が公表され、それまでに検討されていなかった①職能代表制（functional constituencies）、②地方議会による間接選挙（indirect regional election）、③〔総選挙での得票を比例代表的に活用する〕2次的委任による選出（election by secondary mandate）の3点が提案された。[13]

また、2003年9月、これらの状況を踏まえて憲法問題省（Department for Constitutional Affairs）が諮問書『憲法改革：貴族院のための次段階』を公表し、[14]世襲貴族の排除、制定法に基づく独立任命委員会設置等を提言した。さらに、2003年11月の女王演説では最高裁判所の設立と大法官職の廃止に加えて、立法により世襲貴族が排除されるとともに政党に所属しない貴族院議員を選出するための独立した任命委員会を設置することが明らかにされた。ただし、前3者については早々に女王演説への修正動議という形で、貴族院において反対の意思が表明されている。[15]

（3）第三次ブレア政権

2005年総選挙では、保守党は「実質的に（substantially）」、自由民主主義党「大部分（predominantly）」公選による議院をマニフェストで提示していた。[16]だが、周知の通り、総選挙の結果労働党が3度目の政権に就いた。

なお、この時期に、貴族院に関わる重大な制度変更として、2005年憲法改革法（Constitutional Reform Act 2005）により、貴族院の司法機能が新たに設置された最高裁判所に移されるとともに、貴族院議長であり、閣僚であるとともに、司法部の長でもあった従前の大法官職のあり方は大きく変容した。[17]

爵位授与の背景で巨額の政治献金が行われているのではないかという政治的疑惑が社会問題化するなかで、2007年2月8日、当時庶民院内総務であったジャック・ストローによって招集された政党横断のワーキング・グループから政府白書『貴族院：改革』が公表された。[18]同白書では貴族院の構成について、議員総数を540とし、公選と任命を組み合わせること、任命議員については新たに制定法に基づく任命委員会によるものとした。また、当該委員会が政党非所属議員の指名を行い、政党による指名は庶民院において党首によって行われ

るとともに同任命委員会によって審査されるべきことが提言された。公選方法については、地域別非拘束名簿式の比例代表（regional list system）で行い、すべての選挙と指名はヨーロッパ議会選挙に合わせて5年サイクルとして3分の1ずつ改選し、議員の独立性を保持するため任期は15年で再任はないものとされ、併せて貴族院議員は退任後の一定期間（政府は5年を示唆）は庶民院議員に立候補できないものとされた。

　政府自身の立場として、ジャック・ストローは同白書の緒言において公選と任命を50パーセントずつ組み合わせることを提言していたが、庶民院において7通り（①100％任命、②20％公選・80％任命、③40％公選・60％任命、④50％公選・50％任命、⑤60％公選・40％任命、⑥80％公選・20％任命、⑦100％公選）の組み合わせについて自由表決を行うことが提案されていた。ただし、政党非所属議員を少なくとも20％おくことも提言していた。また、世襲貴族の排除や聖職議員の縮減、一代貴族の漸減等も併せて提言されている。

　2007年3月、当該白書の提案に基づいて討議および表決が両院において行われた。その結果、庶民院では全員公選という案が最大得票を得た（375票を獲得。ただし、80％公選案も過半数の305票を獲得した。）。これに対して、貴族院は圧倒的多数で全員任命という案を選択した。かくして、2003年の時と同様、両院の立場は真っ向から対立し、この問題への決着は再び先送りされることとなった。

（4）ブラウン政権

　ブラウン内閣発足後、ジャック・ストローがファルコナー卿から憲法問題省に代えて設置された司法省（Ministry of Justice）の大臣と大法官の職を引き継ぎ、貴族院改革の中心的役割を担うこととなった。ブラウン政権は、2007年7月の政府緑書『英国の統治』において貴族院に公選制を導入するための改革を継続すること明らかにした。その後、2008年8月には政府白書『公選された第2院：貴族院のさらなる改革』が公表された[19]。そこでは、改革後の第2院の権限については行政統制と法案の修正等現状の変更は行わないとする一方、その構成については、先の庶民院での表決を受けて全員公選または80％公選・20％任命が構想されるとともに、任期については12年から15年として[20]

3分の1ずつを部分改選するものとされた。また、再選は認められず、議員数を420から450名とすること、選挙方法として①単純小選挙区（FPTP）、②選択投票制（AV）、③単記移譲式投票制（STV）そして④名簿式比例代表制（List system…拘束名簿式（closed-list system）、非拘束名簿式（open-list system）、準拘束名簿式（semi-open list system)、）について議論すべきとされていた。この政府白書に対しては、庶民院公行政委員会が回答文書を公表し、貴族院議員の任命委員会の独立性が担保されるべきことを勧告したが、同白書での改革構想は、結局は法案化されないままに2010年総選挙を迎え、労働党は政権の座を降りることとなった。

（5）連立政権による貴族院改革

2010年総選挙に際してのマニフェストでは、保守党は「主として(mainly)」、自由民主党は「完全に（fully）」公選された第2院を支持する旨各々言及していた。他方労働党は、完全公選の第2院を支持し、世襲貴族を完全に排除すること、総選挙に合わせた3分の1ずつの部分改選、非拘束名簿式比例代表選挙制（open-list proportional representation electoral system）を提案するとともに、庶民院議員の選挙制度改革についての可否を問うレファレンダムに併せて、貴族院改革についてのレファレンダムも実施することを公約していた。

保守党が第1党とはなったが、単独で過半数を得ることができず、自由民主党との連立政権が成立することとなった。連立協議に際しては政策協議を踏まえた共同綱領が作成されたが、その第23章「政治改革」では以下のように述べられている。「我々は、比例代表に基づいて完全にもしくは主として公選された（wholly or mainly elected）第2院の提言を実現するための委員会を設立する。同委員会は2010年12月までに草案を動議する。そこでは1期を限度とする長期間の任期が提案されるだろう。また、現行の貴族院議員については適用免除とされるであろう。その間は、直近の総選挙における政党の得票が反映された第2院を創設することを目的にした貴族の任命がなされるであろう」。

連立政権の発足後程なくして、デイビッド・キャメロン首相は2010年12月までに貴族院の大部分を公選とするための草案を提案することを改めて庶民院

本会議で宣言した。先の連立協議を踏まえて、ニック・クレッグ副首相を委員長とする両院超党派のメンバーによって貴族院改革に関する委員会が設置され、その後実際に貴族院改革法草案（House of Lords Reform Draft Bill）を含む提案が国会に提出されたのは、翌2011年５月17日であった。そこでは、貴族院が有する権限については変更することなく、構成に関しては定数を300として80％公選・20％任命で、これに国教会議員と閣僚議員も加えるものとし、任期については１期限り15年とすること、総選挙と同時に３分の１ずつ改選で選挙方式は単記移譲式投票制を提案しつつもその他の可能性も排除しないとの提言が行われた。また、庶民院議員の地位にあった者は貴族院の選挙に立候補することができるが、貴族院の議員であった者が直後に庶民院議員とはなれないとされている。なお、この提案は、貴族院改革合同委員会において検討され、2012年４月23日に最終報告書が提出された。

「2012年貴族院改革法案」（House of Lords Reform Bill [HC Bill 52 of 2012-13]）は2012年６月27日に提出され、７月９日に質疑が開始された。同法案は、７月10日に第２読解を通過したものの、この議決の時点で与党保守党から91名の造反と20名近い欠席が出た。また、労働党は法案審議の日程を決めるためのプログラム動議に対し、法案についての精査の必要性を理由に予てから反対の立場を示していた。上記の保守党からの造反者がこれに同調することが見込まれたために、政府はこの動議を提出できない事態となった。かくして、同年９月３日に庶民院本会議において、同法案の撤回がクレッグ副首相によって正式に公表された。それ以降、この文脈での貴族院改革についての現実政治上の動向は鳴りを潜めたままとなっている。

このような貴族院の構成についての抜本的な改革という問題とは別に、余剰な貴族院議員とでもいうべき問題、たとえば、普段登院しないにもかかわらず、重要な法案の表決時にのみ現れる議員（Backwoodsmen）の存在などが予てから問題視されていた。また、1997年の世襲貴族排除後も、任期に制限がないために拡大し続ける貴族院の規模について、憂慮や懸念が示されることがあった。さらに、2009年に発覚した庶民院での歳費の不適正使用に関する政治スキャンダルは、貴族院にも余波を及ぼすこととなった。国会に対する世論の厳しいまなざしを受けた当時のブラウン政権は、2009年７月20日に「憲法改革及び

統治法案」(Constitutional Reform and Governance Bill 2009) を会期末前日に提出した。そこには、残存している世襲貴族議員の死亡時に補充選挙を行わないこと、重大な違法行為を行った貴族院議員を除名または資格停止とすること、そして貴族院議員の辞職を容認すること等の諸規定が含まれていた。同法案は、議事日程との関係から翌2009-10年会期へ継続審議となった。しかしながら、この会期においてこれらの規定は当初「2010年憲法改革及び統治法案」(Constitutional Reform and Governance Bill 2010) 中に含まれていたが、審議の過程において最終的には削除されることとなった。

　これらの規定は、世襲貴族の補充についての規定を除いて、最終的に2014年5月14日、2014年貴族院改革法（House of Lords Reform Act 2014 (2014. c. 24)）として立法化された。同法の制定により、従来認められていなかった貴族院議員の辞任が承認されるとともに、1年以上の禁固刑となる重大な罪を犯した議員の除名が規定された。なお、この規定は遡及効をもたないものとされている。

3　近時の動向と示唆

　以上、ブレア政権による1999年貴族院法の制定以降の貴族院改革をめぐる動向について時系列的に検討してきた。その要点は次のようにまとめられる。

　第1に、1911年及び1949年国会法や各種慣行等によって形成された庶民院に比して劣後する貴族院の権限や権能、すなわち「政府提案による立法について精査及び修正を行い、大臣に対して質問をし、そして討議を行うとともに委員会での案件を取り扱う」[30]という貴族院の位置づけについては変更を加えないことが一貫して議論に際してのコンセンサスであったことである。

　第2に、それゆえ、中心的な論点とされたのは貴族院の構成のあり方、とりわけ公選による議員を導入するのか否か、導入するとしてどの程度の比率でそれをするのかという問題がもっぱら議論の対象となった。

　そもそも、統治に関わる制度改革について議論される場合、対象となっている組織または機関が、いかなる役割ないし機能を果たすために（目的）、具体的にどのような制度上の改変を実施するのか（手段）が検討の要点となると考えるのが一般的であろう。だが、この10数年間の貴族院改革をめぐる動向を振

返ったとき、1つの大きな特徴を指摘することができる。それは、改革の目的との関連では、特に貴族院が有するべき権限や果たすべき役割については改革の必要性が殆ど認められていなかったことであり、これは先に紹介してきた政府報告書や各政党のマニフェスト等に共通してみられる特徴である。「過去15年間にわたる議論の特徴の1つは、改革された第2院の適切な権限について殆ど注意が払われなかった」との指摘がなされるところである。

かくして、この間の改革論議にあっては、民主主義国家において、およそ立法機関は民意による民主的正統性、すなわち公選という契機によって裏打ちされるべきであるとの信念ないし漠然とした立場のみが前提となっていたと考えられる。この点は、たとえば先に言及した2007年白書においても以下のような文章によって端的に示されている。「正統性という論点が改革という問題の中心となる」、「貴族院が機能しているという認識にも拘らず、公選されていないというその基盤が、多くの人々の観点から見て、現在の役割を実行するために必要となる正統性を欠いていることを意味しているのである」。そうであるとすれば、これらの引用が示す通り、貴族院の構成員の選出がどの程度の民主的性格によって基礎づけられるべきなのかという問題に論点が収斂していくことになる。

この間、貴族院はこの問題について終始全員を任命制とする貴族院、つまり基本的に現状を維持する旨の立場を表明してきた。現在の貴族院議員には公選によって選出された議員は1名たりとも含まれておらず、なおかつ、後に紹介するように現在の貴族院が期待される役割を十分に果たしているとの自負がそこにあるとすれば、このような立場が採られることにはもっともな理由がある。加えて、貴族院議員に限らず、公選による貴族院について反対する立場については、「公選制に反対の立場をとった人々の問題関心は、国会を構成する2つの院の間の権力関係に公選制が影響を及ぼすというものであった」ことが指摘されている。

他方、既述のとおり、庶民院では全員もしくは80％の公選議員という選択肢が過半数を獲得しており、それを前提に改革の方途も考えられてきた。だが、それを承知の上で、貴族院がこれに対して全員任命による自身の構成を選択してきたことに照らせば、制度上庶民院が自らの意思を立法において貫くことが

できるとしても、このような選択肢が実現する見通しをたてることは非常に困難である。もちろん、現行の国会法の規定によれば、庶民院がこのような自らの選択を強行することは、規定上は可能ではある。だが、貴族院自体が機能不全に陥っている訳では全くなく、それどころかその役割は高く評価されているのである。

「第1に〔貴族院〕議員が80％ないし100％公選されたとしても、反対者は依然として十分に民主的でないと主張した。〔中略〕庶民院議員たちは〔中略〕、選挙について庶民院の5年任期・再選可能というモデルを念頭に置いており、これ以外のものは十分に民主的でないとみていると思われ、〔中略〕第2に、公選された議院は強力すぎるという旧来からの懸念がある」(34)との指摘は、この間の事態の抜き差しならない状況を明らかにしている。

また、公選制を導入するとしても、いかなる制度をどのような割合で実施するのかについて、庶民院で合意に及ぶのか否かも、まったく定かではない。現実政治の問題として、小選挙区制のもとでの第3党として、庶民院での得票率に比して著しく少ない議席しか得られない状況にあり続けた自由民主党が従来から貴族院を単記移譲式投票制により公選される院とすべきことを提唱してきたのに対して、保守党が貴族院改革についてそれ程のインセンティブを有しているとは考えにくい(35)。また、労働党についても貴族院への公選制の導入については党内意見に分岐が見られるようである。かくして、「貴族院への公選制の導入をめぐる議論は矛盾に満ちたものとなった。庶民院は2007年と2012年という2つの機会に大部分公選された第2院を原則として受け入れた。だが、詳細について合意することはできないように思われる」という状況がもたらされることとなったのである(36)。

当初、第1段階とされた1999年の世襲貴族の排除以降、改革をめぐる諸動向が紆余曲折し、折にふれて具体的な選択肢を踏まえた提案が繰り返されてきた。先に紹介したとおり、重要な報告書ないし法案は、2000年の王立委員会報告書とそれを踏まえた2001年の政府提案を皮切りに、政府改革案が2003年、2007年、2008年、2009年2011年と提出され、2011年には改革法案までもが提出されている。しかも、保守党、労働党、自由民主党の主要政党いずれもが、その内容面で大きな方向性に違いがないこれら改革案提出の主体であったのである。「政

府は第二院の構成について考えられ得る提案をほぼすべて行ってきた。そして、すべて拒否されたのである(37)」。この問題に関してなんらかの展望が次に開けるとすれば、いずれにせよ2015年に予定されている総選挙に際してのことになるであろう。そうであるとしても、従前の経緯を見る限り、それにどれ程の実現可能性があるのかは、まったく定かではない。

4　1999年法の効果—貴族院の活性化？

（1）貴族院の活性化

　以上のように、1999年法による世襲貴族の排除以降の議論は、民主制的要素を構成員の選出に反映させるべき方途のあり方如何という第2の論点に関するものに終始した。また既述の通り、それは具体的な成果としては全く結実していない。では、この間の改革動向は、イギリス貴族院のあり方について何らの成果ももたらさなかったのであろうか。制度面に関していえば、その答えはおそらく是である。だが、近時の注目すべき研究によれば、機能面において、とりわけ世襲貴族の排除が大きな要因となって、現在の貴族院には顕著な改革の成果が見られるとの指摘がある。以下では、Meg Russell, *The Contemporary House of Lords Westminster Bicameralism Reviewed,* Oxford University Press, 2013に依りつつ、1999年法が貴族院にもたらした変化と、その影響について紹介する。

　予め同書の主張の要点をまとめれば、1999年法の制定によって世襲貴族の大部分が排除されたという意味での構成員のありようの変化の結果として、制度上有する権限について変更が加えられた訳ではないにもかかわらず、貴族院が従前より有していた権限を行使することについて自信を持つとともに積極的になったことで、結果として貴族院が強力化したというものである(38)。以下、同書に従って敷衍しよう。

　1999年貴族法の制定によって、貴族院を構成する議員のあり方に関して、以下の3点で大きな変化が見られた。第1に、一代貴族が多数を占める貴族院が創出されたことである。第2に、既述の通りその後再び漸増化が見られるものの、貴族院の構成員数を大幅に削減したこと、そして第3に貴族院の政党間バランスを変化させたことである(39)。

同書は、世襲貴族の排除の結果としての第1および第3の変化の相互作用をとりわけ重視しているように見受けられる。「ブレア〔政権〕の時期が示しているのは、1999年の改革後、貴族院が政策の変化を要求する際、自らの立場をより主張するようになったということである。〔その存在を〕最も弁護できなかった議員―世襲貴族―がいなくなり、現在、貴族院議員は政党間で実際に均衡しているので、貴族院は、以前よりも政府に対して異議申し立てをすることが正当化されていると感ずるようになったのである(40)」。

まず、世襲貴族の排除は貴族院の中で最も民主的正統性を欠く構成要素の大部分が除去されたことを意味するのであり、それによって庶民院の権限上の優越を正当化する貴族院の民主的劣後性は相対的に低下したことが政府=庶民院与党に対する抑制を試みる貴族院の活動の活性化、具体的には政府提出法案等に対する貴族院の顕著な積極的抵抗という傾向につながっているという訳である。

また、もともと世襲貴族の大部分は、長らく保守党による貴族院支配の橋頭保であったわけだが、その殆どが除去された結果、貴族院においてはアプリオリに過半数を占める党派が存在しなくなり、結果として何人によっても絶対的支配が不可能な状況（no over-all control）がもたらされた。このことは、さまざまな貴族の集団が貴族院での議決に際してキャスティングボードを握ることを可能とする(41)。また、議案の審議等に際して、各勢力がより均衡しているということは、諸政党や中立派は相互により頻繁な交渉は行う必要性に迫られることを意味し、このような党派間協議による活動の必要性は、庶民院において以上にその関係が発展するとともに活性化することにもつながっているという(42)。さらに、このような状況は議院での議論の活性化のみならず、その質の向上にも資するものであるという。そもそも党派的基礎に立った多数決が見込めないということは、中立派議員が議決結果を左右するだけの影響力を有していることを意味する。党派的議決行動を取らない議員からの支持を得るためには、基本的に、審議において理に基づく説得を試みる以外の方法はない。それゆえ、自ずと議論の質も向上せざるをえないことになる。また、関連して以下のような指摘もある。「貴族院において政府が過半数を有していないこと、そしてそこには多くの著名な専門家である議員が所属しているという事実が、政府に説

明責任を果たさせるについて潜在的に大きな影響力を有している」⁽⁴³⁾。この点も、1999年改革以後の政府統制という点での貴族院の審議の活性化に、構成員の特性が貢献している一つの重要な局面であろう。

　そればかりではない。このような貴族院を構成する中立派をも含めた勢力の均衡という状況は、直接的にではないにせよ、一種の構成上の民主的正統化をもたらしうるとの理解も可能である。周知のように、小選挙区制は多数派創出的機能を有する、換言すれば得票率に比して有利な議席配分を第１党に与えるものである。このような庶民院が採用する選挙制度に鑑みたとき、「〔貴族院が〕一つの政党によって支配されていないという事実が、政府に説明責任を果たさせるという役割を果たすに際しての潜在的に重要な要因となっている。貴族院は公選されてはいないが、しかし庶民院に比べれば有権者が政党政治という観点からどのような投票を行ったのかをより正確に反映している」という⁽⁴⁴⁾。これは、いわば社会学的民主的正統性をそこに見出すことが可能であるという理解である。

　さらに、貴族院任命委員会が設置されたことの付随的効果も指摘されている。従来一般的には、貴族院議員が積極的に登院し審議に励むとは必ずしも考えられていた訳ではなかった。「だが、このような文化は、貴族院任命委員会の創設以来徐々に変化してきた。当初、委員会はクロスベンチャー・非政党所属議員が『活動的な貴族』（working peers）となるべきことを期待してはいなかった。しかしながら、2001年の第１回目の任命者たちは出席率と議決への参加率の低さゆえにメディアから激しく批判された。このことが、任命委員会とクロスベンチャーの双方が悪評に晒されうるという関心を呼び起こした」⁽⁴⁵⁾。

　概ね以上のような背景から、同書は1999年以降の貴族院を極めて肯定的に評価している。「1999年以降、ウェストミンスターの両院制は復活した」のであり、「ウェストミンスター型多数派支配は、相対的に比例的な第２院が確立したことで調和されてきた」⁽⁴⁶⁾。

（２）貴族院は「変わった」のか？
　以上のような政治学的観点からの論証を、われわれは額面通り受け取るべきであろうか。いくつかの点で、筆者は逡巡を感じる。まず、比較制度的にも強

力であるとされる政府に対する統制という重要な局面について、より総合的な見地ないしその他の統治制度との相関においての位置づけや評価についてさらに検討すべきであると思われる。たとえば、とりわけ憲法改革以降の「新しい英国統治制度（The New British Constitution）」のもとで政府は、EC法や人権法との関連や地域分権下の地域議会との関係から自己の政策の実現について慎重とならざるを得ず、それに加えて、貴族院のみならず庶民院においても立法の実現に懸念を抱かざるを得なくなっているとの有力な指摘がある。[47]政府に対するコントロール機能の変容状況は、貴族院のみに限られないイギリス統治制度の近時の傾向ということになる。

　また、貴族院のみに関わる論点に問題関心を限定するにしても、その構成や権限については、この間、制定法上のみならず慣習という見地からも重要な制度的改変は行われていない。貴族院の専門的審議能力の高さ、あるいはソールズベリー慣行などによって担保されてきた総選挙で示された民意には恭順するという意味での党派的行動の抑制は、程度の差こそあれ、1999年法以前から見られた貴族院の特徴であったからである。その意味で、規範的な意味での議会制度ないし両院関係は、変化していない。

　さらに、現在の貴族院のありようをいかに肯定的に受け止めるにせよ、以上のような「活性化」は、あくまでも当初「第１段階」の改革とされた世襲貴族の排除に伴って生じた間接的・付随的な効果に過ぎないことも確かである。些か穿った見方をすれば、同書が肯定的に強調する機能的な意味での貴族院の正当性＝貴族院による活発で良質な法案審議と積極的な政府統制が受け容れられるのであれば、そもそも貴族院改革が民主的正統性を求めて10年余にわたり彷徨い続けることはなかったのではないかという思いも断ち切れない。

　同書の緻密な論証自体はもちろんのこと、その提示によって迷走する貴族院改革論議について、改革の必要性そのものに疑義を提起しようという著者の意図にも決して違和感を持つものではないが、統治構造に対する制度上もしくは規範論的なアプローチを役割とする憲法学が同書の問題提起をどのように受け止めるべきなのかについては、筆者にとっての目下の難問である。

5 むすびにかえて

　ブレア労働党政権による貴族院改革への着手、就中、当初第1段階での改革である1999年貴族院法による世襲貴族の大部分の排除以降、第2段階で目論まれていた抜本的な改革は、紆余曲折と頓挫の連続であった。それは、以下のような理由に尽きるであろう「労働党政権下での成り行きは、改革によってもたらされるべき構成員のあり方について多数の支持を受けられるようなモデルが現実に存在しなかったことを示している。すなわち、少数が公選された院については十分に民主的ではないとみなされた一方で、多数が公選された院では貴族院の専門性と独立性、そして両院間での適切な権力の均衡が喪失されることが懸念されたのである」[48]。

　加えて、現在の貴族院の権限や機能を前提にしながら、そこに民主的正統性の契機を持ち込もうとする試み自体が、実は当初から根本的矛盾を孕んだものだったのではないだろうか。貴族院の現状はイギリス固有の歴史の産物であった。当初貴族院は混合政体という国家の構成原理のもとではそれに即した正統性を十分に持っていた。普通選挙制の拡大とともに、民主主義がそれにとって代わった結果、民主的正統性をもたない貴族院は、2次にわたる国会法の制定によって立法に関わる庶民院と同等の権限を剥奪され、さらにソールズベリー慣行等によって残余の権限行使にも枠が嵌められることとなった。やがて一代貴族という制度の導入により、各分野の専門家が加わった結果、貴族院は法案についての精査や熟議あるいは委員会活動による有益な政治的フォーラムと見なされ、またその存立に影響を及ぼさない範囲での政府統制の役割も期待されることとなった。だが、この間議論の前提とされた貴族院のあり様そのものが、貴族院が民主的正統性を欠くがゆえに庶民院に劣後するものとされ、その権限を制約された結果として形成された歴史的産物であった[49]。貴族院の機能はそのままに、民主的正統性によってそれを制度的に基礎づけなおすことが根本的に矛盾しているのではないかという筆者の疑問はこのような理解を前提にしている。そもそも、悠久の時の流れの中で、その時々の政治・社会状況によって形成されてきたこの国の統治機構の根幹である議会制度の重要な構成要素である貴族院のあり様について、歴史的経緯を軽視したままある種の基本原理を前提

に制度の根本的設計変更を行うという試み自体が非イギリス的（un-british）ですらあると述べるのは些か言葉が過ぎるだろうか。

注
（1） 'Lords reform : step by step—The whole exercise is, in the widest sense of the word, corrupt. It's potentially venal, and it's constitutionally enfeebling', *The Guardian,* 1 Aug 2013.
（2） 貴族院の権能と機能について、例えば参照、メグ・ラッセル（木下和朗　訳）「イギリスの貴族院」岡田信弘編『二院制の比較研究　英・独・仏・伊と日本の二院制』（日本評論社、2014年）93-95頁。
（3） 拙稿「ニュー・レイバーと貴族院改革」松井幸夫編著『変化するイギリス憲法―ニュー・レイバーとイギリス「憲法改革」―』（敬文堂、2005年）、93頁以下。これ以前の貴族院改革の動向については、田中嘉彦「英国ブレア政権下の貴族院改革―第二院の構成と機能―『一橋法学』第 8 巻 1 号（2009年）229-241頁、Meg Russell, *The Contemporary House of Lords Westminster Bicameralism Revised,* Oxford University Press, 2013, pp13-40等を参照。また、この間の貴族院改革をめぐる日本での研究については、木下和朗「イギリス貴族院の現況―Meg Russell両院制論に関する解説とコメント―」岡田編前掲註（2）、脚注 4（142-143頁）が詳細なリストアップを行っている。
（4） *Modernizing Parliament, Reforming the House of Lords*（Cm4183）1999.
（5） 貴族院任命委員会（House of Lords Appointments Commission）は翌2000年 5 月に設置された。
（6） Royal Commission on the Reform of the House of Lords, *A House for the Future*（Cm4534）2000.
（7） *Ibid,* Beginning of the Report.
（8） 詳細については、前掲註（3）、拙稿98-99頁を参照。
（9） Labor Party, *Ambitions for Britain,* 2001.
（10） *The House of Lords—Completing the Reform*（Cm 5291）, 2002. 報告書の内容については、前掲註（3）、拙稿100-103頁参照。
（11） Fifth Report of the PASC, 2001-2, *The Second Chamber : Continuing the Reform,* HC 494.
（12） Joint Committee on House of Lords Reform, *House of Lords Reform : First Report*（HL paper 17, HC171）.
（13） Second Report from the Joint Committee on House of Lords Reform, HL 97,

HC668, Session 2002-03.
(14) *Constitutional Reform : Next Steps for the House of Lords,* CP 14／03 September 2003.
(15) 前掲註（3）の拙稿では、この段階までの紹介がなされている。
(16) Conservative Party, *It's time for Britain,* 2005 p. 21. Liberal Democrats, *The real alternative,* 2005, p. 18.
(17) この間の経緯については、榊原秀訓「ブレア政権の司法改革—大法官職廃止と最高裁判所・裁判官任命委員会設置の提案」『名経法学』第17号（2004年）1 -86頁等を参照。
(18) Department for Constitutional Affairs, *House of Lords : Reform* Cm 7027, 2007.
(19) *Governance of Britain* Cm 7170, 2007.
(20) *An Elected Second Chamber : Further Reform of the House of Lords,* Cm 7438, 2008.
(21) Public Administration Select Committee, *Response to White Paper : "An Elected Second Chamber",* Fifth Report of Session 2008-09, 21 January 2009 (HC 137).
(22) Conservative Party, *An Invitation to Join the Government of Britain,* 2010, p. 6.
(23) Liberal Democrat Party, *Liberal Democrat Manifesto 2010,* p. 88.
(24) Labor Party, *A Future Fair for All,* 2010, 9 : 3.
(25) The Coalition, *Our Programme for Government,* Cabinet Office, May 2010, p. 27.
(26) HC Hansard, 2 June 2010, col 426.
(27) Joint Committee on the Draft House of Lords Reform Bill, *Draft House of Lords Reform Bill,* Report of Session 2010-12, 23 April 2012 (Hl Paper 284 ; HC 1313).
(28) 以上の連立政権成立後の貴族院改革をめぐる動向については、山田邦夫「英国貴族院改革の行方—頓挫した上院公選化法案—」『レファレンス』747号（2013年）25-45頁の紹介が詳細である。
(29) 例えば、see, 'Crowded House—Why we have too many lord', *The Gurdian,* 1 August 2013.
(30) Meg Russell, *op. cit.* n.（3）, p. 2.
(31) *Ibid.,* p. 269.
(32) Whakeham Report, *op. cit.,* n.（6）, p. 26.

(33) Meg Russell, *op. cit.* n.（3）, p. 269.
(34) メグ・ラッセル（木下和朗訳）、前掲註（2）、101頁。
(35) 実際、キャメロン首相にとって貴族院改革の政策的プライオリティは高くなかったとの指摘がある。See, Meg Russell, *op. cit.* n.（3）, p. 263.
(36) *Ibid.*, p. 268.
(37) メグ・ラッセル（木下和朗訳）、前掲註（2）、102頁。
(38) Meg Russell, op. cit. n.（3）, p. 52.
(39) *Ibid.*, p. 68.
(40) メグ・ラッセル（木下和朗訳）、前掲註（2）、97頁。
(41) Meg Russell, op. cit. n.（3）, p. 130は、「1999年改革のおそらく最も重要なインパクトは、何人によっても絶対的支配が不可能な院に貴族院が変容したことであり、それによって異なった当事者たちの組み合わせが政府に対する過半数を潜在的に構成できるようになったことである」との指摘を行っている。
(42) Meg Russell, *op. cit.* n.（3）, p. 126.
(43) *Ibid.*, pp. 90-91.
(44) *Ibid.*, p. 90.
(45) *Ibid.*, pp. 111-112.
(46) *Ibid.*, p. 293. なお、同書はイギリス貴族院の歴史と現状、2院制についての比較研究等を含む内容面で非常に有益な意欲作である。また、本稿が言及した検討部分も、1999年以降の貴族院の議事や投票行動についての緻密な数量的実証研究やインタビューに基づいて主張されており、その意味で、本稿のような恣意的な参照を行うについては些か躊躇があることを弁明しておきたい。
(47) Vernon Bogdanor, *The New British Constitution,* Hart Publishing, 2009, pp. 288-289.
(48) Meg Russell, *op cit.* n.（3）, p. 298.
(49) 貴族院の長い歴史に鑑みた場合に、今日の貴族院の姿は過去のそれとは非常に様相を異にするものであり、党派的に独立した専門的性格を帯びた院としての貴族院という属性自体が、割合に現代的な現象であるとの指摘もある。See, Meg Russell, *op. cit.* n（3）, p. 28.

第4章
ウェストミンスター型憲法の変動と内閣

イギリス型議院内閣制の憲法的基盤と連立内閣

成澤　孝人

1　はじめに

　1990年代の日本の政治改革のモデルは、イギリスであった。そこで想定されていたのは、内閣および内閣総理大臣の権力強化と政権交代という二つの政治的目標であった。それを実現するために、1994年にイギリス型の小選挙区制が導入された。導入以来20年を経て、この制度改革が日本の政治構造に与えた効果がどれだけ劇的なものであったかは、自明であろう。政治改革に続く行政改革と小泉政権以来、内閣および内閣総理大臣のリーダーシップは飛躍的に上昇した。しかしながら、もう一方の政治的課題であった政権交代の方は、改革後15年を経た2009年にようやく実現したが、初の単独政党政権交代は散々な結果に終わったのである。その結果日本政治は、新しい野党が出現しては消失する中で、消極的選択としての「一強」政党政治に陥っている。

　ところで、日本がサッチャー主義による格差拡大とその反動を吸収する形での政権交代を追体験しているそのとき、本国イギリスにおいては、そのモデルに対する疑問がつきつけられた。2010年の総選挙において、労働党も保守党も単独で過半数を獲得できず、第三党の自由民主党を取り込んだ連立政権が模索され、保守党と自民党の連立内閣が成立したからである。

　2010年連立政権が、日本の改革が想定していたイギリス型統治モデルにはあてはまらないことは明らかである。まず、政策自体が「連立合意」というかたちで示され、政権運営はそれに拘束される。両党のマニフェストは、連立合意よりも劣位におかれる。次に、自民党党首のクレッグが副首相になり、保守党党首キャメロンは、クレッグと合意をしなければ重要な決定ができない。首相の最大の権限である大臣の選定についても、自民党に割り当てられたポストについては、クレッグが決定することになった。単一政党内閣における内閣総理

大臣が強力なのは、自党の国会議員に支持されてのことである。連立内閣ではそのメカニズムが働かない結果、首相の権力は弱くなるのである。そして、なによりも、「首相の専権」といわれてきた庶民院の解散権が制定法で否定された[1]。

　このような2010年の連立内閣を「ウェストミンスター・モデルの変容」ととらえる見方がある。本稿は、イギリス型議院内閣制の成立史を検討することによって、そのような捉え方とは異なるイギリス・モデルを提示したい。

2　ウェストミンスター・モデル再考

(1) ウェストミンスター・モデルの二つの解釈

　最初に検討しておかなければならないのは、ウェストミンスター・モデルとは何かという問題である。「ウェストミンスター・モデルの変容」を主張する小堀眞裕は、デイヴィッド・リチャーズとマーティン・スミスの見解とアレンド・レイプハルトの見解に依拠して、ウェストミンスター・モデルの特徴として、単独政党過半数政権、下院において組織された政権への中央集権、小選挙区制、二大政党制をあげる[2]。90年代日本の政治改革においてイメージされているモデルはこれである。この概念をウェストミンスター・モデルの政治学的解釈としよう。

　それに対して、K・ユーイングは、責任政府、主権的国会、独立した司法というより薄いウェストミンスター・モデルの概念を提示する[3]。このモデルは、日本で考えられてきたウェストミンスター・モデルとは異なるが、憲法学においては、アメリカ型の違憲審査制ではなく、国会の制定する法律が最高の法であるというイギリス型の統治構造を、イギリス型憲法の特徴として認識してきた。こちらのモデルを、ウェストミンスター・モデルの法学的解釈としよう。

　冒頭に述べたような2010年連立政権の特徴は、政治学的解釈におけるウェストミンスター・モデルからすれば、「変容」と位置づけられるべきものである。それに対して、法学的解釈からすれば、ウェストミンスター・モデルは変容していない[4]。

　この二つの「ウェストミンスター・モデル」の存在は、改めて、「イギリス型」とは何かという問題を提起する。確認すべきは、法学的解釈と政治学的

解釈は矛盾するものではないということである。この点を明らかにするために、イギリスの議院内閣制の理解には二つのモデルがあることを指摘したい。まず、首相を中心にして考える捉え方がある。この首相中心モデルは、二大政党の党首がその政策を有権者に承認されることによって、次の選挙までの期間、首相として強大なリーダーシップを発揮して政治をおこなう統治形態として議院内閣制を理解する。この理解は、ウェストミンスター・モデルの政治学的解釈と符合するが、法学的解釈と矛盾するものではない。法学的解釈における主権的国会は、二大政党のマニフェストとその「看板」としての党首に対する有権者の信任によって「行政府までの民主主義」を達成し、与党のリーダーである首相に大きな権限を与える機能を果たすこともできる。また、法学的解釈における責任政府を、数年に一度の選挙における有権者による「政権選択」として位置づけることも可能である。与党は、数年間の政権運営を選挙によって審判されるのであり、有権者の支持を失った政党は政権担当から引き下ろされる。これも「責任政府」の一つの形態であろう。このように政治学的解釈は法学的解釈から導かれる議院内閣制の一つの姿として位置づけられよう。

　法学的解釈が重要なのは、主権的国会と責任政府から、内閣中心モデルというイギリス型議院内閣制のもう一つの型が導かれるからである。この内閣中心型議院内閣制は、一体としての内閣が国会に対して連帯して責任を負う統治構造こそが、イギリス議院内閣制だと考える。首相ではなく内閣を中心に統治構造を考えることによって、行政権たる内閣が立法権たる国会に対して連帯して責任を負うという議院内閣制の立憲的な解釈が導かれるのである。主権的議会と責任政府というウェストミンスター・モデルの法学的解釈が、このモデルと適合的であるのは自明であろう。ここで責任政府は、直接的には主権的国会に対して責任をとることによって、最終的に国民に対して責任を負うのである。

(2) 権力分立と議院内閣制

　イギリス型議院内閣制の二つの理解の相違は、議院内閣制を立法権と執行権との融合として考えるのか、分立として考えるのかという問題と関係している。

　議院内閣制を執行権と立法権の融合として捉えるのが、バジョットである。バジョットは、内閣を主権的権力をもつ国会における執行委員会として捉え、

イギリス憲法には権力分立という概念はないという。バジョット自身の理解では、国会こそが権力の源泉であるが、彼の考えは、国会の多数派に支えられた内閣およびそのリーダーである首相が、国会の有する最高の権力をふるうという理解につながるものであり、首相中心モデルと通じるものである。

　バジョットの見解を批判し、イギリスの議院内閣制を権力分立型で理解するのがヴァイルである。ここでは、ヴァイルの見解を簡単にみてみよう。

　ヴァイルによると、権力分立論には、立法、行政、司法の三権が与えられた権限のみを行使し、他の権限に関与しない「純粋型」と三権がお互いに抑制しあうことによって均衡する「バランス型」がある。「純粋型」は、17世紀イギリスの共和制の時期に現れ、その後の歴史において、権力分立の理念として描かれてきた。しかし、イギリスの共和制がそうであったように、純粋型は統治の機能を果たすことができず、現実には機能してこなかった。

　それに対して、現実に機能してきたのは、バランス型の権力分立である。その原型は、17世紀の革命を経験した18世紀イギリスにある。名誉革命を経た18世紀に確立したのは、国王、貴族院、庶民院の三者で構成される「国会における国王」が最高の立法権を担うという体制であった。国王には大権が、貴族院には最高の裁判権が、庶民院には、課税と予算承認権が確保され、三つの権力は、国会の立法権の下に統合されたのである。

　国王、貴族、庶民という三つの身分が国会の立法権を共同して行使するという憲法理論は、中世の混合政体論に起源がある。しかしながら、18世紀の国会主権は、中世のそれとは異なり、国会の制定する法律が最高であることを確立した。また、共和制期の純粋型権力分立論を経験した結果、国王、貴族院、庶民院はそれぞれ独立した権限を有し、相互に抑制しあうようになった。三つの機関で構成される国会が最高の立法権を有し、その内部で三つの機関がそれぞれ独立し抑制しあう。この均衡の中から内閣が出現するのである。

　この時代の最大の問題は、国王が庶民院議員に対して官職や年金の提供をおこない、影響力を行使しようとしたことである。国王は、両院と対立して統治をおこなうことはできない。これが、二度の革命の帰結であった。国王が自己の統治を遂行するためには、ウォルポールのような庶民院において国王のために活動する有力議員が必要であった。このような議員の集団が内閣のはしりで

ある。それに対し、ボーリングブルッグらの在野の議員は、このような官職の提供による影響力の行使は、国会議員の独立を失わせると厳しく批判したのである。
(10)

このようにヴァイルの描く18世紀イギリスの統治構造は、国会主権という基本的枠組みの中で、一方に国王による官職・年金付与という庶民院対策があり、もう一方に庶民院の独立を主張する在野の勢力がある。ヴァイルによると、この憲法構造がうまくいったのは、庶民院を支配したい勢力と国王の影響力を排し庶民院の独立を守りたい勢力が、いずれも部分的に勝利したことにある。こうして、国王大権と庶民院の均衡点に、内閣制が存在したのである。

この18世紀のバランス憲法から、19世紀の議院内閣制が生まれてくる。18世紀との違いは、選挙権の拡大とともに、庶民院の背後に批判的な市民が存在するようになったことである。

ヴァイルは、現在では無名のロンドン大学キングスカレッジのJ. J. パーク教授に当時の理解を語らせる。パークによると、イギリス憲法の原理は、以前国王大権であったものが、庶民院において、つまり「カントリの面前で」なされるところにあり、庶民院は、「内閣のすべての行為に参加している」のである。同様の見解は、当時の憲法を論ずる多くの著作にもみられる。つまり、国王権力を実質的に行使する内閣を選挙民に支えられた庶民院がコントロールするというのが19世紀の議院内閣制なのである。ここでは、依然として大権を有する国王の存在がまずあって、国王はそのような大権を背景に内閣をつかって庶民院に影響力を行使する。しかし、庶民院の信任のない内閣は存在しえないのであって、したがって、国王大権は内閣によって庶民院のコントロールのもとで行使されざるをえないのである。

このように、当時のイギリス憲法の理解は、国王大権が庶民院において行使されることを重視するものであり、両者のバランスの中に内閣を位置づけるものであった。ヴァイルは、バジョットが「イギリス憲政論」を書いた時には、バランス憲法を受け継いだ議院内閣制論が通常の理解であったことを指摘し、バジョットがこれらの先行する歴史を無視したことを厳しく批判するのである。

重要なのは、この仕組みにおいて、執行権と立法権はなお分立しているということである。確かに、立法権が執行権を支え、安定した政治を可能にすると

ころに議院内閣制の優れている点がある。しかし、バジョットの見解と異なり、立法権は決して執行権と融合してはいない。内閣は、あくまでも執行権たる国王の代わりに国政を担い、立法権は、法律制定および財政支出において、執行権を抑制するのである。

(3) 小 括

以上のように、バジョットにはじまるウェストミンスター・モデルの政治学的解釈は、必ずしもイギリス憲法の本質を表すものとはいえない。17世紀の革命に淵源がある権力分立論は、イギリスでは、それ以前の混合政体論をひきずりながら、19世紀には、庶民院が国王大権をコントロールするという権力分立型の議院内閣制へと結実したのである。バジョットがみたイギリス憲法は、権力分立型議院内閣制の歴史的展開から導かれる一つの側面にすぎないのである。

このことをさらに検討するため、次節においては、マッキントッシュの名著『イギリスの内閣』を主に参照することによって、イギリスの議院内閣制の成立史をより詳しく追ってみることにしよう。[15]

3 イギリス憲法の構造と近代の議院内閣制

法典化された成文憲法が存在しないイギリスにおいて、国会主権と法の支配は憲法の二大原理だといわれる。議院内閣制が、国会主権から派生するのは、国会の構成要素の一つに国王が含まれているからである。

国会主権が議院内閣制へと変容していくには、①「国会における国王」の最高権力の確立、②内閣の生成、③国王大権の内閣への実質的移行と内閣の連帯責任制、④国王の首相指名権の消滅という課題が達成されなければならなかった。

(1)「国会における国王」の最高権力の成立

名誉革命は、国会主権を確立した。その憲法的基盤は、メアリとウィリアムが権利章典を受け容れて統治することに同意したことである。まず、権利章典は、国王の法律停止権、適用免除権を違法とし、法律に対して国王が後から関与できないという憲法原理を確立した。[16]

ところで、イギリス憲法のユニークさは、正式な文書として残っていないにもかかわらず、慣行の積み重ねが法として認識されるところにある。権利章典が認めたのは、国王、貴族院、庶民院で構成される国会の主権的権力であった。ここで国王は、以前の国王大権を保持したまま、立法権の一翼を担ったはずであり、したがって、国王には両院の決定を覆す権限が残されていたはずである。しかしながら、名誉革命体制が二度の革命によってなされた以上、それは事実上不可能であった。国王の立法拒否権は1708年にスコットランド民兵法案の際に行使されたのを最後に、事実上消滅したのである。[17]

この事実上の立法拒否権の消滅こそ、議院内閣制の生成を決定づけるものである。つまり、国王は両院を通過した法律に従って統治しなければならなくなり、その結果、両院に大きな影響力をもつ有力者に協力を求めざるを得なくなるからである。

次に、権利章典は、臣民から金銭の徴収を行うときには国会によらなければならないと規定した。[18] 17世紀初期の憲法闘争の大きな論点は、国会における臣民の代表者の同意なしに、臣民から税金を徴収できるかであった。17世紀の二度の革命を経て、税は庶民院の同意によらなければ課すことができないという憲法原理が確立したのである。

イギリス憲法のユニークさは、ここでも発揮される。名誉革命の結果、税の徴収だけでなく、税の支出についても国会が統制を加えるようになるのである。こうして、国会は毎年開催されるようになったのである。[19]

（2）内閣の生成

名誉革命がもたらしたのは、立法と財政を直接担う権限を失った国王が、国会内の有力者を通じて統治をおこなうという新しい政治の形態であった。国王は、大臣を選任し、大臣によって統治をおこなう。それに対して、両院は意見を述べることができるが、その批判は国王ではなく大臣に対してなされなければならない。[20] 国王による統治を前提としながら、立法権を有する国会で矢面に立つのは助言者だという慣行が確立したのである。その助言者として、内閣という組織が歴史的に生成してくるのである。

内閣の起源がどこにあるかは、非常に難しい問いである。中世以来、国王に

助言を与える機関として枢密院があったが、復古王朝において、チャールズ２世が、枢密院の中のより小さいグループの助言で統治をするようになり、それが内閣とか内閣委員会と呼ばれることがあったようである。[21]

その後、アンの時代までには、11人ほどで組織される正式な「内閣」とは別に、内閣の中の５～６名で構成される国王の側近が「閣内内閣（inner cabinet)」を構成するようになる。[22]枢密院が正式な執行の中心であることは否定されていないが、その中に内閣と閣内内閣があったのである。

1714年にジョージ一世が即位し、ハノーヴァー朝になってから、実質的な決定はますます閣内内閣に委ねられるようになったが、正規の決定機関としての正式内閣も存続していた。[23]国王が重要な問題で助言がほしいとき、閣内内閣が召集され助言内容が決定される。多くの事柄は、この段階で終了する。しかし、国王がより公的な告知が必要と考えた場合には、正式な内閣が召集されたのである。[24]つまり、閣内内閣は秘密の存在であり、正式内閣はフォーマルな組織であった。国会で述べられなければならない事柄は、正式な内閣を通過して示されるべきだと考えられていたのである。[25]

この二重の内閣システムの中心が、第一大蔵卿（First Lord of the Treasury）であった。国庫を握る大臣が中心になったのは、国会において予算を伴う法律を制定する必要があったからにほかならない。[26]

ただし、この段階においては、第一大蔵卿はあくまでも国王が任命する他の大臣の中で中心的メンバーだというにすぎない。また、当然のことながら、内閣の連帯責任は成立していない。実際、1742年にウォルポールが辞任したとき、三人の閣僚が交代しただけであった。[27]

その後、ジョージ三世の治世に至り、正式内閣は消滅し、閣内内閣が内閣の地位を獲得するのである。[28]ここに、現代にいたる内閣制度が、イギリスの歴史に形成されたのである。最初はインフォーマルな集まりだった閣内内閣が内閣になるところなど、実にイギリスらしい展開といえよう。

（３）国王大権の内閣への実質的移行と内閣の連帯責任

1740年代には、国王が内閣や閣内内閣の助言を受け入れるかどうか、依然として不確かであった。また、助言を求めるかどうかも国王が決めるところであ

った。しかし、ジョージ三世の治世に、閣内内閣が秘密の存在でなくなり、正式な内閣となっていくと、内閣は恒常的な組織となり、国王は内閣の助言を事実上受け入れざるを得なくなる。ただし、依然として助言を求めるかどうかは国王の権限であった。しかし、内閣は、しだいに国王から助言を求められていないことについても関与していくようになる。

　同時に進行したのは、内閣の連帯責任である。これは、国王と国会の両方に対してみられる。まず、18世紀前半において、あくまでも内閣は国王が任命する大臣の中の有力者の集合である。大臣は自らの担当する仕事について、国王に対して直接責任を負っていると考えられており、国会もその領域に関しては担当大臣を批判していた。この段階においては、個々の大臣がばらばらに国王と国会に責任を負っていたのである。それが、ジョージ三世の治世になると、諸部門の事柄は内閣を経由してのみ国王に助言が与えられるべきだと考えられるようになっていく。そうなると国会に対する責任も個々の大臣の責任ではすまなくなる。1778年ノースは、個々の大臣の責任を問おうとすることは、全体としての内閣の政策を攻撃する正当な方法であると認めたのである。

　このような変化の結果、1830年には、内閣制度はイギリスの統治構造に確固とした基盤を獲得していた。1760年代には7～9名であった閣僚の数は、1818年には15名、1828年には11名となっている。1830年のグレイ内閣の人数は13名であり、この数は当時の内閣の平均値といえよう。内閣は、国王の許可なくすべての事項を審議し、国王は内閣の助言を無視できなくなった。その背景には、政治に関心をもつ公衆の出現という社会的な変化があった。また、統一体として国王と国会に責任を負う内閣の存在と、その中心である内閣総理大臣の地位が明確に認識されるようになった。リバプール伯はジョージ四世と対立したが、内閣の支持があったために職にとどまることができたのである。

(4) 国王の首相指名権の消滅

　以上の内閣制の展開にもかかわらず、1832年までは、依然として国王は絶大な力を有していた。なぜなら、すべての大臣の任命権は依然として国王にあったからである。内閣制度は、国王が国会対策のために必要であるにすぎなかったのである。

1832年の選挙権の拡大と議席の再配分は、この国王の権力を大きく減少させた。改革を争点にして総選挙で勝利したグレイは、上院の抵抗にあい総辞職する。国王は、改革に反対するウェリントンに組閣を命ずるが、ウェリントンは内閣を形成することができなかった。そのため、国王は、グレイを再び首相に任命することを余儀なくされたのである。

　しかしながら、政党の力が弱かったこの時代において、国王の首相選定権は完全に消滅したわけではなく、庶民院の支持を受けられる首相を選定しなければならないということにとどまる。政党は出現しつつあったが、国会議員の独立という理念は依然として維持されていたからである。19世紀中葉の憲法理論は、庶民院に明確に支持されない内閣は総辞職しなければならないが、庶民院は内閣を生み出す力はもっていないというものであった。つまり、国王が国会の様子をみて選任する内閣総理大臣が組閣した内閣を庶民院は基本的に受け入れたのである。

　しかしながら、選挙制度の改革によって庶民院の力が増大し、それに比例して内閣の権限が減少したのは事実である。つまり、国王という後ろ盾を失うことによって、内閣の権限もまた、18世紀と比較して弱まることになったのである。

　以上のように、1832年の改革によって、内閣が国王大権の行使を庶民院にたいし連帯して担う体制が定着したが、国王の政治権力は首相の指名という形でなお残存した。19世紀中葉の憲法において、内閣の存続は庶民院の支持に依拠するが、庶民院には内閣を生み出す力はなかった。その原因は、政党は存在していたものの、政党には議員を拘束する力はなく、個々の議員は独立していたからである。君塚直隆が指摘したように、ヴィクトリア女王は、長老政治家の助言に基づいて首相を指名したのである。

　この状況が変化するのは、トーリーが保守党、ホイッグが自由党となり、1867年の第二次選挙法改正を契機に両党が全国に組織を広げ、国民政党へと成長してからである。こうして当選した議員は党に拘束される。その結果、総選挙で敗北した政権は速やかに総辞職し、勝利した政党の党首が国王によって首相に任命される二大政党制がディズレイリの保守党とグラッドストンの自由党の間で展開されるのである。この二大政党の政権交代によって、ようやく国王の首相指名権が形式化されたのである。

(5) 選挙権の拡大と二大政党制の崩壊

しかし、自由党と保守党の二大政党制が典型的なかたちで展開するのは、それほど長い期間ではなかった。1885年の総選挙においては、アイルランドの自治をめざすアイルランド国民党が86議席を獲得し、キャスティング・ボートを握った。グラッドストンは、アイルランド自治を支持し、アイルランド国民党と連携することによって第三次内閣を形成する。しかし、彼が進めようとするアイルランド自治法は、自由党の分裂をもたらし、こうして形成された自由統一党は保守党と連携することになるのである。つまり、1885年以降のイギリス政治は、すでに単独過半数政党による二大政党制のモデルと適合しなくなっているのである。

さらに第一次大戦期には自由党が再び分裂し、ロイド・ジョージ派と保守党との戦時連立内閣が成立する。そして、大戦後には、労働党が台頭し、保守党、自由党、労働党の三つ巴の状況に至る。労働党は、1923年の総選挙で191議席を獲得し、自由党を抜いて比較第二党になり、自由党の閣外協力によってはじめての労働党内閣を担うのである。さらに、1929年の総選挙において労働党は、比較第一党になり、自由党の閣外協力をえて、二度目の政権を担当するのである。

労働党の二度目の政権が失敗した後、1931年、ジョージ五世のあっせんで、自由党と保守党に支持されたマクドナルドを首相とする挙国一致連立内閣になる。以上のように、近代の議院内閣制において二大政党制が典型的に運用されたのは、ほんの短い期間にすぎないのである。[43]

4　連立内閣とイギリス憲法

(1) ウェストミンスター型の変容？

戦後の福祉国家を担った労働党と保守党の二大政党制は、小選挙区制、単独政権、強力な首相のリーダーシップ、二大政党による政権交代という「ウェストミンスター型」の政治学的解釈モデルを実現した。

1979年に政権についたサッチャーは、11年間首相を続け、保守党政権も1997年まで実に18年続いた。このような長期政権は、二大政党による政権交代というモデルに大きな傷をつけたように思われる。その後、サッチャーの手法を引き継いだブレアも、10年間首相を続け、労働党政権も13年続いた。

問題は、サッチャーとブレアは、選挙民による高い支持を背景に直接有権者と結びつくことによって、首相のリーダーシップを極限まで強化した結果、内閣は決定機関としての地位を失ったということである。二人の統治手法は、閣僚委員会を駆使し自己の政策を追求しながらも、内閣が決定機関であるという建前を守っていたサッチャー以前の内閣政治とは、一線を画していると思われる。バジョットにはじまる権力融合型の議院内閣制理解がいきつくところまでいったということであろう。
(44)
　サッチャー、ブレアと続いた首相中心モデルの30年の後に成立したのが、ハング・パーラメントによる連立政権であった。冒頭に述べたように、自民党と保守党の連立内閣は、サッチャー・ブレア政権型の首相中心モデルではありえない。ウェストミンスター・モデルの政治学的解釈が、「変容」と捉えるゆえんである。しかし、変容したのは、ウェストミンスター・モデルの政治学的解釈およびその帰結である首相中心型議院内閣制であって、イギリスの憲法構造は変化していないのではないだろうか。2010年連立内閣の成立は、イギリス憲法の本質を改めて示すものであったように思われる。以下で検討しよう。

（２）イギリス憲政史における2010年連立内閣

　1852年にディズレイリが「イングランドは連立が好きではない」と発言したとおり、イギリスの憲政史において、連立内閣は例外的であった。どの政党も過半数の議席を獲得できないハング・パーラメントは、何度かあった。しかし、1923年と1929年のハング・パーラメントでは、労働党の単独少数内閣が成立し、自由党は閣外で協力するにとどまった。1974年２月の総選挙も、労働党が301議席、保守党が297議席、自由党が14議席というハング・パーラメントであった。このときにも、比較的第一党であった労働党の単独少数内閣が成立する。1974年のケースでは、労働党は10月に解散総選挙をおこなうことによって319議席を獲得し、わずかの差であったが単独過半数を獲得する。しかし、その後、補欠選挙で負け続け、再びハング・パーラメントに陥るが、労働党は自由党と政策協定を結ぶことで、その後の政権運営をかろうじて維持したのである。
(46)
　このように、ハング・パーラメントにおいて、イギリスでは少数単独内閣が成立してきたのである。この現象は、比例代表制をとり、ハング・パーラメン

トが連立内閣を導くのが普通であるヨーロッパとの違いである。

　20世紀以降のイギリスで連立政権が成立したのは、戦時と緊急時に限られる。まず、第一次大戦のときの自由党ロイド・ジョージ派と保守党との連立内閣である。次に、経済恐慌のときの労働党マクドナルド派と保守党、自由党との連立内閣である。これらの連立政権は、総選挙の結果生み出されたのではなく、連立が成立してから総選挙をたたかっている。したがって、2010年の連立政権は、平時での総選挙が生み出したはじめての連立政権であり、明らかにウェストミンスター・モデルの政治学的解釈とは適合しないものである。

　2010年の総選挙後、労働党も保守党も自民党との連立を模索した。両党が単独少数内閣ではなく、連立を模索したのは、歴史的な経験からして、少数内閣は短命政権になることは避けられないことが明らかであるからであろう。また、イギリスにおける政党支持状況からして、二大政党以外の政党との連立は今後も避けられないという現状判断もあったであろう。

　重要なことは、両党からラブ・コールを送られた自民党は、連立交渉を有利に進め、選択投票制へのレファレンダムや解散制限法の制定を連立の条件とすることに成功したということである。小選挙区制を廃止することは同党の悲願であって、ブレアが政権につくまえには、自民党との協力を念頭においた選挙制度の改正は労働党も明言するところであった。しかしながら、1997年の総選挙でニュー・レイバーがあまりにも多くの議席を獲得したことが、かえって労働党を選挙制度改正から遠ざけてしまった。自民党は、保守党に選択投票制のレファレンダムを約束させることで、同党の悲願としての選挙制度改正を実現しようとしたのである。

　しかしながら、結果をいえば、自民党にとってこの連立は厳しいものであったといわざるをえない。自民党は政策では労働党に近く、支持層では保守党に近い。政策の異なる保守党との連立は、自党のアイデンティティに傷をつけざるをえず、実際、マニフェストでは反対していた大学の学費値上げに賛成することによって、世論からの厳しい批判を受けたのである。そして、選択投票制を求めるレファレンダムにはダブルスコアで敗退した。

　2015年の総選挙で自民党は、56議席から8議席へと大幅に議席を減らした。選挙制度の改革という悲願を達成するために保守党との連立という賭けにでた

自民党は、その賭けに破れたといえる。

　しかし、2015年の結果が二大政党制の復活を意味するかといえば、スコットランド国民党の大躍進が象徴しているように、必ずしもそうではないように思われる。1951年の選挙においては、96.8％が二大政党に投票したが、その後、二大政党制への得票は減り続け、2010年には、わずか65.1％にすぎない。もはや以前のような階級対立的社会とはいえず、政党支持状況が多元化しているイギリスにおいて、二大政党制は小選挙区制が人為的に生み出していたということを2010年の選挙結果は改めて明らかにしたといえよう。今後、自民党の支持率がどこまで回復するかが重要な鍵ではあるが、ボグドナーが指摘するように、今後もハング・パーラメントによる連立政権はありうるように思われる。

（3）ハング・パーラメントとイギリス憲法

　それでは、2010年のハング・パーラメントによる連立政権の成立は、イギリス憲法にどのような意味をもたらしたといえるのであろうか。本稿の検討を踏まえて、考えてみよう。

　2010年連立政権成立の経緯は、イギリス憲法の一つの特徴を可視化した。それは、首相を任命する国王大権の存在である。

　すでにみたように、19世紀の憲法的展開によって、国王は政治に関与する権限を大幅に失ったが、それは、二大政党制の確立の結果もたらされたものであった。つまり、国王による首相指名の権限は、憲法習律によって事実上失われたのであるが、それは、二大政党のいずれかに対する選挙民の支持が、庶民院における過半数を獲得する場合に、その政党の党首を指名しなければならないということに過ぎなかったのである。

　ここで問題になるのは、現内閣がどうふるまうべきかである。日本国憲法の場合、衆議院議員総選挙後の国会召集と同時に内閣は総辞職することになっている（70条）。そのうえで内閣は、国会が内閣総理大臣を指名し、天皇による任命がおこなわれるまで引き続きその職務をおこなうのである（71条）。しかし、イギリスの場合には、総辞職は法的義務ではない。1868年以前は、国会を召集し、国王演説で敗退するまで職にとどまるのが通常だった。しかし、1868年の総選挙でグラッドストン率いる野党自由党が保守党に100議席以上の大差

をつけて勝利したとき、ディズレイリ内閣は、国会開会前に総辞職し、女王はグラッドストンに組閣を命じた。それ以来、野党が総選挙で過半数の議席を獲得したとき、内閣は総辞職をするのが慣例になっている。しかし、ハング・パーラメントにおいて現内閣が総辞職するならば、国王の首相指名権が復活してしまうのである。

もちろん、この場合に国王が自由に首相を選定できるわけではない。そして、これまでのケースにおいて、政治家は、国王の関与を最大限避けながら、適切な結果を導くよう努力してきたといえよう。しかし、ハング・パーラメントの場合の内閣形成について明確なルールが存在しなかったことにより、この空白が政党間の駆け引きに利用されてきたことも否定できない。

1923年の選挙は、保守党が258議席で比較第一党、労働党が191議席で第二党、自由党が158議席で第三党であった。政権についていた保守党は過半数を維持できなかったが、比較第一位の議席を獲得した。ボールドウィン内閣は総辞職せず、国会開会後の女王演説に対する信任投票で過半数を獲得できずに総辞職したのである。現内閣が比較第一党であるこのケースは、二大政党制成立以前の慣行に従ったものであり、適切な対応であったと評価できよう。

問題は、現内閣が比較第一党でないケースである。1929年の総選挙の結果は労働党288議席、保守党260議席、自由党59議席であった。保守党のボールドウィン内閣は、この結果を受けてすぐに辞任し、労働党の単独内閣が成立した。しかし、保守党と自由党の連立という選択肢もあったはずであるから、その可能性を追求しなくてよいかどうかは、一つの問題であろう。

1974年2月の総選挙の結果は、労働党301議席、保守党297議席、自民党14議席、アルスター統一党7議席であった。首相である保守党ヒースは、1929年のボールドウィンとは異なり、すぐには辞任せず、自由党との連立を模索しようとした。このときは、自由党は連立の要請を断り、閣外協力にとどめることを示唆したため、ヒースは退陣し、労働党の少数内閣が成立したのである。

2010年の総選挙は、保守党307議席、労働党258議席、自民党57議席という結果であった。首相は労働党ブラウンである。これは、政権が比較第一党を確保できなかったケースであり、1929年のボールドウィン、1974年のヒースと同じ立場である。ブラウンは、1974年のヒースにならい、自民党との連立を模索し

ようとした。ここで重要なことは、ブラウンは、ハング・パーラメントを見越して、内閣官房長（cabinet secretary）であったガス・オドンネルに内閣執務提要（cabinet manual）の作成を事前に依頼していたことである。そして、総選挙前の2月、オドンネルは、内閣執務提要草案の選挙及び政府の形成に関する章を庶民院司法特別委員会に提出した。ブラウンは、このルールに従って行動したのである。(58)

内閣執務提要が確認したのは、①ハング・パーラメントにおいて、現職の首相はすぐに辞職する必要はなく、公務員に対して、野党との協議をサポートすることを求めることができる、②ハング・パーラメントにおける現職内閣は選挙管理内閣であり、政府を形成するのは庶民院の支持を受けることのできる枠組である、ということである。(59)

内閣執務提要の当該箇所は、ハング・パーラメントにおいて国王の首相任命権が現れてしまうというイギリス憲法の歴史的限界を繕おうとしたものであるが、わたしは、ここにイギリス議院内閣制の本質が現れていると考える。その本質とは、内閣が庶民院の支持に依拠するということである。このモデルは、ウェストミンスター・モデルの法学的解釈から導かれる。

それに対して、日本で支持されているウェストミンスター・モデルの政治学的解釈でイギリス憲法を理解してしまうと、2010年連立内閣という現象を理解することはできず、憲法の「変容」という位置づけにならざるを得ない。しかし、本稿でみてきたように、歴史的な観点からすれば、ウェストミンスター・モデルの政治学的解釈は、二次大戦後の一時期の現象にすぎず、19世紀後半の二大政党制を含めて、国王大権を民主的に統制するという法学的解釈の方がイギリス型議院内閣制を説明するモデルとしては適切であることがわかる。ハング・パーラメントによる連立内閣の形成は、改めて、イギリス憲法の原理を明らかにしたのだと考えられる。

5　おわりに

わたしはかねてから、ウェストミンスター・モデルの政治学的解釈には、権力抑制という点において欠陥があると考えてきた。この解釈において、国家のリーダーたる首相は、任期中、独裁的な権力を発揮できるのであって、それを

押しとどめるのは、次の総選挙しかない。しかしながら、この解釈において、政権交代は選挙民の「選択」という位置づけになっており、モデルそのものからは導かれないのである。

議院内閣制を歴史的に捉えるならば、国王大権の国会による民主的統制の統治制度として理解すべきであり、ここから、議院内閣制の立憲主義的モデルが導き出される。現代国家において、国会の立憲的機能を主に担うのは野党である。そして、野党が与党に取って代わる政権交代は、「政権選択」ではなく、権力抑制のメカニズムとして理解すべきである。また、このモデルは、与党のバックベンチャーの活動も適切に評価することができる。サッチャー政権の崩壊過程が示すように、与党議員に支持されない首相は、退陣するしかないのである。以上のように、このモデルに立つことによって、議院内閣制を権力抑制の統治構造として描くことが可能になるのである。

ハング・パーラメントにおいては、国王の首相任命権が復活するがゆえに、政党間のネゴシエーションによって、庶民院に支持される政権の形成が模索されるべきことが明らかになった。この事実に、イギリス型議院内閣制の本質が示されている。

注

（1）Vernon Bogdanor, *The Coalition and the Constitution* (Hart Publishing, 2011), pp. 45-54. 2010年連立内閣全般について、Richard Rawlings, "A Coalition Government in Westminster", in Jeffrey Jowell, Dawn Oliver, and Colm O'Cinneide eds., *The Changing Constitution*, 8th ed. (Oxford, U. P., 2015). また、2010年連立内閣をブレア内閣、ブラウン内閣と比較した阪野智一「執政府はどのように変化しているのか」梅川正美、阪野智一、力久昌幸編『現代イギリス政治［第二版］』（成文堂、2014）を参照。

（2）小堀眞裕『ウェストミンスター・モデルの変容』（法律文化社、2012）9頁。

（3）K. D., ユーイング著　元山健、柳井健一訳「連立政権下のウェストミンスター・システム」法と政治63巻4号（2013）180頁。

（4）同上。

（5）この二つのモデルについて、成澤孝人「憲法改革と議院内閣制」松井幸夫編『変化するイギリス憲法』（敬文堂、2005）。

（6）バジョット著、小松春雄訳「イギリス憲政論」『世界の名著　72　バジョット、

ラスキ、マッキーヴァー』（中央公論社、1980）269頁。
（ 7 ）M. J. C. Vile, *Constitutionalism and the Separation of Powers*, 2 nd ed. (Liberty Fund, 1998).
（ 8 ）*Ibid.*, p. 19.
（ 9 ）*Ibid.*, p. 75.
（10）*Ibid.*, pp. 73-82.
（11）*Ibid.*, p. 79.
（12）*Ibid.*, p. 240.
（13）*Ibid.*, pp. 243-245.
（14）*Ibid.*, pp. 248-250.
（15）John P. Mackintosh, *The British Cabinet*, 3 rd ed. (Stevens & Sons Ltd, 1977).
（16）樋口陽一、吉田善明編『解説　世界憲法集　第 4 版』（三省堂、2001）26頁。
（17）A W Bradley, K D Ewing and C J S Knight, *Constitutional and Administrative Law*, 16th ed. (Pearson, 2015), p. 19.
（18）樋口、吉田編・前掲（16）26頁。
（19）浜林正夫『イギリス名誉革命史　下巻』（未来社、1983）268-273頁。
（20）Mackintosh, *supra* note 15, p. 41.
（21）*Ibid.*, pp. 37, 40.
（22）*Ibid.*, p. 47.
（23）*Ibid.*, pp. 58-59.
（24）*Ibid.*, pp. 55-56.
（25）*Ibid.*, p. 59.
（26）*Ibid.*, p. 57.
（27）*Ibid.*
（28）*Ibid.*, p. 62.
（29）*Ibid.*, pp. 55-56.
（30）*Ibid.*, p. 62.
（31）*Ibid.*, p. 68.
（32）*Ibid.*, p. 56.
（33）*Ibid.*, p. 68.
（34）*Ibid.*, p. 64.
（35）*Ibid.*, pp. 70-71.
（36）*Ibid.*, p. 72.
（37）*Ibid.*, p. 76.

(38) *Ibid.*, p. 80.
(39) *Ibid.*, p. 77.
(40) *Ibid.*, p. 96.
(41) 君塚直隆『イギリス二大政党制への道』（有斐閣、1998）。
(42) 同上、159-167頁。
(43) サッチャー政権が成立する以前であるが、バトラーは、イギリスにおける連立政権の研究から、単独過半数政党が政権を担った期間がそれほど長くないことを指摘していた。D. Butler ed., *Coalitions in British Politics*（Macmillan, 1978）, p. 112.（飯坂良明、岡沢憲芙、福岡政行、川野秀之訳『イギリス連合政治への潮流』（東京大学出版会、1980）213頁）。
(44) 詳しくは、成澤・前掲（5）を参照。
(45) Bogdanor, *supra* note 1, p. 61.
(46) *Ibid.*, pp. 9-10.
(47) *Ibid.*, p. 11.
(48) *Ibid.*, ch. 2.
(49) *Ibid.*, pp. 28-29.
(50) *Ibid.*, pp. 128-129.
(51) *Ibid.*, p. 6.
(52) ボグドナーは、イギリスでも多党制の時代に至ったという判断をしている。*Ibid.*, ch. 7. ボグドナーの2015年総選挙の評価について、Vernon Bogdanor, *The Crisis of the Constitution*（The Constitutional Society, 2015）. www.consoc.org.ukから入手できる。
(53) Bogdanor, *supra* note 1, p. 13.
(54) Rodney Brazier, *Constitutional Practice : The Foundations of British Government*, 3rd ed.（Oxford U. P., 1999）, pp. 30-51.
(55) Bogdanor, *supra* note 1, pp. 13-14.
(56) *Ibid.*, pp. 15-16.
(57) *Ibid.*, pp. 14-15.
(58) *Ibid.*, p. 12. 田中嘉彦「英国における内閣の機能と補佐機構」レファレンス731号（2011）137頁。
(59) Bogdanor, *supra* note 1, pp. 12-13 ; Cabinet Office, *The Cabinet Manual : A guide to laws, conventions and rules on the operation of government*（2011）, pp. 14-15. 内閣執務要領は国立国会図書館調査及び立法考査局によって訳出されている。『調査資料2012-4　英国の内閣執務提要』（2013）46-47頁。
(60) Brazier, *supra* note 54, pp. 23-24.

第5章
イギリス憲法の「現代化」と裁判所

変化しつつある憲法の下での司法部

ジョン・マケルダウニィ
[訳] 倉持　孝司

1　はじめに

　イギリスの憲法上の配列は、歴史と絶え間ない変化との特有の混合物である。その不文の形式故に、憲法は、多くの影響力に対応することができ、その結果現行の形式および実質が形作られた。影響力は、憲法上の概念から生じたし、しばしば大陸法法域からも影響を受けたが、政治的事件が変化の方向性を決定するのにしばしば決定的な影響を及ぼした。憲法はまた、個々の事件ごとの司法部による展開を通して定期的に刷新されてきた。これは、憲法にプラグマティズムを付加し、それが作用原理となって憲法上の配列は諸事件に応答することができた。法システムは、大陸法学者には馴染みのある個別の法典に便宜的に区分されてはいない。裁判所および独立の裁決を含む紛争解決の多くの方法は、市民の諸権利および諸自由の表現であり、大きな憲法上の意義を有するものである。最近の改革は権力分立原理の方向へ向かっているとしても、厳格な権力分立が存在しないということは注目すべきことである。

　イギリスの憲法上の配列の改革は、1997年に前例のない「現代化」アジェンダをもった労働党政府によって進展した。結果、多くの憲法上の変更は大陸法的外観を有するが、これは、実体法はコモン・ロー上のアプローチの範囲内にあるので、誤解を招くかもしれない。注目すべき近年の憲法上の変更には、貴族院から裁判官を除去することによって2009年10月から新たな最高裁判所が設置されたことが含まれる。2005年憲法改革法（Constitutional Reform Act 2005）は、裁判官としての大法官を正式に終了させたが、この裁判官としての役割はそれ以前の大法官の時にすでに減少していた。多くの行政上の義務が、今や首席裁判官と選挙された政治家であり内閣の構成員でもある司

法大臣とによって分有されている。2008年4月以降、司法省は、刑事施設および司法部の予算に責任を有するものとしてはじめてイングランドにおいて存在するようになった。司法を運営することと関連の改革の合成物は、審判所庁（Tribunals Service）（70以上の専門審判所に責任を有する）と裁判所庁との融合を含んでいる。2007年審判所、裁判所及びその執行法（Tribunals, Courts and Enforcement Act 2007）は、第一層および第二層の審判所制度を創設し、審判所と裁判所とが共通事件処理手続をより緊密に共有するようにするという重要な改革を導入した。第二層では、上級審判所がいわゆる「司法審査」機能を有するが管轄権は制限されており、行政裁判所と類似している。次の段階は、審判所総長を首席裁判官の下に置くことによって統一された司法部にすることである。

　他の重要な変更は、各地域と連合王国との憲法上の関係について行われた。スコットランド、ウェールズ、北部アイルランドおよびロンドン議会への権限移譲は特別に言及するに値する。というのは、現在、権限委譲をさらに実施することが計画されており、そうなると連合王国国会と権限移譲された政府との間の関係の再考を伴うことになるかもしれないからである。成文憲法の起草は、もっともありそうな結果ということかもしれない。

　また、EUの加盟国であることと1998年人権法（Human Rights Act 1998）の領域における実質的変更もある。行政裁判所と呼ばれるものは高等法院女王座部から配属された裁判官から成り、それが創設されたということは、とくにプライバシーのような領域および人権・移民に関する訴訟における行政法の一般的成長の一部でもある。これは、2009年以降人権訴訟の展開において最高裁判所によって支持されてもきたことである。貴族院改革および選挙制度改革もまた、検討されている。

2　主権、EUおよび司法部

　単一の法典化された、すなわち成文化された憲法が存在しないため、憲法の実際の運用は法律、憲法習律および中世から引き継がれた特質である慣習に委ねられている。このことは、憲法的重要性をもつ立法に特別の保護が与えられていないということを意味している。同じように、司法権は、国会主権原理に

よって制約されているが、同原理は理論上万能な連合王国の制定法の地位に関連している。EUの構成国となって以来、連合王国は、その主権は希薄化していないと主張してきた。この議論は、主権についてのヨーロッパ司法裁判所の分析および裁判所という文脈で以下詳細に検討される。

3　EU―司法権の定義

EUの構成国であるということは、国会主権の原理に対する潜在的挑戦を作り出している。伝統主義者は、国会制定法は裁判所によって無効とされないと主張する国会主権の原理は、イギリスがEUの構成国であるにもかかわらず優先すると主張した。この伝統主義者の見解は、国会はその選挙マニフェストを実行する政府を通して選挙民の多数派の願いを実現するということを想起する場合、説得力をもつ。このようにして、国会主権は、選挙によらない裁判官の判決に対するものとして、人民の意向を意味する。しかしながら、問題となるのは、伝統的見解がEUの構成国であるということに順応することができるかどうかということである。連合王国の法とEUの法との間の緊張は、国会あるいは政治システムによって解決されずに、裁判所に決定を委ねる争いが起きた場合に、どちらの法が優先されるかという問題を必然的に引き起こす。司法的な政策決定を必要とする問題の一つの例は、連合王国の漁獲割当の範囲内で操業するスペインの漁船に関わる紛争に集中した一連の訴訟から生じた。スペインの漁船は、会社を設立し、連合王国で登録をしていた。1988年商船法(Merchant Shipping Act 1988)は、連合王国の漁獲割当の利用を連合王国を本拠地にした漁船団に制限しようとして、国籍および本拠地住所などのようなさまざまな必要条件を導入した。スペインの漁業者は、連合王国の裁判所へ訴え、1988年商船法が共同体法と抵触していることを争う第一段階としてイギリスの裁判所が同法の適用を差し控えるよう一時的救済を求めた。共同体法の至高性は、共同体の判例法において久しく承認されてきたが、連合王国の立法の至高性の原理と矛盾するように思われた。貴族院は、紛争から生じた多くの重要な判決において、つぎのように述べた。

第一、連合王国裁判所は、そのことが国会制定法の一部が共同体法と抵触することを承認することを意味するとしても、共同体法に譲歩しなければならな

いこと、

　第二、一般に、連合王国の裁判所は、共同体法と潜在的に抵触するような場合には、連合王国の制定法を適用してはならないこと、

　第三、裁判所は、連合王国の法は共同体法と一致していることを保証するよう求められること、

　第四、国内裁判所は、政府が共同体法の必要条件に従っており、従うことを怠った場合には補償を行うということを保証するよう要求されることである。

　一連の*Factortame*事件(2)は、いくらか革命的であるだけでなく、進化的であるとみることが可能である。進化的原則という観点からは、連合王国の法は共同体法と一致していると主張されなければならないことは明白である。より革命的なのは、コモン・ローと大陸法のアプローチを統合するということは、連合王国の裁判所が単一の統合された裁判所制度の一部とみなされることを要求するという考えである。ヨーロッパ司法裁判所は、司法権の頂点に位置し、貴族院は国内の司法部の一部として変更を実行するために存在するというのである。その分析によれば、連合王国は、連合王国における共同体法に関して固有の管轄権を有する、貴族院とヨーロッパ司法裁判所とから成る最高裁判所制度を無意識に展開していることになる。プラグマティックな個々の事件ごとのアプローチによれば、共同体を通じて共有されたコモン・ローの始まりとみることができる。(3)同様に、大陸法の影響力がコモン・ローの法制度に浸透しているとみることもできる。このことは、EU指令と連合王国の法におけるその解釈をみると明らかである。*Jackson v Attorney General*事件においてホープ卿(4)（Lord Hope）は、EUによって決められる領域においては連合王国国会の立法する「絶対的権限」に対してEU法が制限を課しているとみることができるとした。(5)これは、広く引かれる分析であるが、連合王国最高裁判所の他の裁判官は従わないかもしれない。

4　人　権

　国会の権限と司法権との間の衝突の潜在的可能性は、1998年人権法によって生じた。本法は、立法はヨーロッパ人権条約と一致しているかどうかにつき審査されうると規定したが、(6)裁判所がいずれかの法を違憲だとして無効にするこ

とができることを認めたわけではない。にもかかわらず、裁判所は、国会がヨーロッパ人権条約上の権利と一致しない方法で立法した場合には、一致しないと自由にいうことができる。これは、権限の政治的なものから法的なものへの潜在的移転を示し、決定の行われ方を変更する最大の潜在的可能性をもっている。第二の基本的な改革は、ヨーロッパ共同体の加盟国であるということである。このことによって、法システムおよび連合王国の実体法は直接の影響を受け、それ故、継続した争点となっている。

人権は、コモン・ロー文化を変更し再編する潜在的可能性をもっている。1998年人権法は1950年署名のヨーロッパ人権条約の主要規定をはじめて国内法に編入したものであるが、同法が2000年10月2日に実施されたことで、イングランドおよびウェールズにおける権利の享受のされ方に重大な変更が生じた。ヨーロッパ人権条約は、表現および結社の自由、プライバシーおよび情報に対する権利、刑事法、民事法および行政法の領域における個人に対する手続的保護などの諸権利を規定し、条約上の義務違反を主張する訴訟を審理するためにヨーロッパ人権裁判所を設置した。同裁判所の高い評判のおかげで、ヨーロッパ人権条約は、実体的権利を市民に保障することで国際的によく知られている。

ヨーロッパ人権条約を批准した国の中では特異なことであるが、連合王国は、最初の署名国であり、同条約は主要にはイギリスの法律家によって起草されたものであるにもかかわらず、同条約を国内法に編入していなかった。連合王国は、二元主義の国であるので、イギリス市民がイギリス裁判所において条約の下で実施可能な権利に直接アクセスすることができるためには、ヨーロッパ人権条約を国内法に編入する必要があったのである。

司法判決は究極的には国会権限によって覆される潜在的可能性があったにもかかわらず、永年にわたって、裁判官は、コモン・ローの一部として、個々の事件ごとに、イギリス市民にとっての多くの法的権利を展開し続けてきた。実体的権利ではなく法的救済手段の文化は、満足のいくもののようにみえた。実体的行政法上の権利は、1960年代中葉に裁判所によって展開され、現代行政法の基礎が作られ、恣意的あるいは不合理（unreasonable）な決定に対して実体的保護が与えられた。実体的な成文化された権利がないために、司法的裁量は禁止されないようにみえる。しかし、同時に、特別保障された

(entrenched) 権利がないことは、イギリス市民が権利を享受する方法に溝を残していることは明らかである。1966年から1995年末までに、連合王国は、60件においてヨーロッパ人権裁判所の当事者であった[7]。少なくとも半数の訴訟において、同裁判所は、何らかのヨーロッパ人権条約違反を認定した。連合王国の立法は、不十分さが認定され、多くの訴訟において市民はいかなる救済も与えられないままであった。ヨーロッパ人権条約の国内法化を求める政治的要求は急速に増大した。はじめは、圧力団体によって、つづいて1980年代には著名な法律家、とくにスカーマン卿（Lord Scarman）[8]（当時、法服貴族）らが現代的権利章典の形でヨーロッパ人権条約を国内法化するよう主張した。その後、司法部の上級裁判官もその支持に加わった。もっとも声高に主張したのは、セドレィ（Sedley）[9] 控訴院裁判官であった。1996年から97年にかけてウォーリック大学で行われた講義において、彼は、成文の権利章典の重要性を強調した[10]。

　労働党政府は、1997年に政権につく前に、選挙マニフェストにおいて他の憲法上の諸改革と並んで権利章典を導入することを公約した。その結果が1998年人権法であり、それによってはじめてイギリス市民はヨーロッパ人権条約上の権利を実施するために国内裁判所を利用することができるようになった。イギリス法は、裁判官によって決せられる訴訟を通して実行される権利に基づく文化（rights-based culture）へ移行するにつれて、相当程度不確実な時代に入りつつある。このことは、旧くなった憲法上の仮説が、点検のために取り上げられるという苦痛を伴うプロセスとなる可能性がある。多くの諸制度および実践が不十分さを認定されるかもしれないからである。

　不確実な中にあって、イングランドおよびウェールズにおいて1998年人権法実施のために短期集中的な準備が行われ、6,000万ポンドが法律扶助および裁判所費用のために用意された。治安判事裁判所から上訴裁判所にいたるすべてのレベルでの司法部は、短期集中的な教育および訓練プログラムを受けた。一つの中心的争点は、ヨーロッパ人権条約上の権利の適用の範囲およびイギリス法における権利に基づく文化の含意である。司法研修委員会（Judicial Studies Board）によって用意されたコースは、1998年人権法の適用範囲およびその解釈の方法を説明した。同様に、公務員は、1998年人権法の影響力に関して訓練を受けた。裁判所は、今や行政上の決定の適正な手続および実体的

事項を解釈するという困難な仕事を担当している。1998年人権法の下での多くの訴訟は、裁判所の運営を困惑させているかもしれないという心配があったが、賢明な個々の事案ごとのアプローチが採用されている。A・キング（A. King）教授が指摘したように、「わが伝統的憲法における変化の多くは、恒久的であり不可逆的なものであること」はほとんど疑いがない。より権利志向的な公法がわれわれを導く方向性について再検討するのに好都合な時である。警告を発するいくつかの言葉がある。人権はわが民主的システムに本来備わっているということは誰もが認めなければならないが、権利の保護者としての司法権の境界線については、検討の余地がある。裁判官は、そのような包括的な権限を与えられた場合に、いかなる程度で自己規制を行使すべきなのか。個人的権利が、危険覚悟で、長期的戦略をとることを抑制しうる場合、政策決定者は良き決定を行うようにいかに助言されるべきなのか。第一に、良き行政のために司法審査の原則を展開する裁判所の役割があるとしたら、裁判官は、馴染みのある個々の事例ごとのアプローチにしたがって1998年人権法を解釈するだろうことが起こり得る。一定期間を経てはじめて、1998年人権法がいかに公法の型を変更したかが明らかになるであろう。第二に、行政の文化を変更することは裁判所にとって複雑な挑戦を示すが、権利志向的な文化への基本的変更はイギリスにおける行政において実際に生じつつあるという徴候がみられる。第三に、いくつかの結論が、1998年人権法の下でいかに公法が展開する可能性があるかに関係する。

　一つの関心は、司法権と政治的権力との間の関係は司法権に優越性を与えるかもしれないということである。この種の最初の判例である*Alconbury*事件判決において、貴族院は、ヨーロッパ人権条約6条の下で規定された権利が計画決定が行われる方法についていかに影響を与えるかを検討した。同6条は、「すべての者は、…独立の、かつ、公平な裁判所による妥当な期間内の公正な公開審理を受ける権利を有する」と規定する（圏点は、引用者）。同事件は、後にいくらか詳しく検討されるが、ここでは計画許可を求める申立人は計画許可の拒絶あるいは条件付けに対して国務大臣にアピールする権利を有すると説明しておけば十分である。計画システムは、国務大臣に最終的決定権を効果的に与えており、選挙された政治家である国務大臣は、政策上の争点がシス

テムの一部として検討されることを確保する包括的責任の一部として政策事項を含ませることができる。国務大臣の決定は、司法審査と同一の根拠に基づいて高等法院にアピールされうる。そのアピールは、法律上の争点に限られるとされ、裁判所は決定の背後にある政策の実体については考慮しない。国務大臣は、理論上、政策事項に対して国会に対して責任を負う。

貴族院は、計画システムに対して1998年人権法の下で導入された人権がいかなる意味を持つのかを検討し、裁判所は計画法のすべての側面を司法審査の範囲内のものとすべきではないと結論した。関連の人権手続にしたがうことを確保するためには、決定の合法性についての審査があるべきだということで十分であった。アピールを決定することは、政策事項を含み国務大臣の権限の範囲内にあった。こうして、貴族院は、1998年人権法の必要条件を承認しながら、同法は、すでに司法審査に服しているのだが、計画システムのすべての側面に司法部が介入することを要求してはいないとした。このことは、裁判所の賢明な個々の事例ごとのアプローチを示している。

1998年人権法の下で展開された法的権利は、イギリスの憲法上の配列を新たな方向に移行させる潜在的可能性を有しているということを承認するのも重要である。控訴院は、2001年10月、一連の重要な判決において、計画に関して争いのある事項において差止命令を発する裁判所の権限に関して1998年人権法の重要性について概要を述べた。(12) 比例性（proportionality）の争点は、法違反の恐れに対して差止命令を発する裁判所の裁量的権限に基づいて差止命令が行使される前に、裁判所によって検討される必要がある。このことは、司法過程の不可欠の部分となりつつある権利文化の重要性の一例である。

K・ユーイング（K. Ewing）教授は、選挙された大臣に対して選挙によらない裁判官が重要な決定を行うことの危険性に注意を喚起している。すなわち、「われわれは、今や、民主的審査および説明責任のすべての形式を回避する公職者の集団によって展開された民主制のテストを通過した場合のみ、民主的過程の成果が首尾よく挑戦されたり非難される可能性を回避できるという憲法上のシステムを有するに至っている」、と。(13)

そうした危険性の本質は、Alconbury事件判決において示された司法権の側での自己抑制によって部分的には対処されうるように思われる。同様に切迫し

た問題は、行政の展開であり、いかに権利に基づく文化が標準を改善し職務上の不正に取り組むことができるかということである。
　同様に重要な問題は、いかにストラスブールの司法裁判所、ルクセンブルクの司法裁判所およびコモン・ローの判例を調和させるかということである。*R (Ullah) v Special Adjudicator*事件に関する貴族院判決において、ビンガム卿（Lord Bingham）は、ストラスブールの判例を厳格に拘束力あるものとして解釈することに躊躇を示した。特別な事情がない場合、連合王国裁判所はストラスブール裁判所に従うべきことが望ましい。*R v Horncastle and others*事件における最高裁判所判決においてさらに明確にされた。同事件は、重大な刑事犯罪における犠牲者が証拠事実を述べなかったかどうかという問題に関するものであった。フィリップス卿（Lord Phillips）は、1998年人権法に関してストラスブールの判決を考慮することが望ましいと説明した。しかしながら、ストラスブール裁判所が連合王国の裁判過程および手続に関して十分評価をしていなかった事項を考慮するかどうかは最高裁判所の自由であった。このことは、ストラスブール裁判所によって影響は受けるが拘束はされないという原則についての重要な承認である。

5　司法権の将来

　政治的プロセスおよび国会手続は、裁判所のいう明確な「憲法的制定法」（constitutional statutes）を作成しうることは明らかである。*Factortame*事件における紛争は、連合王国の制定法である1988年商船法とEC法との間の実体的差異に限定されていた。同事件は、立法が国会において制定されたプロセスについてのものではなかった。*Jackson v Attorney General*事件は、EU法とは関係がなく2004年狩猟法（Hunting Act 2004）および1949年国会法（Parliament Act 1949）の効力に対する異議申立から生じたものであったが、ホープ卿が承認したように主権の性質が変化しつつあることが認められたものであった。
　すわなち、「わが憲法は、国会主権によって支配されている。しかし、国会主権は、かつてはそうであったとしても、もはや絶対的なものではない。徐々に、漸次的にしかし確実に、国会の絶対的主権というイギリスの原則は、ダイ

シー（Dicey）がクック（Coke）およびブラックストーン（Blackstone）から引き継いだものであるが、制限されつつある。……裁判所によって強行される法の支配が、わが憲法がそれに基づく究極的統制要素である」、と。

裁判所の将来の役割を定義する場合に関係することに関するガイダンスは、*Thoburn v Sunderland City Council*事件判決において示された。[18] 露天商が、メートル法ではなくイギリス式計量法を用いて商品を販売したことで起訴された。連合王国政府のメートル法を適用する義務は、1972年ECに関する法律（European Communities Act 1972）2条2項および指令（Directive）から生じた。ローズ（Laws）控訴院裁判官は、1985年度量衡法（Weights and Measures Act 1985）との間に矛盾はなく、それ故1972年ECに関する法律の黙示的廃止はないと認定した。ローズ裁判官は連合王国の主権について変化が生じていることを認め、EU法に関しては、黙示的廃止の原理は修正されていたとした。連合王国の関係の基礎は、コモン・ロー事項であり、コモン・ローはいずれの解決の基礎であった。結果として、ローズ裁判官は、通常の制定法は黙示的廃止の原理に服するが、彼が「憲法的制定法」（constitutional statutes）と呼ぶところのものはそうではないと推論した。憲法的制定法と定義付けられるものは、1972年ECに関する法律を含む基本的な憲法上の権利を扱うものであり、その廃止が可能になる唯一の条件は、後の制定法で明示的に廃止するとされた場合である。

さらなる説明は、*R（HS2 Action Alliance Ltd.）and others v Secretary of State for Tranport*事件判決で行われた。[19] そこでは、申立人は、公私混合法律案（hybrid bill）手続は環境に関する政策決定手続に参加する有効な機会を要求する環境影響評価指令（Directive 2011／92／EU）の必要条件と一致していないと論じた。政府は、ロンドンとバーミンガムとを結ぶ特急列車連絡線設置の計画を推進しつつあったが、それに反対する者は環境に重大な影響を与えると主張した。公私混合法律案の採用は庶民院では政府による行動指令に服し、環境問題の詳細かつ複雑な性質を論じる十分な時間はないであろうし、提案に対する代替案は第二読会後の関係の特別委員会まで検討されないであろう。最高裁判所は、申立人が提起した争点はヨーロッパ司法裁判所に付託されるべきだとする見解を斥けていた。リード卿（Lord Reed）は、EU法が連合

王国の国内法と直接抵触する場合には、それは連合王国最高裁判所によって解決されるべき事項であることを明確にした。最高裁判所は、明白な行為（acte claire）（合理的に明白な解釈が可能な法律に関する訴訟は、ヨーロッパ司法裁判所に付託する必要はない）は存し、制定法の不適用に関する*Factortame*原則は権利章典に明記されたような憲法原則には適切ではないということを受け容れた。

　EU法によっては変更されず、国内裁判所によって定義される、憲法的に基本的なものの出現は、ヨーロッパ司法裁判所の一般的な拡大傾向に対する潜在的な制約を作り出す。それは、最高裁判所によって近年決せられた他の事件と歩調が合っており、2011年EUに関する法律（European Union Act 2011）18条にみられる国内法の至高性の再主張に依拠している。これに対して、ヨーロッパ司法裁判所がいかなる反応を示すかは不明確なままである。ヨーロッパ司法裁判所は、過去にそうしたように、いかなる競合する権能をも決着させる権能を有し、国内裁判所はその意見に従う義務があるとする見解に組みするかもしれない。ヨーロッパ司法裁判所は、EU法の事項については、国内裁判所は条約上の義務の要求に組み込まれたヨーロッパの裁判所として行為しつつあるとする見解を次第にとっている。概念的には、この見解は、EU法は、国家の領域内においては決せられず、EUの管轄権という概念的枠組みの範囲内で決せられるという分析に非常によく適合する。

　国内裁判所とヨーロッパ司法裁判所との間での競合する管轄権の解決は、EUにおける加盟国間の経済的および政治的摩擦が近年次第に増加するのにつれて、以後10年にわたって問題となる可能性がある。その判決にいたる際に裁判所によって採用された理由付けおよびアプローチという概念上の問題、またいかなる程度でヨーロッパ司法裁判所の技術的な解釈アプローチがイギリス裁判所によって受け容れられるようになるかという問題もある。W・ウェイド（William Wade）が1989年の『憲法上基本的なもの』（Constitutional Fundamentals）において承認したように、主権の事項において、司法部の忠誠に関する「変化」は可能であるということ、このことは17世紀イングランドにおいて生じ、18世紀アメリカにおける裁判所の態度において生じ大英帝国の一般的解消において生じた。新たな「裁判官の世代」は、新たな憲法体制に対

して異なる態度をとるであろうこともありうる。*Factortame*事件判決において ブリッジ卿 (Lord Bridge) は、1972年ECに関する法律を論じた際に、国会が1972年ECに関する法律を制定した際に主権的国会に対する制約を受け入れたのだとしても、それはまったく自発的なものだったということに基づいていかに解釈されるべきかを説明した。1972年ECに関する法律の文言によれば、最終的判決を行う場合、共同体法の直接実行可能な準則と抵触すると認定された国内法の準則を覆すことは、連合王国裁判所の義務であることは常に明確であった。ビンガム卿はその著書『法の支配』(Rule of Law) において、次のように述べた。

「これ［*Factortame*事件判決］は、批判者の観点からすると最もよい例である。というのは、そのプロセスは、裁判所による制定法の無効化に関わるからである。しかし、裁判所は、立法権を行使する国会が裁判所にそうするよう語ったという理由だけでそのように行動したのである。もし、国会が、同一の権限を行使してそうするなと語ったとしたら、裁判所はその命令にしたがうことになったであろう」、と。

制定法の解釈が、国内法システムの一部としてEU法をいかに解釈するかに関する*Factortame*事件判決についての満足のいく説明を提供するという論議は、いくらか限界がある。その解釈アプローチは、黙示的廃止の原理の適用すなわちより以前の制定法の不適用の説明を十分にはしていない。この原理の修正は、過去との根本的な断絶であり、制定法を解釈することによって説明できるようなものではない。ウェイドは、EU法が解釈される方法は裁判所の伝統的役割の外で作用しており、制定法の解釈によっては説明可能なものではないと論じることによって上のことを受け容れている。制定法の明示的語でさえ、EU法によって覆されうる。これは、「革命」と見なすことができるし、あるいは単純に法的推論および原理における変化とみなすことができる。

P・クレイグ (P. Craig) は、T・アラン (Trevor Allan) の支持を受けて、解釈論議を超えた他のアプローチを示唆するが、それはまたウェイドとは異なるものである。

裁判所の管轄権に関して第三の道が存する。これは、優越性についての決定を、その内容は時を超えて変化することができるし変化するであろう法的原則

についての規範的論議に基づくものとみなすことである[27]、と。

　これは、歓迎すべき新鮮なアプローチであり、時の政治および法的原理の支持において手の込んだ繊細なものである。それはまた、連合王国とEUとの関係は、ある時点で固定されたものではなく、進化し続けるということを再主張する。これは、権限は、国会の権限の侵害に対する「二重鍵」としてレファレンダムを付加しつつ、連合王国国会に存するという原則に基づいて2011年EUに関する法律が制定されたということによってよく説明される[28]。しかしながら、2011年EUに関する法律にはレファレンダムの必要条件を特別保障しようとするものは何もなく、将来の国会制定法による修正あるいは廃止が可能である。同法18条は、制定法の基礎に基づいて継続するEU法の地位に関する宣言的陳述を含んでいる。これは、条約上の義務はその実施のためには国会制定法を必要とするという長年継続している準則であるが、変更は国会制定法によって承認されたとしてもレファレンダムによって拒絶されるという興味深い可能性が存する。

　クレイグは、連合王国とEUとの関係、およびそれを形成しそれによって形成される主権の概念とは、政治的地層を占め続けるであろうことを認めている[29]。

　D・オリヴァー（D. Oliver）はまた、ヨーロッパ法の権威、およびヨーロッパ法はたとえ連合王国国会制定法と抵触するとしても効力を与えられるであろうという原理とをイギリス裁判所が受け入れる主要な理由を指摘している[30]。最も明らかな理由は、そのような原理は連合王国が加盟するずっと以前にヨーロッパ司法裁判所によって十分に展開されていたということである。すなわち、他の加盟国における裁判所は、ヨーロッパ司法裁判所の役割を受入れており、EU法に直接的効力および優越性を付与する原則は十分確立されているというのである。1972年ECに関する法律2条4項もまた関係している。というのは、それは、国会の明示的意思をイギリス裁判所が受け入れるよう指示をしており、これは連合王国の法におけると同時にEU法における義務であることを規定しているからである。最後の点は、2011年EUに関する法律18条は、1972年ECに関する法律の下で連合王国が加盟国であることは、EU法が連合王国において法として「承認され利用可能」である基礎であることを確認している。同時に、これら二つの国会制定法は、黙示的廃止の原理を修正した。恐らく、ヨーロッ

パ法の受入れの基礎はまた、一部契約的なものである。すなわち、それは、加盟の際合意されたパッケージの一部であり、1972年ECに関する法律に規定された合意の条件は従われなければならない。

より概括的には、民主制および民主制と主権との結びつきと関連した問題がある。オリヴァーの議論は、国会主権は、イングランドにおいて18世紀に展開したものであるが、国会の権限を王権に対して優越するとしたものとして裁判所によって承認されたというものである。この基礎にある特徴は、「裁判所は、国会制定法を法としておよび法の最高の形式として認めかつ効果を与えるべきである。何故ならば、正式の立法手続によって生み出されたものだからである（国会の単なる決議は、選挙された代表者が法律の内容を決定する法ではない）」ということである。[31]

民主的原則の重要性は、オリヴァーが認めるように、主権の理論的根拠として説得力がない。[32] 主権は、国会が非代表的、不公平あるいは差別的な立法を制定することを許容し得る。EUの文脈において、これは、EU法の優越性に譲歩する裁判所は、民主的資格が疑わしい場合にも、EUで制定された政策および法律が影響力をもつことを可能にするというヨーロッパ懐疑論者の関心を惹起させる。将来の方向は、予測が困難である。時の政府、国会および裁判所の間の関係は、プラグマティズムの要素およびあからさまな衝突を避けるある程度の自己制約を通して、常に進化している。デ・スミス（de Smith）は、1971年に論述した時、連合王国に対する共同体法の潜在的影響力を検討して、予測に慎重になり、連合王国に対するECの構成国であることからする潜在的影響力の判定の際に、軽率で早まった結論を下すことに慎重であった。デ・スミスは、そのよく知られた分析において、時代ごとに定義され、そしてしばしば再定義され、経済的・法的権限が実際に存する全体的な政治的現実を下支えするものとして主権の時代超越的な質を説明している。

すなわち、しかしながら、時の経過に伴って、共同体が、政治連合の諸特徴を展開する場合には、また、国会主権のオーソドックスな原理の不調和が拡張する共同体法の文脈において次第に明白になる場合には、異説が成長しついには優越することになるであろうとする見解の傾向は疑いもなく進展するであろう。国会主権の法的概念は、それがそこから現れたはっきりしない背景に標流

することになるかもしれない、と。⁽³³⁾

　F・ジェイコブ（Sir Francis Jacob）教授は、ハムリン講義シリーズの『国会の主権—ヨーロッパ的様式』（The Sovereignty of Parliament-The European Way）（2006年）⁽³⁴⁾において、主権は、「同様に長い歴史をもつが、今日、広く卓越的価値と認められている『法の支配』というもう一つの概念と、国際的にも国内的にも」かならずしも共存できるわけではないことを認めた。⁽³⁵⁾

6　地域的権限移譲と司法部

　連合を維持することを支持するスコットランドのレファレンダムの結果は、司法権の将来の役割にとっても重要である。スコットランド議会に対して新たな権限を整えるのと同時に、連合王国政府は、憲法の再調整を行うために、北部アイルランドおよびウェールズへの権限移譲は同地域における権限委譲された政府に対してさらに権限を強化する目的で検討されるべきであることに合意した。地方政府へのさらなる分権化とともに、移譲された権限を得ようとする要求がイングランドにおいても存する。結果として生じる憲法上の調整は、権限移譲された政府、連合王国国会および中央政府の間でのある種の連邦制的関係を要求する可能性がある。これは、司法部の役割の増大を問題化させる可能性がある。

　1998年スコットランド法（Scotland Act 1998）が施行された直後に、あらたな議会の性質および権限に関する訴訟において問題が提起された。*Whaley v Lord Watson of Invergowrie*事件判決⁽³⁶⁾において、スコットランド議会は制定法の創造物であるので、それ自身の手続を規律する連合王国国会の特権を享受しないということがスコットランド控訴院内院によって判示された（ただし、スコットランド法28条5項によって、スコットランド議会の制定法の効力は、制定手続きにおける何らかの無効性によっては影響されないとされていた⁽³⁷⁾）。

　地域的権限移譲に関する争点はまた、連合王国最高裁判所においても提起された。多くの近年の訴訟は、スコットランドの法的システムの文化的特質およびそれをとりまく政治的感受性を明るみに出した。裁判所は、一般に、異議申立てに対して、権限移譲された機関の権限を支持した。ただし、EU法の優越性および人権の解釈に関しては例外で、最高裁は、しばしばスコットランド

の裁判所によって行われた解釈を覆した。*Axa General Insurance and others v The Lord Advocate*事件判決(38)において、スコットランド議会の制定法である2009年損害賠償法（Damages（Asbestos-related Conditions）（Scotland）Act 2009）は、ヨーロッパ人権条約議定書1条との適合性と、とくに不合理性および恣意性を理由として最高裁判所の一般的司法審査管轄権に照らしてその合理性とに関して異議申立てされた。申立人は、保険会社であり、その主張は過失責任に対して雇用者を免責する約束から生じた。スコットランド議会の立法の重要な点は、スコットランド法の下にアスベスト関連の疾病および関連条件から生じる身体への権利侵害に対する責任を含めていることである。

連合王国最高裁判所は、申立人はそうした請求をする資格を与えられていること、および裁判所は2009年損害賠償法が目的において正当でありその応答において比例的であることを保証する包括的な権限を有していると判示した。裁判所は、社会政策および公益を含む立法の政治的文脈を考慮に入れた。裁判所は、立法は正当な目的をもっており、その目的を達成する手段は合理的かつ比例的なものであると認定した。裁判所は、申立人の主張を退け、立法はヨーロッパ人権条約と一致し、申立人が依拠した司法審査の他の根拠のいずれにも反しないと判示した。*Axa*事件判決の意義は、連合王国最高裁判所は、スコットランド議会の制定法の合法性を検討する残余管轄権を有していることを指摘したことである。ホープ卿は、最高裁判所の審査権の問題に対するアプローチは、ウェールズおよび北部アイルランドにおける他の権限移譲された制度にも適用されるが、スコットランド議会は「自立した」民主的に選挙された立法部であることが重要であると判示した。これは、司法審査の重要な水準点を設定する。ホープ卿は、裁判所は、「あるとすれば、最も例外的な状況においてのみ介入すべきである」と警告した。(39)彼の分析は、連合王国国会およびスコットランドの議会の主権についての比較的分析からだけでなく、審査権限自体に基づいて引出されている。すなわち、それは、スコットランド議会およびその他の立法権限を行使する権限移譲された政府の立法プログラムに関する憲法上のプロセスおよび抑制と均衡についての重要な監視を構成する。

1998年人権法は、権限移譲についての争点を提起する訴訟においても依拠されている。*Cadder (Peter) v HM Advocate*事件判決において、(40)1998年スコット

ランド法以前に連合王国国会によって制定された1995年刑事手続（スコットランド）法（Criminal Procedure (Scotland) Act 1995）は、法律上の代表（legal representation）が不在の状態で警告に基づいて警察に自白していた被疑者による申立てに基づいて司法審査の対象となった。自白の許容性は、被告人の有罪判決後に争われ、アピールの基礎を成した。警察での対面尋問時に法律上の代表が不在だったことは、ヨーロッパ人権条約6条違反であると論じられた。スコットランド刑事上級裁判所（High Court of Justiciary）は、法律上の代表は法的権利であるとする主張が退けられた*HM Advocate v McLean*事件判決という初期のスコットランドの指導的判決に依拠してアピールを許可しなかった[41]。当事者であるカダー氏は、連合王国最高裁判所にアピールした。

最高裁判所は、*Salduz v Turkey*事件におけるヨーロッパ人権裁判所大法廷判決に従ったが[42]、同判決は、警察によって拘束された者は、当該権利を制限する差し迫った理由が存しないならば尋問を受ける前に弁護士にアクセスする権利を有すると判示したものであった。*McLean*事件におけるスコットランドの裁判所判決は、破棄され、1995年刑事手続（スコットランド）法を審査から保護するものは1998年スコットランド法には何も存しないと判示された。1995年刑事手続（スコットランド）法は、司法へのアクセスに関するヨーロッパ人権条約6条と一致するよう解釈することはできなかった。最高裁判所が判決を下した後に、2010年刑事手続（法的扶助、拘禁およびアピール）（スコットランド）法がスコットランド議会によって制定され、嫌疑を受けた者は法律援助にアクセスする権利を認められた。

最高裁判所は、1998年スコットランド法の下での権限移譲をめぐる争点に関するその管轄権は、刑事（その他の）訴訟において生じる1998年人権法に関する主張を取上げる権限、およびスコットランドの裁判所がヨーロッパ人権条約6条を正しく解釈したかどうかを決定する権限を含んでいるという判示も行った[43]。*Fraser (Nat Gordon) v HM Advocate*事件において[44]、スコットランド刑事上級裁判所は、有罪判決に対するアピールを拒絶していたが、そこで被告人は第一審が誤審だったという主張を支持する新たな証拠を提出しようとしたのであった。被告人は、国王が裁判前に情報を開示するのを怠ったことはヨーロッパ人権条約6条を侵害すること、有罪判決が1998年人権法に違反するものであ

るので1998年スコットランド法の下でのスコットランドの裁判所の権限外のものであるかどうかに関する権限移譲に関わる争点が提起されていると主張した。最高裁判所は、本件は最高裁判所が管轄権を有する権限移譲に関する争点を含むものであり、スコットランドの裁判所によって適用されたテストは指導的判例である*McInnes v HM Advocate*事件判決(45)において最高裁判所によって採用された解釈と一致しないと判示した。

2012年スコットランド法（Scotland Act 2012）は、多くの重要な憲法上の争点を扱っている。同法14条は、大臣がヨーロッパ人権条約上の権利と一致しないで行為したと主張する場合、1998年スコットランド法の下でスコットランドの大臣に対して訴訟を起こすには時間制限が課されると規定した(46)。ヨーロッパ人権条約上の権利およびEU法に対する連合王国最高裁判所の管轄権は、2012年スコットランド法34条によって明確化された。これは、スコットランド担当法務長官（Advocate General for Scotland）にヨーロッパ人権条約との一致に関する争点をスコットランド刑事上級裁判所に付託する明示的権限を付与した。2012年スコットランド法35条の下で、スコットランド法務長官（Lord Advocate）およびスコットランド担当法務長官に追加的権限を付与し、ヨーロッパ人権条約との一致をめぐる争点についてはスコットランド刑事上級裁判所または必要ならば連合王国最高裁判所に付託するよう下級裁判所に求めることができるようにした。同法36条および37条は、ヨーロッパ人権条約上の権利またはEU法に関する争点を提起するかもしれないスコットランドからの刑事訴訟上のアピールを審理する権限を連合王国最高裁判所に与えた。

7 結 論

P・ノートン（Philip Norton）は、アメリカには馴染みの変化における多くの傾向を指摘したが、現行のイギリス憲法はアメリカと同等の成文憲法は有していないしあるいは最高裁判所に優越性を付与するところまでは行っていない(47)。

コモン・ローの伝統は、非常に強力に存在しつづけている。国会の権限を損なうかもしれない変更には抵抗があり、司法権は、独立しているが、憲法上の争点についての最終的審判者ではない。何らかの形式での成文憲法を支持する

動きは強まっており、公の議論の焦点になる可能性がある。現行の形式において、憲法は、人権に対する大陸法的アプローチを含む海外からの多くの影響力を吸収しながら、変化に対応できることを示してきた。EUは、EU法の包括的審査を維持する可能性があり、イギリスのコモン・ローは、多くの分野で適応し続けることができる。現行の形式でEUの加盟国でありつづけるのか、および1998年人権法の存続期間はどれほどのものなのか、これらは司法権を定義する二つの要素であるが、どうなるかわからない。保守党が主導した連立政府は、2015年総選挙後にこれら二つはいずれも審査に服させられることになるかもしれないと示唆したからである。これは、法の支配に対する現行の司法部のアプローチおよび政府に説明責任を負わせるという司法部の役割に長い影を投げかけている。

連合王国の司法部は、政府政策に直面した場合、あるいは法的解釈について不一致が存するかもしれない領域において、久しく自己抑制の態度をとってきた。連合王国における憲法上の配列は、成文憲法の基礎をもたずに、法典化されていない憲法習律および種々の準則を通して中世から進化してきたものであるが、国会主権という形で長い議会制の伝統を有している。マグナ・カルタは、正義の概念を規定し、法が遅滞なく裁判所の合法的判決にしたがって正義を調達するということをイギリス市民に保証した。国会の伝統的役割は、市民の苦情の解決の場であり、国会私制定法（private Act of Parliament）を通して離婚を認め、財産をめぐる紛争を解決するために法的権限を与え、民事上の紛争の解決にアクセスを提供することであった。イギリスは市民的自由を市民に保障することでは強力な国際的評判をもっているが、それは、権利は、マグナ・カルタ、陪審員の利用を通してわが同輩の判断に依拠する裁判および強力かつ独立した裁判所の組合せによってよく保護されてきたという信念に基づいている。国会制定法の究極的権威は、18世紀から裁判所によって承認されてきた。主権は、国会制定法が貴族院（当時のイギリスの最高位の裁判所）の判決でさえ覆すことを許すという潜在的可能性を有していた。これが、国会と裁判所との間のバランスをとった。司法部が、政府、裁判所および市民に関する憲法上の原則についての問題に関して沈黙を保つことができる可能性はない。これは、地域的権限移譲、人権およびEU（これらすべては最近の政治的交渉事項であ

るが)のような領域を含んでいる。

注

（1）*R v Secretary of State for Transport ex parte Factortame Ltd (No. 3)* [1992] QB 680, *R v Secretary of State for Transport ex parte Factortame Ltd (No 2)* [1991] 1 AC 603, *R v Secretary of State for Transport ex parte Factortame Ltd* [1999] 4 All ER 906, *R v Secretary of State for Transport ex parte Factortame Ltd* [1990] 2 AC 85.

（2）*Ibid.*

（3）P Craig, "Public Law, Political Theory and Legal Theory" [2000] *Public Law* 211.

（4）*Jackson v Attorney-General* [2005] UKHL 56 [2006] 1 AC 262.

（5）*Ibid.*, para 105.

（6）*R (On the application of Holding and Barnes plc) v Secretary of State for the Environment, Transport and the Regions* [2000] All ER (D) 2264.

（7）Conor Gearty (ed), *European Civil Liberties and the European Convention on Human Rights*, Martinus Nijhiff, 1997, p. 84. Also see：KD Ewing and CA Gearty, *The Struggle for Civil Liberties*, Oxford U. P., 2000；Robert Blackburn and Jorg Polakiewicz, eds., *Fundamental Rights in Europe*, Oxford U. P., 2001.

（8）スカーマン卿は、人権に関する議論が行われていた時期の1970年代後半にウォーリック大学総長であった。

（9）ウォーリック大学名誉教授。

（10）See：Rt Hon Lord Nolan of Brasted and Sir Stephen Sedley, *The Making and Remaking of the British Constitution*, Blackstone Press, 1997.

（11）Anthony King, *Does the United Kingdom Still Have a Constitution? : The Hamlyn Lectures*, Sweet & Maxwell, 2001, p. 90.

（12）*South Bucks District Council v Porter*, 12 October 2001. See：ENDS [Environmental Data Services] Report 323, p. 57；〈http://www.ends.co.uk/index.htm〉.

（13）K Ewing, "The Unbalanced Constitution" in Campbell, Ewing and Tomkins eds, *The Legal Protection of Human Rights : Sceptical Essays*, Oxford U. P., 2011, pps. 116-7.

（14）*Porter v Magill* [2002] 1 All ER 465.

（15）[2004] UKHL 31.

（16）[2009] UKSC 14.

(17) *Jackson v Attorney General* [2005] UKHL 56 [2006] 1 AC 262.
(18) *Thoburn v Sunderland City Council* [2003] QB 151.
(19) *R (HS2 Action Alliance Ltd.) v Secretary of State for Transport* [2014] UKSC 3.
(20) See *Osborn v The Parole Board* [2013] UKSC 61 and *Kennedy v Charity Commission* [2014] UKSC 20.
(21) Sir. William Wade, *Constitutional Fundamentals*, Oxford U. P., 1989, p. 17.
(22) *Factortame* [1991] 1 AC 603 pps. 658-9.
(23) Tom Bingham, *The Rule of Law*, Allen Lane, 2010. p. 164.
(24) *Ibid.*, p. 164.
(25) Paul Craig, "Public Law, Political Theory and legal Theory" [2000] *Public Law* 211.
(26) T. R. S. Allan, "Parliamentary Sovereignty : Law, Politics and Revolution" (1997) 113 *Law Quarterly Review,* 443.
(27) Craig, *op cit.* pps. 120-1.
(28) Paul Craig, "The United Kingdom, the European Union and Sovereignty" in R. Rawlings and P. Leyland, A. Young,eds., *Sovereignty and the Law*, Oxford U. P., 2013. pps. 165-185.
(29) *Ibid.*, p. 185.
(30) See Dawn Oliver, "Parliament and the Courts" in A. Horne, G. Drewry and D. Oliver eds., *Parliament and the Law*, Hart, 2013, pps. 309-337, p. 313.
(31) *Ibid.* p. 314.
(32) *Ibid.* pps. 335-6.
(33) De Smith (1971) 34 *Modern law Review* 597, p. 614. Also quoted by Colin Turpin and Adam Tomkins, *British Government and the Constitution*, Butterworths, 1995, p. 310.
(34) Sir Francis Jacob, *The Sovereignty of Parliament : The European Way: The Hamlyn Lectures*, Cambridge U. P., 2006, p. 5.
(35) *Ibid.*,
(36) 2000 SC 125.
(37) See C. Munro, "Privilege at Holyrood" [2000] *Public Law* 347.
(38) [2011] UKSC 46 and [2011] CSIH 31.
(39) *Ibid.*, para 49.
(40) *Cadder (Peter) v HM Advocate* [2010] UKSC 43.
(41) *HM Advocate v Mclean* [2009] HCJAC 97, 2010 SLT 73. See the discussion in

[2011] *Public Law* 166.
(42) *Salduz v Turkey* (2008) 49 EHRR 421.
(43) See section 98 and Schedule 6, Parts I and II as amended to substitute the Supreme Court for the Judicial Committee of the Privy Council.
(44) *Fraser (Nat Gordon) v HM Advocate* [2011] UKSC 24. See the discussion in [2011] *Public Law* 805.
(45) *McInnes v HM Advocate* [2010] UKSC 7.
(46) Somerville (2007) and the Convention Rights Proceedings (Amendment) (Scotland) Act 2009 now replaced by section 14 of the Scotland Act 2012.
(47) Philip Norton, *The British Polity*, Longman, 2010.
(48) KD Ewing, "The Human Rights Act and Parliamentary Democracy" (1999) 62 *Modern Law Review* 79.

裁判官任命制度の改革
—司法の独立性、アカウンタビリティと裁判官の多様性—

榊原　秀訓

1　はじめに

　イギリスにおいては、ブレア政権下の2005年の憲法改革法（Constitutional Reform Act）（以下「2005年法」とする）により、ヨーロッパ法の影響のみならず、歴史的な経緯があって、司法の独立性とアカウンタビリティを確保するために、大規模な司法改革が実現した。同法により、司法・立法・行政の三権にまたがって権限を有していた大法官（Lord Chancellor）は、司法府の長や貴族院議長ではなくなり、政治的役割を果たすものとなった。また、2005年法は、大法官が法曹資格を有することを要求せず、2012年9月の内閣改造によって、法曹資格を有しないグレイリング（Grayling）議員が司法大臣・大法官に任命されることによって、16世紀以来大法官として活動するはじめての法曹資格を有さないものとなった。裁判官任命にかかわっては、裁判官選考委員会（Judicial Appointments Commission）が新規に設置され、裁判官任命過程の透明化が図られた。さらに、新たに最高裁判所が設置され、貴族院上告委員会から権限が移されている。

　そして、その後も、裁判官の多様性を含め、司法改革が継続して行われており、2010年に保守党と自民党の連立政権が誕生して以降も、重要な改革が提案されてきた。司法省は、意見聴取文書として『任命と多様性——21世紀の裁判所』を公表し、2011年11月から2012年2月にかけて意見を聴取した。また、同時期に国会貴族院憲法特別委員会は、裁判官の任命について調査検討を行い、2012年3月に、『裁判官の任命』を公表した。政府は、このような過程を経て法案を提出し、法案は、内容の幾つかに修正が加えられて、2013年4月25日に女王の裁可を得て、犯罪及び裁判所法（Crime and Courts Act）（以下「2013年法」とする）として成立している。

そこで、本稿は、2005年法後の裁判官任命制度の再改革におけるアカウンタビリティと裁判官の多様性確保にかかわる議論に焦点を当てて、イギリスにおける関心と実際の改革を検討していく。裁判官任命制度に関しては、研究者や法律家団体から様々な見解が公表されているが、ロンドン大学の憲法ユニット（Constitution Unit）による司法の独立性プロジェクトにかかわる研究者の見解に特に注目しながら、検討を行う。

2　裁判官任命における諸原則と2005年法下の制度概要

（1）裁判官任命における諸原則

現在、裁判官任命における原則として、司法の独立性、アカウンタビリティと裁判官の多様性という三つの原則があげられることが少なくない。例えば、パターソン（Paterson）らは、上級裁判官に関して、裁判官任命の憲法原則または試金石として、これら三つのバランスをとらなければならないことをあげる。また、憲法特別委員会は、これらの三つに、メリットに基づく任命をあげ、「これらの原則の正しいバランスの達成が裁判所と全体としての司法システムに対する公衆の信頼を維持するために決定的である」とする。

注意すべきは、イギリスにおいては、司法の独立性を他の原則と並ぶものと理解していることである。個別の判決に対する介入は避けるとしても、他方で、司法の独立性によって、裁判官が他からの介入を阻むことになり、裁判官任命を裁判官のみに委ねる場合には、従来と同様の裁判官の再生産へとつながることへの警戒があるからである。アカウンタビリティや裁判官の多様性もこのような文脈において、その重要性が認識されている。

（2）2005年法下における裁判官任命制度

次に、2005年法下において、裁判官任命制度はどのようになったのかを確認しておきたい。先に触れたように、2005年法により、大法官は、大きく様変わりし、実質的には廃止されたともいえる状況になっているが、政府意見聴取文書は、2005年法下においても、大法官が多数の裁判官任命を要求されていることを明らかにしている。

裁判官選考（高等法院以下の裁判官）は、以下のような過程で行われる。ま

ず、裁判官選考の基準として、候補者はパートタイム（非常勤）の裁判官を経験する必要がある。そして、裁判官希望者は、公募に応募する。裁判官選考委員会は、候補者リストを作成し、選考日には、非法曹委員長、他の非法曹委員と裁判官の3名の委員が監視を行う。勧告をする前に、裁判官選考委員会は、高等法院の裁判官任命に関しては首席裁判官（Lord Chief Justice）と、下位の裁判官任命に関しては関連する経験を有するもう1名の裁判官と協議しなければならない。2013年法前には、裁判官選考委員会は、すべての勧告前に、首席裁判官と関連する経験を有するもう1名の裁判官と協議しなければならなかったが、後から説明するように、2013年法により首席裁判官や上級審判所長官が下位レベルの裁判官の任命権者となったので、手続も変更になった。

裁判官選考委員会は、候補者を勧告するために毎月2回ほど会合をもつが、時間は限られており、例えば、地区裁判官53名の勧告のために50分、巡回裁判官22名の勧告のために50分という時間をかけることができるのみであり、必然的に、裁判官選考委員会の委員は、選考委員会（panels）の評価を承認することになる。変更は、月に1、2回に限られている。最後に、大法官によって（2013年法後は、加えて首席裁判官と上級審判所長官によって）、勧告が承認される、拒否される、またはその再検討が要求される。しかし、2006年以降、裁判官選考委員会によってなされた約3,500名の勧告の内、大法官によって拒否または再検討の要求がなされたのは5回のみである。その意味で、裁判官選考委員会は、実際には、勧告委員会ではなく任命委員会として機能している。

この裁判官任命過程において、特に重要なものとして、過程の最初と終わりにおける上級裁判官の関与がある。首席裁判官は、最初に大法官の追加的選考基準を形成することによって候補者に要求される経験に現実の影響力を行使する。過程の終わりに向けて、制定法上の意見聴取は、首席裁判官に高等法院への勧告に対する効果的な拒否権を与える。他方で、下位の裁判官の任命にとって、首席裁判官または上級審判所長官は、今日、裁判官選考委員会の勧告を承認するか否かについて最終的な発言権をもっている。既に選考過程において高度の裁判官の関与が存在し、裁判官選考委員会が上級裁判官にとってトラブルとなる者の氏名を提案する見込みは高くない。そのために、下位レベルの任命のための裁判官選考委員会の勧告が承認されないのはほんの少数の場合が継続

するのみであろう。高度の裁判官の影響力は、2005年前のモデルの下の任命過程と同じように、新しい任命過程の一つの特徴となっている。

　新しい任命制度は、既存の司法府のクローンをつくり続け、多様性の前進は、相対的に遅いものとなり続ける現実の危険性が存在する。上級裁判官は、多様性の欠如を認め、変化を求めているようにみえるが、より早い変化をもたらす方策に反対し続けてきた。

3　裁判官の多様性の促進

（1）多様性の現状と多様性促進アプローチ

　裁判官における女性比率やマイナリティ出身者比率が徐々に大きくなっており、政府意見聴取文書は、裁判官選考委員会の設置以降、約2,500名の選考を行い、35％以上が女性、少なくとも9％がマイナリティ出身の候補者であること、裁判所の選考の内、約34％が女性、7％がマイナリティ出身の候補者、審判所の選考の内、約39％が女性、11％がマイナリティ出身の候補者であることも明らかにしているが、憲法特別委員会が述べるように、「あまりにゆっくりと（too slowly）」増加していると考えられる。特に、最高裁判所裁判官をはじめとする上級裁判官においては、女性裁判官もマイナリティ出身裁判官も、人数としてもごくわずかで、比率としても極めて低い。裁判官の多様性推進のためには、その供給源である弁護士における多様性が進み、女性やマイナリティ出身者に積極的に公募に応じることを促進すれば、裁判官の多様性が達成されるというトリクル・アップアプローチが従来の裁判官の多様性促進策の基本的な考え方であったが、このトリクル・アップアプローチには限界があると認識された。より根本的な見直しを必要として、少数代表に一定比率を割り当てる「クォータ制（Quotas）」を提案するマレソン（Malleson）などの主張は採用されず、2013年法において採用された裁判官の多様性の促進策は、従来のアプローチを維持しつつ、一定の修正を図るものである。

（2）2013年法における多様性の促進策
①多様性の促進配慮義務の拡大

　裁判官における多様性の促進には、リーダーシップの発揮が必要であること

があげられてきた。イギリスにおいては、2005年法64条によって裁判所選考委員会に多様性の促進を配慮する義務が課されている。憲法特別委員会は、裁判所選考委員会にのみ多様性の促進配慮義務が課されるのでは不十分であると考え、同義務が大法官および首席裁判官に拡大されるべきであると勧告した。政府は、2013年法20条と別表13第11条により、2005年法に137Aを新設し、大法官と首席裁判官に裁判官の多様性の促進配慮義務を課す修正をしている。

②2010年平等法の適用とメリットに基づく任命

政府意見聴取文書は、2010年平等法（Equality Act）の活用を検討する。平等法158条・159条は、特定の状況における任命のために選考する者を決定する際に、八つの保護された属性（年齢、障がい、ジェンダ転換、妊娠・出産、人種、宗教・信仰、ジェンダまたは性的指向）のいずれかが考慮されることを認めている。ポジティブアクションの規定は、候補者が同等の場合に適用される。そして、裁判官の任命に関して、政府は、平等法の規定を使用するが、「メリットに基づいてのみ」任命されるというメリット原則を薄めず、この規定は、2005年法にとどめられるとする。

最終的に、2013年法20条と別表13第10条は、メリット原則を維持しつつ、選考機関が、2名の者が等しいメリットを有する場合、司法府における多様性を増加させる目的で、1名の候補者を他の候補者に優先させることを妨げるものではないことを規定する。しかし、多くの裁判官や法律家が、2名の候補者が同じメリットを有することは論理的に不可能であるという考えを確固としてもっていることを前提にするならば、タイブレーク条項は、死文として容易に終わりを迎えることになるし、メリット原則規定の維持は、多様性の積極的な指令としてではなく、むしろそれを排除しないという消極的な表明として枠付けられているという限界もある。

③柔軟な労働時間の導入と定員

政府は、高等法院・控訴院への柔軟な労働時間の導入と高等法院以上の裁判所の定員の見直しを検討する。2005年4月に、パートタイム労働の選択肢が高等法院レベルよりも下位のすべての既存の俸給裁判官職に拡大されたが、労働様式における柔軟性は、高等法院以上の裁判官職には適用されていなかった。これは部分的には、高等法院や控訴院の裁判官の数を限定する1981年上級法

院法（Senior Courts Act）における規定のためである。限定は、「フルタイム同等物（full-time equivalent）」換算ではなく、単純に裁判官の数、すなわち、108名の高等法院裁判官、38名の控訴院裁判官を規定している。政府は、1981年上級法院法に含まれている高等法院と控訴院裁判官の数に関する制定法上の上限を「フルタイム同等物」換算で規定するよう、立法改正を提案する。意見聴取は、最高裁判所におけるパートタイム労働に特に言及していなかったが、政府は、「フルタイム同等物」換算として規定して、最高裁判官の上限を改正することによってこれを行うとする。[20]

2013年法20条と別表13第13条は控訴院の通常裁判官の上限を、別表13第14条は高等法院の通常裁判官の上限を通常裁判官の「フルタイム同等物」換算とし、さらに、別表13第2条は、最高裁判官の「フルタイム同等物」換算を規定した。

4　下級裁判所の裁判官任命に関する大法官の権限の首席裁判官（と上級審判所長官）への移行

（1）大法官の権限の首席裁判官への移行の必要性
①政府意見聴取文書における移行提案

先にみたように、2013年法前には、大法官が相当多数の裁判官の任命にかかわっていた状況を前提に、政府は、基本的に政治家である大法官が、このように多数の裁判官の任命にかかわることが適切かを問題にする。他方、政府は、大法官の裁判システムの効果的な運営や、その点で上級裁判所が果たすキーとなる役割についての国会に対する制定法上の義務を前提とすると、裁判官任命過程全体から大法官を完全に排除することは、アカウンタビリティ・ギャップに帰結すると考える。そして、このギャップは、任命される裁判官が上級になるにつれて増加する。[21]すなわち、上級裁判官については、大法官を通したアカウンタビリティ確保が重要と考えられているわけである。

政府意見聴取文書は、個々の裁判官の任命との関係で、高等法院または控訴院よりも下位のすべての裁判官から大法官の役割を奪い、下級裁判所の裁判官すべての任命の権限を首席裁判官に移すことを提案する。[22]これは、高等法院以上の裁判官が高度に著名で複雑でセンシティブで論争的な問題を含む事案にか

かわるかなりの潜在性があるからである。それらの裁判官は、他の裁判所を拘束し、しばしば全国的影響力を有する判決をすることを要求されているとする。

②大法官経験者からの支持

　最近の大法官経験者からは、この提案を支持する意見として、下級裁判所レベルの裁判官の任命に関心を有していないことが表明された。労働党政権時代の最後の大法官であったストロー（Straw）は、下級裁判所の裁判官の任命にまで関与することを「馬鹿げている」とし、「これらの候補者のメリットを検討したと述べる一連の書類に署名することを期待されており、そのとき、そうする以外に方法は無かった。したがって、これらの決定ははじめから終わりまで裁判官選考委員会によってなされる」と、形式的関与にとどまることを述べている。また、保守党と自民党の連立政権における大法官であったクラーク（Clarke）も、「高等法院よりも下位の任命にとって大法官の役割は、大部分儀礼的で儀式的なものとなっている」とする。それは、任命が巨大な数になっているからである。

　このように、保守党・自民党連立政権時だけではなく、労働党政権時の大法官経験者も、下級裁判所の裁判官任命に関する大法官の権限の移行を支持しているが、実は、ブラウン（Brown）労働党政権時にも、同様の改革が模索されており、移行については、政治的に広い支持が存在すると考えられる。

　憲法特別委員会は、システムに対する公衆の信頼を維持するために、任命の法的枠組みが、執行府が個別の任命に関与すべき程度とその関与の現実の両者を反映する必要性があるとして、高等法院より下位の任命に関して、再考を求める、または被指名者を拒否する権限が大法官から首席裁判官に移るべきことに同意する。このことは、裁判所の独立性を促進し、システムに対する公衆の信頼を増加させると判断するからである。

　最終的に、2013年法20条と別表13第4部により、裁判官選考委員会は、高等法院以上のレベルの裁判官について大法官に報告するものの、高等法院レベルより下位の裁判官任命への大法官の関与は取り除かれ、大法官の権限は首席裁判官または上級審判所長官に移された。

(2) 首席裁判官への移行に反対する見解

　下級裁判所の裁判官の任命に関する権限の大法官から首席裁判官への移行提案に対しては、それに反対する見解も出されている。特に、先に触れた憲法ユニットにかかわる研究者として、マレソンとギー（Gee）は、連名で比較的詳細な反対意見を提出しており[27]、また、裁判官任命において重要な役割を果たしている裁判官選考委員会からも反対の見解が出されている[28]。以下では、反対の理由を順番にみていく。

①アカウンタビリティ

　まず、マレソンとギーは、アカウンタビリティに関連する次のような反対意見を述べる。大法官の関与は、民主的正統性の決定的な方策を裁判官選考過程に注入する。等しく重要なことに、それは大法官が任命システムの運用全体について、その制定法上の責任を真剣にとることを促す。さらに、もし民主的アカウンタビリティが大法官を通して確保されるものでないならば、大法官ではなく、首席裁判官が下級裁判所の任命の運用について直接国会に責任を負うことになるのか。もしそうであるならば、これは、大臣の関与よりも、司法の独立性へのより大きな脅威を与えるのではないかという疑問を提出する。

　また、裁判官選考委員会も、裁判官任命に関する国会への責任について同様の意見を述べる。首席裁判官は、大法官と同じレベルまたは形態の国会へのアカウンタビリティを有していない。したがって、なんらかの執行府の関与、つまり大多数の裁判官ポストについてのアカウンタビリティが存在しないようになると批判する。

②裁判官の多様性と大臣の関与

　次に、マレソンとギーは、上記のアカウンタビリティに関連して、裁判官の多様性を促進するために、大臣の関与が必要であることを述べる[29]。多様性の改善は、政治的意思を必要としているとする。大法官を下級裁判所の裁判官の任命から排除することは、すべてのレベルでの裁判所におけるより大きな多様性を促進する政治的意思の行使の機会を排除することになると考えられるとする。

③裁判官関与の十分性

　マレソンとギーは、上級裁判官の任命と同様に、下級裁判所の裁判官の任命に関しても、既に裁判官の関与は十分であると判断している。裁判官は自らの

同僚を選考する際に、既に十分かかわっている。裁判官の任命に関する権限を首席裁判官に移すことは、究極的に司法府に対する公衆の信頼を支持するのではなく、それを掘り崩す方法で、裁判官の影響の相当な拡大を示すとする。

また、裁判官選考委員会も、下級裁判所の裁判官の任命が司法府の長によってなされることにより、選考過程における裁判官の影響力が明らかに増加し、司法府がアカウンタビリティを負わず、自己追求をしていると公衆に認識されるという危険があることを指摘する。

④首席裁判官による拒否権の活用

マレソンとギーは、拒否権を首席裁判官に移す提案は、首席裁判官がより頻繁に裁判官選考委員会からの勧告を承認しなくなるという含意をもつことを検討していないとする。また、首席裁判官が裁判官選考委員会の勧告に同意しない他の理由もあるとされる。例えば、仮に、裁判官選考委員会が多様性を促進するためにタイブレーク条項を活用することを決めた場合、そして、将来の首席裁判官がこのアプローチに反対したならば、拒否権がより頻繁に用いられると予想し得る。このような場合、首席裁判官の決定は司法審査に服するのか、そのとき、誰が争いを審理するのか。首席裁判官の決定が司法審査に服さないならば、どのようにそれは争われ得るのであろうか。さらに、首席裁判官は、その決定に理由提示を要求されるであろうかといった疑問が提出される。

他方で、裁判官選考委員会が首席裁判官の承認を得やすい勧告のみをすることによって、上記の問題を避けようとする可能性や、そのことは、裁判官が潜在的に裁判官任命に過度の影響力を有していることを裏書きするといったことも述べる。

⑤裁判官選考委員会の独立性の擁護者としての首席裁判官

マレソンとギーは、首席裁判官は、いままで裁判官選考委員会の独立性の擁護者として役立ってきたとする。つまり、裁判官選考委員会と司法省の緊張が最大であったとき、首席裁判官は、公に裁判官選考委員会を守るために発言したが、これは、首席裁判官の裁判官任命過程における役割が相対的に限られていたので、潜在的な利益相反なく、首席裁判官はそのようにすることができたと考えられる。任命に関する権限の移行により、将来、首席裁判官が裁判官選考委員会の勧告に対して拒否権を行使し得るならば、裁判官選考委員会の信頼

できる擁護者として役立つことはかなり困難となるかもしれない。

⑥二層の任命過程の創設

　下級裁判所の裁判官の任命に関する権限が大法官から首席裁判官に移される一方で、上級裁判所の裁判官については、大法官が任命（勧告）権限を有することになると、二層の任命過程が創設されることになる。このような二層制に関して、裁判官任命の「ハイブリッド」システムとして、積極的に評価するジャスティス（JUSTICE）のような考え方もある。(30)しかし、裁判官選考委員会は、事実として、ほとんどの市民の司法府との接触が、高等法院以上ではなく、これらのレベルにおいてであるときに、首席裁判官によって行使される任命に関する権限はより重要ではないという認識へと通じる二層の任命過程の創設であり、大法官は首席裁判官よりもより上級の地位を有するという認識へと通じる危険性があると指摘する。

5　上級裁判官の任命過程の改革提案

（1）最高裁長官・首席裁判官の任命と大法官

①選考委員会への大法官の参加

　最高裁判所裁判官や首席裁判官の任命に関してなされた改革提案の中で、アカウンタビリティにかかわって最も関心を集めたと思われるのは、任命過程における大法官の関与のあり方である。最高裁長官と首席裁判官についての選考委員会に関しては、ほぼ同様の議論が展開されており、主に最高裁長官にかかわる議論を検討する。

　政府意見聴取文書は、大法官の役割について、以下のような認識を示す。(31)選考委員会の役割や、最高裁長官と執行府の相互関係のレベルや性質を前提とすると、執行府が公衆や国会に対する効果的な裁判システムを提供するアカウンタビリティの点で、見解を表明する機会を提供することに対する明確な支持がある。政府は、大法官が最高裁長官についての選考委員会の委員として審理に加わるべきであり、そうする際に、大法官は、従来の拒否権を失うべきであると考える。労働党政権時の大法官であったストローも、大法官の参加を支持している。(32)

　政府回答書をみると、提出意見の内、半数以上が反対意見を提出している。(33)

提案に賛成するものとして、バリスタの団体であるバー・カウンシル（Bar Council）がある。[34]バー・カウンシルは、首席裁判官の任命に関して、選考委員会に大法官が加えられるべきであるとする。この変更は、司法府を行政府からより明確に区別し、大法官が最上級裁判官の選考過程の外部にあり、特定の候補者を拒否する拒否権を有することは、司法の独立性の促進とは相容れないと考えるからである。

他方、反対意見の理由をみてみよう。第1に、裁判官選考における大法官の役割拡大を支持しつつ、役割拡大の方式として、選考委員会への大法官の参加は適切ではないとする意見がある。

ヘーゼル（Hazell）、マレソンとギーは、大法官が適当に役割を行うには、裁判官選考委員会から一定程度の距離が必要とする。大法官の政治的インプットは、一定程度の透明性が存在する段階で起こるべきと考え（例えば、大法官の拒否権は、裁判官選考委員会の年次報告書において報告されている）、大法官が選考委員会に参加する場合には、大法官による政治的インプットが目にみえないことを問題と考える。[35]ジャスティスも、現在の責任分担は維持されるべきであり、大法官の役割は、独立した査定過程が実施された後からはじめて果たされるべきとする。[36]裁判官選考委員会も、大臣は選考委員会の勧告の承認や拒否の最終的判断をすべきであり、大法官が最終的判断に関して国会にアカウンタビリティを負うべきとする。[37]

また、憲法特別委員会も、大法官は、首席裁判官または最高裁長官についての選考委員会の審理に加わるべきではないとする。大法官は、各々の選考過程の開始前に適切に協議され、拒否権を保持するべきであり、なんらかのよりいっそうの関与は、過程を政治化する危険を冒し、裁判所の独立性を傷つけることになると考える。[38]

②大法官による参加と大法官による拒否権の選択

政府は、当初、「犯罪及び裁判所法案」において、大法官が最高裁長官についての選考委員会のメンバーとなることを規定した。ただし、政府意見聴取文書の段階では、大法官が委員として参加すべき（should）かを問題としていたが、法案においては、大法官が、委員となることができる（may）ことを提案する。他方で、法案が、大法官に委員と手続についての規制制定権を与え

ることから、結果として、大法官は、審理に加わり拒否権を失うか、または拒否権を維持するために審理に加わらないという選択をすることが可能と考えられ、そのことが新たな争点となった。大法官にこのような選択肢を認めることは、潜在的に拒否権のみを認めるよりも大きな権限を与えることになるからである。すなわち、最高裁長官のための明白な候補者を好まず、それを拒みたい大法官は、審理に加わらず拒否権を選択し、他方、好ましい候補者を支持したい大法官は、結論に影響を与えるために審理に加わることも想定されるからである。政府は、最終的に、大法官が選考委員会に加わることを可能とする規定を削除した。
(39)

(2) 上級裁判官任命と国会
①国会における聴聞の必要性

上級裁判官任命との関係で、憲法改革法制定以前から、国会の役割強化が主張されてきた。比較法的検討を踏まえて、国会における聴聞や、裁判官特別委員会への国会議員の参加を求める見解が公にされてきている。以下では、憲法ユニットにかかわる研究者から有力に主張されてきた国会での聴聞に関する議論をみる。
(40)

国会（議会）での聴聞という場合、アメリカにおける聴聞を念頭に、論拠に若干の相違はあるものの、過度に政治的なものであるとして、イギリスにおいても否定的に評価されることが一般的であった。しかしながら、アメリカの聴聞の評価についても、議会にだけ焦点を当てるのではなく、裁判官の任命を大統領の指名権限と結び付けて、議会の聴聞を大統領の政治的裁量を統制する重要な手段であるとして、評価の見直しもなされてきている。また、裁判官任命に関する国会の聴聞として注目を集めているのは、拒否権が存在しないカナダにおける国会の聴聞である。さらに、イギリスにおいても、2008年以来、連立政権前の労働党のブラウン政権によって、最も重要な公的機関60名の公職任命のために、やはり拒否権が存在しない国会の事前審査聴聞が導入されてきた。この制度により、公的任命過程の威厳が掘り崩される、または特別委員会が不適切な質問をするというおそれが表明されてきたが、いずれの懸念も正当なものと証明されず、一般的にその制度が積極的な評価を受けている。この制度と
(41)

同様に、拒否権を有しない国会の事前聴聞を裁判官の任命との関係でも活用する提案がなされているわけである。

このように、国会聴聞といっても、アメリカ型の聴聞とは異なるタイプの必要性が主張されてきていることに注意が必要である。事前ではなく任命後のタイプ、また、拒否権がないタイプのものである。

②憲法特別委員会による消極的評価

しかし、憲法特別委員会は、上級裁判所の裁判官に対する任命前聴聞の導入の提案、さらに、任命後聴聞の導入のいずれにも反対する[42]。任命前の事前聴聞については、いかに限定的な質問でも、そのような聴聞は、これらの任命される者の独立性を損ない、裁判官の将来の判決を事前に判断するようにみえることなしで、なんらかの重要な影響力を持ち得ないとし、裁判官の正統性は、その独立の地位やメリットに基づく任命にあり、なんらかの民主主義的委任に依存するわけではないと考えるからである。また、任命後聴聞についても、責任を適切に負い得るリーダーシップの役割を果たす首席裁判官や最高裁長官の場合には、例外が存在するかもしれないとするが、上級裁判官の任命後聴聞は、アカウンタビリティの改善のような有用な目的に貢献しないとして消極的な意見を明らかにする。

6　おわりに

2005年法成立以前は、三権にまたがる権限を有していた大法官や、貴族院における法官貴族の存在のように、司法の独立性の観点から改革が必要であった制度が存在し、その改革のために憲法改革法が制定された。しかし、現段階で、2005年法をみた場合、司法の独立、アカウンタビリティ、裁判官の多様性といった基本的な原則の間におけるバランスが適切であったかは議論の余地があり、司法の独立性の改革はなされたが、国会に対するアカウンタビリティや裁判官の多様性は十分ではないとする主張も有力である。裁判官任命制度を再改革する2013年法においても、憲法ユニットにかかわる研究者らが主張したアカウンタビリティの拡大や多様性の確保提案が実現することはなかった。司法の独立性の強調により裁判官任命において裁判官の重要性が増すことは、実際には従来の裁判官と同様の裁判官の自己再生産となる危険性もあり、批判が強いこと

から、今後もこれを求める主張は継続していくと予想される。

注

（1）筆者による検討として、2005年法制定直前の改革論議の状況については、榊原秀訓「イギリス司法の独立性とアカウンタビリティをめぐる改革論議」名経法学14号（2003年）101頁〜199頁参照。また、2005年法にかかわる議論や改革の状況については、同「ブレア政権の司法改革——大法官職廃止と最高裁判所・裁判官任命委員会設置の提案」名経法学17号（2004年）1頁〜86頁、同「ミニ・シンポジウム1998年人権法とコモン・ローの変容——大法官職廃止と司法の独立」比較法研究66号（2005年）124頁〜130頁、同「ブレア政権の司法改革——2005年憲法改革法——」比較法研究68号（2007年）189頁参照。その後の改革については、同「イギリスにおける裁判官任命制度と大法官職の再改革論議——2005年憲法改革法に基づく制度の見直し」南山法学38巻3・4号（2015年）115頁〜152頁参照。

（2）*Monitor*, Constitution Unit Newsletter, Issue 52（2012）, p. 3.

（3）2009年には、大法官が裁判官の多様性に関する助言委員会（The Advisory Panel on Judicial Diversity）を設置し、同委員会は、2010年に報告書を公表している。

（4）Ministry of Justice, *Appointments and Diversity 'A Judiciary for the 21st Century' A Public Consultation* CP19/2011（2011）（以下「MoJ, *Consultation Paper*」とする）。それに対する政府回答は、2012年5月に公表されている。Ministry of Justice, *Appointments and Diversity 'A Judiciary for the 21st Century' Response to Public Consultation*（2012）（以下「MoJ, *Response to Consultation*」とする）。

（5）House of Lords Select Committee on the Constitution 25th Report of Session 2010-12, *Judicial Appointments Report*, HL Paper 272（2012）（以下「Constitution Committee, *Judicial Appointments Report*」とする）。それに対する政府回答は、2012年5月に公表されている。Ministry of Justice, *The Government response to the House of Lords Constitution Committee's Report : Judicial Appointments*——25th Report of Session 2010-12.

（6）法案に対して、貴族院憲法特別委員会（House of Lords Select Committee on the Constitution 2nd Report of Session 2012-13, *Crime and Courts Bill*［HL］Report, HL Paper 17（2012））や、庶民院貴族院人権合同委員会（House of Lords House of Commons Joint Committee on Human Rights Fifth Report of Session 2012-13, *Legislative Scrutiny : Crime and Courts Bill,* HL Paper 67 HC 771）が報告書を提出している。2013年法については、法律の説明文書（Explanatory Notes Crime and Courts Act 2013）も参照。

(7) A. Paterson and C. Paterson, *Guarding the Guardian?* (Centre Forum, 2012), pp. 10-14.
(8) Constitution Committee, *Judicial Appointments Report*, paras. 14-20.
(9) ロンドン大学の憲法ユニット司法の独立性プロジェクトにおいては、「大法官職廃止10周年記念」のイベントが開催され、また、「大法官は現実に存在しているのか？」が議論されている。
(10) MoJ, *Consultation Paper*, para. 36.
(11) G Gee, R. Hazell, K. Malleson and P. O'Brien, *The Politics of Judicial Independence in the UK's Changing Constitution* (Cambridge University Press, 2015), pp. 170-182.
(12) MoJ, *Consultation Paper*, para. 16.
(13) Constitution Committee, *Judicial Appointments Report*, para. 68.
(14) K. Malleson, "Gender Quotas for the Judiciary in England and Wales" in U. Schultz and G. Shaw (eds), *Gender and Judging* (Hart Publishing, 2013), pp. 481-499 ; G. Bindman and K. Monaghan, *Judicial Diversity : Accelerating Change* (2014).
(15) Constitution Committee, *Judicial Appointments Report*, paras. 109-111.
(16) MoJ, *Consultation Paper*, paras. 85-89.
(17) MoJ, *Response to Consultation*, paras. 93-96.
(18) P. O'Brien, "Changes to Judicial Appointments in the Crime and Courts Act 2013" [2014] P. L. 179, p. 186.
(19) MoJ, *Consultation Paper*, paras. 83-84.
(20) MoJ, *Response to Consultation*, paras. 91-92.
(21) MoJ, *Consultation Paper*, para. 38.
(22) *Ibid.*, paras. 37-41.
(23) J. Straw, Oral Evidence in House of Lords Select Committee on the Constitution, *Judicial Appointments Process Oral and Written Evidence,* Q131. また、J. Straw, *Aspects of Law Reform* (Cambridge University Press, 2013), p. 55でも同様の見解を表明している。
(24) K. Clarke, Oral Evidence in House of Lords Select Committee on the Constitution, *Judicial Appointments Process Oral and Written Evidence,* Q373.
(25) *The Government of Britain : Judicial Appointments* (2007).
(26) Constitution Committee, *Judicial Appointments Report*, paras. 27-34.
(27) K. Malleson and G. Gee, 'Who should have the final say in lower level judicial appointments?' UK Const.http://ukconstitutionallaw.org L. Blog (30th January

2013）(available at http://ukconstitutionallaw.org).
(28) Judicial Appointments Commission,'*Appointments and diversity : A judiciary for the 21 century' Response of the Judicial Appointments Commission*（February 2012）.
(29) ヘーゼル、マレソンとギーは、政府意見聴取文書に対する回答においても同様の意見を述べている。R. Hazell, K. Malleson and G. Gee, *Ministry of Justice Consultation Paper : Appointments and Diversity : 'A Judiciary for the 21st Century'*.
(30) JUSTICE, *Ministry of Justice Consultation : Appointments and Diversity : 'A Judiciary for the 21st Century' : JUSTICE RESPONSE*（2012）.
(31) MoJ, *Consultation Paper*, paras. 62-65, 69-71.
(32) Straw, *op. cit.*, n. 23, pp. 59-60.
(33) MoJ, *Response to Consultation*, paras. 55-60, 66-72.
(34) Bar Council, *Response of the Bar Council of England and Wales to the Ministry of Justice Consultation : Appointments and Diversity : A Judiciary for the 21st Century.*
(35) Hazell, Malleson and Gee, *op. cit.*, n. 29.
(36) JUSTICE, *op. cit.*, n. 30.
(37) Judicial Appointments Commission, *op. cit.*, n. 28.
(38) Constitution Committee, *Judicial Appointments Report,* paras. 137-139.
(39) O'Brien, *op. cit.*, n. 18, p. 183.
(40) K. Malleson, "Parliamentary Scrutiny of Supreme Court Nominee : A View from the United Kingdom"（2006）*Osgoode Hall L. J.* 557 ; G. Gee, "The Politics of Judicial Appointments in Canada" in J. Jowell et al., *Judicial Appointments Balancing Independence, Accountability and Legitimacy*（2010）; G. Gee, Written Evidence in House of Lords Select Committee on the Constitution, *Judicial Appointments Process Oral and Written Evidence*, pp. 243-247 ; Paterson and Paterson, *op. cit.*, n. 7, pp. 52-59 ; A. Horne, "A Case for Confirmation Hearings for Appointment to the New Supreme Court"［2010］J. R. 9 ; A. Horne, *A Changing Constitution : A Case for Judicial Confirmation Hearings?*（Study of Parliament Group, 2010）; A. Horne, *Is There A Case for Greater Legislative Involvement in the Judicial Appointment Process?*（Study of Parliament Group, 2014）. カナダの国会聴聞について、富井幸雄「最高裁判所判事任命過程における議会の関与：カナダの展開と日本への示唆」首都大学東京法学会雑誌53巻2号（2013年）257頁～311頁も参照。

(41) Constitution Unit, *An Evaluation of Pre-Appointment Scrutiny* (2010); Institute for Government, *Balancing Act : The Right Role for Parliament in Public Appointments* (2011). 高澤美有紀「アメリカ及びイギリスにおける公職任命の議会による統制」レファレンス753号（2013年）73頁〜81頁も参照。

(42) Constitution Committee, *Judicial Appointments Report,* paras. 39-48.

第6章
イギリス憲法の「現代化」と君主制

王位継承ルールの変更
―2013年王位継承法の成立―

植村　勝慶

2013年4月に「2013年王位継承法」(1)（以下「本法」という。）が成立し、イギリスにおける王位継承に関するルールが変更された。そこで、本稿では、その概要を確認したうえで、若干の考察を加えるものである。

2015年5月2日に、王位継承順位2位であるウィリアム王子の妻キャサリン妃が第2子を出産し、後にシャーロットと命名された。シャーロット王女は、夫妻の長男ジョージ王子に次ぐ王位継承順位4位の地位にある。このようにイギリスでは、日本とは異なり、王位継承資格を有する者の不足が問題となっているわけではない。同じく立憲君主制とされる日英両国であるが、異なるところも多く、それが王位継承資格を有する者には不足していないという事情を生み出している。王位継承資格者の不足という事情がないのであれば、どのような背景から法改正がなされたのか。この点を中心に検討してみたい。

1　2013年王位継承法の概要

2013年4月に成立した本法は、本文5条と附則5条からなるが、主要な内容は、以下の3点である。

（1）男系優先の廃止

まず、本法は、王位継承ルールにおける男系優先を廃止した。

本法第1条は、「王位継承の決定にあたっては、2011年10月28日の後に出生した者の性別は、その者又はその者の子孫に、（出生した時点を問わず）他の者に対する優先を与えるものではない」と定めた。

従来のイギリスの王位継承の基本的な枠組みは、男系優先長子相続制であるが、それについて本条は、「男系優先」という部分を廃止するものである。例えば、王の子どもにすでに第一子として女性の子どもがいる場合、それよりあ

とに、男性が出生した場合、出生の順序で王位継承の順序を決定するのであれば、女性が上位であるはずであるにもかかわらず、あとから出生した者が男性であれば、その男性が王位継承順位の決定において優先するというルールが従来のものであった。つまり、姉は、弟よりも王位継承順位の決定において劣後するということになっていたのである。そして、このような姉よりも弟を優先するという「男系優先」のルールが廃止されたのである。結果としては、性別にかかわりなく、出生の順序に従って、王位継承の順位が決定されることとなる。

ただし、この改正の効果が及ぶのは、「2011年10月28日の後」に生まれた者のみであり、「2011年10月28日」以前に生まれた者についてまでは遡及せず、「男系優先」のルールはなおも適用されたままである。つまり、「2011年10月28日」以前に生まれた男性については、本条の発効により、たとえば姉がいた場合に王位継承順位が繰り下がるということはない。劣後者については、出生の時期を問わないので、「2011年10月28日の後」に生まれているかどうかは問われない。

なお、「2011年10月28日」の日付は、王位継承それ自体に関するなんらかの意味ある日付ではなく、後に述べるように、コモンウェルス諸国会議での合意が成立した日を基準として設定されたものである。

（2）ローマ・カトリック信者との婚姻を欠格事由から除外

第二に、本法は、ローマ・カトリック信者との婚姻を王位継承資格の欠格事由から除外した。

本法第2条第1項は、「ローマ・カトリックの信者である者と婚姻した結果、王位継承の資格又は王位を有する資格を失うことはない。」と定め、配偶者が「ローマ・カトリックの信者」である場合について、王位継承資格を失わないと定めた。

従来の王位継承順位の決定にあたっては、本人が「ローマ・カトリックの信者である者」及び配偶者が「ローマ・カトリックの信者である者」については、王位継承資格を有しないとされ、独身のまま王位についたのちに、「ローマ・カトリックの信者である者」と婚姻すれば、王位を喪失するとされていた

のである。それに対して、本条は、王位継承者自身が「ローマ・カトリックの信者である者」であってはならないという点については維持しつつも、配偶者が「ローマ・カトリックの信者である者」という場合について、王位継承資格又はすでに王位については場合にはその王位を失わないと定めたのである。

第2条第2項は、「前項は、本条発効以前の婚姻で、当事者が生存している場合にも適用する」と定め、生存している者の婚姻に限定的な遡及効を認めた。死亡している者についてまで遡及させると過去における王位継承順位の決定に変更をもたらすことになるので、適用範囲を限定したと考えられる。

このような改正は、実質的な憲法の一部をなすとされてきた1688年の権利章典や1701年の王位継承法の改正をもたらすので、その点が、附則第2条と第3条で明記されている。

(3) 王位継承資格者の婚姻事前同意範囲の縮減

第三に、本法は、王位継承資格を有する者の婚姻事前同意範囲を縮減した。

本法第3条第1項は、「婚姻の際に、王位継承資格第6位以内の者は、婚姻の前に女王陛下の同意を得なければならない」と定め、同条第3項は、同意がない場合には、当該の者及びその子孫につき、王位継承資格を喪失するという法的効果が生じる旨を定める。王位継承資格を有する者の婚姻事前承認の制度については、そもそもは1772年王族婚姻法（the Royal Marriage Act 1772）が定めをおいていた。同法は、ジョージ2世（在位1727年～1760年）の子孫が、婚姻前に君主の同意なく婚姻した場合に、その婚姻を無効とするという旨を規定していた。本法第3条第4項では、これを廃止し、婚姻につき事前の同意を必要とする人的範囲を縮小したうえで、同条第5項が、同意がない場合の効果につき、婚姻無効に代えて王位継承資格を喪失することに置換したものである。

2 2013年王位継承法成立の経緯

(1) 労働党政権の対応

王位継承資格をめぐる改革論議は従前から存在したが、政府による王位継承資格に関するルール変更を検討している旨が公式に議会で表明された最初の機会は、1998年2月27日による政府アナウンスであった[(2)]。貴族院議員アーチ

ャー卿が王位継承資格につき男系優先を廃止する旨を定める法案を提案しており、その第二読会の審議が行われた際のことであった。内務政務次官Lord Williams of Mostyは、政府を代表して、女王に事前に交渉のうえで、「娘と息子が同等に扱われるべきであるという政府の見解に対して異議がないとされたこと」、この問題を議員法案〔Private Members' Bill〕で扱うことには問題があり、このような重要な憲法上の変更については政府法案で扱われるべきこと、政府部内で検討し、王室とも交渉を行う予定であること、1931年ウェストミンスター憲章によれば、王位継承の変更については女王陛下を国家元首とするコモンウェルス諸国の同意が必要とされるがゆえに政府法案で扱われるべきこと、とする政府の立場を明らかにした。それを受けて、アーチャー卿は、自らの法案を撤回した。

　その後、2009年11月にブラウン首相が、ローマ・カトリック信者との婚姻を欠格事由とすることの廃止が望ましい旨に言及したことはあったが、事態の進展は明らかにならず、2010年総選挙の労働党マニュフェストは、「私たちの立憲君主制は、わが国にとって深いプライドと強さの源泉である。私たちは、王族のローマ・カトリックとの婚姻及び男系優先に関する法制を改革する必要があると信じている。しかし、いかなる改革にも女王を元首とするコモンウェルス諸国の同意を必要とする」(3)と述べ、法改正の方向と諸国との調整の必要性を明らかにするにとどまっていた。

（2）保守・自民連立政権の対応

　2010年のイギリス庶民院議員総選挙で労働党は大敗し、保守党と自由民主党との連立政権が成立した。その選挙における保守党マニュフェストにおいては、政治改革の一環として、議会と政府のバランスの回復を掲げ、「議会がすべての大きな国民的決定に関与できるように、王の大権の行使を一層の民主的なコントロールの下におく」(4)とし、王の大権への統制の必要性について言及していたが、王制全体についての言及は特になかった。2010年総選挙の自由民主党マニュフェストにも、選挙後において保守党と自由民主党との間で締結された連立政権合意にも、言及はなかった。

　今回の法案提出の直接の背景となったものは、保守党と自由民主党との連立

政権の下で、2011年10月28日に行われたコモンウェルス諸国会議（オーストラリアのパースで開催）が、①王位継承における男系優先の廃止、と②ローマ・カトリック信者と結婚した者の王位継承権の確認に、合意したことによる。なお、法案内容の第3点目の王族の婚姻同意範囲の縮小については、正式な合意内容のアナウンスには含まれていなかったが、その後、この点についても合意があったことがイギリス政府によって明らかにされ、法案の正統性を支えることとなった。

そして、2012年5月の女王演説には王位継承法改正が含まれ、2012年12月4日には、諸国から法改正の準備が整った旨の正式通知を受領したことが正式にアナウンスされた。

（3）2012年12月から2013年4月までの議会審議

2012年12月13日に、政府法案が庶民院へ提出され、翌年の4月25日に女王の裁可を得た。このようにかなり短期間で法案が成立したのは、政府が、早期法律手続（fast-track）を採用したからである。政府は、①コモンウェルス諸国と合意した内容の早期実施する必要があること、②ウィリアム王妃の妊娠（2012年12月3日に公表）そして、③法改正については国民の間にすでに合意が存在をしていることを理由として、この手続の採用を主張した。

（4）本法の施行

本法第5条は、施行・効力について定めており、同条第1項は、第5条が同法成立の日から発効することを明記し、同条第2項は、その他の条項について、枢密院議長が、枢密院令により指定する日時に発効する旨を定めた。これは、エリザベス2世を同じく国家元首とする16か国のコモンウェルス諸国が歩調を合わせて、今回の王位継承ルールの変更を実施するためである。2015年3月26日、本法施行について定める枢密院令が制定され、同日から施行されたことが貴族院においてクレッグ副首相兼枢密院議長名でアナウンスされた。

3　2013年王位継承法をめぐる論点

(1) そもそも王位継承のルールは、いかに形成されたのか？

　従来、王位継承のルールは、コモン・ローの原則である男系優先長子相続制を、議会主権であるがゆえに、いかなる法をも変更することができる議会制定法（例えば権利章典、王位継承法など）で修正するという論理的な構造を有していると説明されてきた。男子優先長子相続制は、1925年以前のreal propertyの相続制の原則とされ、それが王位継承のコモン・ローの原則とされる。しかし、近代以前には、王位の継承については、多様な解釈の余地があり、王の恣意的な継承資格者決定や暗殺や戦争による王位をめぐる争いが起こり、まったく自明な抽象的な法原則が妥当していたわけではない。むしろ、近代国家の成立以降、権利章典や王位継承法制定の際にそれらの前提とされるコモン・ローの原則が確認されることにより、はじめて安定的な内容を有するに至ったと考えるべきであろう。歴史的（あるいは現実的）な構造と論理的なそれとは、区別して考えるべきである。

　そもそも世襲制とは、血縁を根拠として地位や財産の継承を認める考え方であり、一見して、「自然」であり、「決まっている」かのように見えるかもしれない。しかしながら、そのように人々が「決めている」というのが実際であり、その決め方には多様なものがありうるのである。

　今回の改正は、男子優先の部分に着目すれば、世襲制に内在してきた男女差別を排除し、ローマ・カトリック信者と婚姻した者を王位継承者資格から排除するという点をみれば、特殊イギリス的な事情から生じた宗教的・歴史的偏差を現代的に部分修正することに意味があろう。これらの差別は、近代においてもなおも残存する封建的＝前近代的なものとは言い切れず、イギリス近代のありように根深く残存していた要素であると言えよう。

(2) なぜ男系優先の廃止か？

　今回の男系優先廃止の改正は、王位継承者の確保のためではなく、「性差別の解消」の理念による。イギリス王室の公式HPに掲載されているだけでも、16名の王位継承資格者がおり、王位継承資格の不足という事情はまったく伺え

ない。この点で、「皇位の安定的な継承」が課題とされている日本とはまった
く事情が異なる。今回排除されることとなった王位継承資格の欠格事由に加え
て、正式な婚姻の間に生まれた子ども(嫡出子)でなければならないという制
限的要件も別にあるが、日本のように、皇族でなければならないという制限的
要件(イギリスでいえば、ロイヤル・ファミリーでなければならないという制
限的要件)はないために、血統を際限なくたどり、王位継承資格者をリストア
ップすることが可能となっている。

　男系優先の廃止の理由として政府が掲げるのは、男性の優位という「アナク
ロニズムは、すでに時代遅れであり、私たちの社会とは調和せず、世界の人々
へ誤ったメッセージを送ることになる」という点である。

　このように王位継承資格者の不足という深刻な問題を抱えているからこその
法改正ではなくて、王位継承のルールがもっているメッセージ性こそが問題で
あった。現にこのような改正は、王位継承順位の上位の者について影響をもた
らすものではなかった。たとえば、王位継承順位第2位のウィリアム王子とキ
ャサリン妃の間に、2013年7月22日に生まれたジョージ王子は、男性であった
からである。

　なお、王位継承における男系優先の廃止には異論はなかったが、これに関し
て、世襲貴族制について残存している女性差別(この場合には一定の爵位につ
いてはそもそも女性に継承資格を認めないものも存在する)について改正すべ
きであるという議論が出された。これに対して、政府は、世襲貴族制はより複
雑な問題を抱えており、今回の王位継承資格の問題とは別の問題であり、また
パース合意の内容に含まれないとして、現時点においてはそれらの法改正の計
画を有していない旨を言明している。

(3) なぜローマ・カトリックとの婚姻を欠格事由から除外したのか?

　権利章典や王位継承法でこのような規定がおかれた背景には、ローマ・カト
リック諸国から王位継承への介入を危惧する市民革命直後のイギリスの政治事
情があった。その場合に、ローマ・カトリック対イギリス国教会の対抗図式に
おいて、あれかこれかの選択が前提であり、ローマ・カトリックではなく、イ
ギリス国教会の信者である王を確保することが目的であった。すなわち、ロー

マ・カトリックとイギリス国教会以外の宗教などはそもそも除外の対象として想定されていなかった。しかし、法形式的には、ローマ・カトリック信者のみを規制の対象としているので、結果としては、他のキリスト教の教派、あるいはイスラム教などの他の宗教は規制の対象になっていない。明文上は、ローマ・カトリック信者のみへの差別的な取扱いとなるために、現時点においては、その差別性がかえって際立ってしまっているといえる。君主自身がイギリス国教会の首長であることに変更はないが、立法過程では、配偶者がローマ・カトリック信者である場合のその後の王位継承資格者への影響が議論になっている。[16]

なお、ローマ・カトリック信者についても王位継承を認めた上でその場合には、次点の王位継承者を代行のイギリス国教会首長とするという修正案は、38対371で否決された。ローマ・カトリック信者であっても王位継承権を喪失しないことを可能とする制度的枠組みの試みの一つであるが、大差で否決されている。[17]

（4）なぜ王位継承資格者の婚姻事前承認範囲の縮小か？

1772年王族婚姻法は、ジョージ2世（在位1727年から1760年）の子孫すべてが対象となり、数百人に適用され、同法によって婚姻については王の許可が必要とされているが、このことが十分に当事者において認識されておらず、許可なき婚姻が多く存在し、それをいまさら無効であるとするなどは非現実的であるとされていたものであった。それゆえに、このような規制を廃止し、代わって、「公益」性のゆえに、一定の範囲の王位継承資格者に範囲を限定し婚姻に際しては、王の同意を必要とした。その範囲が、なぜ6人であるかについては、1772年王族婚姻法以降、継承順位6位より離れた者に王位が継承された前例はない、と政府により説明された。[18]なお、併せて、正式に婚姻した夫と妻から生まれた子どもにしか王位継承権はなく、養子や人工授精による子どもの場合には、王位継承権はないとも説明されている。[19]

（5）ヨーロッパ人権条約上の権利との適合性

政府は、王位継承は財産を相続する権利ではなくて、王位という公職の問題であるから、「財産権」（ヨーロッパ人権条約第1議定書第1条）などの問題で

はなく、人権が関係するとしても、この制約は正当化しうるし、国家の裁量に属するとして、差別的措置の解消は、平等の点からも同様に問題なく、「婚姻する権利」（同第12条）が問題になるとしても「国内法に従って」という文言は国家の裁量を認めており、王族についての同意は「公益」があり、制裁は婚姻の無効ではなくて、王位継承資格の剥奪であるから、婚姻する権利それ自体を損なうわけではない、と説明している。[20]

（6）王制改革の今後

今回の改革は、斬新的・部分的なものに過ぎず、象徴的な意味合いをもつにとどまると言えよう。すなわち、世襲原理それ自体を維持することはもちろん、男系優位という点を是正するにとどまり、貴族制についても議論が波及することを回避して、かつ、ローマ・カトリック信者と結婚した場合のみを是正し、王位継承者本人がカトリックである場合については維持し、それ以外の国家と宗教に関わる制度改正は一切行われなかったのである。

長期的には、欧州統合、地方分権、憲法の成文化の中で「王位の法典化（codification of the Crown）」[21]、非政治化の進行（個別権限の「廃止」を含む）が進むであろう。[22]このような点を重視する把握は、実質的な変化・変動に目を向けずに、現象的・形態的な把握に比重を置きすぎているとの批判を受けるかもしれないが、現代イギリスの統治構造における変化の重要な特徴であり、そのような変化を細目に読みとることのなかに、イギリス政治の実態を読み解く手がかりを得ることができると考えている。[23]

注
（1）Succession to the Crown Act 2013, c. 20. なお、同法についてはすでに、河島太郎「イギリスにおける王位継承法の改正」外国の立法258号（2013年12月）12頁があり、負うところが多い。

（2）HL Hansard, 27 February 1998, cols. 916-918. なお、この点を含めて従来の改革論議の経緯については、加藤紘捷「イギリスの王位継承法と女王考」日本法學74巻2号（2008年7月）3頁以下を参照されたい。

（3）*The Labour Party Manifesto 2010 : A Future fair for All*, 9 : 7.

（4）*The Conservative Manifesto 2010 : Invitation to Join the Goverment of Britain*,

p. 67.

（5）*House of Commons Political and Constitutional Reform Committee Rules of Royal Succession Eleventh Report of Session 2010-12*, p. 10.

（6）16のコモンウェルス諸国の中で最も承認手続が遅延したのは、オーストラリアである。オーストラリアにおいては、法律の制定という形で、各州ごとに承認手続を行う。その後、国全体レベルで承認手続きをとる。西オーストラリア州の承認手続が遅延し、2015年3月3日にようやく同州での承認が得られた。http://www.parliament.wa.gov.au/parliament/Bills.nsf/BillProgressPopup?openForm&ParentUNID=8F8B420877A79FDC48257C8B0017D6EE［最終アクセス：2015年7月1日。以下、同様］そして、オーストリア連邦議会は、2015年3月19日に承認のための法律を制定し、それは同月24日に裁可された。http://www.aph.gov.au/Parliamentary_Business/Bills_Legislation/Bills_Search_Results/Result?bId=r5419

（7）The Succession to the Crown Act 2013（Commencement）Order, 2015 No. 894 (C. 56), 24th March 2015

（8）http://www.parliament.uk/business/publications/written-questions-answers-statements/written-statement/Lords/2015-03-26/HLWS485/

（9）この原則に忠実に従うと、姉妹の場合には共有相続となるが、王位は共有には適さないので、姉が継承するとする取扱いがなされている。現在のエリザベス2世の場合は、その最初の例であったと言われている。また、非嫡出子も資格を有さない。王位継承のルールの概要については、Vernon Bogdanor, *The Monarchy and the Constitution*（Oxford University Press, 1995）ch. 2.（その邦訳としては、ヴァーノン・ボグダナー著、小室輝久・笹川隆太郎・R・ハルバーシュタット訳『英国の立憲君主政』〔木鐸社、2003年〕52頁以下）、A W Bradley & K D Ewing, *Constitutional & Administrative Law* 12th ed.（Longman, 1997）pp.254-258及び加藤紘捷・前掲註（2）を参照されたい。

(10) Succession to the Crown Bill 2012-13　Bill No 110 2012-13　RESEARCH PAPER 12/81 19 December 2012. www.parliament.uk/briefing-papers/RP12-81.pdf. たとえば、ヘンリ8世の王位継承を例に挙げれば、1533年王位継承法（the Succession to the Crown Act 1533, 25 Hen VIII c. 22）は、ヘンリー8世とアン・ブリンの子であるエリザベスを王位の正統な継承者と定め、前妻キャサリン・オブ・アラゴンとの子であるメアリーを非嫡出子としたが、その後、1536年王位継承法（An Act concerning the Succession of the Crown, 28 Henry VIII c. 7）が、エリザベスとメアリーからともに王位継承資格を奪い、さらに、1543年王位継承法（the Succession to the Crown Act, 35 Hen. VIII c. 1）は、彼女らの王位継承資格を復活させた。このように、恣意的な変更が議会制定法においてなされていたので

ある。国王の議会に対する影響力が圧倒的である当時においては、議会制定法がルールの定立というよりも国王の個別的な希望を実現する手段になった。この当時の議会が宗教改革の担い手として、自然法に優越しうる至上の法として議会制定法が認められ、「議会内の王権」(キング・イン・パーラメント)の至高の立法的権威が存在するという観念が明確になって至ったという点を含めて、当時の議会のありようについては、仲丸英起「議会」(指昭博編『ヘンリ8世の迷宮—イギリスのルネサンス君主』〔昭和堂、2012年〕86頁以下)を参照されたい。

(11) http://www.royal.gov.uk/ThecurrentRoyalFamily/Successionandprecedence/Succession/Overview.aspxをみれば、16名の王位継承者の氏名とその順位を確認することができる。本稿の当初の執筆段階である2013年8月時点では、50を超える王位継承者の氏名とその順位を確認することができた。

(12) 皇室典範に関する有識者会議報告書(2005年11月17日)は、「古来続いてきた男系継承の重さや伝統に対する国民の様々な思いを認識しつつも、議論を重ねる中で、我が国の将来を考えると、皇位の安定的な継承を維持するためには、女性天皇・女系天皇への途を開くことが不可欠であり、広範な国民の賛同を得られるとの認識で一致するに至ったものである。」との結論を提示したが、それに基づく法改正は頓挫したままである。

(13) HC Hansard, 22 January 2013, col. 210. このような認識の背景には、ヨーロッパに残る王制において男女平等化が進んでいる事態があることは明らかである。山田邦夫「諸外国の王位継承制度—各国の憲法規定を中心に」レファレンス656号(2005年9月)84-86頁、加藤前掲註(2)13頁及び河島太郎・前掲註(1)12頁註(2)などを参照されたい。

(14) 従来のルールによれば、もし第1子が女性であり第2子が男性であれば、第2子の王位継承順位の方が上位になるが、第1子が男性である以上、第2子の性別にかかわらず生まれた順番で王位継承順位が決まることになるので、この点も影響はないと言える。

(15) Rules of Royal Succession : Government Response to the Committee's Eleventh Report of Session 2010-12-Political and Constitutional Reform (http://www.publications.parliament.uk/pa/cm201213/cmselect/cmpolcon/586/58604.htm)中に引用された政府見解による。なお、これは、http://www.parliament.uk/briefing-papers/LLN-2013-005/succession-to-the-crown-bill-hl-bill-81-of-201213 p.8 にも引用されている。

(16) たとえば、Prince Michael of Kentは、彼自身は、ローマ・カトリック信者ではないが、妻がローマ・カトリック信者であるために、王位継承を有さなかった。しかし、本法により、王位継承の資格が復活することになる。この人物の場合に、子

ども二人はいずれも王位継承資格を有しており、必ずしも、親がローマ・カトリック信者であったからと言って、子どももローマ・カトリック信者とは限らない例としてたびたび挙げられている。

(17) HC Hansard, 28 January 2013, col. 724.

(18) HC Hansard, 22 January 2013, col. 278のChloe Smith, Parliamentary Secretary at the Cabinet Officeの答弁による。

(19) HC Hansard, 22 January 2013, col. 256のChloe Smith, Parliamentary Secretary at the Cabinet Officeの答弁による。

(20) 内閣官房が作成した法案の説明文書SUCCESSION TO THE CROWN BILL,EXPLANATORY NOTES（http://www.publications.parliament.uk/pa/bills/cbill/2012-2013/0110/en/130110en.pdf）48項から55項の説明による。

(21) *House of Commons Political and Constitutional Reform Committee Rules of Royal Succession Eleventh Report of Session 2010-12*のp. Ev1に掲載されているブラックバーン教授の証言記録中に同教授の発言として掲載されているものである。

(22) 現状においても政治的な影響力がまったくないわけではない。重要な政治的な決定については、名目的には国王の名においてなされるとしても、その大半が憲法慣習により首相ないし内閣などによって実質的には決定されているのは周知のところである。しかしながら、その発言などは政治的な意味合いを持って受け止められている。昨今の例でいえば、2014年9月18日のスコットランド独立の是非を問うレファレンダムに関して、エリザベス女王は、その直前の14日、「スコットランドの人々が将来について、注意深く考えることを望む」と述べていた。この時点で、世論調査で独立賛成派が勢いを増していることに危機感を表明したものと受け止められている。http://www.theguardian.com/politics/2014/sep/14/queen-scottish-independence-voters-think-carefully-referendum-balmoral. また、2015年総選挙の結果を受けて、イギリスのEU離脱が懸念される中、2015年6月にドイツを訪問したエリザベス女王は、6月24日、ベルリンの大統領府での晩さん会で、「欧州の分裂は危険であり、警戒しなければならない」と語ったとされる。イギリスでは2017年末までに欧州連合（EU）離脱の是非を問う国民投票を予定しており（実施に関する議会制定法案がすでに5月28日に政府から提案され現在庶民院において審議中である。）、この発言は、イギリスのEU残留への希望を示唆したとみられている。 http://www.telegraph.co.uk/news/uknews/queen-elizabeth-II/11697233/Queen-wades-into-Europe-debate-as-she-says-division-is-dangerous.html さらに、次期国王であるチャールズ皇太子については、いわゆる「黒い蜘蛛のメモ」("black spider memos") と言われる大臣たちとやりとりした書簡が最高裁の決定（[2015] UKSC 21）を受けて公開され、その政治的中立性が大きく損なわれていることに批判が集まっている。

(23) このような現状では、民主主義を徹底・貫徹して世襲原理を否定し、国家の宗教的中立性を徹底・貫徹して、「宗教的寛容」から政教分離へ至る道のりはかなり遠いといわざるをえない。Anthony King, *The British Constitution*（Oxford University Press、2007）p. 343は、イギリス人がレファレンダムで君主制を廃止するべきであるという投票をすることは想像できず、王室の個々のメンバーが不人気であるということはありえても、制度としての君主制それ自体は全般的に受け入れられており、世論調査において約4分の一ほどしか共和制支持者はおらずほとんど変化はないと指摘している。なお、世論調査の一例をあげれば、Ipsons MORIによれば、2013年7月の調査では、イギリス国民のうち、77%が君主制を望み、共和制を望むものは、17%である（わからないは7%）。https://www.ipsos-mori.com/researchpublications/researcharchive/122/MonarchyRoyal-Family-Trends-Monarchy-v-Republic-19932013.aspx?view=wide（その後の新しい調査結果は掲載されていない。）そのような中でも、共和制を主張する憲法学者がいないわけではない。たとえば、Adam Tomkins, *Our Republican Constitution*（Hart Publishing, 2005）pp. 139-140は、国王の存在それ自体が支配されない自由という共和制の理念に合致せず、国王は政府のアカウンタビリティー（答責性）を高める憲法的なプロジェクトの障碍となるので、君主制は廃止されるべきであるとしうえで、「廃止の後に直ちに出てくる問題は、何が代替するかということである」という問題を設定し、「私の回答は、置き換えるべき新たな公職は必要ないということである」とする。「議会は、女王の憲法上の権限を、ただ、庶民院へ移行すればいい。女王の制定法上の根拠がある権限は、庶民院議長、すなわち、議会を全体として代表する庶民院によって選ばれたメンバーによって議会のために行使されるように立法をすればいい。」とし、たとえば、首相の任命手続についての法律を整備すればよく、「憲法的には、私たちは女王を必要としない。大統領的な国家元首も必要としない。すべての君主の憲法上の権限は、庶民院に付与することができるし、すべきである。共和的憲法秩序においては、私たちが必要なのは、政体の主権的権威、即ち、市民たる人々を適切かつ十分に代表する強力な議会である。この目的のために、すべての政府の権限は、議会から引き出されるべきであり、政府はあらゆる問題に関する権限の行使全てについて、議会に対して責任を負わなければならない。」とする。典型的な議会主義的共和制論である。グローバル化の中で見られる「政治の人格化」に正面から対峙する政治構想である。

大権の改革
―「憲法改革議会」―

岩切　大地

1　はじめに―イギリス憲法における国王大権の意味

　世界のうち5人の国王、トランプの4人とイギリスのそれ、は存続するだろうといわれることがある。ではその5人目というカードにはどのような力が存続するだろうか。

　イギリス国王は、君主（Sovereign、Monarch）、女王（Queen）、女王陛下（Her Majesty）、クラウン（Crown）、判例名ではR（Regina）などと、様々な文脈において様々な名称で呼ばれる(1)。これらのうち、おおむね、「クラウン」は君主の公的側面を指し、「女王」や「女王陛下」は個人的・私的側面を指す傾向があるようだが、これにも少なからぬ例外があり、用法は一致していない(2)。古典的には王は2つの身体を有するが、しかしその2つは決して分離されないため、国王の職位や個性は渾然一体である(3)。

　クラウンという言葉が使われる場合も、それが意味する対象は文脈により様々である。最狭義には「ロンドン塔のなかに置かれている…動産」を指すだろうが(4)、通常は、君主の地位やその人を、あるいは単独法人（corporation sole）または集合法人（corporation aggregate）としての政府全体を、さらに場合によっては公共性ないし国家の代用として用いられる(5)。

　このような国王ないしクラウンに固有の権限が国王大権（royal prerogatives）である。これは、概略的に言えば、国会制定法の根拠なしにクラウン（政府）が行使することのできる権限である（日本風に言えば執政権に近い）。しかしこの権限の定義も確定的ではない。ブラックストーンはこれを、私人が持っておらず国王のみに特有の権限を意味するとし(6)、これに対しダイシーは、法が国王に残した残余的な裁量が国王大権であると定義した(7)。前者の考え方をさらに押し進めば、通常は国王大権の一種と位置付けられる大臣任命やパスポート発行も、従業

員の雇用と紹介状の発行という私人も行っている行為であるため国王大権ではない、ということになる(8)。これに対し後者によれば、ラム・ドクトリンにも基づけば、クラウンが法人として法の禁止していないあらゆる行為を行う権限（契約、財産の移転等）も国王大権の中に含ませうることになり、国王大権の範囲を広くする(9)。範囲の問題以外にも、その存在根拠についての問題もある。そもそも国王大権はコモンローによって創設されたものでもなく、とはいえコモンローの残余のものでもなく、クラウンに固有の権限である(10)。

　総じて、クラウンの位置付けやその権限には不明確なところが多く、そのため、憲法習律により国王大権を行使する内閣が国会に対して強い立場にある現在、議会民主制や法の支配との抵触の問題が生じうる。もっとも、理論上は、国王大権の存在はそのような抵触を生じさせることはないことになっている。というのも議会民主制との関係では、国会主権原則により、国会は国王大権の存廃を自由に決定することができるし、法の支配との関係では、裁判所やコモンローはもはや国王大権を新設したり拡大したりすることができない(11)、などの原則が一応確立しているからである。

　そもそも、「この国の憲法史はクラウンの国王大権が主権的機関としての民主的に選挙された立法府の優位的な権限に服属させられる歴史」であった(12)。国王は、封建領主として自らの裁判所で裁かれないという地位と、かつ国王として外部から王国を守る権利と義務を有すべき地位を有するとされ、国王と法の関係は常に問題とされてきた。この点、国王が「法の上」と「法の下」に立つとも読めるようなブラクトンの記述について、マキルワインはそれぞれをgubernacurumとjurisdictioの問題として区別した。後者は通常大権とも呼べるものであり、国会や裁判所といった会議体を通して行使される大権（統治権）であるのに対し、前者は絶対大権とも呼べるもので、法（国会制定法やコモンロー）に依拠しない大権（統治権）である(13)。チューダー朝時代に主権国家の形成が行われた後にこれら国王の大権と主権との関係が問題とされるようになり(14)、イギリス革命時代を経て1689年権利章典により一定の絶対大権の禁止と通常大権の優位（国会における国王の主権原則）が法的に規定されたことで、一応の憲法的決着をみた。そして18世紀以降には、国王大権は、国王の漸次的な立憲君主化とともに、責任政治の原則の下に置かれるようになる。このよう

に、現在では国王大権は法的・政治的な制約が課せられている。

とはいえ、国王大権の統制がそれでも問題となるのは言うまでもない。本稿は、近年の国王大権の改革議論を概観し、この議論のイギリス憲法における意味を検討する。

2 国王大権の概要

(1) 国王大権の性質

前述の通り、国王大権の定義は確定しておらず、法の残余としての権限(ダイシー)、国王に特有の特権(ブラックストーン)、または必要のために行使される権限(ロック)といった説明がなされてきたが、それぞれは記述的、基準設定的、政治哲学的な文脈に応じた別角度からの説明だとされる[15]。一般的にはブラックストーン的な説明がなされるが、この説は大権の有無と範囲を決定するのは裁判所であるというコモンローにも適合する[16]。ただしこの説によれば大権の種類は限定され、その権限の特有性が強調されることとなる。その結果、真の大権には司法判断が及ばない、というのがこの議論の帰結となる[17]。しかし、判例は今や、国王大権であっても司法審査が原則として及ぶものとしている[18]。判例にとって、司法判断の可否を決定するのは、権限の源泉ではなく司法判断可能性である。そして司法判断可能性の有無は要するに大権における必要性の要因の程度いかんである。

しかし、大権の必要性という要因が、まさに1689年権利章典の禁止している[19]、大権による国会制定法の乗越えのような事態を生じさせうる。もちろん、国会制定法によってカバーされた分野では国王大権に依拠することはできないのが原則である[20]。しかし、(国民の権利侵害を生じさせない限りであるが)治安のために必要な措置を採る大権は同様の目的の国会制定法とは並立する、というのもまた判例の立場であった[21]。

とはいえ、大権は原則として国会制定法の規定の残余にとどまる。国会制定法が特に国民に権利を付与している場合には、大権がこれを覆すことはできない[22]。国会制定法の枠組みの中で大権の行使が明文で認められている場合もあるが[23]、施行前の法律に反する制度を大権で作ることは許されない[24]。このように見ると、国会制定法とその残余の関係はそもそも国王大権の問題に限られない。

近年では、政府が、国会制定法や国王大権以外の権限も存在するとして、たとえばまだ法案段階の法律に先んじて法律を実施するなどの例が見られる。要するに国王大権という名称の特有性にこだわらなければ、実質的には国会権限とその残余の対立という構図が浮かび上がってくるのであり、その結果、国王大権とは何かがやはりあいまいとなる。

以上のように、国王大権という名称と内実に大きな不確定性がある。「この不確定性は改革への最も強力な主張となるだろう。」

（２）国王大権のリスト

しばしば国王大権は、国王の個人的大権（personal prerogatives）ないし立憲君主的大権（constitutional prerogatives）と、習律に基づき大臣が行使する執行大権（prerogative executive powers）と、法的大権（legal prerogatives）の３つに分類される。個人的大権に分類されるのは、君主個人の裁量的な権限であり、たとえば首相の任命、国会の解散、一定の栄典の授与である。もっとも、これらは法律や習律による制限を受けるため、完全な裁量として残されている裁量はほとんど存在せず、あるとしても、いわゆる「相談を受け、奨励し、警告する権利」や、「女王の個人的な贈り物」であるガーター勲章等の授与くらいである。首相の任命については、ハング・パーラメントの場合に君主の裁量の余地もありえたが、2011年内閣手引書において首相選任プロセスの指針が明示されるようになっている。首相による解散の助言を君主は拒否することができるかという論点も存在したが、少なくとも2011年議会期固定法（後述）が存在する限り、もはや問題とならない。ただし、首相を含めた大臣を罷免する権限が君主にあるか否かという論点もあるが、首相による重大なルール違反が明白な場合には君主個人による解任権の発動も許されると一般に考えられているようである。

その他の国王大権の種類のリストとしては、ブラドリー・ユーイングの教科書（2011年）や後述の政府の報告書等にその詳細がある。紙幅の関係上ここにすべてを列挙できないが、恩赦の実施、起訴取下げ（nolle prosequi）、条約の締結、パスポートの発給、宣戦布告や軍事行動の決定、海軍の維持、大臣・裁判官その他の公職の任命、省庁の設置、緊急事態における必要な措置の実

施、許可状（royal charter）による団体設立、貨幣の鋳造、公文書の出版など、多岐の分野に渡るほか、無主財産やチョウザメ・白鳥・クジラに対する権利などの古来の権利も含まれている。

3　国王大権に関する政治部門での議論

次に、国王大権それ自体に関する近年の議会・政府間の議論と改革の動きについて概観しよう。[35]

（1）20世紀末

サッチャー首相に始まる保守党政権は1979年から1997年の18年間に及んだが、この間、野党では憲法改革案が検討されてきた。国王大権についても、労働党、自由民主党はその改革ないし廃止を提案してきた。たとえば労働党の1992年マニフェストでは「庶民院の手続と機能を改善して…大臣による国王大権の濫用に対する審査を強化する」との記述がある。[36] また労働党ジャック・ストロー議員は、国王大権の行使が大臣にとって「煙幕」になっているとし、説明責任（アカウンタビリティ）や透明性の確保のために国王大権の廃止を訴えている。[37] メイジャー首相の「国王大権の行使を国会に報告するか否かやどのようにこれを報告するかを特定の状況で決定するのは、個別の大臣による」という答弁は、[38] これら改革論の背景をなすだろう。ただし、労働党が勝利した1997年の総選挙の際のマニフェストは貴族院改革・選挙制度改革・地方分権・人権法の制定に触れているが、国王大権に言及していなかった。[39]

（2）ブレアの時代

国会では2000年代に入って国王大権そのものの改革に関する議論が始まる。

まず、庶民院行政委員会の2004年報告書は（その名もずばり『国王大権を飼いならす』）、国王大権の制定法化を勧告するものであった。[40] この報告書は、国王大権を、国王の憲政上の大権、クラウンの法的大権、執行府の大権（大臣大権）に分類した上で、国会の統制は一定の分野で行われてきたとしつつ、国王大権の存廃や改革の方法につきこれまでの議論と委員会での意見聴取を振り返りながら、国王大権の全体のリスト化と、特に武力行使、条約締結、パスポート発給の3分野について国会統制の制定法化（権限の規定と国会による事前承

認や国会への報告の法定化)を主張するものである。この委員会には憲法学者のブレイジア教授が特別顧問として寄与しているため、その議論が反映されているほか、報告書にはブレイジア教授による書面意見と法律案草案が添付されている。なお、法的大権に分類された事項(クラウン特権や法務総裁の権限など)の改革は法律委員会で検討されるべきだとしている。

これに対して政府が回答書を示している。回答書は、すでに国会による大権の統制が存在することや制定法化をせずとも国会統制は可能であることを理由に、国王大権のすべてを制定法化することに反対するという立場を示した。また国王大権の全面的なリスト化に対しても「一定の時点のスナップショットに過ぎないという結果」になるとして反対している。さらに、『飼いならす』報告書が特に示した3分野のそれぞれについても、武力行使の議会審査については従来通りの状況に応じた対応が適切であるとして、条約の事前審査については条約の国内法化に際して議会の討論が可能であるとして、そしてパスポートについては司法審査が可能であり従来も非制定法システムで十分であるとされてきたとして、委員会報告の立場に同意しないとした。

なおこの間、国会の各所で公務員制度の立法化や武力行使に対する国会統制等、国王大権に関連する事項についての検討がなされていたが、直接的な成果は得られなかった。ただし、2003年イラク攻撃に際して庶民院の事前承認が取られていたことは特筆できる。

その他、公開審問(Public Inquiry)設置権の法制化がなされている(Inquiries Act 2005)。ただし法律に依拠せずに審問を立ち上げることも可能である。

(3) ブラウンの時代

「官邸主導型手法を制限することに主眼」を置いたとされるブラウン政権になると、今度は政府から国王大権改革の案が示された。「国会と人々により大きな権力を託す、新たな憲法的解決(constitutional settlement)への旅を始めよう」との首相の序文から始まる緑書『ブリテンのガバナンス』では、最初の項目に国王大権が言及されている。いわく「人民から政府への権力の流れは、国会の政府統制能力によってバランスされなければならない。しかし政府

は大権に依拠する。国会がこれを審査するのは困難である。もしこの権限行使が誤りまたは説明不足なら、人民の信頼は失われる」。このような問題意識の下、一定の国王大権について制定法化または議会監督の強化を図り、そして長期的には大権を幅広く法典化する、と緑書は述べる。ここにいう一定の国王大権として緑書が挙げる分野は、①軍隊の海外展開、②条約の締結、③国会の解散および④公務員制度の制定法化である。そして長期的な検討の対象となるのは、①個人に影響を与える大権（恩赦やパスポート）、②時代遅れで廃止されるべき大権、③制定法化されるなどで使われていない大権の廃止、である。緑書はその他、法務大臣の地位や、教会・司法・公的機関の人事や栄典授与への政府の関与のあり方についての改革案を示すことを表明している。

緑書に基づく各方面からの提言を受けた後、政府は2008年１月に白書『ブリテンのガバナンス――憲法再生』を公表した。ここにおいて、改革案は、国王大権そのものに対処する姿勢から、個別の論点に関する具体的な提案へと変化しているように思われる。この白書（憲法再生法案草案（Draft Constitutional Renewal Bill）も添付）が掲げる項目と提案（国王大権におおむね関連するもの）は、①法務総裁の地位と役割の改革（個別事件に対する指示権や起訴取下げの廃止など）、②司法任命の改革（裁判官任命プロセスにおける首相の関与の廃止等）、③条約締結に先立つ国会承認の制定法化、③公務員制度の制定法化、④武力紛争への参加に先立つ庶民院承認の庶民院決議による定式化、である。白書において国王大権全般に関しては、二つのパラグラフの中で扱われている。いわく、まだ使われている大権や全部または部分的に制定法に置き換えられた大権について、政府内で取りまとめ、公表するつもりである、と。パスポートについても、その発給の可否の決定を制定法に基づいて行う旨を表明している。

2008年白書に対し、議会の特別委員会が調査報告書を公表した。まず庶民院行政委員会の2008年５月報告書は、白書添付の法案草案における公務員改革案には基本的に賛同しつつ、紛争への軍事介入につき国会の事後承認制度を設けること、庶民院で否決された条約案を同じ会期に再提出できないようにすること、パスポート発給の制定法化のためのスケジュールを提示すること、等を政府に要請している。国王大権の全般的見直しを行うとの政府の立場については

歓迎している。

　2008年6月には、庶民院司法委員会が、白書における法務総裁権限の争点について報告書を公表し、また白書および憲法再生法案草案に対して法案事前審査を行うために、両院合同の特別委員会が議会に設置され、この委員会も2008年7月に報告書を公表した。国王大権に関連する項目に関しては、①白書の立場とは反対に、法務総裁による個別刑事事件への非制定法上の指揮権や起訴取下げ権限の保持を支持し、②条約の事前審査の制定法化には賛同しつつ詳細について勧告し、③公務員制度の制定法化にも賛同しつつ詳細について勧告し、④庶民院決議で定めた手続に基づく戦争の事前承認制度を基本的に歓迎している。なお、戦争事前承認手続の制定法化については、これによって司法審査を招くことを懸念する声もあったことが報告書の中に記録されている。国王大権全般については、緑書から白書までで後退がみられるとの認識を示唆しつつ、政府が白書で表明したように、全省庁で取りまとめ作業を行ってすぐにこれを公表すべきだとしている。

　以上の3つの委員会報告書に対して、政府がそれぞれ回答している。政府の回答は、軍隊派遣の事後承認は認めない、庶民院による条約案の否決に拘束力を持たせる、パスポートの立法化は先送りする、法務総裁の権限は実務的に対応し立法化を行わない、国王大権全般の見直し作業の結果は別に公表する、というものだった。

　緑書に端を発する改革案は、憲法改革・ガバナンス法案（Constitutional Reform and Governance Bill）と名称を変更された法案に結実した。2009年に国会に提出されたこの法案には、しかし、国王大権に関するこれまでの各論点のうち、公務員制度の制定法化と条約の事前承認制度と裁判官任命手続改正しか含まれておらず、また議論の焦点は貴族院改革や、当時明るみとなったような議員による活動費濫用を防止するための措置に当てられた。法案は幾多の修正を経て（裁判官任命手続改正案は削除）、2010年に法律として成立した。詳細に触れることはできないが、この法律により公務員制度（公務員管理）は大権事項から制定法事項へと変更され、一定の条約については事前の議会承認がなければ締結できないように国王大権が制限される（従前のポンソンビー・ルールの立法化）に至った。

(4) 2009年国王大権報告書

　法案提出と同時に政府は、国王大権の全般的見直し作業を終えて、国王大権に関する報告書を2009年に発表した。本稿の関心からすれば、この報告書こそまさにブラウン政権の集大成と言えるものである。報告書は、これが政府による初めての大権リスト化であるが、外交関連事項や法的大権は含まず、また網羅的でもないという断りをつけつつ、国会による統制ないし立法化の可能性という観点から、以下のように検討している。

　2007年緑書公表の後、叙勲委員会の推薦リストに政府は変更を加えないこととすること、一定の公職の任命前聴聞を国会の特別委員会で実施していること、そしてイングランド教会の主教の任命についても教会総会議（general synod）からの推薦者を1名に絞って首相に上げること、といった改革はすでに実施されている。また2009年の段階で政府としては、パスポート発給の法制化、武力行使の議会承認の定式化、議会解散に先立つ庶民院の承認手続の定式化を検討している。さらに、議会ではこれまでに2004年民間緊急事態法（Civil Contingencies Act 2004）や2005年審問法（Inquiries Act 2005）の制定、2006年のBBC憲章の定期見直しを通して国王大権を扱ってきた。国会はこれらを通して、緊急大権や公開審問委員会設置の大権を一部制定法化しつつ存置させ、BBC設置については議会審査に服させている。したがって、制定法化は特段必要ない、と。

　軍隊に関する大権には、軍人の採用、将軍等将官の任命、国防会議の設置、外国駐留に関する外国政府との合意の締結があるとする。国会の関与に関しては、たとえば2006年軍隊法が海軍事故の調査委員会の設置を制定法化したこと、国防会議には制定法上の権限があること、毎年の歳出法（Appropriation Acts）による審査、を挙げている。軍事行動に対する国会の事前承認を定式化させるという方針は、すでに白書に表明されていた。

　恩赦の大権は法務大臣の助言によって行使される。刑罰から解放する恩赦（free pardon）は誤審のために使われたため、上訴権の拡充とともにその意義は狭まっており、政府としても代替手段がない場合のみにこれを行使するとしている。刑罰を他のそれに置き換える条件的恩赦（conditional pardon）

は、20世紀には死刑を廃止する際に用いられたものであり、上訴審の量刑変更が可能となったことと合わせると、この権限はもはや必要ない、と政府は述べている。減刑的恩赦（remission pardon）は、刑期を短縮させる恩赦である。ただしこの内、受刑者が重篤な健康状態にあるなどの特別配慮に基づく（compassionate ground）恩赦と、他の犯罪者を刑事訴追するための情報提供を行った者に対してなされる恩赦は、現在は制定法に基づいて行使されているが、刑務所での逃亡・傷害・死亡を防止した受刑者に対してなされる恩赦と、受刑者に釈放の期日を誤って伝えた場合になされる恩赦には、制定法の根拠がない。報告書はそのように述べた上で、前者の恩赦に関して立法化を検討している、としている。

　定款を開封特許状で付与することで会社やその他団体を設立する国王大権は、今日では通常、公益的な団体の設立に用いられている。政府は、1862年会社法の前に大権により設立された会社が存続する限りこの権限が必要であり、また公益団体を設立する権限も保持すべきであるとしている。

　平時における平和維持の権限は、判例によって認められた大権であったが、[59]この権限に基づき、たとえば2005年G8サミットに際して捜査のための備品が内務省から供給された。1996年警察法もこの権限を黙示的に前提していると考えられる。この権限は中央政府に必要であるが、制定法でこれを定義することは困難であるとして、政府はこの制定法化に反対している。

　報告書は、以上のような検討を踏まえて、国王大権の改革は個別に議論すべきであり、その際には立法化以外で国会の監視を強化する方策も排除すべきではないとしており、結局のところ、2004年の庶民院行政委員会の提案であった、国王大権の全面的廃止と立法化という手法を退けた。なお、報告書には国王大権の一覧表も付録されている。

（5）連立政権の時代

　2010年5月の総選挙の結果、保守党と自由民主党との連立政権が誕生したが、連立政権の下でも、国王大権の各論に関わる改革がなされている。連立合意文書に書かれていた議会期の固定案は、2011年9月に議会期固定法（Fixed-term Parliaments Act 2011）として成立した。[60]この法律は、次の総選挙の日付を設

定しその後の議会期を5年に固定するものであり、また庶民院の2／3の多数による自律解散の決議又は過半数による不信任決議の場合のほかに解散は行われないとすることで、国王大権を大幅に制限している。この法律が明示的に残す大権は議会閉会（prorogue）のみである（6条1項。附則における他の法律の改正規定も、たとえば1707年王位継承法における国王の「閉会と解散」の権限という条文から「解散」を削除している）。

　武力行使の議会承認の定式化について議論が続いている。庶民院の憲法政治改革委員会は議会承認の詳細をルール化すべきだとし、さらには連立政権の外務大臣が立法化の必要性に言及する一方で、貴族院憲法委員会は議会承認手続の定式化に反対している。しかし実務上は、庶民院の事前承認を求めるという「習律が発展してきている」との認識が定着しており、2011年3月のリビア攻撃、2013年1月マリにおけるフランス軍への後方支援、2013年8月シリア攻撃、2014年9月ISIS攻撃につき事前承認の手続が取られている。特に、2013年シリア攻撃に対する庶民院の否決決議と、これに続く政府による攻撃中止の判断は、例外的な現象という評価もあるものの、やはりこの手続が憲法習律として定着化したという印象を強めたように思われる。

　パスポート発給の大権についても、ISIS関係で政府の言及があった。庶民院内務委員会は、パスポート発給権を通じたテロ対策に理解を示しつつ、国会等の外部的審査を受けるよう勧告をしていたところ、2014年9月に首相は、海外のテロに参加する目的で出国しようとする者のパスポートを剥奪するための立法を検討中と表明した。その後、2015年2月という解散総選挙の直前に、2015年反テロ・安全保障法（Counter-Terrorism and Security Act 2015）が成立し、テロ目的で出国する者のパスポートの没収（seizure）と、国外でテロ活動に参加したと疑われる者に対する一時排除命令（temporary exclusion orders）ができることとされた。これについて庶民院内務委員会は、その報告書の中で、2013年4月から2014年10月までの間に国王大権を用いてパスポートを返納させたり発給を拒否した事例が2,310件であったという事実に触れつつ、これは主にテロ対策目的ではなく偽造への対応だったとしている。この報告書はむしろ、パスポート没収が警察により行われることについて、そもそもテロ容疑者に対して課されるテロ防止捜査措置（Terrorism Prevention

Investigation Measures, TPIMs）による監視がそもそも不十分であることを示しているのだと指摘している。(69)

　報道の自主規制を監督する組織「承認委員会Recognition Panel」が国王大権に基づき許可状（royal charter）によって設置されたのも、連立政権時代であった。これはプレスの自主規制団体を承認するための上部組織であるが、制定法上の根拠の要否に関する対立の妥協として、BBCの例にならい許可状によって設置されることとなった。なお国王大権を用いた団体設置については、これによって政府からの独立性を維持できるという点と、政府の関与が不明確であるという点の指摘がある。(70)

4　大権の「現代化」とは

　以上、本稿は国王大権の憲法上の位置付けを簡単に確認した上で、主にニューレイバー以降、特にブラウン政権時代以降の改革例を概観した。最後にこれら議論の意義について少し検討したい。以下では、宗教改革に際して議会制定法を多用した「宗教改革議会Reformation Parliament」の用語法にならい、ニューレイバー以降の議会制定法等を多用したこれまでの大権改革時代を、多少大げさではあるが「憲法改革議会Constitutional Reformation Parliaments」と呼んでみるが、この憲法改革議会が「国王」「クラウン」「国家」を民主化ないし議会化しようとしたのではないか、さらには政治を法化しようとしたのではないか、と指摘したい。

　まず、大権を確定させようとしてきた憲法改革議会の動きは、イギリス憲法全体から見たときには、憲法変動ないし憲法発展（evolution）の1場面である。たとえば戦争権限に関する研究の中である論者が述べているように、議会の執行府との関わり方は、国王が議会で当該分野の討論を許可することから当該分野を制定法化することまで、様々なあり方が存在しうるのであり、近時の改革論は、議会の比重が増す方向へのイギリス憲法の継続的な発展の1事例であると言えよう。(71)そして、憲法改革議会が第1義的には国王大権の制定法化（憲法習律による監督手続の確立ではなく）を目指したことも、制定法化により大権の範囲や内容を確定させ、さらに制定法化する際に議会監督の方法も明記するためであった。つまり、憲法改革議会が行った国王大権の改革あるいは「現代

化」とは、「明確性と公開性」「民主的正統性」を確保する試みである。

　それでは、憲法改革議会は国王大権の何に民主的正統性を与えようとしたのであろうか。これについては、なぜ国王大権（大権の中には「古来の」と形容される権限も多く含まれる）の改革が21世紀の今になってなのかという問題意識と共通するものがあると思われる。なぜ国王大権の改革が遅れてきたかについて、国王への「畏れ」や敬譲のようなものがあるのではないかと推察する余地もあろうところ、ある論者はこれを否定している。しかしながら、国会では国王個人の大権や財産に関わる法案には国王からの同意を取るという慣行がまだ行われているなどから、「畏れ」の要因は否定できないのではないだろうか。仮にそうだとすると、国王大権をめぐっても、その権限の帰属する主体に対する「畏れ」といった要因が指摘できそうである。とはいえ、憲法改革議会がこの「国王」「クラウン」の背後に何を見出しているのかが重要であろう。国王大権改革論すなわち国王大権の「現代化」とは、そのような何か（国家という統一体のようなもの）をすべて法律事項化しあるいは国会コントロール下に置こうとする試み、あるいは執政府ないし統治の法的主体を制定法化しようとする試みではないだろうか。この試みは、国王の政治的身体の延長としての国会から、それ自体が政治的身体となる国会への転換への試みと読み替えてもいいかもしれない（もっとも憲法改革議会それ自体も、執政府が議事運営を支配する国会ではあるが）。

　また昨今のイギリス憲法改革は、非中心化と多極化（特にEU、地域、裁判所）に特徴付けられる憲法的不安定（constitutional unsettlement）をもたらしているとする議論がある。この状況の中では、各アクターの自律と、これをつなげるための法が重視されるという。これを本稿なりに敷衍すると、この状況は行政組織整備前の19世紀イギリスにおいて法ないし裁判官が「国家ないし、イギリス法の用語によれば、国王の尊厳を表して」いたという状況、すなわち、国家、公共ないし公的機能の統合が、中央からの統制によってではなくコモンローによって行われていたという状況に近いように思われる。国王大権の制定法化も、国王大権の主権的統合機能を捨て、国王大権を多極化の中でも通用する道具とするために、議会制定法というコードに変換させるという試みであると言えないだろうか。そうだとすると、国王大権の「現代化」とは、イギリス

流の政治の法化という様相を見せ始める。

注
（ 1 ）旧植民地や海外領土との関係では、現地政府か連合王国政府かでさらに複雑となる。*R v Secretary of State for Foreign and Commonwealth, ex p Quark Fishing* [2005] UKHL 57 ; Anne Twomey, *The Chameleon Crown* (Federation Press 2006).
（ 2 ）Geoffrey Marshall, *Constitutional Theory* (Clarendon Press 1971) ch 2.
（ 3 ）ちなみに分離されたのがチャールズ 2 世だった。エルンスト・H・カントーロヴィチ（小林公訳）『王の二つの身体――中世政治神学研究』（平凡社、1992）42頁。
（ 4 ）メイトランド「法人としての王冠」同（森泉章監訳）『F. W. メイトランド・法人論――イギリス信託法原理探求の一齣』（日本評論社、1989）130頁。
（ 5 ）Marshall (n 2) ch 2.
（ 6 ） 1 Bl Comm 232.
（ 7 ）A. V. ダイシー（伊藤正己、田島裕訳）『憲法序説』（学陽書房、1983）402頁。
（ 8 ）HWR Wade, *Constitutional Fundamentals* (Stevens & Sons 1980) 46-53.
（ 9 ）ラム・ドクトリンとは、クラウンが単独法人として通常の私人と同様に有するコモンロー上の権限を有するとする（論争的な）考え方である。Anthony Lester and Matthew Weait, 'The use of ministerial powers without parliamentary authority : the Ram doctrine' [2003] PL 415.
（10）Sebastian Payne, 'The Royal Prerogative' in M Sunkin and S Payne, *The Nature of the Crown* (Oxford UP 1999) 86-87.
（11）*BBC v Johns* [1965] Ch 32 (CA).
（12）*R v Secretary of State for Home Department, ex p Fire Brigade Union* [1995] 2 AC 513, 552 (Lord Browne-Wilkinson).
（13）Charles Howard McIlwain, *Constitutionalism : Ancient and Modern* (Rev edn, Cornell UP 1947) 71 ; Martin Loughlin, 'The State, the Crown and the Law' in *The Nature of the Crown* (n 10) 50.
（14）Martin Loughlin, *Foundations of Public Law* (Oxford UP 2010) 376.
（15）Payne (n 10) 94-95.
（16）*Halsbury's Laws* (4th edn reissue, 1996) vol 8 (2), para367.
（17）Payne (n 10) 84.
（18）*Council of Civil Service Union v Minister for the Civil Service* [1985] 1 AC 374 ; *R (Bancoult) v Secretary of State for Foreign and Commonwealth Affairs (No 2)* [2009] UKHL 61. 拙稿「イギリス貴族院のバンクール事件にみる国王大権

と司法審査」法学研究87巻2号161頁（2014）。
(19) *Burmah Oil Company Ltd v Lord Advocate*〔1965〕AC 75.
(20) *A-G v De Keyser's Royal Hotel*〔1920〕AC 75. ただし大権は「停止」されていると述べている。*A-G of Gambia v N'jie*〔1961〕AC 617では大権は議会制定法に「飲み込まれた」。
(21) *R v Secretary of State for the Home Department, ex p Northumbria Police Authority*〔1989〕1 QB 26.
(22) *Laker Airways v Department of Trade*〔1977〕1 QB 643.
(23) たとえば1967年国王裁可法1条2項は、本法が裁可の「女王の権限に影響を与えない」と規定している。
(24) *R v Secretary of State for the Home Department, ex p Fire Brigades Union*〔1995〕2 AC 513.
(25) *Shrewsbury and Atcham BC v Secretary of State for Communities and Local Government*〔2008〕EWCA Civ 148. Select Committee on the Constitution, *The pre-emption of Parliament*（HL 2012-13, 165）.
(26) Payne (n 10) 110.
(27) Public Administration Select Committee, *Taming the Prerogative : Strengthening Ministerial Accountability to Parliament*（HC 2003-04, 422）, paras 5-8．
(28) 幡新大実『イギリス憲法I憲政』（東信堂、2013）237頁は、個人的大権を「君主個人の裁判所における無答責に限られている」とする。Robert Blackburn, 'Monarchy and the Royal Prerogatives'〔2004〕PL 546, 550も、「個人的大権」という名称の国王個人の裁量を示唆するニュアンスに反対している。
(29) Walter Bagehot, *The English Constitution*（Miles Taylor ed, Oxford UP 2001) 64.
(30) AW Bradley and KD Ewing, *Constitutional & Administrative Law*（15th edn, Pearson 2011) 252.
(31) Cabinet Office, *The Cabinet Manual*（2011）paras 2. 12- 2. 17. 内閣手引書については、上田健介『首相権限と憲法』（成文堂、2013）12頁参照。
(32) Bradley and Ewing (n 30) 243.
(33) Bradley and Ewing (n 30) 249-254.
(34) Ministry of Justice, *The Governance of Britain : Review of the Executive Royal Prerogative Powers : Final Report*（2009）31-34.
(35) 概略を示すものとして、Lucinda Maer and Oonagh Gay, 'The Royal Prerogative' House of Commons Library Standard Note SN／PC／03861（2009）.

(36) Labour Party, *It's Time to Get Britain Working Again* (1992).
(37) Jack Straw MP, 'Abolish the Royal Prerogative' in Anthony Barnett, *Power and the Throne* (Vintage 1994) 125-127.
(38) HC Deb 1 March 1993, vol 220, col 19W. 過去18ヶ月の国王大権行使のリストの提出と議会報告のしくみの説明を求める質問書に対する回答。前出Payne（n 10）は、この発言をジェイムズ１世の発言と並べて紹介している。
(39) Labour Party, *New Labour Because Britain Deserves Better* (1997).
(40) *Taming the Prerogative* (n 27).
(41) See, Rodney Brazier, 'Constitutional Reform and the Crown' in *The Nature of the Crown* (n 10).
(42) Department for Constitutional Affairs, *Government response to the Public Administration Select Committee's Fourth Report of Session 2003-04* (Cm 6187, 2004).
(43) 公務員制度改革論の経緯につき、出雲明子「英国国家公務員法制の改革論議」社会科学ジャーナル〔国際基督教大学〕57号（2006）105頁以下参照。その後の公務員制度の法制化を含め、田中孝和「行政の変容と公務員法制」榊原秀訓（編）『行政サービス提供主体の多様化と行政法──イギリスモデルの構造と展開』（日本評論社、2012）参照。
(44) 2014年貴族院は特別委員会を設置し2005年法の事後審査を行っている。Select Committee on the Inquiries Act 2005, *The Inquiries Act 2005 : post-legislative scrutiny* (HL 2013-14, 143).
(45) 梅川正美ほか（編）『イギリス現代政治史』（ミネルヴァ書房、2010）234頁〔近藤康史執筆〕。
(46) Ministry of Justice, *The Governance of Britain* (Green Paper, Cm 7170, 2007). またこの緑書の示した各論点の帰趨については、Lucinda Maer, 'Governance of Britain : An update' House of Commons Library Standard Note SN／PC／04703（2009）7 ff参照。邦語文献として廣瀬淳子「ブラウン新政権の首相権限改革──イギリス憲法改革提案緑書の概要と大臣規範の改定──」レファレンス平成20年１月号（2008）。
(47) なお、このリストは「国王大権ではないが」議会休会中の開会も含んでいる（paras 37-39）。
(48) Ministry of Justice, *The Governance of Britain──Constitutional Renewal* (White Paper, Cm 7342, 2008). 邦語文献として齋藤憲司「英国の統治機構改革─緑書「英国の統治」及び白書「英国の統治：憲法再生」における憲法改革の進捗状況─」レファレンス平成21年３月号（2009）。

(49) 憲法再生法案草案では、①議会周辺での抗議活動、②法務総裁と訴追権、③裁判所・審判所、④条約締結と議会承認、⑤公務員の法制化、という項目が扱われていた。
(50) Public Administration Select Committee, *Constitutional Renewal : Draft Bill and White Paper*（HC 2007-08, 499）.
(51) Justice Committee, *Draft Constitutional Renewal Bill（provisions relating to the Attorney General）*（HC 2007-08, 698）.
(52) Joint Committee on the Draft Constitutional Renewal Bill, *Draft Constitutional Renewal Bill*（2007-08 HL 166, HC 551）.
(53) Cm 7688, 2009 ; Cm 7689, 2009 ; Cm 7690, 2009.
(54) Oonagh Gay, 'Remaining states of the Constitutional Reform and Governance Bill 2009-10' House of Commons Library Standard Note SN／PC／05379（2010）.
(55) 経緯と規定の詳細については、河島太朗「イギリスの2010年憲法改革及び統治法（1）――公務員――」外国の立法250号（2011）71頁以下、三野功晴「イギリスの2010年憲法改革及び統治法（2）――条約の批准――」外国の立法252号（2012）166頁以下参照。公務員法制につき坂本勝「イギリスの公務員制度改革の動向――「公務員法」の制定と人事委員会の設置――」龍谷政策学論集1号（2011）11頁以下参照。
(56) Ministry of Justice, *The Governance of Britain : Review of the Executive Royal Prerogative Powers : Final Report*（2009）.
(57) 高澤美有紀「アメリカ及びイギリスにおける公職任命の議会による統制」レファレンス平成25年10月号（2013）73頁以下参照。
(58) この点、ブレアがカトリックに改宗したのが首相辞任後だったことは示唆的である。幡新・前掲注（28）183-187頁参照。
(59) *Northumbria Police Authority*（n 21）.
(60) 議会期固定案の経緯や政治的意義を分析するものとして、小松浩「イギリス連立政権と解散権限立法の成立」立命館法学341号（2012）1頁以下、河島太朗「イギリスの2011年議会任期固定法」外国の立法254号（2012）4頁以下参照。
(61) Constitutional and Political Reform Committee, *Parliament's role in conflict decisions : a way forward*（HC 2013-14, 892）.
(62) HC Deb 21 March 2011, vol 525, col 799.
(63) Constitution Committee, *Constitutional arrangements for the use of armed force*（HL 2013-14, 46）para 61.
(64) *Cabinet Manual*（n 31）para 5. 38.

(65) Rebecca Moosavian, "Fountain of Honour"? The Role of the Crown in the Iraq War' (2013) 24 King's Law Journal 289, 314.
(66) Melanie Gower, 'Deprivation of British citizenship and withdrawal of passport facilities' House of Commons Library Standard Note SN／HA／6820 (2014).
(67) Home Affair Committee, *Counter-terrorism* (HC 2013-14, 231) para 96.
(68) HC Deb 1 September 2014, vol 585, col 25.
(69) Home Affairs Committee, *Counter-terrorism : foreign fighters* (HC 2014-15, 933) paras 25-30.
(70) Hugh Tomlinson QC, 'The New UK Model of Press Regulation' LSE Media Policy Brief 12 (2014) 14-17. 国王大権にはメディア規制団体を設置する権限はないとするものとして、Adam Tucker, 'Press regulation and the royal prerogative' [2014] PL 614.
(71) Rosara Joseph, *The War Prerogative* (Oxford UP 2013) ch 3.
(72) Nicholas Bamforth, 'Separation of Powers, Public Law Theory and Comparative Analysis' in KS Zeagler, D Baranger and AW Bradley (eds), *Constitutionalism and the Role of Parlaiments* (Hart Publishing 2007) 173-4.
(73) Brazier (n 41) 348.
(74) *Erskine May* (24th edn, 2011) 165 ; Political and Constitutional Reform Committee, *The impact of Queen's and Prince's Consent on the legislative process* (HC 2013-14, 784).
(75) Philip Manow, *In the King's Shadow : The Political Anatomy of Democratic Representation* (Patrick Camiller tr, Polity 2010) 70.
(76) Neil Walker, 'Our Constitutional Unsettlement' [2014] PL 529.
(77) ダイシー・前掲注（7）369頁。Janet McLean, *Searching for the State in British Legal Thought* (Cambridge UP 2012) 48.

軍事と大権

大田　肇

1　イギリス軍の法的位置づけ

　イギリス近代軍隊の嚆矢は、17世紀の国会と国王との闘争のなかに見出される。国会は、1661年に民兵団法（the Militia Act）を制定し、'民兵（militia）及び陸海のすべての軍隊の唯一至上の統御、指揮、配置（the sole supreme government, command and disposition）の権限は、国王及びその前任者の疑いの余地のない権利である'と宣言したが、軍隊の維持を巡るチャールズ2世、ジェームズ2世と国会との対立を経て、1689年の権利章典（the Bill of Rights）において、"国会の同意なくして、平時にこの王国内で常備軍を徴集、維持することは、法に反する"と宣言した。

　同じ1689年に、国会は共同抗命法（the Mutiny Act）を制定し、将校・兵士による脱走、反乱、扇動を犯罪と定め、この法は1年間効力を有するとした。以後、国会は軍隊を存続させるため、年次共同抗命法（Annual Mutiny Act）を可決し続けた。1881年に陸軍の統治をより近代的な基礎の上にすえた陸軍法（the Army Act）が制定され、続けて1881年陸軍法をさらに1年有効にはたらかせるための年次陸軍法（Army (Annual) Acts）を可決することが慣習となり、各々の年次法において権利章典の条文が繰り返し引用された。この慣習は1955年陸軍法（the Army Act）まで続いた。

　帝国海軍は権利章典の手続きに従わなかった、というのはその存在は常設陸軍が与えたような脅威を決して与えなかったからである。しかし、国会は海軍を存続させるための財源の提供によって、それに対するコントロールをなすことが出来た。

　帝国空軍は1917年に創設され、同年の空軍（組織）法（the Air Force (Constitution) Act）によってその制定法上の根拠を与えられた。空軍の継

続は、陸軍と一緒に陸軍及び空軍（年次）法（Army and Air Force（Annual）Acts）において扱われた。

1955年から、国会で年次法を通過させるやり方に代えて、新しく制定された1955年陸軍法・1955年空軍法（the Air Force Act）を、国会両院によって承認された枢密院令（Order in Council）によって毎年更新し、その更新を最長5年間続けることができるやり方が始まった。1971年からは1957年海軍規律法（the Naval Discipline Act）にもこのやり方を適用するようになった。つまり、陸軍は1955年陸軍法に、空軍は1955年空軍法に、海軍は1957年海軍統制法によって存続しているが、これらの法の効力を1年間保させているのが枢密院令であり、それを5年間繰り返した後、次の5年間このやり方を継続するための軍事法（Armed Forces Acts）が制定され続けたのである。

そして、別々であった3軍の法律が2006年軍隊法（Armed Forces Act）によりついに統一された。この2006年軍隊法についても、1955年法と同様に、国会両院によって承認された枢密院令（Order in Council）によって毎年更新し、その更新を最長5年間続けることができるとされ、2011年軍隊法の制定により現在も継続している。

2　イギリス兵の法的地位—1987年国王訴訟手続（軍隊）法に関連して

現在、イギリス兵の国家賠償請求権に関し、裁判官は次のように判断している。

「陸軍が、その兵士がイラクその他に駐留している間、彼らに注意義務（duty of care）を負うことは認められている。」（クラーク（Clarke）記録長官）

「兵士は、国家が彼らに負うところのコモンロー上の注意義務に違反が生じた場合、国防省に対する訴訟をイングランドにおいて起こすことができる：1987年国王訴訟手続（軍隊）法第1条。こうした責任が、世界中の作戦行動に関して生じうることは、1987年法第1条の暗黙の了解のように思われる……。」（マンス（Mance）卿）

「私の結論は、戦闘中に生じた死亡・負傷のすべてが、必ず注意義務の範囲

外のものとなるということではない。それらには、実戦中に生じながらも、戦闘行動の危険から無関係なもの、あるいは……戦闘行動とは別個の注意義務違反から生じたものがあるだろう。武器の欠陥から生じた事故などは……その例となるだろう。」(マンス卿)[9]

3 裁判所による軍事作戦上の活動の審理—「生命に対する権利」保障を巡って

(1) イラク戦争・占領

　イギリスは、2003年3月からのイラク戦争及びその5月からの占領において、アメリカの同盟国として主要な役割を演じた。2013年6月までに、179名のイギリス兵が死亡し、11万人(あるいは100万人)のイラク市民が死亡した[10]。それらの中には、戦争・占領という環境においても許容できない死が含まれていた。彼ら(彼女ら)の死に納得できないイラク人遺族やイギリス兵遺族は、ヨーロッパ人権条約第2条「生命に対する権利」の侵害、あるいはコモンロー上の注意義務 (duty of care) 違反を根拠に、イギリス政府や同国防相を相手取り訴訟を起こした。それらの訴訟は、イギリス国内裁判所からヨーロッパ人権裁判所にまで持ち込まれた。2004年から2013年までのこれらの判決のうち、特に注目された3つの事件 (Al-Skeini事件、Catherine Smith事件、Susan Smith事件) を取り上げ、それらを通してヨーロッパ人権条約の管轄権、同第2条「生命に対する権利」保障の内容、国防省の注意義務と戦闘行動免責に関する議論を整理していく。

(2) 殺害されたイラク市民に関する訴え— Al-Skeini事件

　Al-Skeini事件は、イラク占領期間中、イギリス軍によって殺害、またはその戦闘中に死亡した6人のイラク人の遺族が訴えたものである。主たる争点は2つ、ヨーロッパ人権条約締約国ではないイラクで生じた事件にヨーロッパ人権条約が適用されるか否か、つまり人権条約第1条の管轄権 (Jurisdiction)[11] の問題と、人権条約が適用されるとしてイギリス政府は人権条約第2条の「生命に対する権利」[12]を侵害したか否か、つまりその権利の手続的保障とされている公的調査が実施されたか否かの問題であった (これは同時に1998年人権法の

問題であった)。
　この事件に関する高等法院・女王座部判決が2004年12月14日に、控訴院判決が2005年12月21日に、貴族院判決が2007年6月13日に、ヨーロッパ人権裁判所大法廷判決が2011年7月7日に下された。これらの判決の流れを要約すれば、イギリス国内裁判所においては、Basra市内のホテルで逮捕されイギリス軍基地の監禁室に収容され、そこでイギリス兵による虐待を受け死亡したBaha Mousaを除き、他の5件にはヨーロッパ人権条約及び1998年人権法は適用されないと判断された。なぜなら、これらの5件はBasra市街地・近郊でのイギリス軍の作戦行動中にイギリス兵に射殺され、あるいはイギリス軍と武力集団との交戦中に撃たれて生じた死亡であり、当時のBasra市街地・近郊にイギリス軍の"実効的支配（effective control）"が及んでいたとは考えられなかったからである。人権条約及び人権法の適用が認められたBaha Mousaの死亡については、その後、公的調査であるBaha Mousa Inquiryが実施された。
　これらに対し、ヨーロッパ人権裁判所は、他の5件についてもヨーロッパ人権条約の適用を認め、人権条約第2条にもとづく手続的義務つまり公的調査が実施されていないと判断した。
　管轄権について、国内裁判所とヨーロッパ人権裁判所とで判断が異なった理由を説明する。人権条約第1条の「管轄内」の解釈をめぐる人権裁判所（人権委員会も含む）の判決の中で、重要視されてきたのがBankovic事件に関する人権裁判所大法廷判決（2001年）である。Bankovic事件判決は、人権条約の領域性あるいは締約国の"法的空間（legal space）"を重視し、その例外を認めながらも、例外事由を、他の条約締結国での軍事占領にともなう領域と住民への"実効的支配（effective control）"によって、あるいは被占領国の同意、要請、黙認によって、本来ならば被占領国が行使するはずの公的権力（public powers）を行使する場合と、外交官・領事官の活動あるいはその国に登録された航空機・船舶内での活動の場合に限定していた。国内裁判所は、Bankovic事件判決を、人権裁判所の基本的な考え方と理解し、それに沿う形で当該事件を判断した。
　これに対し、Al-Skeini事件に関するヨーロッパ人権裁判所は、例外事由の検討において、Bankovic事件判決でなく、「締約国にそれ自身の領域では許さ

れない人権条約違反が、他国の領域では許容されるように、人権条約第1条を解釈することはできない」との立場を取り、例外事由として国がその軍事行動によって他国の領域を"実効的支配（effective control）"する場合と、住民が他国において自国の国家機関によってその"権限と支配（authority and control）"に服する場合を示したIssa事件・人権裁判所判決を重視し、それに沿って判断を下した。本件のヨーロッパ人権裁判所が示した例外事由は、国家機関の"権限と支配"が成立する場合と、当該領域の"実効的支配"が成立する場合である。前者についてはさらに、①外交官及び領事官の活動、②当該領域の政府の同意、要請あるいは黙認によって、締約国が通常その政府によって行使されるはずの公的権力の全部あるいは一部を行使するとき、③収容所などでの拘束など国家機関が個人に対し物理的力を行使するとき、に分類して説明している。ヨーロッパ人権裁判所は、2003年5月から2004年6月までの占領期間中、連合暫定政権の一翼を担ったイギリス軍の立場を国連安保理決議等から確認し、占領期間中に死亡したBaha Mousa以外の5件に関しても、例外事由の前者の②を適用してその管轄権を認めたものと思われる。後者の当該領域の"実効的支配"の事由は、2003年当時のBasra近郊の状況がイギリス軍の"実効的支配"と言える状態からほど遠かったため（下記の（4）を参照）、適用できなかったのであろう。

この例外事由の拡大は、下記の（5）で扱うように、イラクで死亡したイギリス兵へのヨーロッパ人権条約及び1998年人権法の適用に道を開くことになる。

（3）管轄権に関する例外事由の整理・拡大

上記のように、ヨーロッパ人権裁判所は、2001年のBankovic事件判決から2004年のIssa事件判決を経て、2011年のAl-Skeini事件判決へと例外事由を整理・拡大してきた。こうした整理・拡大に関しては賛否両論が展開されているが、ここでは個々の例外事由の流れを整理してみる。キーワードは「人的管轄権（personal jurisdiction）」と「地理的管轄権（geographical jurisdiction）」である。

Bankovic事件判決においては、法的空間における実効的支配が例外事由として挙げられたが、その支配の対象は、領域と住民の双方であった。ここでは、

人的管轄権と地理的管轄権とが区別されていない。また、この実効的支配は軍事占領の結果としてのそれであり、被占領国の同意等による場合も含めて、公的権限の行使につながることが重視されている。もう一つの事由が、外交官等の活動であった。

それがIssa事件判決においては、軍事行動の結果としての実効的支配が、その領域に対するもの、つまり地理的管轄権に限定され、逆に、国家機関の権限と支配を、その対象を住民に限定し人的管轄権に関する例外事由として掲げている。

Al-Skeini事件判決では、国家機関の権限と支配として上記の①〜③が並べられたが、①の外交官等の活動と③の収容所などでの拘束は、人的管轄権として理解できるが、②の被占領国の同意等による公的権限の行使は、むしろ地理的管轄権として理解されてきたものである。ここでは、Issa事件判決において人的管轄権として説明されてきた事由の中に地理的管轄権に関わる事由が含まれるという混乱が生じている。もう一つの事由である実効的支配は、Issa事件判決と同じ内容であるが、被占領国の同意等による公的権限の行使という事由と実効的支配という事由は、その内実において何が違うのか、判決の中で説明されていない。実効的支配とは言えない状況において、被占領国の同意等があればそこで公的権限が行使されていると主張することは、この公的権限の行使とは一体何なのかという疑問を生じさせる。それは、その権限の下にある住民あるいは領域に人権を保障するための根拠となりえるのかという疑問につながるように思われる。

（4）死亡したイギリス兵に関する訴え—その1　Catherine Smith事件

Catherine Smith事件は、イラク従軍中に死亡した兵士の母親が起こした訴訟である。スミス二等兵は1992年に国防義勇軍に入隊し、2003年6月にイラクでの作戦に派兵された。イラクでは日陰の気温は50℃を超え、彼は暑さに耐えられないと報告していた。同年8月、彼は宿舎で倒れているところを発見され、救急車で基地内の医療救急部に搬送されたが死亡が宣告された。スミス二等兵は基地の施設内で死亡したため、Al-Skeini事件におけるBaha Mousaと同じ立場にあるとして、国防省もヨーロッパ人権条約の管轄権に含まれ、1998年人

権法が適用されることを認めたが、訴訟両当事者の主張から、もしスミス二等兵が基地外で死亡していたらどうなるのかという抽象的（academic）問題が審理された。その議論を、2008年4月11日の高等法院・女王座部判決[23]、2009年5月18日の控訴院判決[24]、2010年6月30日の最高裁判決[25]に沿って紹介する。

　高等法院判決と控訴院判決はともに、管轄権を認めた。その論拠を、クラーク記録長官による控訴院判決からまとめる。クラーク記録長官は、人権条約の管轄権の問題に対する答えは、第1条の"その管轄内にあるすべての者"の正しい解釈から導かれるとした。Al-Skeini事件・貴族院判決の多数意見は当該事件が生じた環境に注目しているとし、特にロジャー（Rodger）卿は被害者の立場および彼の締約国との関係を重視し、人権条約の域外適用の核心的問題は、死亡者がそのときにイギリスと連結（link）していたか否かであると述べていると指摘した。そして、Al-Skeini事件判決に関してはイギリス軍基地内で虐殺されたBaha Mousaのみが、必要な連結（link）を有していたのであろうとまとめた。本件のスミス二等兵とイギリスとの間に十分な連結（link）が存在していたか否かに答えるとすれば、イギリス軍事法の適用からして明らかに存在していたと答えると断言した。人権条約第1条の管轄権に関し、基地内の兵士と基地外の兵士との間に区別を設けるという意見には、説得力ある理由付けが必要であり、そのような説得力ある理由付けは国防省によって示されなかったとした。この連結（link）にもとづく判断は、国外での外交官や領事官の活動にも適用され、彼らはイギリスと十分な連結（link）を有するからイギリスの管轄権に含まれ、したがって人権条約によって保障されるのであり、この十分な連結（link）につき、外交官と軍人とを区別する理由はないとした。

　これに対し、最高裁は6対3で管轄権を否定した。否定の代表的意見と見なされるコリンズ（Collins）卿の意見をまとめると次のようになる。イギリスがイラクにおいて行使した権限と支配の程度は、今も継続しているその長い戦争・占領期間の中で変化してきているとし、スミス二等兵が死亡した2003年8月の時点では、イギリス軍はイラクの一部の軍事占領国であり、約8000名のイギリス軍に対し270万人を超えるイラク人が暮らしていた占領地域をイギリス軍が実効的に支配することは無理であったし、イギリス軍は当該地域の主権者またはその政府の同意、要請あるいは黙認を得ることなく活動していたと

当時の状況を把握した。被上訴人（母親）の主張は、スミス二等兵がイギリスの支配下の地域にいたという根拠ではなく、彼が軍の一員としてイギリスの管轄権に服していたという根拠にもとづいているが、その地域におけるイギリスの権限と支配の有無、あるいは当該地域の主権者の同意の有無という問題も考慮しなければならないとした。問題は"その管轄内の（within their jurisdiction）"という表現の意味と適用であるとし、この"管轄"という表現は国際法では多くの意味で使われており、国際法上の"管轄"という表現の使用すべてが、人権条約第１条のそれと同じものではないと主張した。海外で勤務するイギリス軍は軍事法に服しイギリスの管轄に服していることに疑問はないとしつつ、国際法上の管轄権の１つである執行管轄権に関し、当該地域の主権者の同意なしで、国は他国で公的活動をおこなうことができないことを指摘した。このように管轄権、主権者の同意、権限と支配について整理した後に、本件における問題は、国が海外の軍隊に対して有する"管轄権"が、その兵士が人権条約第１条の"その管轄内に"あることを意味するか否か、であるとし、さらに問題を次の３つに整理した：（１）軍隊は、国際法上当該国家の管轄権に服するということだけを根拠に、人権条約第１条の範囲内に入ることができるのか否か、（２）軍隊は、国がそれらに権限と支配を行使することによって、人権条約第１条の範囲内に入ることができるのか否か、（３）軍隊は、それらと国との間に"管轄権上の連結（link）"があれば、人権条約第１条の範囲内に入ることができるのか否か。これらの問いに答えるためには、Bankovic 事件・ヨーロッパ人権裁判所大法廷判決、およびその前後の判決・決定を検討しなければならないとした。それらの検証の結果、まず実効的支配は、ヨーロッパという法的空間の中でのみ有効な例外事由とされていると判断した。次に、国の機関による権限と支配については、2003年の Ocalan v Turkey 事件[26]と2004年の Issa v Turkey 事件において使われたとしながら、前者は、国の機関が海外に行き、相手国の同意の下でその国民を強制的に移送したもので、その管轄権を認めたのは常識に沿った判断でしかなく、後者は、人権条約の領域性と根本的に矛盾したものであり採用できないとした。管轄権上の連結（link）については、Bankovic事件判決にはこの事由に関する説明は一切なく、独立した例外事由として認めることはできないとした。以上の検証から、例外事由

として認められてきたのは、（A）ヨーロッパという法的空間内において、締約国が国外で実効的支配をおこなう場合、（B）その国の領域の延長としての海外の建物（大使館など）と共通する軍隊基地などの場合、（C）常識に照らして国家司法権の海外への延長と見なされる場合の3つだけであるとし、本件はこれらの例外事由のどれにも該当しないとした。国が海外の軍隊に対して有する"管轄権"がその兵士が人権条約第1条の"その管轄内に"あることを意味するという主張を支える論拠は判例には見いだせず、海外のイギリス軍はイギリスの権限と支配に服していることだけから、あるいはイギリスとその軍隊との間の管轄権上の連結（link）の存在だけから、人権条約第1条の管轄権を認めることはできないとした。

（5）死亡したイギリス兵に関する訴え——その2　Susan Smith事件

　Susan Smith事件は、イラク従軍中に死亡した3人の兵士の遺族と同じく負傷した2人の兵士が起こした訴訟である。これは、その原因によってスナッチランドローバー事件とチャレンジャー戦車事件に分けられる。前者は、軽武装のスナッチランドローバーに乗って任務に出た兵士が、道路に仕掛けられた簡易爆破装置の爆破によって死亡した事件であり、後者は友軍の戦車に誤って砲撃され、戦車に乗っていた兵士が死亡あるいは重傷を負った事件である。スナッチランドローバー事件の原告は、人権条約第2条「生命に対する権利」の侵害とコモンロー上の過失を根拠に、チャレンジャー戦車事件の原告はコモンロー上の過失を根拠にして国防省を訴えた。

　まず、人権条約第1条の管轄権について、本件に関わったイギリス国内裁判所の判決を概観する。高等法院・女王座部判決は2011年6月30日に、控訴院判決は2012年10月19日に、最高裁判決は2013年6月19日に出されている（上記のAl-Skeini事件ヨーロッパ人権裁判所判決は、本件の高等法院・女王座部判決と控訴院判決との間に出されている）。高等法院判決は、上記の（4）のCatherine Smith事件最高裁判決にもとづき、管轄権を認めなかった。控訴院は、Catherine Smith事件の最高裁判決とAl-Skeini事件のヨーロッパ人権裁判所判決との間で板挟みの状態となったが、イラク市民に関わる権限と支配とイギリス軍兵士に関わるそれとの違いを重視し、管轄権を認めなかった。し

かし、最高裁判決はCatherine Smith事件最高裁判決に立脚せず、Al-Skeini事件ヨーロッパ人権裁判所判決にもとづいて管轄権を全員一致で認めた。以下、最高裁の代表意見（ホープ（Hope）卿）を概観していく。スナッチランドローバー事件の訴えは、イギリス兵の国外での活動が管轄権の例外事由に該当することを主張しており、これに関する国内裁判所の重要な判決はAl-Skeini事件・貴族院判決であるとしながらも、この貴族院判決を踏襲しないとした。その理由として、第1に、Al-Skeini事件の原告はイラク市民であったが、本件のイギリス兵はイギリス法の下にあり、国防省の管理下に置かれていること、第2に、Al-Skeini事件・貴族院判決は、Bankovic事件・ヨーロッパ人権裁判所判決に強く影響されていること、第3に、管轄権の例外事由を明確にするのはヨーロッパ人権裁判所の役割であるが、Bankovic事件判決以降のヨーロッパ人権裁判所判決はそれと同じ主旨で述べられていない（not speak with one voice）、例えば2004年のIssa事件・ヨーロッパ人権裁判所判決は、Bankovic事件判決とは異なる判断基準を示していることを挙げた。そして、2011年7月のAl-Skeini事件・ヨーロッパ人権裁判所判決を取り上げ、ここから人権条約第1条の管轄権に関する一般的な原理（例外事由を含む）を抽出し（これらについては上記の（2）を参照）、これらの原理を当該事件の諸事実へ適用しようとした。しかし、このヨーロッパ人権裁判所判決の判断は、本件のスナッチランドローバー事件にそのまま適用することはできないとした。なぜなら、連合国暫定政権による占領は2004年6月30日のイラク暫定政府発足の2日前に終了し、Hewett二等兵とEllis二等兵が死亡した2005年及び2006年の時点では、イラクのすべての統治権力はイラク暫定政府に移行し、イギリスは、通常ならその国の政府によって行使されるはずの公的権力をもはや行使していなかったと状況を分析したからである。したがって、Hewett二等兵とEllis二等兵が、その死亡時においてイギリスの管轄権に含まれていたのか否かの問いに対する答えをAl-Skeini事件ヨーロッパ人権裁判所判決から得ることはできないとしつつ、しかし、その判決の中の「現在までに（to date）」という表現は、例外的事由のリストがまだ完了していないことを意味するとし、今後新たな例外的事由が追加される可能性があり、国が国外の軍隊に対し管轄権を有するということがその兵士たちを人権条約第1条の管轄内におくことを意味するのか否かの

審理を、ヨーロッパ人権裁判所に求めた訴訟がこれまでなかったことにそれほど悩む必要はないとした。そこで、結論を導く要点をAl-Skeini事件に関するヨーロッパ人権裁判所判決から抽出しようとし、その要点として、第1に、ヨーロッパ人権裁判所が例外事由として国家機関の権限と支配の原理を採用してきたこと、第2に、ヨーロッパ人権裁判所が、既述のBankovic事件判決とIssa事件判決との不一致を、Issa事件判決を、国家機関の権限と支配の原理の説明において引用しかつこの争点に関するヨーロッパ人権裁判所判例の主流の中に据えることによって、解決したことを挙げた。続いて、国家機関の権限と支配の原理の変遷を、ヨーロッパ人権裁判所及び同人権委員会の判決・決定から示し、この原理は、最上層部から末端の兵士までその指揮命令系統を通じて国の権限と支配が貫徹するという軍隊の仕組みを考えれば、本件に当然適用されるものであるとした。以上から、Hewett二等兵とEllis二等兵に人権条約第1条の管轄権を認めるとした。

次に、ヨーロッパ人権条約第2条「生命に対する権利」に関する、最高裁判所の判断を概観する。第2条1項の権利には実体的な側面と手続的なそれとがあるが、本件には前者が関係し、それには国家に対し正当な理由なく生命を奪ってはならないと要求することの他に、生命を守るための法制度、予防措置を要求することも含意されているとした。特に予防措置をとる義務には、予防措置のための立法及び行政の体制をつくるという組織上の義務と、現実かつ差し迫った危険が生じた場合の予防措置をとる義務とがあり、前者の義務は、部隊が派兵される前の訓練や装備調達等の問題に関わり、後者の義務は現地での出動命令等に関わってくるとした。しかし同時に、司法判断に適さない領域として、交戦中の戦闘行為、限られた資源の分配に関わる政治的判断などを挙げ、これらの両極端の間のどこに境界線を引くのか、さらにこれらの中に中景（middle ground）を見いだすことができるかは、非常に難しい判断であるとし、この判断を下すには、提出された請求内容明示訴答書の中の簡略化された事実内容では難しく、より詳細な事実にもとづいて判断されなければならないとした。

コモンロー上の過失をめぐっては、チャレンジャー戦車事件の原告は、国防省が誤射を防止する装置・設備の装備を怠ったことと、兵士への十分な認識

訓練の実施を怠ったことの過失を主張し、これに対し国防省は戦闘行動免責（combat immunity）[30]を主張した。最高裁判所は、戦闘行動免責に関する先例を検討し、それは限定的に解釈されるべきであるとし、敵対行動が開始される前にとられた（あるいはとられるべきであった）措置に関しては、敵との戦闘に直面した重圧と危険から十分に離れており、戦闘行動免責は適用されないとした。スナッチランドローバー事件の原告によるコモンロー上の過失の主張に関しては、人権条約第2条の場合と同じくより詳細な事実にもとづいて判断されなければならないとした。[31]

（6）判決の影響

Susan Smith事件最高裁判決において、「生命に対する権利」に関する争点とコモンロー上の過失に関する争点は、裁判官7人の判断が4対3に分かれるというきわどい差で、より詳細な事実にもとづく審理の継続に委ねられることになった（少数派は棄却を求めた）。その審理は高等法院において継続されている。しかしながら、この判決は、軍関係者には大きなショックを与えた。国防大臣、陸軍参謀長、元海軍将校の貴族院議員などが軍事作戦への影響を懸念し、庶民院・国防委員会は「派兵されたイギリス軍兵士の保護と義務に関し、その合法性と正当性を保障するための新しい調査」を開始すると発表した。[32]また、民間のシンクタンクからは"The Fog of Law? An introduction to the legal erosion of British fighting power？"というレポートが発刊された。[33]この中では、イギリス軍を守るために、戦闘行動免責を明確にするための法律の制定、1947年国王訴訟手続法第10条の復活、軍事作戦中のヨーロッパ人権条約からの免脱（derogation）など7つの選択肢が示されている。

こうした状況の中で高等法院の判決が待たれるが、イギリス司法における軍事問題の在り方を考えてみると、人権条約にもとづくにせよコモンローにもとづくにせよ、軍事とは異なる分野の事例、例えば警察活動、医療活動などに関する判例（ヨーロッパ人権裁判所判決も含めて）を踏まえながら、市民的権利と軍事上の必要性とのバランスを、より具体的な基準を設定して見極めていこうとしていると捉えることができるだろう。

4　国会の軍隊海外派兵決定への関与——結びにかえて

「国王大権は、国王の本来の権利の残存する部分に付けられた名前であり、それゆえに……その権限が実際に王自身によって行使されるかあるいはその大臣によって行使されるかに関係なく、常に国王の手中に残されていた裁量権の残余部分に付けられた名前でもある。」「……国王が……講和を結びあるいは戦争をおこなうことのために……制定法は必要でない。これらのことをすることは、……法律上ともかく国王の裁量権の中にある」。したがって、軍隊を武力攻撃のため海外に派兵することは、首相の判断で決定できるとされ、それに関する事前の国会関与は法的には保障されていなかった。

この問題は、2003年のイラク攻撃（その後の占領を含む）以降、特に議論がなされてきたが、まず、国会各委員会での検討および政府の対応を概観する。2004年3月の庶民院・公行政特別委員会報告書・『国王大権を手なずける：国会に対する大臣の答責性を強化する』は、「大臣は、……国王大権の行使について確かに国会に対し責任を負っている。しかし、彼らは事後においてのみ責任を負うのである。連合王国は、大臣に国会の承認なしに一定の権限の行使を認めている典型的な国である」（para13）とし、「特に、私たちは、軍事的紛争に関与する決定は、国会によって承認されるべきである、もし武力攻撃の前でなければ、その後の可能な限り早い時期にされるべきであると信じる」（para57）と主張した。2006年7月の貴族院・憲法問題特別委員会報告書・『戦争遂行：国会の役割と責任』は、国会の事前承認を義務づける法律の制定は好ましくないとし、政府が国会に対しその事前承認を求めるという国会慣習（parliament convention）の確立を提案した。それらの提案に対する政府の反応は鈍いものであった。しかしその後、首相がブレア（Blair）からブラウン（Brown）に代わり、政府も動き出した。2007年7月に緑書『イギリスの統治』を発刊し、そこでは海外派兵については庶民院決議によって定式化される国会慣習を発展させることを提案したが、法律制定の選択肢も残した。2007年10月には、諮問文書（consultation paper）『イギリスの統治——戦争権限と条約：執行権力を制限する——』を公表し、2008年1月まで意見が求められ、15の意見が寄せられた。2008年3月には白書『イギリスの統治：憲法再生』と「憲

法再生法案草案」(39)を公表した。白書は戦争権限に関し「詳しい決議が最良の方法である……それは庶民院決議の形式を取るであろう……この決議は特別の議院規則により定められるであろうが、それはすべてそれぞれの院が扱う事柄であり、政府が扱うものではない」(para215) と述べ、「憲法再生法案草案」にはこれに関する条文は設けられなかった。したがって、2009年7月に政府から庶民院に提案された「憲法改革および統治法案」にも戦争開始権限に関する条文はなく、総選挙直前の2010年4月にこの法案は成立した。政権交代後、この問題は庶民院の政治憲法改革委員会で検討が続けられ、その報告書・『紛争決定における国会の役割：前進』(40)には国会決議草案が付加されている。また、庶民院の国防委員会もその報告書・『介入：なぜ、いつそしてどうやって？』(41)において、「国会の役割」を検討している (para52-65)。

　こうした議論の共通認識として、戦争開始が国王大権にもとづいて決定されるのは時代遅れであり、政治的重要性が極めて高いその決定に正当性を与え、特にその決定前での説明責任 (accountability) を明確にするために、国会の関与を強めなければならないという考えがあった。しかし、他方で、柔軟かつ迅速な軍事活動を確保する必要などから、硬直化する恐れのある国会関与を避けるために国会慣習での対応を支持する意見が強かった。法律制定を望まないもう1つの理由が、その法律にもとづき政府や軍当局が裁判所に訴えられる可能性が高まることへの懸念であった。ケント大学ロースクールのパイン (Payne) 講師は、「それ（慣習）は裁判所に活動の場を与えない。なぜなら、慣習は……法 (law) とは見なされず、イギリスの裁判所は慣習を守らせようとしない。それとは対照的に、もし戦争権限が国会制定法によって規定されれば、裁判所はその関連法の遵守を監督できる。裁判所が訴訟において国会制定法の中の言葉の意味を決定するという管轄権を有することは、行政法の基本原則である。裁判所はさらに、政府が制定法上の権限にもとづいていると主張するその行為が、その法律の意味するものと一致していることを確証するための管轄権も有している」(42)と述べている。

　最後に、軍隊の海外派兵に関する国会の関与を、最近の事例に沿って概観する。2003年3月20日からイギリス軍はイラク攻撃に参加したが、政府は庶民院がその派兵について採決することを約束し、2日前の3月18日に動議（「イラ

クの大量破壊兵器廃棄を確証するために必要なすべての手段をとることができる」）を議論の後、412対149で可決した。「2003年のイラク侵攻の決定は、1950年の朝鮮戦争以後において、戦闘が始まる前に、国会が軍隊を派兵するという実質的動議を採決した最初の例であった」。イギリス軍のリビア攻撃への参加は2011年3月18日に始まったが、政府は3日後の3月21日に動議を庶民院に提出し、557対13で可決された。シリア攻撃に関しては、2013年8月29日に庶民院が召集され、政府からの動議を採決し、272対285で否決した。キャメロン（Cameron）首相はこの結果を受け入れ、イギリス軍は派兵されなかった。軍隊の海外派兵が国会で否決されたのは、1782年のアメリカ独立戦争以来のことであると言われている。2014年9月26日、政府はイラク国内の「イスラム国」を攻撃する動議を庶民院に提出し、524対43で可決され、イギリス空軍はその直後に作戦行動を開始した。

　このような経緯から、海外への軍隊派兵に関する国会慣習が定着し始めたと判断することは可能であろうか？　キャメロン首相は「少数民族虐殺などを阻止するための緊急行動が必要とされ、イギリスがその人道的惨劇を防ぐために行動できるならば……私は、その行動を命令し、その後すぐに庶民院に来て説明するであろう。……。庶民院において協議され適切な採決がなされるという国会慣習は良いものであるが、それは事前に計画された軍事行動の場合に特に適切である。極めて重大なイギリスの国益が危機に陥ったなら……直ちに行動しその後庶民院において説明するという権限を留保しておくことは重要である……」と述べている。攻撃目標が「イスラム国」であるならば、イラク政府の要請を受けて実行されるイラク国内のそれへの攻撃が、隣国シリア国内のそれへの攻撃に拡大する軍事上の可能性はかなり高い。キャメロン首相は、「シリア国内を…空爆するという決定をおこなうときは、我々は庶民院に戻ってくるだろう」と述べているが、否決される可能性も十分にあるこの動議を本当に提出するのであろうか？　こうした不確定な面をもちながらも、イラク戦争に関するイラク人、イギリス兵の訴えに門を開き始めた裁判所の姿勢も含めて考えると、イギリスにおいて、軍事に関わる事柄といえども法と国会によるコントロールに服し始めたことは間違いないであろう。

注

（ 1 ） A W Bradley and K D Ewing, *Constitutional and Administrative Law*（15th edition）, 2011, p. 328.
（ 2 ） F. W. メイトランド著、小山貞夫訳『イングランド憲法史』（創文社、1981年）433-435頁。
（ 3 ）「権利章典」樋口陽一／吉田善明編『解説　世界憲法集』（三省堂、2001年）（元山健担当）。
（ 4 ） See, *supra* note（ 1 ） p. 329.
（ 5 ） 幡新大実『イギリス憲法Ⅰ』（東信堂、2013年）48-49頁。
（ 6 ） *R (Catherine Smith) v Secretary of State for Defence*［2009］EWCA 441, para 30.
（ 7 ） 1987年国王訴訟手続（軍隊）法第 1 条：次の第 2 条に従いつつ、1947年国王訴訟手続法第10条（軍隊が関わる事件においては、不法行為責任から免れる）は効力を止めなければならない。ただし、この法律が制定される前に生じた作為・無作為の結果、人が被ったものとの関係は除く。
（ 8 ） *R (Catherine Smith) v Secretary of State for Defence*［2010］UKSC 29, para 189.
（ 9 ） *R (Susan Smith) v Secretary of the Ministry of Defence*［2012］UKSC 41, para 135.
（10） HC Hansard, 13 June 2013, col. 522, "Iraq War（10th Anniversary）"、ルーカス（Lucas）議員の発言から。
（11） ヨーロッパ人権条約第 1 条（人権を尊重する義務）：締約国は、その管轄内にあるすべての者に対し、この条約の第一節に定義する権利及び自由を保障する（松井芳郎編『ベーシック条約集　2009』（東信堂、2009年）238頁）。
（12） ヨーロッパ人権条約 第 2 条（生命についての権利）：
　 1 ：すべての者の生命についての権利は、法律によって保護される。何人も、故意にその生命を奪われない。ただし、法律で死刑を定める犯罪について有罪の判決の後に裁判所の刑の言い渡しを執行する場合は、この限りでない（松井芳郎編『ベーシック条約集　2009』（東信堂、2009年）238頁）。
（13） 1998年人権法（Human Rights Act 1998）：
　第 6 条　公的機関
　（ 1 ）公的機関が条約上の権利に適合しない方法で行動することは違法である。
　第 7 条　手続
　（ 1 ）公的機関が第 6 条（ 1 ）項によれば違法となる方法で行動した（または行動することを提案している）と主張するものは、

(a) 適当な裁判所または審判所に、同法に基づき公的機関に対して訴訟を提起することができる（以下、略）(指宿正典・辻村みよ子編『新解説　世界憲法』(三省堂、2006年)(江島晶子執筆) 35-36頁)。

(14) *R (Al-Skeini and others) v Secretary of State for Defence* [2004] EWHC 2911 (Admin).

(15) *R (Al-Skeini and others) v Secretary of State for Defence* [2005] EWCA Civ 1609.

(16) *R (Al-Skeini and others) v Secretary of State for Defence* [2007] UKHL 26
この最高裁判決に関して、水島朋則「国際社会のグローバル化変動と国際法—領域外での国の活動に関する人権条約上の義務について」『法律時報増刊　改憲・改革と法』(民主主義科学者協会法律部会編　日本評論社、2008年) 21頁、参照。

(17) *Al-Skeini and others v The United Kingdom* [GC] Application no. 55721／07.

(18) 2011年9月にThe Report of the Baha Mousa Inquiry (全3巻) が発刊され、調査は終了した。Baha Mousa の死亡およびその軍法会議について、A T Williams, *A Very British Killing? The Death of Baha Mousa*, Jonathan Cape, 2012　参照。

(19) *Bankovic v Belgium* (2001) [GC] Application no. 52207／99.

(20) *Issa and others v Turkey* (2004) Application no. 31821／96, para 71.

(21) Philip Leach, "The British military in Iraq-the applicability of the espace juridique doctrine under the European Convention on Human Rights" [2005] *Public Law*, pp. 448-458.

(22) *R (Catherine Smith) v Secretary of State for Defence* [2009] EWCA Civ 441, paras 13-14, 原告は地理的管轄権に加えて人的管轄権を主張し、国防省は地理的管轄権が基本となると主張した。

(23) *R (Catherine Smith) v Secretary of State for Defence* [2008] EWHC 694 (Admin).

(24) See, *supra* note (22).

(25) See, *supra* note (8).

(26) *Ocalan v Turkey* (2003) (2005) Application no. 46221／99.

(27) *R (Susan Smith) v Secretary of the Ministry of Defence* [2011] EWHC 1676 (QB).

(28) *R (Susan Smith) v Secretary of the Ministry of Defence* [2012] EWCA Civ 1365.

(29) See, *supra* note (9).

(30) 戦闘行動免責《軍隊による一定の戦闘行動に伴う人・物に対する故意・過失に

よる損害の民事責任はこれを免除するというコモンロー上の法理》（小山貞夫編著『英米法律語辞典』（研究社、2011年）187頁）。
(31) *Susan Smith*事件・最高裁判決に関して、拙稿「国外での武力紛争における『生命に対する権利』に関するイギリス裁判所の判決　その2　Susan Smith事件」津山工業高等専門学校紀要　第55号（2013年）15-23頁、参照。
(32) New Inquiry：UK Armed Forces personnel and the legal framework for future operations, 3 July 2013, Defence Committee.
(33) Thomas Tugendhat and Laura Croft, *The Fog of Law? An introduction to the legal erosion of British fighting power*, Policy Exchange, 2013.
(34) A. V. Dicey, *Introduction to the Study of the Law of the Constitution*（8th edition), Liberty Classics, 1915, pp. 281-282.
(35) Public Administration Select Committee, Taming the prerogative：strengthening ministerial accountability to parliament, HC 422, Session 2003-04.
(36) Select Committee on the Constitution, Waging war：Parliament's role and responsibility, HL Paper 236-1, Session 2005-06.
(37) Ministry of Justice, The Governance of Britain, CM 7170, July 2007.
(38) Ministry of Justice, The Governance of Britain War powers and treaties：Limiting Executive powers, CM 7239, October 2007.
(39) Ministry of Justice, The Governance of Britain—Constitutional Renewal, CM 7342—Ⅰ-Ⅲ, March 2008.
(40) Political and Constitutional Reform Committee, Parliament's role in conflict decisions：a way forward, HC 892, Session 2013-14.
(41) Defence Committee, Intervention：Why, When and How?, HC 952, Session 2013-14.
(42) Sebastian Payne, "The War Prerogative and Constitutional Change", RUSI Journal Vol. 153 No. 3, p. 30.
(43) See, *supra* note (36), pp. 9-10.
(44) HC Hansard, 26 September 2014, "Iraq：Coalition Against ISIL", col. 1265.
(45) *Ibid.*, col. 1266.

第7章
ウェストミンスター型憲法の変動と地域的分権

連合王国におけるスコットランド

クリス・ヒムズワース
［訳］松井　幸夫

1　はじめに

　2014年9月18日、スコットランドの人びとは、「スコットランドは独立した国たるべきか（Should Scotland be an independent country?）」との質問への答えを問うレファレンダムに投票した。結果は、賛成1,617,989票、反対2,001,926票であった。

　もし結果が逆で、スコットランドの人びとが独立を選んだとすれば、現在はその結果がもたらす調整の途上にあり、本稿の観点からすればより重大なことではあるが、「連合王国におけるスコットランド」という問題は歴史的な話となってしまったかもしれない。スコットランドとイングランドの300年の連合（Union）はほぼ終わることになったであろう。1999年に始まるスコットランドと連合王国間の権限移譲の関係は、近い将来——おそらく2016年3月24日に死滅すると宣言されたかもしれない。新しい国民の物語が始まったかもしれない。

　しかし、生じた結果はそうであったとしても、そのことは何の変化もなかったことを意味するものではない。物事が「平常の業務」に回帰するであろうことを意味しない。かつて言われ決まり文句（cliché）となっている言葉で言えば、権限移譲は決して一過性の出来事（an event）ではなくプロセスである。[1] レファレンダムの経験は、このプロセスにきわめて重要な新しい段階をもたらした。スコットランドへの権限移譲が行われてきた時期は、（ウェールズと北アイルランド、一定範囲でのロンドンへの権限移譲や、さらには権限移譲がないイングランドの残りの地域での経験とも相まって）、本書の他の章が示すように、連合王国内部で現在特有となっている流動化現象をすでに実質的に引

き起こしてきた。そして、第二に、このレファレンダムは、［独立の否定という］現実の結果を遙かに超える形で、将来の連合や、スコットランドと連合王国の他の部分との関係に止まらず、広く連合王国憲法の全体とその政治システム自体に対して、大きな影響を及ぼしている。

したがって、本稿での検討では、まず、ふたつの異なった分析軸を示すことにしたい。第一に、4つの主要な特徴に示されるスコットランドへの権限移譲自体の枠組みを論じる（2節）。次に、2014年9月18日のレファレンダムに至るプロセスを説明する（3節）。その多くは、すでに論じられている権限移譲の諸状況から直接引き出されることになろう。そして、第4節では、レファレンダムの結果を説明し、スコットランドへの権限移譲への影響と、より広い憲法への影響の両方について、とりあえずの評価を行いたい。[2]

2　スコットランドへの権限移譲　1999-2014年

スコットランドへの権限移譲は、ウェストミンスターの国会制定法である1998年のスコットランド法（Scotland Act 1998. 以下、「1998年法」と略する）によって創設された。しかし、同法は白紙の憲法用紙の上に書かれたものではない。ふたつの歴史的事象が先行していた。第一は、1707年の［スコットランドとイングランドの］連合それ自体の性質であった。レファレンダムの過程で重要となったように、それはひとつの合意プロセスの結果であった。スコットランドとイングランドを条約によってひとつにした「合意」は、スコットランド人の多数が参加したものではなかったかもしれないし、何らかの強制から自由なものではなかったかもしれない。しかし、このことは、スコットランドの人びとの願望が明白に示されさえすれば連合は終了しうるという、20世紀のスコットランドと連合王国の当局によって受け入れられた考えに根拠を与えるものであった。第二は、1998年法以前の百年以上にわたって、現在では実現している権限移譲制度へと向かう諸運動が存在してきたことである。19世紀以降の「自治（home rule）」運動は、スコットランドに別の立法府を設立することには成功しなかったが、（スコットランドの統治で多くの行政的責任を負う別個の国務大臣（Secretary of State）や省——スコットランド省（Scottish Office）——を伴う）「行政的権限移譲」措置をもたらし、1960年代

と70年代のナショナリストの圧力の下で、（施行されることはなかったが）スコットランド議会（Scottish Assembly）を創設する1978年のスコットランド法（Scotland Act 1978）を生み出した。その間に、1922年にはアイルランドの独立があり、まったく異なった状況下ではあるが1922年から1972年までの北アイルランドには、権限が移譲された議会と政府があった。高度に集権化された国家であるとの連合王国に対する評価は一般的であったものの、これら20世紀の権限移譲の動きは——例えば、連邦主義とはかなり異なった形ではあるが——非中央集権化の可能性を示してきた。[3]

そのような歴史的背景の下で1998年法がもたらしたものは、本稿の目的にとっては、以下の４つの特徴を伴う権限移譲の統治システムであった。

（１）権限の実質性

1998年法が創設した中心的な制度はスコットランド議会（Scottish Parliament）であり、スコットランド政府（Scottish Government）——当初は「スコットランド執行府（Scottish Executive）」——は、その議員によって組織され、議会に対して責任を負う。議会は（比例代表制である付加議員制（Additional Member System）によって）直接選挙され、その存続期は通常４年に固定されている。[4] その権限は実質的である。権限は、ウェストミンスターの国会に留保されている個別事項のリスト以外のすべての問題についてスコットランド議会は立法できる、という「固有権限」モデル（"retained powers" model）に基づいて「包括的に（generously）」付与される。その結果、権限の範囲は、［アメリカの］州（states）や［ドイツの］ラント（Länder）のような、今日の代表的な連邦制の範型に比肩できる——この特徴は、立法権能の拡大を提案した諸政党が、国民国家としての連合王国の維持と矛盾することなく、議会に合理的に付与される権限をさらにあてがうために苦慮していた本レファレンダムの時期に重要となった。[5] 別の改革提案は、議会の財政自律権の拡大に集中した——それは、財政収入がほぼ全面的にロンドンからの直接的な（一括）交付金に依拠する地位にあるという、周知の現在の限定的な体制を発展させる大きな可能性のある領域であった。[6] 1998年法は、そのなかに議会の権能を拡大させるための規定を持っているが、連合王国のその後の別の法律によって、限られた範囲

ではあるが、いくつかの権限が付与されてきている。

（2）非斉一な（asymmetric）権限移譲

とくに連合王国憲法全体の流動性を論じるという本書の目的からすれば、スコットランド［原文イタリック］への権限移譲を取り扱うためには、連合王国の全体像に触れなければならない。すでに示唆したように、スコットランドにおける展開はウェールズや北アイルランド、一定の程度でロンドン、そして何らかのポジティブな意味で、ほぼ紛れもなく回り回って残りのイングランドへの影響を伴ってきた。ウェールズと北アイルランドはともに立法的権限移譲の制度をもつが、その議会（Assemblies）では、それぞれ、その立法権能の程度は低い。大ロンドン市（Greater London）は、イングランドの他の部分とは異なって直接選挙による議会（Assembly）と市長（Mayor）をもつが、同議会には［固有の］立法権能はない。イングランドの残りは、これら最近の動きからはほとんどとり残されてきた。このような状況は、連合王国憲法の将来の可能性をめぐる議論に重要な影響を与えている。

（3）権限移譲をめぐる異なった動機

スコットランドに話しを戻すと、1998年法に先立つ数年から現在に至る権限移譲プロジェクトの重要な特徴は、急激に溝を深める主要な政治的当事者たちの願望にあった。分配の実質的な拡大を求めるナショナリストの圧力を伴って進展してきた限られた行政的権限移譲を背景にして、権限移譲はふたつのまったく異なるプロジェクトを反映することとなった。一方で、ユニオニスト（連合堅持派　Unionist）の傾向をもつ人びとは、権限移譲を連合そのものを救う手段とみてきた。採用された強い形体の権限移譲は、自治要求にふさわしい対応となろう。少なくともスコットランド人の多数の心のなかにあるさらなる変化を求める圧力を取り除くものとなろう、と。それは、（非現実的ではあるが）ある忠実なユニオニストが言ったように、「ナショナリズムを死んだも同然に」しさえするであろう、と。

しかし、ナショナリストの見方からすれば、多くの者は権限移譲を中間着地点とみた。それは、独立したスコットランドという夢の実現に向かう中間地

点にすぎなかった。権限移譲「体制」(devolution "settlement")――それは、その立案者のひとり、故John Smith議員の言によれば、「スコットランドの人びとの固い意思」を反映したものであるが――は、常にスコットランドの将来に対するふたつのまったく異なったビジョン間の不安定な妥協へと動き続けるものであった。

(4) 未完かつ不安定な権限移譲

　権限移譲が始まったとき、これらふたつのビジョン間での妥協の不安定性がどこに通じていくのかを示すような徴候はほとんどなかった。議事堂建設についての法外な超過支出をめぐる初期の論争(12)を別にすれば、当初は比較的平穏な船出であった。比例代表制は、スコットランドに通常であれば連立政府を生み出すだろうとの予測があり、実際にそのようになった。最大政党（スコットランド労働党）が議員数わずかの自由民主主義党（Liberal Democrats）と提携し、スコットランド国民党（SNP）が主たる野党であった。1999年から2007年までのスコットランド議会の最初の２会期の間、労働党主導の連立政権は、ロンドンの労働党多数政府との連携にほとんど困難はなかった。スコットランド議会は相当数の立法をよどみなく行い、他の点でも、ウェストミンスターとはかなり異なった姿や行動を創り上げるという目に見える成果を生み出した(13)。この権限配分から生じるかもしれない不安定さの原因は、実際には混乱とは無縁のものであった。上述したように、留保された「事項」は比較的限定されていたとはいえ、実際の問題として連合王国国会はスコットランドのいかなる事柄にも立法できるという権能を放棄することができないということ――スコットランド議会に付与される権限は「スコットランドのために制定する連合王国国会の権限に影響を及ぼさない」と規定する1998年法の第28条第７項によって注意深く補強されている地位――は、連合王国の国会主権の原理から必然的に生じる公式の帰結であった。このことは、紛争を発生させるかもしれない立法権限の競合という局面をも生じさせるが、両政府間の政治的友好関係、政府間の「コンコルダート」(14)システムでの表示、そして連合王国国会はスコットランド議会の明示的な同意ある場合に限って「権限移譲領域」で立法権を行使することができるとする「シーウェルの習律（Sewel Convention）」(15)の円滑な運用

が、紛争を生じさせない関係を生み出した。また、この時期は、連合王国の財政が比較的良好であった。枢密院司法委員会、引き続いて（2009年からは）連合王国最高裁判所による「分権争議（devolution issues）」を解決するための特別手続を利用することはできたが、あまり予想していなかった刑事裁判所の運用に影響を及ぼすすき間の実務問題以外では、両政府あるいは市民を問わず、実質的にその手続は使われずにすんだ。2007年までの期間に何らかの不安定さの兆候があったとすれば、それらは連合王国の他の部分、とりわけウェールズとイングランドに見られた。

ウェールズでは、1999年以降ますます強力になるスコットランドへの権限移譲の進展を多かれ少なかれ追い続け、2006年のウェールズ法（Government of Wales Act 2006）で、ウェールズ議会（National Assembly for Wales）の第二段階の権限強化が受け入れられたが、それは、スコットランドの経験を少なくとも薄目を開けて眺めた程度のものであった。

このことは、イングランドにおける議論でも同様であった。レファレンダムをめぐる議論が輪郭をはっきりとさせる前から、スコットランドは、住民ひとりあたりの公的資金をイングランドよりも多く受け取っているとの主張がなされていた。スコットランドへの権限移譲は、連合王国の他の地域に資金調達上の相対的な困難を生み出していた。この財政上の不満は、権限移譲の初期から、より「憲法的な」性格をもっている不満と結びついていた。それは、「西ロジアン問題（West Lothian Question）」の名の下で応酬された。権限移譲の非斉一な性質から直接生じるこの「問題」の呼称は、1970年代当時スコットランドの西ロジアン選挙区の労働党庶民院議員Tam Dalyellに由来する。彼は、非スコットランド選出議員は、ほとんどのスコットランド内部の政策論議から排除される（なぜなら、それらはスコットランド議会に権限移譲されることになるから）にもかかわらず、イングランドには何の権限移譲措置もなく、スコットランド選出議員は連合王国国会に関与し続け、そのことから、彼らはイングランドの内部問題を議論し（また採決に加わり）続けることが許される、という（そのシステム特有の）帰結に注意を喚起した。その後西ロジアン問題への答えを示そうとするいくつかの提案があったが、それを実行することはすべてレファレンダム後に延ばされている。権限移譲が非斉一なまま続き、イングラ

ンド議会、あるいはイングランドでの各リージョン議会の用意がない限り、この「問題」、あるいは同様の問題は残り続けることになる。レファレンダムの結果は、そのことをはっきり示した。

しかしながら、権限移譲全体の不安定性にとってはるかに重要なことは、2007年と2011年のスコットランド議会総選挙の結果と結びついて生じた政治的激震であった。かの選挙制度は、立案者の予想に反して連立政権を生み出すことに失敗した。2007年にはSNPが議会第一党となったが連立を組む政党はなく、（一党での）少数政府が組織された。そして2011年には、誰にとってさらに大きな驚きであったが、勝利したSNPはさらに勢力を増して129議席中69議席を獲得して議会の過半数を制することとなったのである。[21]

互いに結びついたこれらふたつの政治的事件は、スコットランドの政治的・憲法的環境を変化させた。議会でSNPが多数を制したことが住民の多数が独立を支持することになるということではまったくないとしても、選挙の結果はラディカルな変化を示すものになった。スコットランドの人びとは、あえて選ぶのであれば独立を要求する権利が正式に認められるかもしれないとしても、彼・彼女らは、そのような選択肢にこだわることなく、権限移譲を支持する「確固たる意思」を示したのだ、という仮説が疑問とされた。そして、同じように重要なことは、SNP自体が、議会で反対の声を上げるかしましいプレッシャー・グループから、突如として政府に伴う地位と権限と手段を手にしたスコットランド政府の与党として自らを再定位したことである。2007-11年期には、その権限は限定的なものであった。同党は、改革を提案することはできた——そして、憲法「対話」やレファレンダムの提案を行った——が、過半数を持たないなかでは立法という形でレファレンダムを根拠づける改革を実行することはできなかった。しかし、2011年にすべてが変わり、議会の多数の支持による運動の再生が、まったく異なった現象となった。連合王国経済が危機に陥り、連合王国の憲法秩序があまりなじみのない連立政権（そして2011年の国会任期固定法（Fixed-term Parliaments Act 2011））によって揺さぶられていたまさにその時に、（それまではとくに問題もなく）続いてきた不文憲法という状況のもとで、先立つ10年の諸改革（権限移譲それ自体や、貴族院改革、1998年の人権法［Human Rights Act 1998］）を見守ってきた（エリートたち

の）コンセンサスは、スコットランドへの権限移譲が安定した体制をもたらすのではなく、連合王国の終焉を告げる可能性を生じさせるかもしれないという脅威によって揺り動かされることとなったのである。

3 レファレンダム

（1）はじめに

　世界のほかのレファレンダムの経験との比較が試みられることがあるが、スコットランドの独立レファレンダムは、まさにスコットランド自身の直系の憲法上の父祖たち——ともに連合王国の不文憲法を背景にした1707年の連合と1999年以降の権限移譲——から生まれた子どもであった。政治的には、レファレンダムは、上述した（とくに2011年以降の）スコットランド議会と連合王国国会における政党配置のなかで位置づけられた。エディンバラのスコットランド政府は、中心となる政治的な宿願として、スコットランドの人びとによる独立問題についてのレファレンダムの実施と連合王国政府との交渉の開始を決定した。ロンドンでは、労働党政府がその対応として委員会（Calman Commission on Scottish Devolution）を立ち上げ、その結果として、スコットランド議会権限の若干の修正と課税権限を拡大する2012年のスコットランド法（Scotland Act 2012）が制定された。（2010年以降の）保守党／自由民主主義党による連立政府の対応は、独立レファレンダムを阻止はしないが、それを実施方法に枠をはめ、レファレンダムの実施を認めつつ独立運動に反対する運動に加わって、領域を完全に維持した連合王国が引き続いて存続することを確保しようとするものであった。

（2）レファレンダム実施の法的根拠

　スコットランド政府が行ったように、総合的な政策目標を達成する一手段としてレファレンダムの理念を推進することは、どのような政府であれ可能であろうが、少なくとも連合王国の伝統では、レファレンダムを実際に行うためには立法府が制定する法律による法的根拠が必要である。レファレンダムの諸ルールは制定法によって正式に採択される必要がある。スコットランドについては、これは連合王国国会あるいはスコットランド議会のいずれかによる法律の

制定を意味する。しかし、SNP政府が最優先したのは、スコットランド議会であった。

　しかし、ここでさらなる問題が生じざるを得ない。スコットランド政府が何を戦略的に優先するにせよ、スコットランド議会には必要な法律を制定する権限、権能があるのだろうか？　この問と答を理解するには、まず、スコットランド議会は限定された権能しか持たない議会であることを想起することが必要である。立法権能に関するルールは複雑であるが、簡潔に言えば、スコットランド議会は留保事項に「かかわる」法律の制定から排除されている［原文イタリック］。この事項は、「憲法」の諸側面を含み、そして、そこには「スコットランドとイングランド両王国の連合」が含まれている。立法規定が留保事項に「かかわる」かどうかは、「すべての状況のなかで（他の事項とともに）その効果を考慮しつつ、当該規定の目的」を考慮して決定されることになる。

　2012年を通して、スコットランド議会は独立レファレンダムを定める法律の制定から排除されるのかどうかをめぐり、さまざまな意見が出された。結果として、この問題が最終的に裁判所で決着がつけられることはなかった。代わりに、両政府は、採られるべき立法の道筋で妥協するという立場を受け入れた。とくにスコットランド政府は、スコットランド議会の立法権限をめぐって、裁判所で長期間争うという危険を避けることを選んだ。

（3）エディンバラ合意

　この妥協的立場が、2012年10月15日にサモンド（Salmond）主席大臣とキャメロン（Cameron）首相が署名した文書——エディンバラ合意（Edinburgh Agreement）として知られるようになった文書——の核心である。特徴的なことは、合意には、レファレンダムを行うプロセスについての合意の背景が記載されていることである。それは、スコットランド政府のイニシアチブに基づいて進め、連合王国政府が同意を宣言するというものである。合意（およびそれに付属する覚書）の主たる実際上の目的は、「スコットランドが連合王国の他の部分から独立することについてのレファレンダム」のための規定を持つ法律を、スコットランド議会が制定できることを可能とするために、1998年法第30条に基づく枢密院令の制定——1998年法付則5の修正のために用いられる

仕組み——の手続を進めるという両当事者共同の約束を記録することであった。レファレンダムは明確な法的基盤を持ち、「国会と議会、両政府と人びとの信頼を得るよう行動し、公正な判断基準とスコットランドの人びとの明確な意見の表明、およびすべての人が尊重する結果を示す」ものでなければならないとされた。問われる問いの文言は、選挙委員会（Electoral Commission）の審査を経てスコットランド政府が提案する法案を、スコットランド議会が決定することになる。予想される主要な手続的ルールに加えて、合意には、「共通の利害にかかわる事項について共同して行動することと、十分な意思疎通と相互尊重の原則」についての約束が含まれている。さらに両政府は、レファレンダムの結果が出た後について、声高に響く言葉で、「結果がどうであれスコットランドと残りの連合王国の人びとの最良の利益のために、その結果に従って建設的な共同行動をとり続ける」ことを約束している（para 30）。

（4）レファレンダム実施のための立法

　2013年のうちにエディンバラ合意が予定した立法がなされた。第一段階として、連合王国国会の両院とスコットランド議会による草案の承認を経て、上記枢密院令が制定された。同枢密院令は、スコットランド議会が独自に立法する道を拓くものであった。また、レファレンダムの投票権者を早急に正式決定する必要があったことから、最初の法律はそのことに向けられた。投票権は、レファレンダムのプロセスを通しての論争問題であった。投票権は、スコットランドの将来、さらには連合王国の将来にとってもきわめて重要な問題として、例えば、居住するすべての連合王国市民を含むべきか、（出生あるいは血統による）「スコットランド人（Scots）」としても、それはスコットランドに居住する者か、あるいはそれ以外の連合王国に居住する者を含むのか、さらには世界中どこに居ようともすべての者を含むべきかが議論された。しかし、SNPは、レファレンダムはスコットランド居住者によることを約束していた。その立場は、（投票資格にいかなる形であれ民族的な理由（ethnic basis）を示すことは避けるという）原則と、プラグマチズムの両方による。可能な限り現在の選挙人名簿を使用するということは行政的にはきわめて魅力的であった。エディンバラ合意までに、レファレンダムでの投票権者はスコットラン

ドの議会と地方選挙においてすでに選挙権をもつ者とすることで決着していた（paras 9-11）。ひとつの調整可能な事柄が残った。スコットランド政府は、16才と17才を含むように投票年齢を引き下げることを諮問していたが、立法時に2013年のスコットランド独立レファレンダム法（Scottish Independence Referendum (Franchise) Act 2013）がこれを実現した。これは連合王国の慣例ではラディカルな新機軸であった。同法の規定はもうひとつ、有罪判決を受けた受刑者の投票権を明確に排除した――同規定は裁判所で争われたが、失敗している。

エディンバラ合意が予定するもうひとつのレファレンダム立法が、二番目のスコットランド議会制定法――2013年のスコットランド独立レファレンダム法（Scottish Independence Referendum Act 2013）として制定された。同法の最も重要な規定は、レファレンダム実施日を2014年9月18日と最終決定した第1条第4項と、問を、「スコットランドは独立した国であるべきか」とした第1条第2項、第3項と付則1である。この問は、「あなたはスコットランドが独立した国となることに賛成しますか」という最初の提案が、2013年1月、中立性が十分でないと選挙委員会から批判された後、スコットランド政府によって提案されたものであった。

（5）レファレンダム投票運動

エディンバラ合意と、それに続くスコットランド議会のレファレンダムについての法律は、レファレンダム投票運動の基本的ルールを定めようとした。しかし、その結果定められたのは、非常に複雑な話のごく一部だけであった。例えば、運動は実際には2007年に始まっているのに、運動費用の支出制限に服する期間を限定し、運動は14週を超えて行うことはできないとしていることを説明することができない。その出発点を2013年の5月と6月の"Yes"［Yes Scotland］運動や"Better Together"運動の開始時に置いたとしても、これでも論争期間は長くなりすぎる。どのような争点を投票運動とするかについても、あらかじめ明確にはされなかった。すべては、9月18日の対象となる問に焦点が当てられたが、運動期間中に実際に提起された争点ははるかに広範なものであった。スコットランドの、さらに連合王国全体の近代政治でも、このよ

うなことを経験したことはなかった。憲法学者（constitutional lawyers）にとって、それは豊かな議論の期間であった。ほとんどの運動上の争点は憲法的側面を含んでおり、憲法学者が、（時には無自覚で理解しないまま）日々の談義にその商売道具を用いるのがありふれたこととなった。

①運動参加者とその出版物

概観すれば、運動への参加者は、核となる主張者——YesやNoの運動、スコットランド政府と連合王国政府、政党や、自らを論争のいずれかの側に位置づけているより緩やかに定義できる社会のなかの諸団体——だけではなく、いずれかの立場をとることは意識的に避けながらも、レファレンダムのプロセスに寄与し参加する人たちもあった。

レファレンダムの議論に群を抜いて寄与した単一文書は、SNP政府の白書『スコットランドの将来：独立スコットランドへのあなたのガイド（Scotland's Future：Your Guide to an Independent Scotland）』であった。これは2013年11月に公刊され、650頁を超えるが、無料のオンラインで、また、申し込めば連合王国内の郵便で利用できた。この期の他のすべての文書と同じく『スコットランドの将来』は運動用の文書である。序文は主席大臣の言葉、最後は70頁の付属文書と注記であり、スコットランドの財政、医療と社会サービス、国際関係などにかかわる将来の政策が示されていた。憲法問題については、『スコットランドの将来』が、2016年3月24日を「実際の独立日」と定め、2014年9月と2016年3月の間を移行期と説明して、独立後の憲法制定を提案している点が重要であった。

連合王国政府のレファレンダム運動への公式の関与は、2013年2月から2014年6月にかけて刊行された「スコットランド分析プログラム（Scotland Analysis Programme）」とのタイトルで、シリーズの形をとった15の文書である。[37]その最初は、国際法上の諸側面に関する相当量の文書を含んだ『スコットランド分析：権限移譲とスコットランド独立が意味するもの（Scotland analysis：devolution and the implications of Scottish independence）[38]』であり、最後は、『連合王国、連合による未来：スコットランド分析プログラムの結論（United Kingdom, united future：Conclusions of the Scotland Analysis Programme）[39]』であった。シリーズの他の文書には、通貨と金融政策、安全保障、国境管理と市民権、エ

ネルギー、労働、年金についての連合王国政府の見解が含まれていた。「結論」では、連合300年の成功が強調され、「ふたつの世界にとっての最良」の利益が強調されていた。

　引き続いて3つの「ユニオニスト」政党すべてが運動用の文書を出した。スコットランド労働党の、『目的実現のための力：アカウンタビリティの強化と人民への権能付与（Powers for a Purpose—Strengthening Accountability and Empowering People）』（2014年3月）、スコットランド自民党の、2012年の『連邦主義：スコットランドの最良の未来（Federalism：the best future for Scotland）』を若干補訂した文書（『Campbell II』）（2014年3月）[40]、そしてスコットランド保守党の、Commission on the Future Governance of Scotland（Strathclyde委員会）の報告（2014年5月）である。程度は異なるものの、3党とも、所得税課税権限の拡大による権限移譲の財政的基盤という中心となる焦点以外のところで、スコットランド議会の権能の若干の拡大を約束した。

　運動への他の（組織的）参加者の完全なリストでは極端に長くなるので、いくつか選べば次のようなものがあった。

（a）Yes Scotlanndの傘下で運動した政党には、スコットランド緑の党やスコットランド社会党があった。

（b）議論に参加したNGOには、いずれかの側についたものも、中立的なものもあった。例えば、Electoral Reform Societyは『デモクラシーの最大化：よきスコットランドのデモクラシーのためのビジョン（Democracy Max：A Vision for a Good Scottish Democracy）』（2013年）を刊行した。Institute for Public Policy Research（IPPR）は、『さらなる財政的権限移譲を（Funding Devo More）』（2013年）、『さらなる権限移譲と福祉（Devo More and Welfare）』（2014年）、『財政的権限移譲と何らかの連邦制モデル（Financing Devolution and the More or Less Federal Model）』（2013年）、『スコットランドの分離による国民の分断は何をもたらすか（Divorcing a Nation What Happens if Scotland Separates?）』（2014年）などの出版を通して、「さらなる権限移譲（devo more）」[41]という考えを宣伝した。

（c）他の（熱烈な）自発的組織も現れた。研究や実務に携わる法律家が多数

加わるLawyers for Yesは、Yes運動の法的、憲法的側面に特別の関心を持ち、逆の立場にはLawyers Togetherがあった。

（d）特殊な種類の参加者として、投票後の両者の和解を主たる関心とする人びと——とりわけCollaborative Scotland——があった。[42]

（e）もうひとつの特殊な種類の「参加者」は、国会と議会、およびその委員会であった。庶民院のScottish Affairs Committeeと貴族院のConstitution Committeeは、Noの立場から強く介入した。スコットランド議会のReferendum (Scotland) Bill Committeeは当然SNPの統制下にあり、European and External Relations CommitteeもまたEU加盟問題に介入した。[43]

ひとつの特別な関与が、独立機関であるElectoral Commission自体からあった。同委員会は、12頁の『2014年スコットランド独立レファレンダム：投票ガイド（*The 2014 Scottish Independence Referendum : Voting Guide*）』のなかで、投票権者の登録と投票手続を説明した。と同時に、委員会は——YesあるいはNo投票の帰結を中心に——両サイドからの簡単な意見と、両政府の共同声明を載せた。スコットランド議会と政府の権限に対する公式の帰結に焦点を当てていた。

②運動の争点

これらの見解は、投票の予想結果に形式的な影響を与えたかもしれない。しかし、それらは、その他の争点の重要性と広がりの双方を、また、投票者の心のなかではより大切だったものを隠していた。心情の問題——帰属意識やアイデンティティの問題——がどの程度大きかったかを知ることは不可能である。心の問題——彼らの決断が、さらに大きな権限の移譲ではなく、独立という事実や形に基づいてなされたのかという——が最も大きかったのか、あるいは、いずれのタイプのいかなる争点がレファレンダムの期間中、どの程度投票者を揺り動かしたのかについてもそうである。メディアは、公衆はより多くの「事実」を求めていると想定するが、事実が手近にあったとしても、それら事実がどの程度決定的に影響を及ぼしたのかを知ることは容易でない。運動のなかで大きく浮かび上がってきたのは、将来のスコットランド経済の活力や、将来のスコットランド通貨、EU加入といった争点であった——しかし、（Yesの側からは）自らの将来を決定するのは、連合王国の他の部分から選出される政

府(とりわけ保守党政府)ではなく、スコットランドの人びとの新しい自由であることが強調された。

レファレンダムの全過程での中心には、もちろん、投票者に示された、スコットランドが「独立国」となることを望むか否かという問題があった。このきわめてシンプルな選択は、他のより複雑な考慮事項を隠してしまった。最初、投票には「折衷案」がないことについての失望感が広くあった。運動の初期の段階では、ほとんどの投票権者が支持した選択は――独立でも現状維持でもなく――強化された自治の形体であると思われたにもかかわらず、この選択肢は与えられなかった。SNPは本来は率直にイエス／ノーの選択を支持していたが、その後第三の選択肢も可能とすべきとの説得を受け入れた。しかし、連合王国政府は、エディンバラ合意の時、明確な二者択一を優先すべきであると主張した。だが、問われる問いがシンプルな二分法となったことは、議論をシンプルなものにはしなかった。次のような4つの特徴が立ち現れてきた。

第一は、「独立」の意味が、最初想定されたようなシンプルなものではなくなった。SNPにとって、独立とは、女王とスターリング・ポンドを維持し、連合王国と多くのサービスを分かち合うことであった。

第二に、権限移譲を拡大すること自体は投票用紙上での選択にはならなかったが、「No」の立場をとるすべての政党が認めたことは、「No」との投票結果が出たならば権限移譲を強化するという彼らの提案が整合性あるものか、それが実施される展望が信頼しうるのかによって左右されるような主張であった。より多くの権限を与えるとの彼らの似通った申出は、運動の最終盤で、スコットランドの日刊紙で公表された三党合同の「誓約(Vow)」[44]となった。

第三は、よりよき統治という共通した妥協点について、ふたつの運動が交差することによって、多くの重なり合う争点が提示された。その適例は、(島嶼のガバナンスの仕組みを含む)地方自治の問題である。レファレンダムの結果がどうなろうと地方自治は続くことになるであろうが、それでも運動者たちは見解を表明した。

第四に、スコットランドの独立か、(権限拡大の約束を伴った)権限移譲の継続かの選択をめぐる論争は、スコットランドのなかでも、連合王国全体でも、現在の憲法秩序が存続可能かをめぐる議論を促進した。

しかし、独立の核心問題に話を戻せば、主たる焦点は、スコットランドに成文憲法が必要かというところにあった（表通りではそうではなかったかもしれない！）——それは、連合王国では海図のない水路であった。SNPは日頃から独立した場合にはスコットランドは新しい成文憲法をもつべきであることを明確にしてきた。しかし、この見解を展開したのは、2014年になって公刊された緑書——『スコットランド独立法案：スコットランドの暫定憲法についての協議書（The Scottish Independence Bill : A Consultation on an Interim Constitution for Scotland ）』——であった。緑書の主要な内容は、そのための法律の草案であった。独立法案自体は、2016年3月24日から永続的な憲法に代えられるまでの間、暫定的な効力をもつとの見通しをもって、（通常の手続によって）スコットランド議会が公刊し成立させるとされた。法案の中心となる内容は、第2部にある暫定スコットランド憲法の草案である。この草案は、（もちろん1998年のスコットランド法に含まれものを超えた）新国家の諸制度、領域、市民権についての骨格的規定を形作っていた。草案はまた、裁判所制度、EU、ECHR［ヨーロッパ人権条約］や、平等、子どもの福利、核兵器廃絶といった事柄を含んでいた。それはまた、独立スコットランドの新しい永続的な憲法制定のための憲法会議（Constitutional Convention）の設置を定めていた。

4　レファレンダムの結果とスコットランド憲法の現在の位置

権限移譲が1999年に船出したとき、さまざまな動機づけがあった——スコットランドのナショナリストとユニオニストは、まったく異なる憲法構想を心に描いていた——のとまさに同じく、独立レファレンダムについても異なった期待があった。SNPは、スコットランドにまったく新しい憲法的未来が来ることを望んだ。連合王国政府は、議論が一世代間封印されることを期待した。

結果として、いずれの側も、その期待を果たすことはなかった。Yes票は多数とはならず、分離したスコットランドの国家はできなかった。他方で、レファレンダムの結果の以下4つの特色は、憲法的平穏をもたらさないことを確実にした。第一に、Yesの勝利はなかったものの、（投票したスコットランド人の約45％にあたる）160万の人びとが独立に賛成票を投じたという事実は、この問題が政治的アジェンダから外れたのではないことを意味する。第二に、投

票率がほぼ85％ときわめて高く（通常の総選挙より遙かに高い数値である）、この高投票率は、独立の大義を生き残らせることに資するだけでなく、スコットランドの（そして連合王国の）政治の大きな変質をもたらす可能性がある。SNPは、その担い手へ実質的に飛躍するという経験をしている。第三に、連合王国の政治体制は、きわめてタイトな時間表で権限移譲を強化するとの「誓約」の結果として、約束したことを実行せよとの強い圧力にさらされることとなった。そして、第四に、「誓約」にも含まれている、連合王国政府によるスコットランドへの財政支援水準の維持という約束を含むスコットランド議会により大きな権限を与えるという約束は、（イングランドのリージョンを含む）連合王国の他の部分から、より公正な取り扱いを求める激しい反応を引き起こした。とりわけ、それは、直ちに「西ロジアン問題」を再検討せよとの要求や、とくに、保守党議員からは、英国独立党（United Kingdom Independence Party）の圧力の下で、「イングランドの法律にイングランドの議決」を確保せよ──すなわち、イングランドの内部問題について、関係ないスコットランド議員を庶民院の採決から排除せよとの要求を引き起こした。

　レファレンダムのあと、ふたつの展開方向がおぼろげながら大きく立ち現れてきた。第一は、連合王国の連立政府が採り、2015年5月以降は保守党政府が採ってきた「誓約」の履行と「イングランドの法律にイングランドの議決」の導入のための歩みである。「誓約」にかかわる提案を行うためにすべてのスコットランドの政党代表者からなるスミス委員会（Smith Commission）が任命さた。提案は予定通り2014年11月までに公表され、引き続いて2015年1月には連合王国政府から「連合王国におけるスコットランド：永続的解決」（*Scotland in the United Kingdom : An Enduring Settlement*）が公表された。その付表として、5月の連合王国総選挙後に制定されるべき新しいスコットランド法（Scotland Act）の基礎となるいくつかの「スコットランド条項案」（Draft Scotland Clauses）が付けられていた。また、2015年5月28日に公表されたスコットランド法案（Scotland Bill）は政府のいくつかの提案を含んでおり、そのなかでも最も重要なものは、スコットランドの議会と政府を「永久的なもの」（permanent）と宣言すること、シーウェルの習律を法律によって承認す

ること、所得税に関するスコットランド議会の権限をさらに拡大すること、そして、福祉と雇用支援の多くの分野その他立法および行政権能の調整についての権限移譲である。同じ時期に政府は「イングランドの法律にイングランドの議決」に関する諮問書を公表し、2015年5月27日の［国会開会式での］女王演説は、庶民院の議事規則（Standing Orders）の改訂によってそれを実施する提案を含んでいた。スコットランド法案とこの提案の両方とも、スコットランドのナショナリストの間で少なからぬ論議を呼んでおり、最終結果がどうなるかは不分明である。

　第二に、政治的な相違の深刻さとそこに横たわるその重要性をさらに増大させることとなった5月の総選挙自体のインパクトがある。（59議席中の56議席という）スコットランドでのSNPの圧倒的な多数を伴いつつ、国会全体では保守党がかろうじて勝利したことは、（連邦制に近似した権限移譲の強化の方向か、スコットランドでの再度のレファレンダムと独立の可能性という方向かという）連合王国の憲法の未来が、2017年のEUレファレンダムの見通しとも関わり合って、政治的アジェンダのなかで注目され続けることを確実にしている。スコットランドの有権者がEU残留を支持するにもかかわらず連合王国の多数が脱退を選ぶとすれば、次のスコットランド独立レファレンダムが不可避となろう！

注

（1）*Ron Davies, Devolution : A Process Not an Event*（1999）Institute of Welsh Affairs.
（2）全体的な背景については、C M G Himsworth and C M O'Neill, *Scotland's Constitution*（3rd ed, 2015), Bloomsburyを見よ。
（3）強い地方（自治）制度も伴っていた。
（4）2011年に始まる現在の会期は、［スコットランドと連合王国の］ふたつの議会・国会選挙が同じ年に重ならないように、Fixed-term Parliaments Act 2011第4条によって2016年まで延長されている。
（5）したがって、外交、国の治安、国防、通貨や連合王国憲法にかかわる現在の留保権限は、連合王国を維持するという射程のなかでは権限移譲することは合理的でないと考えられる。
（6）ただし、Scotland Act 2012は、2015年4月と2016年4月に発効する新しい課税

権限（移譲された所得税を含む）を付与している。
(7) ウェールズは、1998年と2006年のGovernment of Wales Actsの下で徐々に立法的権限移譲に到達した。北アイルランドもまた、同地方の政治的条件に規定されつつ（Northern Ireland Act 1998の下で）進展してきた。
(8) Government of Wales Act 2006は、「付与（conferred）」権限モデルの権限移譲を用いている。Northern Ireland Act 1998は、例外事項、留保事項、委譲事項といった複雑なシステムをとっている。
(9) Greater London Authority Act 1999.
(10) 2004年、イングランドの北東リージョン（North East）で、ある種の権限移譲を可能とするためのレファレンダムが実施されてはいる。しかし、この提案は有権者に拒否された。
(11) 庶民院議員George Robertson.
(12) 大まかに言うと、建設コストは当初提案は４千万ポンドであったが、結果として４億ポンドとなった。
(13) 諮問機関Consultative Steering Groupが明確に提案したスコットランド議会の活動についての諸原則——アカウンタビリティ、参加、権力の共有（power sharing）および機会の平等という諸原則は議会に受け入れられた。その意図は、ウェストミンスターの慣行のスタイルとの区別をはかることにあった。
(14) 競合する統治関連事項のほとんどの領域に関係する部門ごとのコンコルダートを伴った広汎な了解覚書（Memorandum of Understanding）が1999年に交わされている。
(15) この習律の起源は、合意原則の遵守を約束した連合王国政府の閣外大臣が貴族院で約束したことにある。それは、両議会の実務慣行に反映されている。
(16) Constitutional Reform Act 2005.
(17) のちになって、これは政府間の摩擦の原因となるが、Scotland Act 2012で（「両立性（compatibility）」に関する）新しいルールが作られた。
(18) 北アイルランドでは、宗派間対立が続いていた。
(19) Jonathan Cape, *Devolution : The End of Britain?*（1977）.
(20) Report of the (Mackay) Commission on the Consequences of Devolution for the House of Commons（2013）参照。
(21) ただし、現在（2015年6月）は64議席。
(22) *Choosing Scotland's Future : A National Conversation*（2007）.
(23) The Commission's Report, *Serving Scotland Better : Scotland and the United Kingdom in the 21st Century*（2009）参照。
(24) 1998年法 ss 29, 30 and Sch 5 Part 1.

(25) 1998年法 s 29（4）.
(26) *Agreement between the United Kingdom Government and the Scottish Government on a referendum on independence for Scotland*（2012）.
(27) 明らかに当時の世論調査ではスコットランドでの独立支持は少数にすぎなかった。
(28) あらたなpara 5 A in Sch 5, Part 1 が挿入されることによって。
(29) HC Deb 15 Jan 2013 cols 742-840 ; HL Deb 16 Jan 2013 cols 694-756. また、The report of the HC Scottish Affairs Committee HC 863 DATE, "The Referendum on Separation for Scotland : The Proposed Section 30 Order-can a player also be the referee?"参照。
(30) SP OR 5 Dec 2012 cols 14376-14398 and 14410. また、The report of the Parliament's Referendum（Scotland）Bill Committee, SP Paper 221（23 Nov 2012）参照。同委員会は、レファレンダム実施のためのすべての立法を審査するために設置された。
(31) SI 2013 No 242.
(32) S 2（1）を見よ。
(33) *Moohan, Petitioner* 2015 SLT 2.
(34) 同法の裁可日は、2013年12月18日。
(35) スコットランドの大臣により（2014年12月31日を越えない範囲で）延期しうる。
(36) *Referendum on Independence for Scotland : Advice of the Electoral Commission on the Proposed Referendum Question*（2013）.
(37) https://www.gov.uk/government/collections/scotland-analysis
(38) Cm 8554, 2013.
(39) Cm 8869, 2014.
(40) 両者とも同党のHome Rule and Community Rule Commissionの制作。
(41) これは"devo max"―国防と外交を除く全権限の移譲を主張する―に反対する。
(42) http://collaborativescotland.org/
(43) http://www.scottish.parliament.uk/S4_EuropeanandExternalRelationsCommittee/Reports/euR-14-02w-rev.pdf
(44) http://www.dailyrecord.co.uk/news/scottish-news/daily-record-continues-set-agenda-4268950
(45) 2015年6月現在のところである。
(46) *Report of the Smith Commission for further Devolution of Powers to the Scottish Parliament.*
(47) Cm 8990.
(48) *The Implications of Devolution for England,* Cm 8969.

＊文中の［　］は訳者が加えた。［スコットランド独立問題の全体については、本論文の著者ヒムズワースによる「イギリスにおけるスコットランド独立」倉持孝司・小松浩編・憲法のいま―日本・イギリス（2015年　敬文堂）所収を参照。］

第8章
イギリス憲法の「現代化」と
ヨーロッパ

イギリス憲法の「現代化」とヨーロッパ人権条約
―多層的人権保障システムの観点から―

江島　晶子

1　はじめに

　憲法の「現代化（modernisation）」という言葉が含意するのは、一定のモデルを前提として、それとの距離によって具体的憲法を評価することである。多くの国に当然備わっていて、かつ、立憲主義の当然の要素と考えられるものが、ある国にはないとすると、この国は「遅れて」おり、「現代化」が必要ということになる。
　1997年に誕生した労働党政権は、憲法の「現代化」を旗印にして憲法改革に着手した。しかし、長大な改革リストの中で実際に実現できたのは、「民主主義の劣化状況」に最も直接的に関係する国会・内閣ではなく、地方分権、人権保障（市民的自由）および裁判所の分野であったことは何を物語るのであろうか（「民主主義の劣化状況」は、本書の基礎である科研・基盤研究（B）「ポスト・デモクラシー状況下のウェストミンスター・モデル憲法の理論的・実証的研究」が研究の中心に据えている）。そして、後二者、すなわち人権保障および裁判所は、1998年人権法（以下、人権法）によってヨーロッパ人権条約（以下、ECHR）と直接接合されることによって、新たな変容を遂げた。しかも、この変容は、一方でヨーロッパ人権裁判所（以下、人権裁判所）の判決に対して、場合によってはイギリス裁判所の判決に対して、イギリス議会および政治家が党派を超えて激しく反発していることと「対」の関係にある。
　現代化が、議会・内閣ではなく、裁判所、人権カタログに対して起きたのは、民主主義を担うはずの議会が劣化しているから、議会以外の存在の改革によって補完せざるをえないという見方も可能だし（民主主義よりも立憲主義、政治的憲法から法的憲法へ）、そもそも、裁判所も人権カタログも「遅れて」いた

ので、当然の「現代化」が行われただけという辛辣な見方も可能である。また、ヨーロッパという「外圧」が強力なので現代化せざるをえないという描き方も散見される。しかし、このような図式的整理や辛辣な評価は、現在、ヨーロッパ地域において出現している人権保障システムの意義を十分に汲み取ることができない。外圧ととらえるからこそ反発も起きる。筆者は、これとは異なるアプローチ（多層的人権保障システム）の提示を試みている。本稿はその一環である。

　具体的には、労働党政権による憲法改革の１年目の目玉として実現された人権法＝ECHR（人権法によってECHR上の権利適合的に行動することが議会以外の公的機関に義務付けられたという意味において）が、その後の憲法の「現代化」において果たした役割を、イギリスおよびヨーロッパの両方から観察し、ヨーロッパにおける「憲法」のありようを考察する。すなわち、憲法でもなく、国際法でもなく、そして国際人権法でもなく、「人権法」としてECHR締約国の市民を包み込むシステムが出現し、「人権法」を実施するために、国家（統治機構）と国際機関が様々なレベルで緊密に応答し合う状況の確認である。筆者の発想は、人権の実現を人権の保障度が高くなる、すなわち、右肩上がりの人権水準の上昇ととらえるのではなく（そもそも人権の保障度が各国間で比較できるのか疑問である）、現実に起きる様々な問題に、人権保障手段が対応し解決するプロセスが準備されていると想定した上で、それがどれだけ迅速かつ実効的であるかに着目するものである。そして、その際に、保障手段が多様であること、そして、複数の異なる保障手段が相互に関係し合うことによって（多層的人権保障システム）、単一の保障手段よりも早く問題を察知し、より実効的な解決を提供しうると想定する。

2　ヨーロッパ人権条約における発展——ヨーロッパ人権条約の「憲法化」？

　第二次世界大戦までの途方もない人権侵害を代償として登場した国際人権法は、「グローバル・ロー」の代表格である。その最大の特徴は、国境を越えて通用し、国家以外の存在も人権の実現に責任を持つ点である。個人の立場から見れば、世界のどこにいようとも自分の人権が保障され、仮に自分が属してい

る国家が自分の人権を侵害・無視することがあれば、国家以外の存在に自分の権利を主張して、国家に人権を実現させるためのアクションをとらせることができる。多くの国際人権条約は、個人が国際機関に対して国家による人権侵害を通報したり、申立てたりすることを可能にした。それまで国際法は国家間の法であったことを考えると、コペルニクス的転回である。すなわち、国際法の「人権化」と呼んでもよい。[5]

このことをもっとも具体的に体現したのがECHRである。個人・グループ、そして国家さえもが、人権侵害を理由として国家を裁判所に提訴できる仕組みが世界で初めて採用された。国連レベルの条約は個人・国家通報制度にとどまり、条約機関が出せるのは拘束力のない意見であることと対比すると、その意義は制定時も現在も斬新である。[6]

ただし、ヨーロッパの経験から何かを得ようとするのであれば、当初からヨーロッパ人権裁判所（以下、人権裁判所）が主権国家を悩ませる裁判所だった訳ではないこと忘れてはならない（国家を服従させる超国家的機関の創設ではない）。当初は、個人は、ヨーロッパ人権委員会（以下、人権委員会）にまず申立を行い、人権委員会が被告国との調停を試みつつ、必要に応じて人権裁判所に提訴するという二段階方式であった（人権裁判所に提訴できるのは被告国と人権委員会だけで、個人は裁判所に直接提訴できない）。人権委員会が国家と裁判所との間のバッファーの役割を果たすことによって、国家の抵抗感を緩和する仕組みがとられた（後述するように、第11議定書によって、個人が人権裁判所に直接提訴できる形が完成した）。また、人権裁判所は、補完性と評価の余地という原理に基づいて、慎重な判断を積み重ねてきた。EC（現EU）加盟の前提要件がECHR加入であったことおよび堅実な人権裁判所の活動に後押しされ、ECHRは締約国数を徐々に増やしていったが、東西冷戦の終結を迎えて一気に増加させ、現在、47カ国（人口8億人）を擁するに至った（ヨーロッパ（最広義）の中で未加入はベラルーシのみ）。実績の積み重ねを経て、いまや、人権裁判所は、ECHRを「ヨーロッパの公序に関する憲法的文書」と位置づける。[7] そして、人権裁判所はヨーロッパの憲法裁判所だと評する意見もある。[8] 実際上、締約国において、国内法化の有無にかかわらずECHRは国内法・国内裁判所に重要な影響を及ぼしている（後掲3参照）。

他方、人権裁判所の成功は、皮肉にも個人申立を激増させ、現在、人権裁判所は、自らの成功が招いた機能不全（申立件数超過）に悩まされている。こうした事態に対して、ヨーロッパ評議会（ECHRの母体）は機構改革に取組んできた。最初に、第11議定書によって二段階方式を解消し、常設の人権裁判所に一元化した（1998年）。だが、この改革を上回る個人申立の急増があり、さらなる改革が第14議定書（2004年採択）によって試みられた。しかしロシアが2010年まで批准しなかったため、第14議定書が用意した改革プランの実行は大幅に遅れた。その後も裁判所改革をめぐる政治的協議が行われ、インターラーケン宣言（2010年）、イズミール宣言（2011年）、ブライトン宣言（2012年）を踏まえ、ヨーロッパ評議会閣僚委員会（以下、閣僚委員会）は第15議定書および第16議定書を採択した（2013年）。全締約国の署名批准が整い次第発効する予定である。両議定書の基礎となるブライトン宣言は、閣僚委員会ブライトン会議の産物であるが、そこで人権裁判所の権限を制限しようとするイギリス政府の思惑が示される結果となった（後掲4（1）参照）。

さらに、ヨーロッパにおける人権保障システムの発展として特筆されるのは、EUのECHR加入である。リスボン条約および第14議定書の発効によって加入が法的義務となったことを受けて、EUのECHR加入に関する合意文書が完成した。いまや国家以上に個人の生活に影響力をもつEUだからこそ、ECHRの人権保障システム下に入る必要性がある。EU司法裁判所と人権裁判所の関係をはじめ、法的難問は数多あるにも関わらず、そして実行すればさらに実務的難問を生じうるにもかかわらず、個人が誰からの人権侵害も受けないことを徹底しようとする姿勢には驚くべきものがある（残念ながら、現時点では、EU司法裁判所側が法的問題を指摘し、合意文書の調印は頓挫している）。

以上のような状況は、ヨーロッパ・レベルにおいては、ヨーロッパ法の憲法秩序化と呼びうる。他方、国内法においては、ECHRの憲法化が進んでいる。その一例として、人権法を介してECHRがイギリス憲法に及ぼした影響を探求する。

3 「ヨーロッパ人権条約＋1998年人権法」がイギリス憲法に及ぼした影響

（1）1998年人権法の特徴——ヨーロッパ人権条約の国内法上の地位

　人権法は、以下の巧みな工夫なしには実現しなかっただろう。過去の新・権利章典論議の経験を踏まえて、議会主権という憲法の基本原理に手をつけることなく、かつ、人権として何を盛り込むのかという困難な議論にも踏み込むことなく、人権条約の「国内法化」を選択したことが早期実現を可能にした（いずれかの議論に踏み込んでいれば実現は困難だったはずである）。しかも「国内法化」という言葉には注釈が必要で、実際には人権条約はいまだ国内法ではなく、他の制定法を解釈する際に、ECHR上の権利と適合的に解釈する義務が公的機関（議会を除く）にあることを人権法が規定したというものである。[11]

　このような導入の仕方は、事実上（法的にではなく）、人権条約を他の議会制定法よりも上位に位置づける結果を今までのところもたらしている。もちろん、人権法は後の議会法によって変更できる。しかし、人権法が変更されない限りは、行政機関および裁判所は、他の議会法を解釈するにあたって人権条約に適合的な解釈をすることが要請される（現時点では、人権条約に不適合と宣言された法律は大方改正されているので、事実上の優位は維持されている）。仮に、ECHRに反する議会法を制定するならば、ECHRとの関係でデロゲーションが必要になる（デロゲーションには限界がある）。人権法の廃止やECHRに反する議会制定法の制定は、ただちに「ヨーロッパ」から警戒の目をもって見られることが、現時点での重要なセーフガードとなっている（多層的システムのメリットの一つ）。現在のところ、ECHRから離脱しないかぎり、この事実上の最高法規性から逃れられない。

　そして、人権法の巧妙な仕組みは、最高裁判所に想定していた以上の権限を与えている。適合的解釈の名において裁判所が議会の意思に反しかねない解釈が可能だからである。[12] イギリスの裁判所にとって厄介なのは、イギリスの裁判所と人権裁判所は、ECHRという同じ文書を解釈することから、イギリスの裁判所がECHR適合的だと判断した事件が、後に人権裁判所に提訴され、そこで条約違反であるという判決が出る可能性である。具体例として、*S. and*

*Marper v. the United Kingdom*や*Gillan and Quinton v. the United Kingdom*では、イギリスの裁判所が、それぞれの事件で問題となったイギリス法はECHR適合的に解釈可能だと断言したものが、人権裁判所において全員一致で条約違反を認められることになった（後掲4（3）参照）[13]。後に人権裁判所において異なる結論が出る可能性はできれば回避したいであろうから、イギリスの裁判所としては、これにどう向き合うかが問題であり、少し前までは人権裁判所の判例法に従う方針（Mirror Principle）で対応していたが、最近では新しい意見が出現している（後掲4（3）参照）[14]。

　人権法は、新たに権利規定を導入したものではなく、ECHR上の権利を前述したような形で取り込んだ（ECHRはいまだ国内法ではない）。ECHRが1953年発効であること、そして、同条約の制定背景は、過去の反省と共産主義に対する防波堤であったことから、その内容は古典的人権に限定され、かつ、新しい人権は含まれず古典的権利章典の系譜に属する。しかし、人権裁判所は、ECHRを「生きている文書」ととらえ、様々な解釈手法によって独自に内容を発展させてきた。基本的には、ヨーロッパ社会のコンセンサスを慎重に探りながらの発展的解釈、自律的解釈であり、「評価の余地」に依拠して締約国に判断の裁量を権利の性質・内容ごとに与えているので、多くの場合にはヨーロッパ社会の多数派の後追いになり、決して多くの国を驚愕させるという判例にはならない。だが、締約国が少数派の立場になった場合には、驚きの結果であることは間違いない（少数派になった場合の困惑と抵抗）。イギリスの場合は、性同一性障害者の権利が問題となった*Christine Goodwin v. the UK*の場合には小数派であっても、国内法改正も同時進行中であったので打撃はなかったのに対して、*Hirst v. the UK (No. 2)* の場合には、受刑者に一律選挙権を認めないイギリス国内法はECHR違反であるとする人権裁判所の判決はイギリス国内において強い反発を招来させた（後掲4（2）参照）。

（2）人権の保障手段（統治機構）の「現代化」

　人権法＋ECHRの影響で、注目すべき点は、人権法の契機として設置された機関（人権の保障形式）と改革である。まず、人権法の制定と同時に、議会内に人権合同委員会（Joint Committee on Human Rights、以下JCHR）が設

置された(最初のメンバーは2001年1月任命)。JCHRは、すべての政府提出法案をECHR適合性の観点から審査し報告書を議会に提出する一方、人権裁判所判決の履行状況を監督する。その過程において関係大臣との書簡のやりとりをする一方、各界から意見を求め、人権に関係しうる政策形成において重要な役割を担うに至っている。JCHRは、保守党、労働党、リベラル・デモクラッツ出身の議員(議院内の各党の議員比率を反映)を擁している。

人権法の白書の時点で設置を予定していながら、2006年にようやく設置されたのが、既存の個別的人権委員会を統合した設立された平等人権委員会(Equality and Human Rights Committee)である(国内人権機関の装備)。(15)さらに、裁判所としての貴族院が名実ともに議会から離れて最高裁判所として設置された(2009年)。(16)最高裁判所の設置の要因には、「ヨーロッパ」の視点からみたとき、裁判所としての貴族院が議院としての貴族院の一部であること、三権にまたがる大法官の存在等が、権力分立として不徹底であるという点である。(17)

また、細かな点ではあるが、2010年憲法改革・統治法は、ポンソンビー・ルールに制定法上の根拠を与えた(条約は庶民院が批准すべきでないと議決したら批准できない)。(18)この点に注目して、人権条約の批准に議会が反対しないとき(黙従)は、条約組込立法の代替として機能しうる(議会による条約の立法化をまたずして、裁判所は人権条約に効力を付与できる=人権保障における裁判所の役割を高める)という指摘もある。(19)

人権NGOのさらなる隆盛も指摘できる。1997年の政権交代が興味深いのは、今まで政府の立法・政策にECHRに依拠して反対意見をのべてきた人権NGOや法律家が、政府が推進する人権法の実施準備過程において人権法(とくにECHR判例法)の研修を支援する状況が誕生したことである。もちろん人権NGOは統治機構ではないが、政権交代を契機として人権NGOが統治機構とより密接な関係を築いたことに留意したい。(20)

(3)「ヨーロッパ人権条約+1998年人権法」の影響の評価

では、現時点で、ECHR+人権法の影響をどのようにはかることができるだろうか。(21)第一に、人権法導入時のスローガンが、「The Rights Brought

Home」であったこと（人権裁判所所まで行かなくても、国内で救済が得られるようにすること）、端的にいえば人権裁判所での敗訴件数を減らすことであったことを想起すると、人権法の実効性とは、国内で救済が得られることによって人権裁判所での申立件数、敗訴件数が低くなることを意味するはずである。[22]

実際には、まず、受理可能性および本案について審査すべく人権裁判所のいずれかの司法構成体（単一裁判官、委員会（3人）、小法廷（7人）ないしは大法廷（17人））に付された件数が、442（1999年）、625（2000年）、479（2001年）、986（2002年）、687（2003年）、744（2004年）、1003（2005年）、843（2006年）、886（2007年）、1253（2008年）、1133（2009年）、2766（2010年）、1547（2011年）、1734（2012年）、908（2013年）、720（2014年）である。増加傾向ののち、近年では減少傾向にある。他方、不受理または総件名簿から削除となった件数は、223（1999年）、466（2000年）、529（2001年）、737（2002年）、863（2003年）、721（2004年）、732（2005年）、963（2006年）、403（2007年）、1240（2008年）、764（2009年）、1175（2010年）、1028（2011年）、2047（2012年）、1633（2013年）、1970（2014年）と増加傾向にあり、国内で問題が処理されているという推定は可能である（断言するには詳細な実証研究が必要である）。人権裁判所における判決件数［うち敗訴件数］は、14［12］（1999年）、30［16］（2000年）、33［19］（2001年）、40［30］（2002年）、25［20］（2003年）、23［19］（2004年）、18［15］（2005年）、23［10］（2006年）、50［19］（2007年）、36［27］（2008年）、18［14］（2009年）、21［14］（2010年）、19［8］（2011年）、24［10］（2012年）、13［8］（2013年）、14［4］（2014年）で、判決件数および敗訴件数とも近年、減少傾向にあり、この点でも人権法の実効性を推測しうる。

　以上の数値を検討するにあたって、幾つか注意すべき点がある。一つは、そもそも人権法によってECHRの知名度がイギリス国内で高まったことである。もう一つはクローン事件（同種の事件）が発生すると申立件数が急増することである。具体的に、2013年8月28日時点の状況で説明する。同時点では119,650件の申立が人権裁判所に係属中であるが、そのうち2.5％にあたる3,038件がイギリスに対する申立である。うち524件は明白に根拠不十分なものとみなされ単一裁判官構成に付されている。よって残り2,514件がECHR上の問題

がありうることになるが、そのうちの2,281件は受刑者の選挙権に関する申立である。実は、イギリスは、受刑者の選挙権一律剝奪が条約違反という判決を人権裁判所によって出されているため、現状では、イギリスの受刑者は受理要件（とくに6ヶ月要件）を満たせば人権裁判所で勝訴できうる。現に同種の申立が人権裁判所に押し寄せた。[23]受刑者の選挙権の問題を除くと、実際には233件が係属中ということになる。よって、ヨーロッパ全体では、他国の状況と比較すれば低い件数といえよう。同じことが敗訴件数についてもいえる（人口を考慮するとさらに低くなる）。

　第二に、イギリスの裁判所がECHR上の権利に依拠してどれだけ不適合宣言を出しているかに注目できる。2014年12月時点で、29件の不適合宣言が出され、その内、20件が確定し、8件は上級審で覆されて、1件は上訴中である。確定した20件のうち12件は議会法（第一次立法）によって救済され、3件は人権法10条に基づく救済命令によって救済され、4件は不適合宣言が出された時点ですでに立法的救済が完了していて、1件は不適合性をいかに救済するかの検討中である。8件は上級審で覆されている。この中でイギリスの貴族院または最高裁判所が出した不適合宣言（または前審の不適合宣言の支持）は総計6件である。この数字は、人権法設計者の想定内で、不適合宣言など出ないという裁判官不信論者の期待を裏切り、他方、もっと出るはずとの人権法推進の期待をも裏切って、穏当なところに落ち着いた。なお、2010年からの連立政権下では、3件しか不適合宣言が出ていない点には注意を払う必要があり、今後の検討課題である。

　実際に重要なのは、中身である。ここでは2点言及する。まず、確定した不適合宣言に対して、受刑者の選挙権の問題を除き政府・議会は対応手段をとっている（よって、事実上、他国の裁判所が有する違憲立法審査権と変わらない）。次に、困難な問題でも裁判所はECHRを用いて不適合宣言を出した例がある。具体例として、9・11後、外国人テロリスト容疑者を裁判にかけずに無期限で拘束を可能とする2001年反テロリズム犯罪安全法に対して不適合宣言を出した*A v. Secretary of State for the Home Department*貴族院判決（2004年）は、人権法＝ECHRの真価が発揮された例であり、人権法が存在しなければ異なる展開をしたと考えられる。[24]他方、適合的解釈（人権法3条）については、

議会と裁判所との関係について、理論的にも実務的にも論争を提起させた。(25)

以上より、人権法＝ECHRの影響は大きいと結論できる。これは、人権法とECHRがいわば一体型（国内機関はECHRを援用）である上、人権法の実施に真剣に取り組んだことの成果であるが、影響が大きいだけに新たな動向を招来させている。最後に、この点について検討する。

4 「ヨーロッパ人権条約＋1998年人権法」による摩擦と対話

(1) 政府（内閣）

人権法が発効した翌年に生じた9・11以降、ゲームのルールは変わったと公言し、反テロリズム対策を急速に推進させた政府には、人権法は「厄介」な存在となった。(26)さらに、2010年の政権交代後は、野党時代より人権法廃止を主張していた首相キャメロン（Cameron）が、人権法の見直しを連立綱領の中に入れ、2011年3月に権利章典委員会（Commission on a Bill of Rights）を設置した。(27)同委員会は、多くの関係団体からの意見聴取を行い、2012年12月に報告書を提出した後、解散した。(28)委員会の多数意見はイギリス独自の権利章典を一般論としては支持したが、その具体的内容について意見の一致を見ることはなく、それ以上の進展はなかった。成熟した民主的国家において、新たに権利章典を書くことは非常に困難だということを示している。

他方、保守党閣僚メンバーからは、人権法の廃止だけでなく、ECHRからの離脱を次の総選挙のマニフェストに入れるべきという発言さえ飛び出した。(29)その背景には、イギリス政府が、幾つかの人権裁判所判決の履行に苦慮していることがある。代表的例の一つは、テロリズム対策との関連で、政府がテロリストの嫌疑をかけている外国人の国外追放を条約違反とした*Othman (Abu Qatada) v. the UK*である。(30)もう一つは、前述した*Hirst v. the UK (No. 2)* を発端とする受刑者の選挙権の問題である。

保守党は、2015年5月の総選挙では、マニフェストに「人権法のスクラップと独自の権利章典の制定」を掲げた。保守党は総選挙で安定的勝利を実現し、単独政権を確立した。女王演説の中では、人権法を廃止する具体的法案の提示はなく、イギリス権利章典の提案（proposals）を行うという表現にとどまった。EU内存続を問う国民投票（同じくマニフェストに入っていた）を実現す

る「EU国民投票法案」(EU Referendum Bill) が女王演説に入っていたこととは対照的である。これは、人権法の廃止も独自の権利章典の制定も多方面に影響が及ぶ、非常に難しい課題である上、現在、保守党内でも異論があるため、そう簡単には具体的法案を提示できないことを示しており、今後の展開が注目される。

　政府のいらだちの矛先が、国内では人権法であったのに対して、ヨーロッパ・レベルでは人権裁判所改革に向かった。2012年に閣僚委員会議長国となったイギリスは、表向きは人権裁判所改革として、ブライトン宣言の草案に人権裁判所の権限抑制的改革を提案する（人権裁判所が本来取り組むべき重要な事件に専念すべき）。なかでも、①補完性の原則および「評価の余地」の明文化および②新しい受理要件（国内裁判所によってすでに人権条約違反の有無が検討されている場合には、国内裁判所が人権条約の解釈において明らかに誤っているか、当該申立が条約の解釈に影響する重大な問題を提起しない限り、不受理とする）の提案に色濃く現れている(31)。

　結果としては、様々な批判を受け、①を条約本文ではなく前文に入れるという妥協が成立した（第15議定書）(32)。多層的システムという点で興味深いのは、一国がその国の事情ゆえに条約システムの変更を試みても、たやすくはないということである（多層システムの特徴の一つ）(33)。イギリス政府のヨーロッパに対する躊躇（より最近では反感・敵意）は、ECHRに対してだけでなく、EUについても同じことがいえる（参照2011年ヨーロッパ連合法）(34)。

（2）議　会

　議会は、人権法以前は、人権をシステマティックに扱う仕組みを有しなかった。しかし、JCHRによって、人権という言葉がより一般化しつつある。最近の調査で、JCHRの報告書が議会の討論において格段に言及されていること（2000-2005年では、23回の参照があっただけなのに対して、2005-2010年では1000件以上の参照された）が指摘されている(35)。

　他方、人権法、そしてECHRの影響力の高まりは、個々の判決に対する関心も集めている。その典型例が、すでに紹介した受刑者の選挙権に関する人権裁判所の判決である(36)。政府は判決履行のために法改正の準備を進めていたのに対

して、党派を超えてバックベンチャーが法改正措置の動議を庶民院で行い、賛成234票、反対22票という大差で動議を可決した。同決議は政府を法的に拘束しないが、改正は、国民にとっても不人気なものであることが明白であるだけに、その後、政府は法案実現を延期しつづけ、Hirst判決から10年が経過している。ちなみに、イギリスの判決の履行状況全般は、他国と比較すると良好で、2013年の時点で、閣僚委員会の監督下にある件数は27件で、件数の多い順だと47カ国中30位である（第１位はイタリア［2593件］、第２位はトルコ［1727件］、第３位はロシア［1325件］である）。よって、受刑者の選挙権問題がいかにイギリスにとって悩みの種なのかが明白である。

　興味深いのはこれに対する、2014年9月25日の閣僚委員会の対応である。長期にわたる不履行に憂慮と落胆を表明しつつ、次回の検討を来年9月の会合に行うとした。恐らく来年5月の総選挙後までは、どの政党も手が出せないということを見越した判断である。ここにヨーロッパシステムのもう一つの利点がある。すなわち法的判断を行う人権裁判所とは異なり、各締約国の外務大臣クラスの閣僚で構成される政治的機関たる閣僚委員会ならばの対応である。

（3）裁判所

　前述したように、イギリスの裁判所においては、人権裁判所判例法に対する理解が深まるにつれて、また、自身の判決とは異なる人権裁判所によって明示されるケースが生じることによって、人権裁判所判例に忠実に従う態度（Mirror Principle）から、従うべきではない場合（稀にせよ）には従わずに、むしろ人権裁判所に問い返すべきという声が最高裁判所からあがった。それが明確に示されたのが、*Al-Khawaja and Tahery v. the United Kingdom*をめぐるイギリスの裁判所と人権裁判所との間の摩擦と対話である。これは人権法2条（人権条約のみならず、人権裁判所の判例を考慮に入れなければならない）の解釈の問題でもある。結果として「対話」という形を取って双方は歩み寄った。実際、人権裁判所と国内裁判所は決して敵対的ではなく、法廷外で人的交流を行っている。たとえば、人権裁判所長と裁判官は、2014年3月に最高裁判所を訪問すると同時に、ロンドン大学UCLで講演を行い、そこにはイギリス出身の裁判官を含め複数の人権裁判所裁判官と最高裁判所裁判官が列席した。

他方、同じくブライトン宣言を契機として起草されたECHR第16議定書では、国内裁判所が人権裁判所に対して助言的意見（advisory opinion）を求める制度が導入されたので、対話のルートが制度化されたことになる。

5 おわりに

ヨーロッパの現状は、人権保障の実効性を高める多層的システムが構築されつつあると描ける(40)。もちろん主権国家の枠組みを超えたところで進行するかのように見える現象が、伝統的には民主主義を体現するとされてきた機関からの反発を招来している。とりわけ、人権裁判所の判決の一部は、具体的な事件を介して意見の相違を明確にするために反発の度合いは高い。また、伝統的憲法原理が、新たな状況の積極的評価を妨げることにもなりかねない。よって、多層的人権保障システムの実効性を高めるためには、現状を説明する新たな理論を構築する必要性があり、本稿はその試みの一部である。現状では摩擦を観察する一方、対話を行う公式・非公式のシステムの存在が指摘できた。

注
(1) 「周回遅れ」の点について、元山健「イギリスにおける統治状況の変容と憲法学」憲法問題13号（2002年）98頁以下参照。
(2) 松井幸夫編『変化するイギリス憲法』（敬文堂、2005年）参照。
(3) イギリスにおける「民主主義と立憲主義」、「政治的憲法から法的憲法へ」について、愛敬浩二「政治的憲法論の歴史的条件」樋口陽一ほか編『国家と自由・再論』（日本評論社、2012年）65頁以下参照。
(4) 参照、江島晶子「憲法の未来像における国際人権条約のポジション―多層レベルでの「対話」の促進―」辻村みよ子・長谷部恭男（編）『憲法理論の再創造』（日本評論社、2011年）311頁以下；Akiko EJIMA, "Advantages and Disadvantages of Creating a Multi-Layered System for the Protection of Human Rights: Lessons from UK-European Experiences under the European Convention on Human Rights" 明治大学法科大学院論集13号（2013年）1頁以下。
(5) 阿部浩己「国際法の人権化」国際法外交雑誌111巻4号（2012年）1頁以下。
(6) 現在、地域的人権条約によりアメリカおよびアフリカに人権裁判所が設置されている。
(7) *Loizidou v. Turkey* (preliminary objections), judgment of 23 March 1995,

Series A, no. 310, para. 75.

(8) Steven Greer and Luzius Wildhaber, "Revisiting the Debate about 'constitutionalising' the European Court of Human Rights" (2012) 12 (4) *Human Rights Law Review* 655.

(9) The Draft Agreement on the Accession of the European Union to the European Convention on Human Rights 〈http://www.coe.int/t/dghl/standardsetting/hrpolicy/Accession/Meeting_reports/47_1%282013%29008rev2_EN.pdf〉(visited 23 September 2014).

(10) 小畑郁『ヨーロッパ地域人権法の憲法秩序化』(信山社、2014年)。

(11) 江島晶子『人権保障の新局面』(日本評論社、2002年)。

(12) 江島晶子「国際人権条約の司法的国内実施の意義と限界」芹田健太郎ほか(編)『国際人権法の国内的実施』(信山社、2011年) 151、178頁。Cf., Brice Dickson, *Human Rights and the United Kingdom Supreme Court* (Oxford, 2013).

(13) Judgments of 8 December 2008 and 12 January 2010. 連立政権は2012年自由保護法等によって条約違反に対応した。江島晶子「現代社会における「公共の福祉」論と人権の再生力—Gillan事件ヨーロッパ人権裁判所判決(警察による停止・捜索)と自由保護法案—」明治大学法科大学院論集10号(2012年) 77頁以下参照。

(14) Mirror Principleとして、*Regina v. Special Adjudicator, ex parte Ullah*［2004］UKHL 26におけるLord Binghamの 'no more but certainly no less' が有名である。

(15) Equality Act 2006, 2006 Chapter 6.

(16) Constitutional Reform Act 2005, 2005 Chapter 4.

(17) 中村民雄「貴族院から最高裁判所へ:ヨーロッパ法との関わり」比較法研究74号(2012年) 180頁以下。

(18) Constitutional Reform and Governance Act 2010, 2010 Chapter 25.

(19) バラット・マルカニ博士(佐藤潤一訳)「イギリス法体系における人権条約」大阪産業大学論集人文・社会科学編18号(2013年) 225頁以下。

(20) 2010年に成立した連立政権以降はどうなっているか、検証が必要である。

(21) Ministry of Justice, *Responding to Human Rights,* Cm 8962 (2014). 2010年7月13日までの詳細については、江島、前掲註12、169頁以下参照。

(22) Home Office, *The Rights Brought Home : Human Rights Bill,* Cm 3782 (1997).

(23) *Hirst v. the UK (No. 2),* judgment of 6 October 2005 and *Greens and M.T v. the UK,* pilot judgment of 23 November 2010 (final on 11 April 2011. 詳細は、本書河合正雄論文参照。

(24) 詳細は、江島晶子「「テロとの戦い」と人権保障—「9／11」以前に戻れるのか—」長谷部恭男編著『人権の射程』(法律文化社、2010年) 113頁以下参照。

(25) 江島、前掲註12、178-182頁。
(26) 江島、前掲註24、113頁。
(27) *The Coalition : Our Programme for Government,* 11 〈https://www.gov.uk/government/uploads/system/uploads/attachment_data/file/78977/coalition_programme_for_government.pdf〉（visited 28 September 2014）．
(28) 〈http://www.justice.gov.uk/about/cbr〉（visited 28 September 2014）．
(29) 内務大臣 Theresa May の2013年保守党大会での発言。The Guardian, 30 September 2013.
(30) Judgment of 17 January 2012. イギリスは、同国から引き渡しを受けた者に対する裁判では拷問によって得た証拠の使用を禁止する内容の条約をヨルダンと締結し、同年、Abu Qatada をヨルダンに引き渡した。2014年、同人はヨルダンの裁判所で無罪となった。
(31) 国内裁判所における最高裁への上訴要件を想起させる内容である。
(32) 〈http://www.echr.coe.int/Documents/Protocol_15_ENG.pdf〉（visited 28 September 2014）．
(33) 新聞報道によると、ベルギー、ドイツ、オーストリアは懐疑的、スイス、フランスはイギリスの提案に好意的だったという。The Financial Times, 13 March 2012.
(34) これについては、本書鈴木真澄論文参照。
(35) Murray Hunt et al, *Parliament and Human Rights : Redressing the Democratic Deficit* (Arts & Humanities Research Council, 2012).
(36) 同種の例として、釈放の可能性を一切与えない終身刑を条約違反とした人権裁判所の判決（*Vinter v. the UK,* judgment of 7 July 2013）も同様の受け止め方をされている。
(37) Home Office, supra note 22, 53.
(38) 詳細は、江島晶子「ヨーロッパ人権裁判所と国内裁判所の「対話」？―*Al-Khawaja and Tahery v the United Kingdom* 大法廷判決を手がかりとして」坂元茂樹・薬師寺公夫編『普遍的国際社会への法の挑戦』（信山社、2013年）85頁以下。
(39) 〈http://www.ucl.ac.uk/human-rights/ihr-news/2014/spielmann-clp-video〉（visited 28 September 2014）．
(40) Greer and Wildhaber, supra note 8, 685.

欧州統合の展開と2011年EU法
—加盟存続国民投票の視点を踏まえて—

鈴木　眞澄

1　はじめに—国会主権原理とEC／EU加盟

(1) 問題の背景

　イギリスの主要な憲法原理である国会主権については、ダイシー（A. V. Dicey）に代表される伝統的な国会主権論と、それに対する修正説の対立があることは夙に知られている。典型的な伝統学説を端的に表現すると、「国会（における女王）が法律として制定するものはすべて法である（Whatever the Queen-in-Parliament enacts as statute is law.）。」というものである。ダイシーのいう国会主権とは、「……国会が、イギリス憲法のもとで、いかなる法をも作り、あるいは廃止する権利を持つこと、さらに、いかなる者も、イギリス法によって、国会の立法をくつがえし、無効とする権利をもつものとは認められないこと」を意味する、として、「著しく法論理構造をもつ原則」と言われてきた。これに対して、国会主権にも一定の限界があるとする修正説、所謂「新理論」（The New View）は、「立法の態様方式（又は手続と構造）」（manner and form of legislation）は法的拘束性があり、爾後の国会を拘束する、とする。また近時においては、立法の内容上も限界があるという立場もある。

　国会主権原理論争に拍車をかけたのは、1973年1月の「欧州共同体（EC）」加盟であった。イギリスは、国会主権原理のもとで国際法を受容する場合は二元主義を採るから、条約等の国内法化には常に国会制定法を必要とするが、当時既にEC法の「直接効果性」と「優位性」が判例法理として確立していた。したがって、このEC法原理を受容しない限り、イギリスはECに加盟できない。しかし、これは国会主権原理と矛盾する。この難局を乗り切るために制定されたのが、「1972年ECに関する法律」（European Communities Act 1972. 以下

「72年EC法」という。）であった。そしてその際、72年EC法が制定されても国会主権原理は不変だという「究極の主権」論が主張された（後述）。

しかし、以来、イギリス国会主権論にとってEC／EU加盟は最大のアポリアとなり、これまでに膨大な検討がなされている。1975年にはEC加盟を存続することの是非を問う国民投票（レファレンダム）が行われ、存続が認められたり、さらには国会主権原理にとってエポックメイキングな貴族院判決が表れる（一連の「ファクターテイム事件」）。他方、ECは、その後、1992年のマーストリヒト条約で「欧州連合」（EU）となり、経済的市場統合から政治的統合へと発展拡大を遂げるが、イギリスでは「EU懐疑」（Eurosceptic）勢力が表れることとなる。そうした事態は、2005年「欧州憲法条約」制定問題が浮上するに及んで顕著となっていく。欧州憲法条約は結局頓挫するが、その後加盟国間で困難な調整協議が行われ、2009年12月「リスボン条約」が発効する。イギリス国会はこれに先立ち、「2008年EUに関する法律」（以下「08年EU法」という。）を制定し、爾後の条約改正には事前に改正承認自体のための国会制定法を必要とすることとした。しかし、EU拡大に対する警戒姿勢は止まらず、2010年5月の総選挙の結果行われた保守党と自民党の連立政権合意で、次々回総選挙まではEUへの如何なる権限委譲も行わず、また将来のEU関連条約において権限委譲が必要になる場合は、国民投票を導入し、そのために必要な法改正を行うこととした。

こうした背景のもとで制定されたのが「2011年EUに関する法律」（European Union Act 2011. 以下「11年EU法」という。）である。「11年EU法」の最大の眼目は、今後EU諸条約を改正してEUに更なる権限委譲を行う場合は、改正条約の締結前に法的拘束力のある「国民投票」を実施するところにある。これは最終的な国家意思の決定を国民に委ねるという意味に理解すれば、従来の国会主権原理との関係が問われることになる。この点で、「ウェストミンスター型憲法の変動」の顕著な事例となると考えられる。

もっとも、11年EU法の消長は2015年の次回総選挙の結果に大きく依存することになっていた。ところが、2013年1月23日のブルームバーグ演説において、キャメロン首相がイギリスの加盟（国）条件についてEUと再交渉（renegotiation）するとともに、「EU加盟を存続するか否か」を問う国民投票

を次期国会期間中に実施するという構想を打ち上げた。この国民投票は一般には、'EU in/out referendum' と呼ばれているが、そのための法案のタイトルは、「EU国民投票法案」European Union Referendum Billとなっている。しかし、その質問事項は「イギリスはEUの加盟国でいるべきか」(whether the United Kingdom should remain a member of the European Union) となっており、また「11年EU法」による国民投票と区別する必要があるところから、これを「加盟存続国民投票」と呼び、11年EU法による国民投票を「条約審査国民投票」と呼ぶこととする。尚、現在加盟存続国民投票が大きな問題となっているところから、「イギリス＝BritainのEUからの退出＝Exit」を意味する'Brexit' という造語も表れている。

　ともあれ、加盟存続国民投票問題の出現により、2011年EU法の議論に新たな要素が加わることとなった。しかも、15年イギリス総選挙において、劣勢が伝えられていた保守党が大勝し、単独で政権維持が可能となったところから、加盟存続国民投票は俄然現実味を帯びてきている。

（2）本稿の目的

　「EU加盟と主権」問題はどの加盟国でも膨大な議論と実践が積み重ねられてきたが、イギリスの場合は「国会主権」とEUの関係であり、それが上述の段階にまで至った点に、他国に見られない大きな特徴がある。EU加盟国のほとんどは国民主権原理の下で成文憲法を有し、その中で民主主義や法の支配を基本原理とする（新EU条約3条参照）憲法政治が行われている。そうした国家で構成されるEUはますます深化と拡大を進めているところから、加盟国の主権とEU問題は極限まで達しているかのように見え、「27のうち一つの構成国は、EUの更なる形成を阻止することはできても、既存のEUを終了させることはできない。一国にできることは脱退するに過ぎない（EU条約50条）。」とまで言われるようになっている。その中にあって、イギリスにおける「主権とEU」問題は、日常的に政治の中心足り得る国会に正統性の根拠を置き、国会主権原理とEUという関係を維持しつつも、11年EU法が法的拘束力を有する条約審査国民投票を導入することで、国民の意思に政治的にも法的にも正統性の根拠を置き始めたように見えること、そのことにより「もはや脱退するしかない」と

言われていた「主権とEU」問題に対して、他国に先駆けて「脱退」を議論しようとしていること、そしてそれは国会主権の限界、即ち「究極の主権」論の場面であること等の点に、イギリスの「主権とEU」問題の特徴（先進性）があるのではないか、ということである。本稿はこうした視点を追究しようというものである。

2 「72年EC法」の制定とその後の展開

（1）「72年EC法」の制定と判例の展開

「72年EC法」は、2条1項において、「EC諸条約によってもしくはそれに基づいて随時創設され発生する、すべての権利、権限、責任、義務および制限であって、または、当該諸条約によってもしくはそれに基づいて随時規定される、すべての救済、手続であって、当該諸条約に従い連合王国内でそれ以上の措置を必要とせずして法的に効果を与えられもしくは用いられるものは、法として承認、援用され、適宜の執行、許容、遵守が行われる」と規定し、EC法上の権利・義務・手続き等に関する諸規定がイギリス国内において直接的に適用されることを認め、また同条4項2文は、「制定されたもしくは制定されるべきいかなる法も、本法本編に含まれるもの以外は、本項に先立つ本条の諸項（2条1項等）に服しつつ解釈され、かつ効力を有する」と規定した。

2条の規定がイギリス国内法に対するEC法の優位性までも明示的に保障しているかについては明らかでないが、72年EC法は、伝統的な国会主権論と衝突することは避けられないところから、イギリスの国会主権とEU法との関係は、政治上のみならず、憲法（学）上も主要な論争点となり続ける。

実際、この点をめぐって国内裁判所から多くの判決が下されることとなるが、イギリスの憲法秩序を含めた国内法秩序とEC法の衝突に対しては、数次にわたるファクターテイム事件が画期的な判決を下し、それをEOC事件判決等の貴族院判決がフォローすることで、EU法優位の判例法理が示されることになる。また、EU法と国会主権原理との関係では、下級審ながら2002年の高等法院判決（「メートル法殉教者」事件。the *Metric Martyr* case）において、国会制定法の中に「憲法的制定法」（constitutional statute）というべきものがあるという認識が示されるに至っている。
(14)

(2) リスボン条約と「2008年EU法」の制定

　上述のように、「EU憲法条約」は結局加盟国の合意を得られず頓挫することになるが、その後長期間にわたる各国の交渉の結果ようやく合意に至った「リスボン条約」は、従来のEU条約及びEURATOM条約を改正し、「EU条約」（以下「新EU条約」という。）、およびECs条約を相当部分継承した「EU運営条約」（以下「運営条約」という。）として、EU全体を一体化しようとする条約である。リスボン条約はEUの課題であった所謂「民主主義の赤字」の解消に向けて、EU立法およびその執行次元における加盟国国会の地位・権限を格段に上昇させる体制を導入した。例えば、EU委員会が法案を作成した場合、閣僚理事会、欧州議会と同時に加盟国国家に法案を送付し、国会からの異議が出された場合はEU委員会において法案を再考する制度等である。

　しかし、多くの加盟国同様、イギリスでも、国内の反EU勢力（Eurosceptics）の台頭は顕著であるところから、リスボン条約の締結に際して、「2008年EU法」（以下「08年EU法」という。）を制定した。そこでは、今後EU条約及びEU運営条約の「改正」を行うに当たっては、批准前に、改正を承認するための国会制定法が必要となることと規定した（同法5条2項）。

3　「11年EU法」の制定

(1)「11年EU法」の概要と「条約審査国民投票」条項

　「11年EU法」の最大の眼目は、EUの権限を拡大・強化するEU基本条約の改正又は転換（replacing. 既存の条約を廃止して新たな条約を締結すること＝筆者註）をイギリスが承認する場合は、08年EU法による国会制定法のほかに、「条約審査国民投票」による承認を要し、例外的に国民投票を免除される改正であっても、国会制定法による承認は必要とされるところにある。新EU条約の改正手続には、「通常改正手続」（新EU条約48条2項−5項）と「簡易改正手続」（同条6項及び7項））があるが、このうち、国民投票を要するのは、通常改正手続き、並びに48条6項の簡易改正手続、及び48条7項の所謂「架橋条項」（a passerelle clause）又は「歯止め条項」（a ratchet clause）に関する改正手続の場合である。条約審査国民投票の要件は、以下のとおりである。まず、

11年EU法4条は、通常改正手続又は新EU条約48条6項決定が、新EU条約・運営条約の既存権限の従来どおりの行使の成文化・イギリス以外の加盟国にのみ適用される規定の制定・新規加盟国の加入条約の場合を除き、国民投票が必要となるとして、15項目を列挙している（新EU条約3条に規定する目的の拡大、EUに対する「新たな排他的権限」（a new exclusive competence）の付与、排他権限の拡大、「新たな共有的権限」の付与、共有的権限の拡大、共通外交安全保障政策に関する権限等々）。また同法2条は、当該条約を承認するための国会制定法において、当該条約を承認するための条項が、当該条約を承認すべきか否かに関する国民投票をイギリス全土で、又は当該条約がジブラルタルにも影響する場合はイギリス全土及びジブラルタルで、実施しなければ、効力を有しない、と規定していること、国民投票が実施されたこと、そして、当該国民投票で多数の投票が批准に賛成であること、が必要と規定する。

　他方「簡易改正手続」のうち、新EU条約48条6項の場合については11年EU法3条も規定し、簡易改正手続のうちのEU条約48条7項の、所謂「架橋条項」又は「歯止め条項」に関する改正で国民投票が必要となる場合について、11年EU法6条5項（b）（i）、（ii）で規定している。[18]

　このように、11年EU法は、規定された条件を満たす条約改正手続を進めるには必ず条約審査国民投票を行われなければならないという意味で、従来の国会主権原理に対する影響がある。また新理論でいう「手続」や「構造」における拘束と同じなのか、又は国会主権に実質的な内容を課すことになるのか、といった点が問題とされるのである。

（2）「11年EU法」のEU法条項

　但し、11年EU法は、国会主権とEU法秩序との関係について、18条に重要規定をおき、それにより、72年EC法の国内法上の意義を改めて確認している。即ち、「直接的に適用され又は直接的な効果を有するEU法（72年EC法2条1項が規定する権利、権限、責任、義務、制約、救済、手続）は、72年EC法を通してのみ、イギリス国内において、法的に承認され、適用可能となり（recognized and available in law）、又他の国会制定法によって同様な要求がなされる地域においても、同様である。」と規定する。

11年EU法18条は、当初「主権条項」として構想されたが、国会の承認前の内閣による条約の署名やEU権限を増大させるような内閣の法律執行を禁止することで、国会主権の確認を企図した「国会主権法案」(The UK Parliament Sovereignty Bill 2009-10) が頓挫したために、結局72年EU法を確認することにとどまった。[19]

11年EU法の「説明文書」(explanatory notes) は、18条について次のように説明する。①法18条は、宣言規定（a declaratory provision）であり、EU法の直接適用又は直接効力を確認しているが、それは「72年法」および「その他の国会制定法」のみに依存している（only by virtue of the ECs Act 1972 or … by virtue of any other Act of Parliament）。②これは、条約が規定する権利・義務は、国内法によって国内的効力を生じるというイギリス憲法の二元主義の反映であり、「マッカシー事件（1979年）」のデニング卿が明確に述べているところである。③「メートル法殉教者事件」(the *Metric Martyrs* case. 2002年、高等法院判決) で、EUの立法及び司法機関がイギリス国会権限を制限しうるという主張がなされたが、ローズ裁判官によって退けられている。④法18条は従来のEU法とイギリス国内法との関係、とりわけ「コスタ事件」（ECJ1964年判決）で示され、「1972年法」で承認された「EU法優位の原則」を確認しており、そのことは、例えば、「ファクターテイム第2事件（1991年）」で、ブリッジ卿が述べたとおりである。

(3)「11年EU法」に対する学説の評価

11年EU法は、イギリスの「国家主権」を護るべく、「国民投票の鍵をかけた」(referendum lock) と政府は強調する。確かに、EUの拡大や権限委譲を伴う条約改正・転換をイギリスが批准・承認するためには必ず国会制定法のみならず国民投票まで必要とされるのであるから、11年EU法によってイギリスの「国家主権」は更に確保されるように見える。しかし、本稿が問題とするのは、「国会主権」への影響である。唯、この場合、国会主権への影響をどの次元で論じるかを措定して置かなければならない。例えば、1998年「人権法」は、国会制定法が欧州人権条約に適合するかの審査権を裁判所に与え、違反すると判断すれば「不適合宣言」を発することを裁判所に認めたが（同法4条）、

同宣言は宣言に止まり、その後の対応については、結局「国会」に委ねられている。それに対して、「72年EC法」の出現は別次元の衝撃であった。それは、本来国会主権の下で行使されるべき立法権をECに委ねてしまったからである。その72年EC法を、11年EU法は、18条で改めて確認しているのである。そうした前提で、EUへの更なる権限委譲やEUの権限拡大を伴う条約改正に対しては、国会の意思のみで完結させず、国民投票の結果に最終的な決定権（の一方）を委ねたことになる。

学説を瞥見しよう。[20] 伝統的な学説からは、11年EU法は国会制定法であり、国会の多数意見で改正できるから、18条は従来のイギリスとEUの関係を確認しているに過ぎず、したがって、18条は「宣言規定」（a declaratory provision）に止まる、とされる。この立場からは、EU法の直接適用性や優位性は、イギリス憲法自身の原理としては「確立」（entrench）していないことが強調されることになる。これに対して、11年EU法は「新理論」（manner and form学派）[21]の発想になじむ立法だという評価もある。[22]

その中にあって、際立った評価をしているのが、ボグドナーである。彼によれば、11年EU法は、立法者の外部の集団による国民投票を導入することで、国家主権を回復するために国会主権を制限したのであり、その結果、ⅰ）国会は、部分的に、しかし実質的に自分の立法権を制限しうる、ⅱ）国会は、一方的に「承認のルール」（あらゆる法体系において法が有効になるための不可欠条件）を変更した、とされる。[23]これに対しては、同法自体も国会の単純多数決で廃棄できることや、同法が発動されるのは新EU条約や運営条約等の改正が問題になる場合に限られるのだから、「承認のルール」を一方的に変更はできないという反論等が寄せられている。[24]

4 「11年EU法」後の情勢変動─加盟存続国民投票問題

（1）「EU加盟存続国民投票」問題の浮上

こうして、11年EU法の国民投票はイギリスの国会主権論に新たなフェーズをもたらした。しかし、同法制定当時は、今後の動向について言及は困難だが、政党と政権の組み合わせによって、同法の実施が異なってくるだろうし、また同法の実施に関しては、保守党内のEuroscepticismと中心とする「新しい出

発」マニフェスト（the 'Fresh Start' manifest）、および保守党内の「復活権力論」（repatriate power）の動向に注視が必要だろう、と言われていた。[25]

　こうした中にあって、キャメロンは2013年1月23日のブルームバーグ演説で「加盟存続国民投票」を実施するという方針を打ち出したのである。しかし投票関連法案は同年11月29日庶民院を通過したものの、2014年1月30日貴族院で180票対130票の大差で一旦否決された。[26]そもそも加盟存続国民投票構想に対して、連立政権当事者の自民党党首Nick Cleggは、保守党内のEU懐疑派とは全く違うことを明言していたし、労働党は国民投票自体に反対しており、国民投票の実施賛成は、保守党の主流派と国民独立党（NIP）、スコットランド独立党であったが、NIPはEU離脱、SIPはEU残留という、複雑な組み合わせであった。キャメロン首相は国民投票構想を改めて表明するが、これは2015年の総選挙で保守党が勝利することが政治的条件となっていた。[27]

（2）「スコットランド独立国民投票」の実施
　しかし、他方で、キャメロン政権は政治的に重大な局面を迎えていた。それは、2014年9月のスコットランド独立の是非を問う「スコットランド独立国民投票」であった。この国民投票は、スコットランドの住民のみの投票でスコットランドのイギリスからの分離独立が最終決定されるところから、イギリス国会主権原理との関係においても、またEUとの関係においても、重大な意味を持つことになる。前者との関係では、言うまでもなく、スコットランドという国家の一部分が独立するという最重要憲法問題にしてかつ喫緊の政治課題に対し、ウェストミンスターの国会が最終的決定権を持たないからであり、さらにここでは、国会主権原理に対してpopular sovereignty「人民主権」という要素の介入が問題となるからである。後者との関係では、スコットランド内の最有力政党であるスコットランド国民党SNPが、イギリスからは独立するが、その後はスコットランド単独でEUに加盟することを掲げていたからである。[28]結果は、独立否定が55.3％、独立賛成が44.7％であり、スコットランドの独立はともあれ回避されたが、国民投票に先立って示された保守党内閣のスコットランド優遇策は、国会主権との関係でも重くのしかかっている。[29]

（3）加盟存続国民投票の憲法問題

　そして、2015年5月7日の総選挙において、大方の予想に反して、保守党が大勝し、単独過半数を獲得したのである。ここにおいて、「加盟存続国民投票」、「イギリスのEU離脱Brexit」問題は、一挙に現実化することとなった。

　ところで新EU条約は50条でEUからの「脱退」条項を導入している。この場合、まず、脱退を決定する加盟国は欧州理事会に脱退の意図を「告知」（notify）した後、EU加盟国と交渉し、脱退に向けた協定を締結するが、この協定は、欧州議会の同意の後、理事会が特定多数決により、EUを代表して協定を締結することになる（新EU条約50条2項）。脱退は、右協定発効日、または協定が不調に終わった場合は、右「告知」の日から2年後に、原則として認められる（同3項）。キャメロンは現在、EUへの加盟条件の見直し交渉（renegotiation of the terms of membership）として、具体的には、イギリスを含めたユーロ圏外加盟国に対する更なる保護等を早速EU側と交渉に入っている。他方、「加盟存続国民投票法案2015-16」は、2015年5月28日庶民院に提出され、直近の2015年6月9日、544票対53票という大差でともあれ庶民院を通過している。これには労働党の反主流派の支持が大きいが、その後展開は無論確定的ではない。

　こうして「加盟存続国民投票」は、現下のイギリス国政上、最大の課題の一つとなっている。しかし、本稿との関係では、それが持つ憲法上の意味、とりわけ国会主権との関係が重要である。

　イギリスには国民投票に関して、他国の様に法典化された憲法的準則はなく、個別の立法により行われてきたが、これまで国民的規模で行われた国民投票は、二つしかなく、一つは1975年のECへの加盟存続の可否について行われたもの、二つは2011年5月の「選択的国会議員選挙方式」（the Alternative Vote (AV) for Parliamentary elections）の導入の可否に関するものである。2010年の総選挙前に貴族院憲法問題専門委員会（The House of Lords Select Committee on the Constitution）から、「イギリスの国民投票」（Referendum in the United Kingdom）に関する報告書が出されており、そこでは、基本的な憲法問題については国民投票（レファレンダム）が最も適当な手法だと結論づけてしているが、EUからの離脱や、他の重要問題と関わることになるだろ

うとして、王政の廃止、すべての国民にとってのEUからの脱退、国会の各院の廃止、庶民院選挙方式の変更、成文憲法典の採用、イギリスの通貨制度の変更などを挙げている。

国民投票に関する法規制としては、唯一「政党、選挙、国民投票法」(The Political Parties, Elections and Referendum Act 2000 (PPERA)) が、国民投票に関して規定しているが、そこでは、活動者の活動費及び寄附の受取額の上限について定めているだけであり、それ以外は個別の立法等の対応を待たなければならない。したがって国民投票自体で国会(主権)を拘束する効力はなく、政治的な影響はあるにしても、あくまで諮問的な、国民の意見表明の機会ととらえられている。内容は加盟存続国民投票法案(2015-16)によって、規定されつつあるが、その第1条4項は、レファレンダムの質問事項を「イギリスは、EUの加盟国に止まるべきか、それとも離脱すべきか」("Should the United Kingdom remain a member of the European Union or leave the European Union?")とする。先行した「加盟存続国民投票法案2014-15」では、「あなたは、イギリスがEUの加盟国であるべきだと思いますか」("Do you think that the United Kingdom should be a member of the European Union?")であった。因みに、1975年の国民投票の質問事項は、「あなたはイギリスがEC(共同市場)に留まるべきだと思いますか?」(Do you think that the United Kingdom should stay in the European Community (Common Market)?)であった。第2条は、国民投票に参加する資格、投票年齢、イギリス国民の範囲等である。第3条と4条は、国民投票における行動準則である。第5条は、ジブラルタルにも同様な手続が行われることを規定する。第6条は、この法律の下での規則(regulations)の在り方について規定する。第7条から11条までは、その他の諸規定で、11条は、この法律の名前を「2015年EU国民投票法」(the European Union Referendum Act 2015)とするとしている。

このように、加盟存続国民投票自体には直接国会主権に法的影響を与える効力はない。また、投票実施の前提として、EU側と加盟国としての義務等の条件について再交渉が行われ、その実現が必要となる。75年国民投票の際は、他の全加盟国との間でイギリスの加盟条件が再交渉の後合意され、その条件はコ

マンドペーパーで公表され、かつ両院によって同意されていた。今回の加盟存続国民投票は、全国民を対象にする3回目の投票となり、条約上の明文根拠の下で、しかもギリシャの債務不履行問題をはじめとするEU政治の困難な状況、イギリス内での反EU勢力の増大等から、国民投票が実施され、存続にNOが多数を占めることになれば、国会はその方向での対応を迫られよう。

唯、憲法政治上の観点からすると、EU離脱には法的に様々な問題が生じる。庶民院議会記録の「EU離脱の問題点」は、EU離脱によって、イギリス市民及びビジネスの世界にどれだけの影響があるかを指摘している。[36]

この問題について最も精力的に議論を展開しているショーナ・ダグラス＝スコット（Sionaidh Douglas-Scott）は、次のように問題点を指摘している。[37]

Brexitは、人民主権（popular sovereignty）原理の下でEU加盟存続論の根強いスコットランドにとっては大きな衝撃であるが、そもそもBritish state（連合王国＝UK）やBritish national identity（UK国民たるアイデンティティ）は、1707年の「スコットランド合併諸法」で「作られた」（forged）もので、国会主権はEnglish constitution（イングランド憲法）の原理だから、British constitution（UK憲法）とEnglish constitutionは同じものではないことや、スコットランド憲法の人民主権原理（Northern Irishや新生Welshも）は、連合王国の多様な憲法秩序の中で役割を果たしていけばよく、その際1985年グリーンランドのEC離脱の経験は利用できることなどから、Brexitによって今後「UK＝連邦論」や「UK＝民族の家族（a family of nations）論」が活発化し、「British＝UK」の「憲法」や「国家主権」（national sovereignty）と自己決定に重大な影響を及ぼすだろう。具体的に考えてみても、新EU条約50条によりEUから脱退すると、EU諸条約は適用されなくなるから、国内的対応はすべて国会制定法で対応せざるを得なくなるが、EU法の3類型に応じて複雑な対応になること、こうしたアプローチは、所謂「ヘンリー8世」条項（法案の主目的を実現するために最低限の国会審査で従位立法による主位立法の修正又は廃止を行うこと）のような法令上の手段（statutory instrument）による処理につながるから、イギリス国内のEU市民や他の加盟国内にいるイギリス市民に与えられたEU法上の諸権利（社会政策立法、差別禁止法、基本権）を掘りくずし、国会主権に対する反民主的な害悪をもたら

すこと、もし脱退後一部のEU法は維持されるとしたら、如何なる法的メカニズムが働くのか（国内裁判所は72年EC法以前に戻るのか、それともEU司法裁判所の判例は国内で生き続けるのか）といった問題が残る。そうだとすると、Brexitは、EnglandのEuroscepticsが主張するほど、「British＝UK」の「国会主権」（parliamentary sovereignty）の「救済」になるのだろうか？―。

5 結びに代えて

こうしてイギリス（UK）のEU加盟と国会主権の関係は加盟存続国民投票（Brexit）という段階にまで至っている。唯、加盟存続国民投票には、上述のような政治的圧力はともかく、少なくとも法的拘束力はない。これに対し、11年EU法が導入した条約審査国民投票はイギリス（UK）全土にわたって実施され、その結果に法的拘束力があるところから、イギリス（UK）の憲法原理である国会主権との関係が直接的に問題となる。

「主権とEU」の問題は、フランスやドイツでも憲法上の大きな議論の対象になっている。しかし、それらは硬性憲法典の形式をとり、「国民主権」の下で、「憲法改正の限界」に関する明文規定を前提に、憲法上の対応が行われてきたところに特徴がある。フランス第5共和制憲法は、憲法改正の限界を、「共和政体は改正の対象にすることはできない。」（同憲法89条5項）と定めており、ドイツ連邦基本法は、「基本法の変更は、諸ラントへの編成、立法に関する諸ラントの原則的協力、または、第1条（人間の尊厳条項）および第20条（連邦の基本的権力構造）の基本原則に抵触できない。」ことをもって、基本法改正の限界としている（同基本法79条3項）。実際、フランスでは、マーストリヒト条約の批准に際して1992年憲法院判決[38]がだされ、それを受けてフランス第五共和国憲法88条-1後段（1992年6月25日成立）「欧州共同体及び欧州連合は、それらを創設した諸条約に従い、一定の権限を共同して行使する（exercer en commun certaines de leurs compétences）ことを自由に選択した諸国によって構成される」等の規定が導入された。これにより、EU加盟は憲法改正を必要とするが、憲法改正の限界（範囲）内に留まることが示されたことになる。ドイツでは、同じくマーストリヒト条約の批准に際して連邦共和国基本法23条1項を改正し[39]、また、1993年10月12日ドイツ連邦憲法裁判所第2法廷判決

('*Brunner*' 判決)が出され(40)、さらに、リスボン条約の批准に際しても憲法裁判所判決が出されており(41)、いずれも当該条約は憲法に適合すること、換言すれば憲法改正の限界内であることが、確認されたことになる。

これに対して、イギリスの場合は、仏独のように国家三権の外(上位)の国民に主権を認めるのではなく、国家三権中で最も国民に近い国会に主権を認める国会主権原理の下で、如何に重要な国政問題であっても国会が法律を制定することでのみ対応してきたのであり、そうした憲法体制の下でEC加盟時に「究極の主権」が持ち出されたのであった(42)。したがって、単純に仏独における憲法改正の限界論とは比較できないことは確かである。

しかし、本稿は「究極の主権」概念の探究に対して一つの仮説を考えている。それは、まずローズ裁判官の「憲法的制定法」構想を受けいれることを前提とし、憲法的法律は成文憲法国における憲法(条項)に相当すると考えることによって、イギリス国会が憲法的制定法を制定すること、またはそれを改正することは、成文憲法国における憲法の「改正」が行われた(イギリスにはマグナカルタ以来、既に憲法的制定法があるという前提に立つ)と考える。72年EC法の制定がそれであり、同法の成立でイギリス憲法は「追加的改正」が行われたことになる。そうだとすると、「究極の主権」とは、他国における「憲法改正の限界」に相当するのではないか、そしてその「改正」の「限界」は、「国会は爾後現存する法律を廃止(repeal)できなくなること」(これは主権原理を「放棄」することを意味する)ということではないか、というのが、本稿の仮説である。こうした仮説に立つとしたら、国会は爾後72年EC法を廃止できるから「究極の主権原理に影響しない」という主張は、同法の制定で「イギリス憲法」は「改正」されたが、「改正の限界」は超えていない、という意味に理解できるだろう。

ただし、この仮説に立つとしても、冒頭のダイシーの説く伝統的な国会主権論が、もはや維持できなくなるのか、或いは修正されているのかという問題が解決されるわけではない。本稿ではその点の掘り下げはできていないが、考察の共通要素は、「72年EC法が存在し続ける限りは、EU法体制がイギリス国内法に優先して直接に適用されること」、しかし、「将来国会は同法を通常手続で廃止できること」、である。これに対して国会主権の本質をどう考えるかに

よって、伝統的学説か修正学説かの違いが出てくることになる。しかし、国会主権論に様々な修正が行われようとも、「国会の立法権に最終的決定権があること」を「国会主権」の不可欠の要素とし、「国会主権自体は廃棄できないこと」を「国会主権の限界」と考えることはできるだろう。

　それが現下のイギリスにおいて、「EUからの離脱」問題として現実化しているのである。これを「主権とEU」問題として再言すれば、仏独をはじめとする他の加盟国の場合は、「もはや脱退するしかない」と言われるまでに深化と拡大を進めるEU法秩序と国内憲法秩序とを如何に整合させるかというところに、「主権とEU」の憲法問題の主眼があるのに対し、イギリスの場合は、Brexitや加盟存続国民投票という、まさにEUからの「離脱」が現実の問題となる段階にまで至っており、これまで抽象的に議論されてきた国会主権原理における「究極の主権」問題が現実化し、然も実際にEUから離脱した場合、72年EC法から11年EU法までが「廃止」されるとすると、政治的のみならず、法的にも如何なる問題が生じるか、という議論すら行われているのである。

　そして、こうした国会主権原理の「究極の場面」において登場するのが、直接民主制（direct democracy）的要素ないし「人民主権」（popular sovereignty）的要素であることも、イギリス国会主権論にとって新たな議論を提供することになろう。従来「イギリスの主権は、政治的には国民にあり、法的には国会にある」と理解されてきたが、11年EU法の条約審査国民投票には、直接民主制の要素が入り込んでいるからである。(43) 上述したように、2014年9月のスコットランド独立国民投票が直接問いかけた問題であるが(44)、その場合は、投票の主体がスコットランド住民に限定されていたが、11年EU法の条約審査国民投票は全国民を対象にするところが重要なのである。「国民投票の鍵を掛けた」ことの憲法的意味である。こうした観点からの議論は、現時点では（ボグドナー等）少数にとどまっているが、Brexit問題が今後更に深刻化するに及んで、活発に議論されることになろう。

　11年EU法は、「ウェストミンスター型憲法の変動」にとって、以上のような「究極の問題」を突きつけているというのが、本稿の見立てである。

注

（1）国会主権論については、本書中の元山健「イギリス憲法の『現代化』と国会主権論の現状」参照。

（2）N. W. Barber, 'The afterlife of Parliamentary sovereignty' I・CON（2011）, Vol. 9 No. 1, 144-154. という刺激的な論文が冒頭に記している。

（3）伊藤正己『イギリス法研究』東京大学出版会（1978年）、142頁。A. V. Dicey, An Introduction to the Constitution,（10th edn., 1959）, pp.39-40. 国会主権の歴史と理念については、See Jeffrey Goldsworthy, *The Sovereignty of Parliament : History and Philosophy*,（Oxford University Press, 1999）, etc. EUとの関係では、see also P. Craig, 'Britain in the European Union', in J. Jowell and D. Oliber (eds.), *The Changing Constitution* 8 th edn.,（Oxford University Press, 2014）, pp. 102-131.

（4）「新理論」については、伊藤正己・同上、206頁以下参照。EUとの関連として、中村民雄『イギリス憲法とEC法 国会主権の原則の凋落』東京大学出版会（1993年）、43頁以下、59頁以下参照。

（5）2002年の高等法院判決におけるローズ裁判官（Laws LJ）の意見。それによれば、イギリス国会は主権者である限り、主権を放棄することは出来ないが、この伝統的主権はイギリスのコモン・ローによって修正され、国会制定法中に、憲法的法律（constitutional statutes）と通常法律（ordinary statutes）という序列が生み出され、憲法的制定法は、①市民と国家の一般的包括的関係を規定し、②基本的憲法的権利の範囲を拡張ないし制限でき、伝統的国会主権原理の内容をなす後法優先の原則から派生する「黙示的廃止」（implied repeal）の法理に服さず、①②に関わる条項に重大な影響がある場合に、事後法が明確な文言によってのみ廃止または修正できるに過ぎないとされ、72年EC法はそれに当たるとされた。*Thoburn v. Sunderland City Council* [2003] QB 151., para. 59, 62, 63, 69. また、近時の出色の主権論として、see R. Rawlings et al. (eds.), *Sovereignty and the Law : Domestic, European and International Perspectives*（Oxford University Press, 2013.）がある。Especially see '1 Introduction : Sovereignty in Question'（by R. Rawlings）, '3 Why Sovereignty?'（by M. Loughlin）, '4 Parliamentary Sovereignty and Constitutional Change in the United Kingdom'（by J. Goldsworthy）, '6 Is the Rule of Law now the Sovereign Principle?'（by Lord of Craighope）, '10 The United Kingdom, the European Union, and Sovereignty'（by P. Craig）, and '11 European Restatements of Sovereignty'（by D. Chalmers）.

（6）EC法の「直接効果性」は、Case 26／52. *Van Gend en Loos*. [1963] ECR 1.

（7）EC法の「優位性」は、Case 6／64, *Costa v. ENEL*,［1964］ECR 585.
（8）Case C-213／89, *The Queen v Secretary of State for Transport, ex parte : Factortame Ltd and others*.［1990］ECR I -2433, para. 21.（FactortameⅠ）.；Case C-221／89, *The Queen v Secretary of State for Transport, ex parte Factortame Ltd and others*.［1991］ECR I -3905（FactortameⅡ）. 後註（14）参照。
（9）本稿との関係では、ブレア―政権の下でケンブリッジ大学のA．ダッシュウッド教授がリーダーとなって作成した憲法条約のイギリス政府案には、いち早く「脱退条項」が盛られていた。この点に関しては、拙稿「第17章　イギリス「憲法改革」とヨーロッパ憲法条約」松井幸夫編著『変化するイギリス憲法』敬文堂（2005年）、100頁参照。
（10）保守党と自由民主党の連立政権合意については、see The Coalition：Our Programme for Government, 20 May, 2010.〈https://www.gov.uk/government/publications/the-coalition-documentation〉
（11）ブルームバーグ演説については、see〈https://www.gov.uk/government/speeches/eu-speech-at-bloomberg〉
キャメロン自身は「時期国会期間中に」としていたが、その後の保守党の国民投票法案の中で「2017年末まで」とされた。
（12）「加盟存続国民投票法案」については、後註（33）、（35）参照。
（13）中村民雄「EUの中のイギリス憲法―「国会主権の原則」をめぐる動きと残る重要課題―」早稲田法学87巻2号、354頁。
（14）前註（5）。EU法と国会主権をめぐるイギリスの判例については、see P. Craig, 'Britain in the European Union', *supra* note 3, at 112-121. 尚、EUとは直接関係がないが、国会主権原理との関係では、2005年貴族院判決の*Jackson* caseの重要性を指摘する論者は多い。この点については、本書中の元山健執筆部分を参照。
（15）リスボン条約については、see P. Craig, *The Lisbon Treaty Law, Politics and Treaty Reform*,（Oxford University Press, 2010）.；S. Griller and J. Ziller（eds.）, *The Lisbon Treaty EU Constitutionalism without a Constitutional Treaty*,（Springer Wien Newyork, 2008）. etc.
（16）リスボン条約における加盟国国会の権限・関与については、see P. Craig, *id.*, at 108-112.
（17）同法については、〈http://www.legislation.gov.uk/ukpga/2011/12/contents〉
（18）尚、11年EU法4条は規定内容が極めて広汎に及び、国民投票免除要件に該当する場合は稀有であるところから、貴族院は、国民投票の投票率が40パーセント以下の場合は賛成投票が決定的でなくなるよう、修正意見を出したが、庶民院が拒絶した。
（19）この「国会主権法案」は、see〈http://www.publications.parliament.uk/pa/

cm200910/cmbills/048/10048.i-i.html〉

(20) 11年EU法に関しては、例えば、see eg. P. Craig, 'The European Union Act 2011：Locks, Limits and Legality', C. M. L. R. 48：1915-1944, 2011.；*Idem.*, '10 The United Kingdom, the European Union, and Sovereignty', *supra* note 5.；P. Yowell, 'EU Act 2011：Law and Politics', Uk Constitutional Law association January 19, 2012.〈http://ukconstitutionallaw.org/2012/01/19/paul-yowell-eu-act-2011-law-and-politics/〉；M. Gordon and M. Dougan, 'Legislative Comment The United Kingdom's European Act 2011：'Who Won the Bloody War Anyway'', E. L. R. 2012, 1-29.；J. E. K. Murkens, 'The European Union Act 2011：A Failed Statute', LSE Law, Society and Economy Working Papers 3／2013, pp1-14.〈http://eprints.lse.ac.uk/48991/1/WPS2013-03_Murkens.pdf〉；V. Bogdonar, 'Imprisoned by a Doctrine：The Modern Defence of Parliamentary Sovereignty', Oxford Journal of Legal Studies, Vol. 32, No 1 (2012), p.190.；J. Gordworthy, 'Parliamentary Sovereignty's Premature Obituary', UK Constitutional Law Association, March 9, 2012.〈http://ukconstitutionallaw.org/2012/03/09/jeffrey-goldsworthy-parliamentary-sovereigntys-premature-obituary/〉; S. Peers, 'The UK's European Union Bill'.〈http://www.statewatch.org/analyses/no-111-uk-eu%20bill.pdf#search='steve+peers%2C+the+uk%27s+european+union+bill'〉; E. Frantziou, 'Your Power to Veto EU Changes? Implications of the referendum provisions of the European Union Act 2011'.〈https://www.ucl.ac.uk/public-policy/public-policy-briefings/European_Union_Act〉
法語文献としては、河島太朗「【イギリス】2011年欧州連合法の制定」国立国会図書館調査及び立法考査局『外国の立法』（2011. 10）；中村民雄・前註13。

(21) See eg. M. Gordon and M. Dougan, *id.*, at 10 etc.；J. E. K. Murkens, *id.*, at 9.

(22) 中村・前註13、351-352頁。See also M. Gordon and M. Dougan, *id.*, at 16-18. ただし、「98年人権法」と比較して、11年EU法は司法権を後退させるという指摘が多い。J. E. K. Murkens, *id.*, at 7-9.

(23) V. Bogdanor, *supra* note 20, at 190. ボグドナーによれば、その結果国会は直接民主制的な三院議会（a 'tricameral' Parliament）になる、という指摘もある。J. E. K. Murkens, *id.*, at 11-12.

(24) See Gordon and Dougan, *supra* note 20, at 26-29.；J. E. K. Murkens, *id.*, at 12. See also J. Gordworthy, *supra* note 20.（ボグドナーの立論に対する反論）

(25) P. Craig, *supra* note 5, at 184-185.

(26) 〈http://www.theguardian.com/politics/2014/jan/31/francois-hollande-

david-cameron-eu-french-referendum〉
(27) P. Craig, *supra* note 5, at 185..
(28) スコットランド独立国民投票については、see HOUSE OF COMMONS LIBRARY；Scottish Independence Referendum 2014 Analysis of results RESEARCH PAPER 14／50, 30 September 2014.〈http://researchbriefings.files.parliament.uk/documents/RP14-50/RP14-50.pdf〉；V. Bogdanor, 'The one-state solution to England's role in a devolved UK', The Guadian, 25 March, 2013.〈http://www.theguardian.com/commentisfree/2013/mar/25/one-state-solution-england-devolved-uk〉；E. Bulmer, 'The Scottish referendum is about popular sovereignty, not identity' The Guadian, 31 March, 2013.〈http://www.theguardian.com/commentisfree/2013/mar/31/scotland-referendum-sovereignty-identity-bogdanor〉；*Idem*., 'The Scottish constitution shows what the UK is missing', The Guardian, 19 June, 2014.〈http://www.theguardian.com/commentisfree/2014/jun/17/scottish-constitution-popular-sovereignty-democratic〉；Stephen Tierney, 'The Scottish Constitution After Independence', UK Consitutional Law Association, 2 December, 2013.〈http://ukconstitutionallaw.org/2013/12/02/stephen-tierney-the-scottish-constitution-after-independence/〉またスコットランド独立問題については、本書中のクリス・ヒムズワーク「連合王国におけるスコットランド」を参照。
(29) キャメロン政権の示したスコットランド優遇策については、see Scotland in the United Kingdom: An Enduring Settlement. January 2015. Cm 8990.〈https://www.gov.uk/government/uploads/system/uploads/attachment_data/file/397079/Scotland_EnduringSettlement_acc.pdf#search='scotland+in+the+united+kingdom%3A+enduring'〉
(30) 選挙結果は、総議席数650のうち、保守党331、労働党232、スコットランド国民党56、自民党8等であり、保守党は自民党との連立を解消し、単独政権に戻ることになった。
(31) 新EU条約50条の適用については、see 後註（33）「離脱の問題点」「3．The withdrawal process in the EU and the UK」；S. Peers, 'Article 50 TEU：The uses and abuses of the process of withdrawing from the EU'.〈http://eulawanalysis.blogspot.jp/2014/12/article-50-teu-uses-and-abuses-of.html〉
(32) See House of Commons Hansard Debates for 09 June 2015（pt 002）.
(33) 加盟存続国民投票に関する庶民院の基本URLは、European Union Referendum Bill 2015-16.〈http://services.parliament.uk/bills/2015-16/europeanreferendum.html〉そのうち記録全体は、Bill documents-European Union Referendum Bill

2015-16 〈http://services.parliament.uk/bills/2015-16/europeanreferendum/documents.html〉
また個別の政策領域に対するEU離脱の影響については、EU exit : impact in key UK policy areas
〈http://researchbriefings.parliament.uk/ResearchBriefing/Summary/CBP-7213〉（以下、「離脱の問題点」として引用する。）
法案の要約、概要説明については、Briefing Paper on the Bill : Briefing Paper Number 07212. 3. June 2015 European Union Referendum 2015-16 By Elise Rietveld. 〈http://researchbriefings.files.parliament.uk/documents/CBP-7212/CBP-7212.pdf〉
（以下、「概要説明」として引用する。）法案に関する参考文献については、Briefing Paper on the UK and the EU : reform, renegotiation, withdrawal? A bibliography 〈http://researchbriefings.files.parliament.uk/documents/CBP-7220/CBP-7220.pdf〉

(34) See House of Lords Select Committee on Constitution, 21th Report of Session 2009-10, Referendum in the United Kingdom, HL Paper 99 2009-10. 〈http://www.publications.parliament.uk/pa/ld200910/ldselect/ldconst/99/99.pdf #search='House+of+Lords+Constitution+Committee%2C+Referendum+in+the+United+Kingdom%2C+HL+Paper+99'〉

(35) 「加盟存続国民投票」法案（修正版）は、〈http://www.publications.parliament.uk/pa/bills/lbill/2015-2016/0072/lbill_2015-20160072_en_2.htm#pb1-l1g1〉

(36) 「EU離脱の問題点」「5．Could EU rights disappear?」以下参照。総選挙後の文献として、see S. Peers, 'Is Brexit inevitable? The UK's EU membership after the General Election', EU Law Analysis, 8 May 2015. 〈http://eulawanalysis.blogspot.jp/2015/05/is-brexit-inevitable-uks-eu-membership.html〉

(37) See Sionaidh Douglas-Scott, 'A UK exit from the EU: the end of the United Kingdom or a new constitutional dawn?', (2015) Cambridge Journal of International and Comparative Law. Oxford Legal Studies Paper No.25/2015 〈http://papers.ssrn.com/sol3/papers.cfm?abstract_id=2574405〉 ; *Idem.*, 'Constitutional Implications of a UK Exit from the EU : Some Questions That Really Must Be Asked.', UK Constitutional Law Association, 17 April, 2015. 〈http://ukconstitutionallaw.org/2015/04/17/sionaidh-douglas-scott-constitutional-implications-of-a-uk-exit-from-the-eu-some-questions-that-really-must-be-asked/〉 ; *Idem.*, 'Would the United Kingdom survive an exit from the EU' Open Democracy 25 February 2015.

〈https://www.opendemocracy.net/can-europe-make-it/sionaidh-douglasscott/would-united-kingdom-survive-exit-from-eu〉;

Idem., 'British Withdrawal from the EU: an Existential Threat to the United Kingdom', UK Constitutional Law Association, October 13, 2014, 〈http://ukconstitutionallaw.org/2014/10/13/sionaidh-douglas-scott-british-withdrawal-from-the-eu-an-existential-threat-to-the-united-kingdom/〉

(38) フランス憲法院1992年4月9日判決。J. O., Lois et Décrets du 11 avril 1992, p.5354. 辻村みよ子「欧州連合設立条約（マーストリヒト条約）の憲法適合性（1992年4月9日判決）」辻村みよ子編集代表・フランス憲法判例研究会編『フランスの憲法判例第2版』所収。

(39)「統合された欧州を実現させるために、ドイツ連邦共和国は、EUの発展に協力する。EUは、民主的、法治国家的、社会的及び連邦的な諸原則並びに補完性（Subsidiarität）の原則に義務付けられており、本質的な点でこの基本法の基本権保障に匹敵する基本権保障を有しているものである。このために、連邦は、連邦参議院の同意を得て、法律により種々の高権を委譲することができる。EUの創設に関して、ならびに、その条約上の根拠の変更もしくはこれに匹敵する定めで、この基本法をその内容において変更若しくは補充し、又はかかる変更若しくは補充が可能となるようなものに関しては、第79条第2項（基本法の変更法律は、連邦議会議員の3分の2および連邦参議院の票決数の3分の2の同意が必要。）および第3項（上述参照。筆者註）が適用される」と規定した。

(40) BVerfGE 89, 155-Maastricht.;［1994］1 Common Market Law Reports 57.

(41) BVerfG, 2 BvE 2／08 vom 30. 06. 2008., paras. 233, 338. 〈http://www.bverfg.de/en/decisions/es20090630_2bve000208en.html〉 See D. Thym, 'In the Name of Sovereign Statehood: A Critical Introduction to the Lisbon Judgement of the German Constitutional Court', Common Market Law Review 46:1795-1822, 2009; Editorial Comments, 'Karlsruhe has spoken: "Yes" to the Lisbon Treaty, but…', id., 1023-1033.；中西優美子「ドイツ連邦憲法裁判所によるEUリスボン条約判決」『貿易と関税』20010年2月、75-67頁参照。尚、仏独英とEUの関係については、拙稿・「EUにおける『執行権支配』と『法の支配』（一）」龍谷法学38巻4号59頁以下参照。

(42) HC Deb 15 February 1972 vol 831, col. 278-279（Mr. Rippon）「勿論この法案（72年EC法案＝筆者註）には、『究極の国会主権』(the ultimate sovereignty of Parliament) を弱体化させる（abridges）ものは何もない。大法官時代のガーディナー（Gaediner）卿が語ったように、『連合王国の立法は国会主権の行使なのであり、それに由来するから、既存及び将来の共同体法がこの国において法とし

ての効力を有するのである。(中略)。国会主権というイギリスの憲法原理の下では、どの国会も、将来の国会における法律の変更を妨げる (preclude) ことはできないのである』」〈http://hansard.millbanksystems.com/commons/1972/feb/15/european-communities-bill〉 中村民雄・前註 (22)、329-330頁参照。尚、同・前註 (4)、56-57頁、234-237頁も参照。ECからの脱退との関係に言及がある。

(43) M. Loughlin, *supra* note 5, at 44-45. は、主権は本来国民にあり、唯抽象化されているという。彼独特の「公法理論」からの指摘である。尚、ラフリンのpublic law論については、本書の愛敬浩二「イギリス憲法の『現代化』と憲法理論」を参照。

(44) 前註 (28) の論者の議論を参照。

【追記】本稿で引用したURLは、2015年6月30日現在確認済みである。

第9章
ウェストミンスター型憲法の変動とコモンウェルス

オーストラリア憲法とイギリス憲法

佐藤　潤一

1　はじめに

　オーストラリアは、いわゆるブリティッシュ・コモンウェルスの一員であり、議会主権の考え方が強く残る一方で、イギリスとは異なりアメリカ合衆国憲法の強い影響下で制定された、しかしイギリスの議会制定法として当初は成立した、成典の連邦憲法（The Commonwealth of Australia Constitution Act 1901）を有する。

　オーストラリアの憲法が持つ特色は、代表的なものを拾い上げるだけでも、かなり多く、問題を絞らざるを得ない。最初に概括的に触れておく。1）Constitutionが、統治機構法的な意味合いで用いられている点は、イギリスと共通する。2）カナダと同様、総督（Governor）が連邦にも州にも置かれている。名誉職であり、本来イギリスの女王の代理人として行政権を行使する旨憲法典に明記されているが、運用上、第二次世界大戦後は総理大臣（連邦：Prime Minister；州：Premier）が行政権のトップである議院内閣制である。[1]その運用はイギリスにかなり近い。3）人権規定が憲法典にほとんどない。これは1）2）で述べた点の裏面と言える。4）3）にかかわる検討課題として、人権条約の国内実施について、イギリスの98年人権法と直接比較がなかなか困難であるが、ヴィクトリア州とACTにおいては人権法が制定されており、また連邦レベルでも拷問禁止及び差別禁止に関しては法律が制定されている。さらに2011年人権（議会審査）法は人権条約との国内法適合性を議会が審査する旨定めるが、その実効性には疑問もある。[2]

　これら4点のうち、1）2）の検討は議院内閣制の比較憲法的研究となり、比較の実を得るためにはオーストラリアとイギリスの比較だけでは不十分である。そこで本章の検討は、特に人権条約の国内実施に関する法律の問題点に焦

点を絞る。なお、関連する限りで条約や法律の検討にかかわる対話理論についても若干論じたい。

以上から、検討の中心課題は大きく分けて次の二つとなる。

第一に、人権、特に人権条約に関わるイギリスとオーストラリアの二つの法律は、条約の国内適用に、法律への変形を要するというコモン・ロー国における条約、とくに人権条約の裁判上の位置づけに変化をもたらすか、である。

第二に、イギリス、カナダ、オーストラリアなど、いわゆるコモ・ロー国家、特にイギリスと基本的に人権に関する法制が類似する国々においては、人権法に適用除外条項（Notwithstanding Clause）が含まれる[3]。端的には裁判所による人権に適合しない法律であるとの宣言は、議会によってさらに覆すことが出来るというものである。カナダ人権憲章33条は明示的にこのような規定を置いているし、1998年イギリス人権法4条6項は、裁判所による法律の人権法への不適合宣言が立法府を拘束しないことを明言している。そもそも、イギリス人権法は、通常立法に過ぎないために、いつでも改正され得る[4]。本章では、近年これらの諸国で何故「対話」（dialogue）注目されているのかについても若干検討したい。

2　人権条約の国内適用に関する比較

（1）イギリス　2010年憲法改革及び統治法（Constitutional Reform and Governance Act 2010（CRGA）

最初に検討したいのは、2010年憲法改革及び統治法（Constitutional Reform and Governance Act 2010［CRGA］）の持つ意義である。同法は、様々な内容を持つが、ここでの検討にかかわるものとして、条約批准に関する慣習法の明文化を含む。いわゆるポンソンビー・ルールの明文化である。

庶民院は、条約の批准拒否を表明するため21日間の会期を有する。そしてCRGA第20条第4項及び第20条第6項は、大臣が、条約批准のための継続審議を行政が計画している理由を説明し、大臣により表明された理由を審議するため庶民院がさらに21日間の会期を開くことを可能にしている。貴族院による条約批准拒絶のための諸規定もあるが（第20条第7項）、貴族院による反対は、庶民院が条約批准を支持した場合には批准を防止するには不十分なものと判断

される。第22条は、第20条手続が適用されない例外的な諸々の状況について定める。
(5)

　この条文の持つ意義について、バラット・マルカニ博士（Dr Bharat Malkani）は次のように述べる。「[……] 裁判所は、CRGA施行後、人権条約の諸規定に対して、従来よりも広い範囲で効力を賦与しうる……。[中略] 連合主国の現行憲法秩序は、人権保障に関わる事項に於いて国家の三権が対話することを必要としていると言われてきており、そのことは、伝統的規則は、現行憲法秩序においては例外的なものとなる［強調引用者・以下同様］、ということを導きだす。なぜなら、伝統的規則は人権保障において裁判所による〔人権条約の国内法秩序への〕取り込みを制限しているからである」。以上のように述べたうえで、「……人権の保障が支持されると想定されるべきであるとすれば、そしてCRGAの下では、議会は、人権条約（あるいは人権条約の特定の規定）を拒否する機会があることそれ自体によって得られる利益はないのであって、裁判所は、そのような人権条約に対して効力を与えることができる。このことは、現在行われている憲法上の例外を修正することになる……。なぜなら、裁判所が、人権条約を適用することができると仮定することは、人権保障における裁判所の役割を高めることになるからである」。このように問題提起し、判例学説を検討して、次のように結論付ける。「……イングランド及びウェールズの裁判所における人権に関する諸条約の直接適用を主張する二つの立場は、極めて異なる」。「第一のものは、議会主権を憲法上の出発点とするけれども、特に人権に関する諸条約については、直接適用不能・司法判断不能の伝統的な諸規則に対する例外を是認すると主張する。第二の立場は、議会主権が当該争点にとって決定的であるという主張を拒絶する。むしろ議会主権を、ただひとつの出発点とみなし、またさらにイギリス法における諸々の条約の地位は、法の支配の実質的概念への言及で決せられるべきであるとも主張する。[中略] 人権法は、議会主権を維持しているけれども、それは、にもかかわらず、人権保障にかかわる事項で、統治機関の様々な部門間での対話を要求する憲法秩序を促進したのである。[中略] イングランド及びウェールズにおける裁判所が、人権に関する諸条約は、議会がかかる条約の批准において役割を果たしたので、直接的効力を持ち、司法判断可能である、と判示するとすれ

ば、人権条約の直接適用を防ぐための政治的工作が予期される余地が残ることになる(7)」。このように「政治的工作」の可能性をも指摘しながら、人権条約の裁判所による直接適用可能性について次のように結論づける。すなわち「イギリスの裁判所が、人権に関する諸条約が、本稿で検討したような理由で直接適用可能だと判示するとすれば、われわれは、イギリス政府が、将来の人権に関する諸条約を批准するときにはいつでも、自動執行性がないというのに相当する宣言を添えることになる可能性が常に存在することになることに留意しなければならない。けれども……このことは少なくとも条約批准における透明性を次第に高めることになる……。執行府若しくは議会は、何故、自動執行性がないとの宣言を添えると決定したのかを説明するために、対話を行う必要があることになろう。この最後の注意書きにもかかわらず、しかしながら、人権に関する諸条約に対して適用される場合には、伝統的な諸規則は維持しがたいことは明らかで有り、且つ、人権に関する諸条約の批准においてより一層重大な役割を議会に与えることは、現在の異常さを解決する方法を明らかにすることになる……(8)」。

　この問題提起には、①条約の編入（incorporate）と国内法への組み込み（transform）は異なるか？②議会主権は、議会による自動執行性がないというのに相当する宣言（comparable declarations of non-self-execution）を正当化できるか？という二つの問題点があるとともに、それらを肯定し得るならば、「批准手続がCRGAによって明文化されたことで、人権条約の自動執行性を議会が次第に否定しがたい状況になるのではないか」という主張は確かに説得力があるようにも思われる。

　他方この主張は、孤立した主張ではある。管見の限りイギリス憲法の概説書類でこのような主張をしている著書はない。しかし、オーストラリアとの比較という点では興味深い。

　オーストラリア連邦最高裁の人権条約に関わる判決では、ひとりカービー（Kirby）裁判官のみが人権条約の国内適用について語っていたが、その論理はマルカニ博士の論理と類似する(9)。ではカービー裁判官の主張はどのようなものであったか。簡潔にまとめてみよう。

　オーストラリアにおける判例や公法学通説では、国内法上の効力を与えるた

めの立法がなければ、人権に関する諸条約は、オーストラリアの国内裁判所では適用可能な規範とはならないとされている。イギリス同様、基本的には条約の国内法上の自動執行性が否定されているのである。

しかし、すでに批准からかなりの時間が経過し、独立機関としての人権委員会は長期にわたって人権条約に基づく判断を下してきており、そのための立法も存在する。にもかかわらず、連邦レベルでは、限られた条約を除いて、国内法化がなされてこなかった。このような状況下、連邦最高裁（オーストラリア高等法院）の裁判官であったカービー氏は、連邦憲法の解釈によって実質的に人権条約上の諸権利を導入可能であると主張する個別意見を書いたのである。[10]ただし、あくまで孤立した主張であって、法廷意見とはなっていない。しかし、近年オーストラリアにおいて、裁判所による人権条約解釈に変化をもたらす可能性を秘めた法律が制定された。2011年人権（議会審査）法（Human Rights (Parliamentary Scrutiny) Act 2011）である。検討に先立ち、まずその内容を概観する。

（２）オーストラリア　2011年人権（議会審査）法

2010年度に最初に提案され、最終的に2011年末に成立し、2012年から施行されているのが、オーストラリアの連邦法、2011年人権（議会審査）法である。同法は、人権の定義を、オーストラリアが批准している条約に依存して行ったうえで、人権条約と法律の適合性を議会が審査する旨規定した。

2011年人権（議会審査）法（Cth）3条1項は「本法において、人権とは、以下の国際文書によって承認され又は宣言された諸々の権利及び自由を意味する」として、①あらゆる形態の人種差別の撤廃に関する条約〔人種差別撤廃条約〕②社会権規約③自由権規約④女性に対するあらゆる形態の差別の撤廃に関する条約〔女性差別撤廃条約〕⑤拷問及びその他の残虐で、非人道的又は品位を傷つけるような取扱に関する条約〔拷問等禁止条約〕⑥子どもの権利条約⑦障碍者の権利に関する条約を挙げている。

本法は、表題にこそ「人権」とあるが、本文は、議会に委員会を設置するための組織法である。同法第二部は「人権に関する議会合同委員会」と題され、4条において、「人権に関する議会合同委員会」は「両議会の第一会期開始後、

実務上可能な限り速やかに、人権に関する議会合同委員会と称される議員の合同委員会は、議会の慣行に従って任命されなければならない」ものとされる。「委員会の構成員資格」（5条）として、「委員会は10人の委員から成」り、元老院及び代議院からそれぞれの議員で5名ずつ任命される（1項）。「大臣、元老院議長、代議院議長、元老院副議長及び元老院委員会委員長、代議院副議長」は任命されない（2項）。3項は、委員が解嘱される場合を定める。「（a）代議院の会期が終了したとき、または代議院が解散したとき」、「（b）委員が第2項の職務に就いた場合」、「（c）任命された委員が議員でなくなった場合」、「（d）第4項または第5項によって委員が辞任した場合」である。4項及び5項は、辞任手続（署名と届け出）を定めている。同条6項は欠員補充について定める。「委員会の権限と手続に関するすべての事項は、両院の決議によって決定される」（6条）。

　本法の機能を考察するにあたって重要なのは7条及び8条である。

　7条は「委員会の機能」として次のように定める。

「委員会は以下の機能を持つ。

（a）制定法草案、及び立法関連文書を、人権に適合しているか否かの観点から両院に提出される前に審査し、当該争点について両院に報告する。

（b）制定法が人権に適合的かを審査し、当該争点について両院に報告する。

（c）法務総裁（the Attorney-General）によって照会された人権に関するすべての事項について調査し、当該事項について両院に報告する。」

　後に検討するように、この「審査」が機能しているか否かについては、否定的な評価が存在する。本法第3部は「人権適合声明」について規定する。8条は「制定法草案に関する人権適合声明」として次の5項にわたる規定を置く（数字は項番号。以下同様）。「（1）議会に制定法草案提出を提案する議員は、当該草案に関して準備すべき人権適合声明を作成しなければならない。」「（2）議会に制定法草案提出を提案する議員、あるいはその議員と行動を共にする議員は、議会に出席する際に、第1項の下で準備すべき人権適合声明を作成しなければならない。」「（3）人権適合声明は、当該草案が人権と適合しているか否かの評価を含んでいなければならない。」「（4）第1項の下で準備された人権適合声明は、いかなる裁判所もしくは審判所も拘束しない。」「（5）

本条で、制定法となる草案に関する適合声明が認められない場合でも、そのことは、当該制定法あるいは連邦法の他の規定の有効性、機能あるいは執行に影響しない。」

　議会のみでの審査という本法の特徴を反映して、次の規定も置かれている。9条は「特定の立法関連文書に関する人権適合声明」として「（1）2003年立法関連文書法（Legislative Instruments Act 2003）42条（不認可）が適用される立法関連文書に関して、規則制定者は、当該立法関連文書に関して準備すべき人権適合声明を作成しなければならない」。この1項の規定には註があり、「人権適合声明は、立法関連文書に関する説明的声明（the explanatory statement）に含まれていなければならない（2003年立法関連文書法26条1A項参照）」とする。さらに「（2）人権適合声明は、立法関連文書が人権に適合しているか否かの評価を含んでいなければならない。」「（3）第1項の下で準備された人権適合声明は、いかなる裁判所もしくは審判所も拘束しない。」「（4）本条で、立法関連文書に関する適合声明が認められない場合でも、そのことは、当該文書あるいは連邦法の他の規定の有効性、機能あるいは執行に影響しない。」との規定も置いており、一応徹底しているとはいえる。

　なお「第4部　規則」において「〔連邦〕総督は」、「（a）本法によってあらかじめ要求されもしくは許容されている場合。または（b）本法を執行しもしくは効力を付与するために規定されるべき必要性あるいは利便性がある場合」に「行政処分的規則を制定することができる」。

　さて、これらの「適合声明」に関連する規定については、イギリス1998年人権法第19条が想起されるであろう。しかし同条はイギリスの裁判所による第二次立法の不適合宣言を前提にしているのに対して、本法は裁判所の介入を徹底して避けている。これをどのように解すべきかが問題である。

3　対話「理論」の観点からの検討

　オーストラリア憲法の解釈について、以下検討を進めていくが、すでに触れたように、ポンソンビー・ルール明文化にかかわるイギリスの2010年憲法改革及び統治法の、マルカニ博士による解釈が注目される。実現可能性という観点からすると問題はありつつも、日本に於ける人権条約に関する裁判所の立場に

対する批判的視点が見いだせるものと解され、その点注目される。2011年人権（議会審査）法（Cth）が制定されるに至ったオーストラリアに於ける歴史的背景を概観した上で、検討しよう。

（1）権利章典否定論から多文化共生政策へ、そしてバックラッシュ

　オーストラリアでは、権利章典制定への根強い反対が1901年から1945年までかなり長期にわたって存在してきた。実のところ現在でもその反対は存在しており、その点について踏み込むと別稿が必要となる。ここではまずオーストラリアにおいて連邦憲法典に人権条項がない理由を簡潔にまとめよう。[13]

　すなわち、連邦憲法制定の当初に於いて、アメリカ合衆国憲法が参照されており、かつ、自治州の数がアメリカと異なり相当に少ないこともあって、州の権限を制限する条項が拒絶されたことが、オーストラリア連邦憲法に人権規定がほとんどない根本的な理由である。しかし、それに加えてオーストラリアは、その位置からしてアジア諸国民が移民を希望してきていた。イギリス領として「白人国家」として国家形成を行ってきたオーストラリアは、人口比からしてアジア系移民を受け入れると、簡単に人数的に逆転されてしまう。これは現在でも共通する問題である。2014年時点でもオーストラリア全土の人口は2000万人程度であり、国土の北部に砂漠が広がっているとはいえ、国土面積からすると極度に人口が少ない。人権規定がもうけられなかった、もう一つの、しかも本質的にはこちらこそが重要な理由といえるが、白人国家としてのオーストラリア、すなわち"White Australia"からの脱却期、時期としては1946年から1990年までの国家政策としての「多文化共生政策」がとられるようになってすら、移民に対して実質的な制限をなんとかして課そうとしてきたのである。

　悪名高い白豪政策、"White Australia"の肯定は、移民政策として言語要件を厳しく課すことによって維持されてきた。しかしながら、オーストラリアの政権が労働党に担われるようになり、先住民族たるアボリジニ等に対する謝罪が行われ、難民受け入れも促進された。移民・難民に対する言語教育についても、憲法や法律の改正こそ行われなかったものの、政策レベルで達成されてきたのである。[14]既述のようにオーストラリアの首都地域（ACT）及びヴィクトリア州（Vic）にのみ国際人権規約自由権規約を国内法化した「人権法」が、

イギリスの1998年人権法や2003年のニュージーランド人権法にも影響を受けつつ制定されたが、西オーストラリア州やクイーンズランド州においては草案まで作成されたにも関わらず、人権法の制定は見送られてきた。人権規約の実施にかかる人権委員会の設置とその運用については国際的に評価されているにも関わらず、このように人権法の制定について消極的な姿勢が維持されてきたのは、連邦レベルにおいての違憲審査が裁判所によって行われつつも、議院内閣制下における、議会主権の思想が相当に根強いことが、このような国家実行の背景にあるものと解される。

　2013年の9月7日に保守連合が労働党から政権を奪還し、労働党政権下ではあったものの一定のバックラッシュを示していたギラード首相のもとでの状況から、さらにいっそう移民制限的な政策が推進され始めたために、人権保障という観点からは歓迎しがたい状況が到来しているといえる。

（2）「対話理論」の「公式見解」化？——Human Rights Framework

　（1）で述べたような背景から、人権法制定に対する反対論が、西洋民主主義国家の中では例外的に非常に根強いことがオーストラリアの特徴である。反対論そのものがバラエティに富んでおり、単純にまとめることはできないが、原理的なものとしては「カント学徒の個人主義に基づくもの、帰結主義に基づくもの、そしていくつかの制度理論に基づくもの[15]」として「ジェレミィ・ウォルドロン（Jeremy Waldron）、ジェイムズ・アラン（James Allan）、マイケル・オークショット（Michael Oakeshott）並びにフリードリッヒ・A・ハイエク（Friedrich A Hayek）[16]」を挙げる主張がある。このラトナパーラ教授の主張は、十分首肯できる。すなわち「権利章典への反対論といっても、憲法典への挿入に反対する、成文憲法典への権利章典のentrenchmentに反対する議論と、法律での権利章典の制定、人権法の制定に反対する議論、そしてそのいずれにも反対する議論、三つに分けられる。注目されるのは、〔中略〕理論的に反対の姿勢を示しているのは、……アラン教授の論考に絞って良い……。そのアラン教授の論考[17]では、権利章典に典型的に規定される『権利』が曖昧漠然としていて法的な判断には役立たないとの主張の他、ヴィクトリア州人権及び責任憲章法第32条第1項が『全ての制定法上の諸規定は、そうすることがそれ

らの規定に適合する限りにおいて（consistently with their purpose）出来る限り、人権に適合的な方法で解釈されねばならない』と規定していることに着目する。この規定があることによって、議会主権はイギリスの1998年人権法と比べても確保されているといえるが、逆に人権保障には役立たない規定になっていると批判するのである」。「この他、オーストラリアに直接向けられた批判ではないが、権利章典制定に批判的、懐疑的あるいは反対の論者がしばしば援用するのは……ウオルドロン教授の論考である。〔中略〕多くの権利章典懐疑論者の主張がウオルドロン教授の主張とアラン教授の主張に収斂し、それらはハイエキアンの立場からかなり合理的に批判し得ると考えられる……。結論的な部分だけ述べておくと、権利の定義、裁判判決による規範定立への評価が意見の対立の根本にあると考えられる」。

　いずれにせよ、このようなかなり有力な憲法学者がオーストラリアにおいて権利章典制定に反対していたこと、また権利章典制定賛成派も、司法積極主義に必ずしも賛成しているわけではないことを反映して、オーストラリアにおける連邦人権法制定論について、有力な憲法学者、実務家等が出した報告書*The National Human Rights Consultation Report*（2009）は、対話理論を踏まえつつ、ACTやヴィクトリア州同様の人権法制定を勧告した。

　カナダ・イギリスからオーストラリアへの影響について本来であれば詳細な検討を要する課題であるが、実際にはその「対話」に裁判所が関与しづらいようにする法制定が進められてしまったのであった。

　本章の「1．問題の所在」でも指摘したように、ACTとヴィクトリア州で定められている人権法は適用除外条項（Notwithstanding Clause）を含む。裁判所での判決後に議会で覆すことの問題点を人権法制定の問題点と指摘するアラン教授の指摘を紹介したが、まさにこの指摘を連邦レベルでは顕現させないために制定されたものと解し得るのが2011年人権（議会審査）法なのである。

　同法の実施に伴う問題点について以下検討するに先立ち、従来から存在してきたオーストラリアにおける人権保障に関連する法律について整理しておく。

　第一に、1986年人権及び平等機会委員会法（*Human Rights and Equal Opportunity Commission Act 1986*（Cth））である。憲法解釈上も平等条項と解釈されている条項は多岐にわたり、差別禁止及びプライバシー保護につ

いては法律が制定されている。第二に、1992年障碍者差別禁止法（Disability Discrimination Act 1992 (Cth)）である。障碍者の権利に関する条約批准時に制定された。第三に、人種差別に関する法律である。悪名高い「白豪主義」政策の撤回直後に連邦でも州レベルでも制定されている。すなわち、a）1975年人種差別禁止法（Racial Discrimination Act 1975 (Cth)）、b）2004年刑法改正（通信に関する犯罪その他の手段）（第２）法（Crimes Legislation Amendment (Telecommunications Offences and Other Measures) (No. 2) Act 2004 (Cth)：人種嫌悪に関するものをインターネット、ラジオ、テレビなどで流すことを禁ずる）が著名であるが、この他、c）クイーンズランド州─1975年アボリジニ及びトーレス海峡諸島人（クイーンズランド差別禁止）法（Aboriginal and Torres Strait Islands (Queensland Discriminatory Laws) Act 1975 (Qld)）は注目される。同法はオーストラリア先住民に対しての差別を禁じており、オーストラリア連邦議会図書館の市民的権利及び人権（Civil and Human Rights）に関するインターネットリソースをまとめている頁では、「この種の法は連邦レベルでは存在しない」ことが明記されている。第四に、性差別に関わるものがある。a）1999年職場における女性のための平等機会法（Equal Opportunity for Women in the Workplace Act 1999 (Cth)）、b）1987年雇用機会均等（連邦機関）法（Equal Employment Opportunity (Commonwealth Authorities) Act 1987 (Cth)）、c）1984年性差別禁止法（Sex Discrimination Act 1984 (Cth)）が知られる。これと密接にかかわるものとして、性行動に関する法律がある。a）1994年人権（性行動）法（Human Rights (Sexual Conduct) Act 1994 (Cth)）、b）1996年職場の人的関係に関する法律（Workplace Relations Act 1996 (Cth)）。第五に、プライバシーに関連する法律である。プライバシー保護については連邦法の他各州に法律がある。

　以上の2011年人権（議会審査）法及び関連規定の概観を踏まえて、2011年法の問題点について考察しよう。

　オーストラリアにおいて人権保障にかかわる制定法が司法の関与を意図的に避けた理由は「人権保障に対する第一次的な、あるいは単一の責任を議会に帰すことは、論争的且つ価値を付与する権利に関する決定が、選挙で選ばれてい

ない裁判官によるよりもむしろ選挙で選ばれた代議員によって行われることを確実にするがゆえに、民主的に健全であるという……。議会は、権利保障に最も適しているといわれる。なぜなら、その政治的意思決定過程は、司法権の法的審査よりも、権利に関する争いを解決するより良い手段を提供するからである。裁判所はまた、重要な組織的限界にも服する。すなわち、裁判所は、法廷に係属した争いを解決できるだけであって、人権の広範囲にわたる、長期的な承認を確保するために必要な広範囲の立法的並びに政治的変化を提供し得ないのである。さらに、人々が、彼らの……手から、彼らの人生に関する重要な決定をする権限を奪ってきていると感じているが故に、人権についての司法の指導体制は、それが不信を促進するとすれば、自滅的であることが証明され得る」という。ここで強調した部分は、オーストラリアにおいてだけでなく、そもそもの人権の司法的保障に対する不信を端的に表現している。しかし、なぜ他国において司法による人権保障体制が促進されてきたのか、という点に対する反論にはなっていない。

「オーストラリアは、……連邦憲法には、わずかながら人権に関する規定があるが、むしろ連邦最高裁判所（High Court）の判例によって黙示的権利（Implied Rights）が解釈上存在するものとされており、コモン・ロー上の人権保障という考え方が有力である。〔中略〕オーストラリア連邦憲法に権利章典を挿入しようとする試みは、2度提起されたが、2度とも失敗に終わっている（1944年と1988年）。また、連邦レベルの法律で権利章典を作成しようとの試みは、4度に渡って提起されたが、関連立法の内で成立したのは一つだけである（ライオネル・マーフィー元老院議員が提出したもの（1973年）、フレイザー政権提出のもの（1981年）、ギャレス・エヴァンス元老院議員が提出したもの（1984年）、そしてライオネル・ボゥエン元老院議員が提出したもの（1985年）のうち、1981年人権委員会法……は成立した」。この点は、ウィリアムス及びバートン論文でも明確に指摘されている。すなわち「オーストラリアにおける近年の発展は、テストにかけられるべきこれらの主張のいくつかを可能にする。オーストラリアは、国家レベルの〔憲法典に含まれる、もしくは憲法的効力を持つ〕権利章典、人権法、もしくはそのたの一般的な人権に関する法律をもたない唯一の民主主義国家である。人権法は、二つの準国家レベル

の管轄において議会を通過している。すなわち、2004年におけるオーストラリア首都特別地域（ACT）と、2006年におけるヴィクトリア州である。2008年、連邦政府による調査は、こういった法律が連邦レベルで採択されるべきかどうかについての決定が初めて為された。それは1998年の連合王国の人権法に類似した形態の国家レベルの人権法起草を勧告していた。しかし、オーストラリア連邦政府はこの勧告を拒絶し、かわりに、提案された立法に対する〔質的に〕高められた議会による審査に焦点を当てた新たな国家レベルの人権枠組みを提案した。いまや立法化された、2011年人権（議会審査）法（Cth）……は、法案並びに立法に関する文書が多くの国際人権条約と一致しているという声明を伴うべきことを要求している。新たな、人権に関する議会合同委員会によって、これらの主張は審査され得るし、その他の人権に関する事項が調査され得る」。⁽³¹⁾上記強調部分の問題意識が共有されていたからこそ、2011年法は制定されたのであるが、結局同法の「……制度は、裁判所になんらの役割も与えていないという点で、民主主義諸国において唯一のものである。オーストラリア以外の諸国は、連合王国の人権法がそうであるように、法律は『議会による人権保障モデル 'parliamentary rights model'』として制定されているが、議会審査法⁽³²⁾は、人権保障の一般的仕組みを樹立するに当たって、議会が排他的役割を持つ方向へとさらなる段階を進めている。この人権保障の『排他的議会モデル』は、司法的挑戦も審査もうける虞がいっさいないが故に、議会が、自己規制することを要求する。審査手続のために権利を『定義づけた』方法もまた、普通ではない」。⁽³³⁾すなわち、本章でも既に指摘したように、「いかなる特定の人権も、当該法律においては規定されていない。そうではなくて、議会審査法は、オーストラリアが批准している、いくつかの国際的条約に言及することによって、人権を定義している」。⁽³⁴⁾

　議会審査法施行（2012年1月4日）から2012年6月末までの6ヶ月に、法案総数134、SOC〔一致声明〕を伴った法案129、一致声明によって権利が保障されたと認められたもの57、一致声明によって権利が制限されていると認められたもの35、一致声明による条約上の権利との不適合が認められたもの0であった。不適合0という状況に、ウィリアムス及びバートン論文は疑問を呈する。ただし、その後具体的な文言の不適切性、条約との適合性に疑問が呈された例

も出て来ている。
(35)

2012年6月18日以降、2013年6月30日までに、289件の法案(及び法律)と、1924本の立法関連文書が審査委員会に提出された。うち152件の法案(及び法律)と1839件の文書は人権保障とは直接関係がないものとされ、最終的に137本の法案(及び法律)と85件の文書について、人権条約との適合性にかかわって、議会や法案提出大臣等に追加の資料提供が呼びかけられた。従って、現在においては若干ながら委員会は存在意義を見いだしつつあるようにも思われる。
(36)
しかし条約との法律の適合性について、正式には裁判所にその審査権を与えていないように思われる一方で、すでに引用した条文から伺えるように、オーストラリア憲法の解釈として人権条約を取り込み、違憲審査制度の枠組の中で実質的な人権条約違反をいう余地は残されているようでもある。

4　おわりに

「対話」は「理論」というよりも、議会主権の「建前」と人権に関する「法令審査」「司法審査」を裁判所が行う現実を調和させるための苦肉の策とも考えられるし、ACT及びヴィクトリア州の人権法では維持されている適用除外条項が今後どのように機能するかは未知数である。もちろん、機能させてしまったら人権保障がオーストラリアで導入されたことの意味は失われる。オーストラリアは人権後進国では決してないが、立法的保障という観点からは不十分な部分があるのは確かである。成文憲法があるにも関わらず、あるいは、人権条項を置かない成文憲法であるからこそ、かえって人権法制定に多くの議論が起きてきたのである。

2011年人権(議会審査)法制定前において、イギリスにおける反テロ法の影響を受け、コントロール・オーダーが連邦刑法(Criminal Code (Cth))の104条(Div. 104)に規定された。これに関して争われた*Thomas v Mowbray*
(37)
においてカービー裁判官は、テロリストとの疑いを理由とした長期拘禁を肯定する同法の規定は、国際人権法と憲法の原理に反すると主張したのである。共
(38)
産党解散命令の合憲性が問われた判例と比較しつつ、*Secretary of State for*
(39)
*Home Department v JJ*も参照して、同法を違憲と結論付けた。同事件は憲法
(40)   (41)
の体系書ではカービー裁判官の反対意見に詳細に言及する例はあまりないが、
(42)

国際法や国際人権法の研究者は好意的に取り上げている。ただしこれらはいずれも2011年法制定前の著作であり、同法制定後に出版されているものも、執筆あるいは改訂時期からして同法に言及せずに論を進めている。

　本章で冒頭取り上げたイギリスCGRAについてのマルカニ博士の問題提起と、ここで最後に紹介したカービー裁判官の反対意見に鑑みて、2011年法がオーストラリア連邦最高裁（高等法院）の解釈変更可能性を与える余地は全くないとはいえない。ただし、ラトナパーラ教授が同法制定前にすでに指摘していたように、高等法院は違憲審査権行使に必ずしも積極的であるわけではないから、理論的な可能性にとどまる。

　結論的には、オーストラリアにおいては、イギリス以上に議会主権の考え方が強く支持されてきたことと相まって、人権保障に司法が積極的な機能を演じることは当面見込めないことになる。労働党政権下において議会と裁判所の「対話」が進展するかとも思われた状況が、議席を次第に失い、保守連合と妥協しつつ労働党政権下で制定された2011年法の限界ともいえる。今後どのようにオーストラリアの状況が展開していくかは未知数ではあるが、活発な人権委員会の活動状況と、裁判官の資質にかかっている。

注
（１）1975年に総督が総理大臣を解任したのが、現在までのところ唯一の例外である。
（２）歴史的背景等について詳細は別稿に譲る。佐藤潤一「オーストラリアにおける人権保障―成文憲法典で人権保障を規定することの意義・研究序説―」『大阪産業大学論集　人文・社会科学編』12号（2011年6月）；同「オーストラリアにおける差別表現規制――差別禁止法と国内人権機関の役割」『国際人権』24号参照。
（３）Goldsworthy, Jeffrey *Parliamentary Sovereignty Contemporary Debates* (Cambridge U. P., 2010).
（４）*Thoburn v Sunderland City Council* [2003] QB 151, 186-7 (Laws LJ).
（５）Bharat Malkani, "Human Rights Treaties in the English Legal System", [2011] PL 554-577, 554, n 6. 〔佐藤潤一訳「イギリス法体系における人権条約」『大阪産業大学論集　人文・社会科学編』18号225～261頁〕。なお、以下の引用では一部を除いて原註を削除している
（６）Malkani, *supra* n 5.
（７）Malkani, *supra* n 5., Introduction.

（8）Malkani, *supra* n 5., Conclusion.
（9）参照：The Hon Michael Kirby, "Constitutional Law and International Law: National Exceptionalism and the Democratic Deficit?" 12 *The University of Notre Dame Australia Law Review*（December 2010）95.
（10）*Thomas v Mowbray*（2007）223 CLR 307.
（11）2011年人権（議会審査）法の制定にあわせて、2003年立法関連文書法26条1A項は次のように改正された。
「本法の諸目的のために、人権関連諸文書に関連する説明的声明は以下を満たさなければならない。
（a）法制定者（the rule-maker）によって準備されなければならない。かつ
（b）当該文書の目的及び機能を説明しなければならない。かつ
（c）参照表示によってなんらかの法的文書（the instrument）が組み込まれる場合—その参照表示によって組み込まれる諸々の文書（the documents）に対する説明を含み、かつそれらが、どのようにして通用し得るかを示唆しなければならない。かつ
（d）本法17条の下での協議（consultation）が、当該法的文書が制定される以前に行われた場合—当該協議の性質についての説明文書（description）を含まなければならない。かつ
（e）（d）のような協議が行われなかった場合—なぜかかる協議が行われなかったのかを説明しなければならない。かつ
（f）42条が当該法的文書に適用される場合—2011年人権（議会審査）法9条1項の下で準備される適合声明を含まなければならない。かつ
（g）規則（the regulations）によって規定されるようなその他の情報を含まなければならない。」
（12）オーストラリアの法律は、法律の本文にこのような註が付されることがある。
（13）佐藤註2前掲「オーストラリアにおける人権保障」第2章第1節において簡単ながらこの点についてはまとめているので、（1）における叙述は基本的に同論文と重複する。考察に先立っての前提であるので、ここではごく簡単に要旨のみを述べるにとどめた。
（14）新矢麻紀子、楠木理香との共同報告として行った「人権保障と言語政策の関係—日本とオーストラリアの比較分析：《言語政策と人権の関係についての一考察—オーストラリアの言語政策が示唆するもの—》」*The Japanese Studies Association of Australia*（JSAA）, The University of Melbourne, Australia（2011年7月6日）においても主張したところであるが、憲法や法律を変えないまま言語政策的な大転換をはかったオーストラリアは、それゆえ機動的な対応ができたという点では評価

すべきではあるが、他方で政権が交代し、政策が変更されるとあっというまに多文化共生政策が縮減されてしまったのである。
(15) Suri Ratnapala, "Bills of Rights in functioning parliamentary democracies : Kantian, Consequentialist and Institutionalist scepticisms", *Melbourne University Law Review,* Vol. 34 No. 2〔2010〕593-617, 594.〔佐藤潤一訳「議会制民主主義を機能させる権利章典：カント学徒、帰結主義者、並びに制度主義者の懐疑主義」『大阪産業大学論集　人文・社会科学編』第19号（2013年10月）225〜265頁。〕
(16) Ibid.
(17) James Allan, "What's Wrong About a Statutory Bill of Rights" ch. 6 ; in Julian Lesser and Ryan Haddrick, *Don't Leave Us with the Bill : The Case Against an Australian Bill of Rights*（The Menzies Research Centre, 2009）.
(18) Allan, *supra* n 17, 89. 強調は筆者による。
(19) 佐藤註2前掲「オーストラリアにおける人権保障」45〜46頁。
(20) Jeremy Waldron, *Law and Disagreement*（Oxford : Clarendon Press, 1999）; Waldron, "A Right-Based Critique of Constitutional Rights" 13 *Oxford Journal of Legal Studies*（1993）18.
(21) ウォルドロンの主張に対する批判については、さしあたり、Goldsworthy, *supra* n 3, ch 8 参照。
(22) 佐藤註2前掲「オーストラリアにおける人権保障」46頁。
(23) 権利章典制定に賛成、反対のそれぞれの理由を簡潔にまとめている、George Williams, *A Bill of Rights for Australia*（University of NSW Press, Sydney, 2000）35を参照。同書のまとめについては佐藤註2前掲「オーストラリアにおける人権保障」47頁註131で紹介した。
(24) Ratnapala, *supra* n 15, 613-616.
(25)〈http://www.ag.gov.au/RightsAndProtections/HumanRights/TreatyBody Reporting/Pages/HumanRightsconsultationreport.aspx〉から入手できる。以下URLは全て2014年9月30日に確認したものである。
(26) 報告書と、同報告書に関与した憲法学者等が共通して参照している文献を見ると、「対話理論」にかかわる基本文献が網羅されている。Hogg, Peter W. & Bushell, Allison A., "The Charter Dialogue Between Courts And Legislatures（Or Perhaps The Charter of Rights Isn't Such A Bad Thing After All）" 35 Osgoode Hall L. J. 75 (1997) ; Hogg, P.W., Thornton, A. A. & Wright, W. K., "Charter Dialogue Revisited-Or 'Much Ado About Metaphors'" 45 Osgoode Hall L. J.（2007）1 ; Hiebert, Janet L., *ENRICHING CONSTITUTIONAL DIALOGUE: Viewing Parliament's Role as Both Proactive and Reactive*（2000, STRATEGIC

ISSUES SERIES rp02-7e). なお報告書公表後の Young, Alison L. (2011), "Is Dialogue Working Under the Human Rights Act 1998?" [2011] P. L. 773-800.；Latham, Alexander, "Talking Without Speaking, Hearing Without Listening? Evictions, the UK Top Court and the European Court of Human Rights" [2011] P. L. 730-753. は、本章での問題関心と重複するところがあるが、詳細な検討は他日を期したい。

(27) Lord Irvine of Lairg, "A British Interpretation of Convention Rights" [2011] P. L. 237-252 Sales, Sir Philip, "Strasbourg Jurisprudence and the Human Rights Act : A Response to Lord Irvine" [2011] P. L. 253-267；Malleson, Kate, "The Evolving Role of the UK Supreme Court" [2011] P. L. 754-753；岩切大地「イギリス人権法における議会主権と憲法的対話」憲法理論研究会編『憲法学の最先端（憲法理論叢書17）』（敬文堂、2009年）参照。

(28) 〈http://www.aph.gov.au/About_Parliament/Parliamentary_Departments/Parliamentary_Library/Browse_by_Topic/Key_Internet_Links/Copy_of_law/billofrights〉.

(29) George Williams and Lisa Burton, "Australia's Exclusive Parliamentary Model of Rights Protection", *Statute Law Review* (Oxford University Press) 34（1）, 58-94. 本論文は、カービー裁判官が関与した反テロ法に関わる判例についての問題意識に共感するところがある。

(30) 佐藤註2前掲「オーストラリアにおける人権保障」21～22頁（註は省略した）。

(31) Williams and Burton, *supra* n 29, 58-59.

(32) Williams and Burton, *supra* n 29 原註5〔一部略〕：〔……〕Janet Hiebert, 'New Constitutional Ideas : Can New Parliamentary Models Resist Judicial Dominance When Interpreting Rights?' [2004] *Texas Law Review* 82, 1963.

(33) Williams and Burton, *supra* n 29, 59.

(34) Ibid.

(35) Parliamentary Joint Committee on Human Rights（Australia Cth）, *Annual Report 2012-2013*（December 2013）, 17 & 21.

(36) Parliamentary Joint Committee on Human Rights, *supra* n 35, 15.

(37)（2007）223 CLR 307.

(38)（2007）223 CLR 307, at [379]-[381].

(39) *Communist Party Case*（*Australian Communist Party v The Commonwealth*（1951）83 CLR 1）.

(40) [2007] UKHL 45.

(41)（2007）223 CLR 307, at [290].

(42) 最新の体系書の一つであるSuri Ratnapala and Jonathan Crowe, *Australian Constitutional Law Foundations and Theory, Third Edition* (Oxford, 2012) を見ても反対意見があることに言及はしているが、詳細な紹介はしていない。ただし、これは他の体系書も同様で、紙幅の問題かもしれない。ケースブックであるTony Blackshield and George Williams, *Australian Constitutional Law and Theory, Commentary and Materials, 5 th edition* (Federation Press, 2010) 223-224はカービー裁判官の反対意見を解説付きで取り上げている。

(43) Peter Bailey, *The Human Rights Enterprise in Australia and Internationally* (LexisNexis Butterworths, 2009) 696-700 ; Ben Clarke and Dr Jackson Nyamuya Maogoto, *international law* (Lawbook co. 2009) 78-81. 後者はハンディな国際法入門書であるが、カービー裁判官の反対意見をかなり詳しく取り上げている点注目される。

(44) Ratnapala, *supra* n 42については、同法施行以前に原稿を出版社に提出したことを著者から確認した。

ニュージーランド憲法とイギリス憲法

松井　幸夫

1　はじめに—ニュージーランド憲法とイギリス・モデル

　イギリスからの入植によってスタートしたニュージーランド（以下、NZと略する）の近代国家形成は、当然ながらイギリスの強い影響下にあり、憲法もイギリスをモデルとして出発した。レイプハルトは、イギリス型の民主主義体制＝「ウエストミンスターモデル」を「多数決型民主主義体制」とし、「ウエストミンスターモデルの特徴の多くは英連邦諸国に輸出されたが、そのモデル全体を採用したのはニュージーランドのみであ」り、NZは1996年までは「イギリス以上にウエストミンスターモデルの典型例であった」とする。[1]

　しかし、このNZ憲法は、徐々に、そして彼が言うように1996年を決定的転換点として、その原型から大きく離れたものになってきている。その特徴を一言で言えば、政治的多元主義憲法への脱皮である。そしてこの特徴は、選挙制度改革を中心にしつつも、軟性憲法の下での権利章典法、民主主義の複線化に繋がるレファレンダム制度や、先住民マオリとの関係、女性の地位等々と結びついて、今日のNZ憲法へと発展してきている。

　日本では、実際には大きく変化しつつあるイギリスの憲法政治が固定的・形式的に捉えられ、それが「ウェストミンスター・モデル」としてさらに形式的にパターン化して理解され、ときには政治改革の「モデル」として理想化される傾向が強いなかで、議院内閣制の下での民主主義的憲法の比較対象としてのNZ憲法研究は重要であると思われる。

　本稿では、NZ憲法の歴史的展開を、イギリス・モデル（いわゆる「ウェストミンスター・モデル」）の受容→「純化」→「離脱」という流れのなかで概観し、選挙制度を中心にこの国の憲法の現在の政治的多元化の背景と特徴を検討する。

2　イギリス・モデルの受容と「純化」

　イギリス人の入植が進むなか、NZは、1839年にNew South Wales植民地（colony）の一部として出発したが、NZには、イギリス人の入植前からマオリの人びとが定住して社会を形成していた。そのようななか、1840年2月6日、イギリス女王の代理人たる植民者（Captain Hobson）はマオリとの間でイギリスの支配権を認めるワイタンギ条約（Treaty of Witangi）を締結し、5月にはイギリスの主権が布告され、NZは翌41年に独自の植民地となった。

　イギリス本国議会（以下、UK国会という）が最初に制定した1846年の憲法法は植民地側の反対によって施行されなかったが、1852年の憲法法がNZに本国同様の基本的な政府組織を導入した。その基本構造は、当時のイギリスの憲法構造をそのまま導入しようとするものであった。立法府（General Assembly）は、選挙による代議院（House of Representatives、任期5年の37議員。当時のUK国会の任期は7年）、貴族院に対応する任命制の上院（Legislative Council、終身の14議員）および国王の名代（representative）である総督（Governorの三者で構成され、行政府（Executive Counci）は、総督と各大臣（Ministers）で組織される。代議院の選挙権は財産資格のある21歳以上の男子である。最初の代議院総選挙が1853年に行われ、第一回議会は翌54年に開会され、58年には1840年1月14日現在の本国のコモンローと制定法のNZへの適用を確認する法律が制定された。

　1852年法の施行直後は代議院と総督との権限をめぐる争いがあったが、1856年には代議院多数派による政府が形成されるようになった。

　引き続いて立法府の権限の拡大・明確化が本国法によってなされた。また、1852年の憲法法等は、イギリスの憲法とは異なり地方団体（6つのprovince）に大きな立法権限を認めていたが、1876年の法律によってprovinceが廃止されて第一次的立法権はNZ議会に集中され（施行は1877年1月1日）、NZの憲法は分権的構造からNZ議会を中心とする中央集権化された単一国（unitary state）型の憲法となった。

　1867年、NZ議会は、北島北端のオークランドから北島南端のウェリントンに移り、議会の民主化が本国に先立って進行することになる。21歳以上の男

子普通選挙権は1879年に[13]（イギリスは1918年）、女性の選挙権は1893年（イギリスでは部分的には1918年、男女平等となるのは1928年）に実現し、NZは国政レベルで世界最初の男女平等普通選挙権を実現した国となった[14]。このほか、1870年に秘密投票制が導入され[15]（イギリスでは1872年）、1890年選挙からは複数投票制が廃止されている[16]（性格は異なるがイギリスで大学選挙区が廃止されたのは1948年）。他方では、後に大きな憲法問題となる小選挙区制（FPTP, First Past the Post. NZではFPPと略されることが多い）が1881年に導入されている[17]（イギリスは1885年）。

このほか、後述するように、1867年にはNZの特異な選挙制度として今日まで続くマオリ選挙区がはじめて作られた（4選挙区に限定。翌1868年に初選出）[18]。

また、代議院の議員任期は1879年に5年から3年に短縮され[19]、1890年代には総督権限はほぼ名目化し、政党と政党政治が本格的に出現する[20]。

NZのそれまでの植民地としての憲法的地位も大きく変化する。1907年の大英帝国会議（Imperial Conference）を受け、同年NZは自治国（Dominion）となる。1926年には、同年のバルフォア宣言（Balfour Declaration）を確認した帝国会議により総督権限は完全に名目化し、1931年のウェストミンスター憲章（Statute of Westminster, UK）を受諾した1947年のNZ法によりNZ立法府（この期以後、NZ国会と呼ぶ）は完全に自立し、完全な憲法改正権限も獲得することとなった[22]。

第一院＝代議院の権限行使を妨げることも多かった上院は、1891年に議員任期が終身から7年に短縮されたことにより両院の「ねじれ」の解消が以前よりは容易となったが、1950年には廃止されて一院制となった[23]。

1930年代中頃からは、今日まで続く国民党（National Party）、労働党（Labour Party）の二大政党制が出現する[24]。こうしてイギリスと同じく軟性憲法国NZは[25]、選挙民→小選挙区制→イギリス以上に凝縮性の高い二大政党制（後述するように二大政党が占める議席と得票の割合は、イギリスと比べても高かった）→上院の廃止によって第二院によっても、また、裁判所の司法審査によっても制約されることのない一院制の議会（国会）→強力な内閣とその優位という形で、本国イギリス以上に「純化」された形での「ウェストミンスタ

一型」の憲法構造と運用が特徴づけられることとなった。

3 ニュージーランド憲法の発展（1）

こうしてイギリス以上に「多数決型民主主義体制」（レイプハルト）を「純化」させたNZ憲法は、しかし、その後徐々にイギリスとは異なった展開を際立たせることになる。その中心は、選挙制度改革であるが、ここではほかの変化を中心にNZ憲法の展開を検討する。

憲法変動としては、まず、1984年の通貨切り下げ問題をめぐる「憲法危機」を経て、国会の全会一致で制定された、1852年の憲法法を全面改正する1986年憲法法を挙げておく必要があろう。同法も前法同様通常の国会制定法＝軟性憲法であり、多くの憲法的法律のひとつであるにすぎない。新法は1852年法82ヶ条のうち12ヶ条を除く全面的な改正であったが、内容はこれまでの憲法と憲法運用（習律・慣行など）を確認し明文化・明確化したものであり、「新憲法法にはラディカルなものは何もない」[27]とされる[28]。

そして、今日のNZ憲法の特徴をなすいくつかの重要な憲法的法律が制定されている。まず、人権関係では、1971年に人種差別撤廃条約の[29]、1977年には国際人権規約の自由権規約の実施を確保するための法律がそれぞれ制定され[30]、1990年に権利章典法が制定された[31]。権利章典法は1977年の国際人権規約（自由権規約）をベースにそれを国内法化するものであり、同法に先立つ「白書」[32]は、国会の法律改廃手続に対する特別の保障を提案したが、制定された法律は「特別保障」（entrenchment）のない通常の法律であった。同法は、国家機関に加えて「法に従い公的機能を遂行するすべての個人・団体」を拘束し、人権の保障方式としての司法大臣による整合性審査や裁判所の権利章典法適合解釈原則など、同じ国会主権原則をとるイギリスの1998年人権法[33]（ヨーロッパ人権条約を国内法化する）に影響を与えている。

このほか、死刑は1961年に廃止され[34]、1962年にはオンブズマン制度、1982年には情報公開法制[35]、93年にはプライバシー保護法制[36]が作られ、同性愛者への差別禁止・同性婚も認められている[37]。なお、2003年にイギリス本国の枢密院司法委員会への上訴が禁止され、最高裁判所が新たに設立された[38]。

また、NZ建国の基礎である1840年のワイタンギ条約は[39]、長らくその法的効

力が疑問視されてきたが、1975年の法律によって同条約の法的効力が認められ、条約をめぐる係争を裁定する審判所（Waitangi Tribunal）が設置された。同法は1985年の法律で改正され、マオリ語条約にも法律の効力が認められ、審判所に1840年に遡る苦情の審査権が付与された。

　先住民マオリは、当時の選挙権の要件であるBritish male subjectsに含まれ、当初から積極的に排除はされていなかったものの、土地所有と結びついた財産資格により共同体所有を基本としたマオリのほとんどが排除されていた。既述したように1867年に成人マオリ男子に選挙権を認めるマオリ選挙区が設置されたが、その数は長らく4に留め置かれた。同選挙区は、後述する比例代表選挙制度への転換の時に廃止が勧告されたにもかかわらず存続し、1996年には5議席、2002年には7議席となっている。マオリは、この選挙区または通常の選挙区のいずれかにおいて選挙権の登録が可能である。このマオリ選挙区は、今日までNZの特異な選挙制度となっている。

　さらに、1993年には、市民発案によるレファレンダム制度が導入された。この市民発案レファレンダムは、登録選挙人の10％の署名による請願があれば対象事項に限定なく実施され、1995年から2013年の間に5件行われているが、政府や国会は拘束しない（indicative [non-binding]）。なお、これとは別に政府発案のレファレンダムがあり、1911-87年まで原則総選挙ごとに行われた禁酒問題以外に、1949年から2011年までの間に8件行われている。

　また、代議院（国会）議員の選挙権年齢は、1969年に20歳、74年には18歳に引き下げられ、1975年には、国政レベルでは他に例を見ない永住外国人への選挙権付与が実現されているが、世界最初の女子普通選挙権に始まる女性の地位の高さも特筆すべきであろう。女性の政治参加も活発であり、1997年には初の女性首相が誕生（-99年。国民党）し、引き続いて労働党Helen Clark首相（99-2008年）、総督（1990-96年）、国会議長（2005-08年）等の主要ポストにも女性が進出している。

　これらの憲法的展開は、イギリス本国憲法の展開に先立ち、あるいはイギリス憲法にはない展開を見せている。とくに、国会主権原理の事実上の変更に繋がる可能性のある権利章典法の制定やワイタンギ条約の法的効力の承認、市民の民主主義的意思形成の複線化に繋がる市民発案レファレンダム制度の導入と

運用は、NZ憲法が大きく転換していることを示しているが、そのようななかでも最も重要な改革が、次にみる選挙制度改革である。

4 ニュージーランド憲法の発展（2）――イギリス・モデルからの「離脱」

　1935年成立の労働党政府はNZの福祉国家化を推進し、この施策は1949年の国民党政府にも継承され、以後NZは第二次大戦後のイギリス同様、小選挙区制の下、労働党・国民党の政権交代を伴う二大政党制として特徴づけられる。とくにNZでは、2政党が得票率と獲得議席数をほぼ独占するという、イギリスと比べても凝縮性の高い二大政党制であった。

　しかし、小選挙区制が少数者を代表していないことに対する不満が次第に鬱積してくるなか、1984年に政権に就いた労働党政府は、選挙制度を検討する王立委員会を設置した。同委員会は1986年12月に報告書を提出するが、その内容は、小選挙区制に代えてドイツ型の比例代表制（MMP＝mixed-member proportional）の導入を勧告するという衝撃的なものであった。

　労働党政府が同勧告の実施に躊躇するなか、1990年に政権に復帰した国民党政府の下で、選挙制度の変更の可否を直接国民に問う二度のレファレンダムが実施されることとなった。最初の92年のレファレンダムでは、選挙制度を変更することの可否が問われ（非拘束的）、圧倒的多数が現行の小選挙区制の変更を可とした。その結果を受けて1993年に二回目のレファレンダムが実施され（拘束的）、いかなる新制度とするかの選択が問われたが、上記した王立委員会が勧告したMMPを支持する者が多数となった。

　このような経緯を経て比例代表制を導入する新選挙法が1993年に成立する。投票は小選挙区（constituency）と拘束名簿式の政党リストへの2票制であり、リストへの投票は全国的に集計されて最終的な議席配分が決められるが、配分の基礎となる政党票には5％の阻止条項（threshhold）がある。配分は、得票を奇数で割るサン・ラグ式（the Sainte-Laguë method）である。ただしドイツとは異なり、小選挙区議席があれば5％未満であっても比例議席が配分される。小選挙区は人口比偏差5％以内（最大格差1：1.105）とされ、マオリ選挙区は、記述したように勧告に反して廃止されなかった。

レファレンダムにあたっては改革賛成・反対の活発なキャンペーンがなされ、とりわけ経済界の反対は熾烈であったが(62)、小選挙区制の下で絶対的利益を得ていた二大政党、とりわけ改革に強く反対していた国民党が、その放棄の判断を国民に委ねたことは興味をひく。背景としては、小選挙区制に対する国民の不満、とりわけ1980年代労働党政権の市場指向改革のほか、反核・環境・マオリ問題等でラディカルな改革に乗り出し、1990年成立の国民党政府も経済改革を推進するなかで、二大政党の求心力の低下と国民の意向が国会に正確に反映されていないという不満が高まっていたこと、また、直接的には勧告を実施しようとしない労働党を攻撃する国民党が、改革に反対であるにもかかわらず結果としてレファレンダムの実施に追い込まれるという「戦術的ミス」があったとされる(63)。

新制度による最初の総選挙は1996年に行われた。これ以降今日まで、いずれの政党も単独で国会の多数を制することはなくなり(64)、連立あるいは少数政府としての国民党政府（1996-99年、2008年以降）、労働党政府（1999-2008年）が続くようになった。

このように1996年はNZ憲法の大きな転換点、言い換えれば、イギリス・モデル＝「ウェストミンスター・モデル」からの「離脱」の年として位置づけられる(65)。

5　現在のニュージーランド憲法の位置と評価

このようにNZ憲法は、新選挙制度による1996年の総選挙以降大きな転換を遂げることとなった。国会の運営等にはなおイギリス的「伝統」が色濃く残されてはいるが(66)、その出発点にあったイギリス・モデルとは異なった憲法政治を実現している。これを、いわゆる「ウェストミンスター・モデル」からの転換と言うかどうかは、同モデルをどのように定義するかによることとなろう。しかし、選挙制度の改革を基軸にNZ憲法が政治的多元主義を基調とするものとなったことは明らかであろう。同時に、その転換が既述したような他の要因とも重ね合わさって実現されたものであることにも留意することが必要であろう。

2008年に政権に復帰した国民党政府は、2011年11月に選挙制度を再変更するためのレファレンダムを実施したが、現制度（MMP）の変更は拒否されてい

る。その後、MMPを前提とした選挙制度改革が議論され、他方では、2008年以降小政党との連立・支持によって政権を担っている国民党政府は、とくに憲法改革の主張が強いマオリ党との協力関係を受け、より大きな改革の議論も進めている。

このようななかでNZ憲法はさらに展開していく可能性はあるが、選挙制度改革を中心にイギリス・モデルからの「離脱」を成し遂げたNZ憲法はどのように評価されるべきであろうか。

NZ選挙民がこの転換を肯定していることはレファレンダムの結果に示されているが、アカデミズムでの評価も概ね肯定的であるように思われる。その中心にいるのが首相を歴任したこともある憲法学者パーマー（Geoffrey Palmer）である。

パーマーによれば、MMP導入前のNZ憲法を「ウェストミンスター型憲法」（Westminster constitution）とし、その特徴を、単一政党が国会の多数を占め内閣と国会を支配するシステムであった。そして、それを支えるのが、単一政党が多数をとるに有利な制度的バイアスのかかった選挙制度＝小選挙区制（FFP）であり、その結果選挙民の少数の支持によって政権を担う二大政党制により内閣が国会と行政部支配する「異常な流線型の」システム、すなわち「無拘束の（unbridled）権力」が生み出され「十分な権力分立がない」状態が生み出されこととなったとされる。

MMPの導入は、このような憲法状況を大きく変えることとなった。パーマーは様々なその効果、とくに意思決定過程での変化を挙げるが、中心となる変化は、選挙民の意思のより正確かつ多元的な反映による民主政治の充実（多党化や女性、先住民を含む多様な意思・利益の反映）、内閣の政策決定における公開性・慎重さの強化や国会の活性化（別の言い方をすれば、小政党との連立や支持協力関係による内閣の連帯責任、官僚支配や政策決定における効率性の弱体化）、裁判所の役割の増大や積極化であろう。変化によるマイナス面を含めてこれら変化をどう分析・評価するかは重要であるが、パーマーは民主制の新たな可能性への展開をもたらしうるものとして、それらを積極的に評価する。

本稿では、通常理解されている「ウェストミンスター」型の憲法が、日本と同じ議院内閣制の憲法枠組み（最も広い意味での「ウェストミンスター」型憲

法)のなかで、多元主義的価値を尊重するよりよき民主主義を模索して展開している姿を比較憲法の素材として提供しておきたい。

注
(1) アレンド・レイプハルト(粕谷祐子訳)・民主主義対民主主義(2005年)16、18頁。(原著は Arend Lijphart, *Patterns of Democracy : Government Forms and Performance in Thirty-Six Countries* [1999] である。)「多数決民主主義」の原語は 'majoritarian democracy' であり、彼の言う 'consensus democracy' と対比させられる。レイプハルトが、以前の 'consociational democracy' という概念に代え 'consensus democracy' 概念を用いる理由および諸概念については、Lijphart, *Thinking about Democracy : Power Sharing and Majority Rule in Theory and Practice* (2008), 3-13参照。

なお、レイプハルトを含む研究者が「ウェストミンスター・モデル」の指標を何に求めているかを整理したものとして、Rhodes, R. A. W./Wanna, John /Weller, Patrick, *Comparing Westminster* (2009), 7参照。本稿では、彼の 'consensus democracy' の内容をも含む概括的な用語として「(政治的)多元主義」という言葉を使用する。

(2) 紙幅の都合上、以下の歴史的事実の記述についてとくに注記しない場合には、主にAngelo, Anthony H., *Constitutional Law in New Zealand* (2011), McGuiness, Wendy/White, Miriam, *Nation Dates: Significant Events that have Shaped the Nation of New Zealand* (2nd ed., 2012), Wood, G. A./Rudd, Chris, *The Politics and Government of New Zealand: Robust, Innovation and Challenged* (2004), Marsh, Ian/Miller, Raymond, *Democratic Decline and Democratic Renewal : Political Change in Britain, Australia and New Zealand* (2012) やNZ国会のHP (http://www.parliament.nz/en-nz) などを参考にしている。

(3) 条約の当事者は、ビクトリア女王とマオリの部族長連合に属する部族長(Chiefs of the Confederation of the United Tribes of New Zealand)その他の部族長である。条約は前文、本文3ヶ条、後文からなり、内容は、イギリスの支配権(主権)の承認、マオリの土地所有権の承認、イギリス臣民としてのマオリ権利の承認と保護などであるが、条約の英文とマオリ語文の内容が異なっており、とくにマオリ語にはない「主権」の移譲や「土地」にかかわる権原などについて、今日まで大きな問題になっている。

(4) McGuiness, *supra* note (2), 17-18.
(5) New Zealand Constitution Act 1846 (UK). 1848年施行予定であった。なお、

以下本稿での法律名のあとの（UK）（NZ）は、それぞれUK国会制定法、NZ議会（国会）制定法を指す。

（6）New Zealand Constitution Act 1852（UK）. 施行は1853年。
（7）Governorのタイトルは、1917年の開封勅許状（Letters Patent）によりGovernor-Generalとなった。総督は、1983年の開封勅許状により純粋なNZの官職となっている。
（8）English Laws Act（NZ）. 本国法の適用について残った不明確さは、最終的にImperial Laws Application Act 1988によって解決された。McGuiness, *supra* note（2）, 27.
（9）*Ibid*.
（10）NZ立法府に1852年法の特定部分の修正権を与えるNew Zealand Constitution Amendment Act 1857（UK）や、NZに適用されるいわゆる帝国法以外の本国法やコモンローの変更を認め、NZ議会の権限の明確化したColonial Laws Validity Act 1857（UK）など。
（11）Abolition of Province Act（NZ）.
（12）代議院74人、上院36人となった。以後代議院議員数は、1890年に95人から74人に減らされたが、1902年には80人に、1969年には84人に増やされ、1996年の改革直前の93年総選挙では99人。なお、後述するように、上院は1951年に廃止されている。
（13）ただし、非マオリ選挙区外で投票するマオリには財産資格が残った。McGuiness, *supra* note（2）, 42.
（14）地方選挙権の男女平等は1867年に始まり1876年には一般的となっていた。女性参政権運動は、10ドル札の肖像となっているケイト・シェパード（Kate Sheppard）をはじめとするリーダーの役割が大きいが、その思想的背景は、『女性の隷従（*The Subjection of Women*, 1869）』に代表されるJ. S. ミル（Mill）の思想や英フェミニストの影響のほか、禁酒運動と結びついた米ピューリタン女性団体の影響が大きかったとされる（1885年には、最初の全国的女性組織であるWomen's Christian Temperance Unionが結成）。財産や離婚について男女同権とするMarried Women Property Act 1884やDivorce Act 1898もこの期に制定されている。なお、NZ女性の被選挙権は1919年、初の女性議員の実現は1933年である。
（15）Regulation of Elections Act 1870. 強行規定になるのは1890年。なお、マオリ選挙区については1937年。
（16）ただし、マオリ選挙人は、Electoral Act 1893までは複数の選挙登録が可能であった。
（17）Representation Act 1881. Representation Act 1889によりRepresentation Commissionが設置され、以降選挙区は5年ごとの国勢調査によって見直される。

(18) Maori Representation Act 1867. 導入は 5 年間であったが、今日まで続いている。
(19) ただし1934-37年（4年）と第二次大戦期は例外。
(20) 1890年に初の自由党政府が生まれる。なお、首相（Prime Minister）のタイトルが正式に用いられるのは1900年である。
(21) Statute of Westminster Adoption Act 1947 (NZ).
(22) New Zealand Constitution Amendment (Request and Consent) Act 1947 (UK). なお、NZが独自に締結した最初の条約は、1928年の日本との通商条約である。McGuiness, *supra* note（2), 74. このようななかでUKは、その外交代表部として、1939年以降は高等弁務官（High Commissioner）を置いている。
(23) Legislative Council Abolition Act 1950. 廃止は1951年 1 月 1 日から。
(24) 労働党は1935年に、国民党は1949年に最初の内閣を組織している。
(25) NZの憲法構造を定める1852年の憲法法をはじめとするUK国会の制定法は、NZにとっては「硬性」憲法であったが、それらの改正権が徐々に、そして最終的には完全にNZ議会（国会）に移譲されることにより、NZ憲法は「軟性」憲法となり、NZ国会は「主権的」立法機関となった。
(26) Official Committee, *Constitutional Reform : Reports* (Department of Justice, 1986) を受けて制定されたConstitution Act 1986.
(27) Palmer, Geoffrey／Palmer, Matthew, *Bridled Power : New Zealand's Constitution and Government* (4 th ed., 2004), 7. この法律によりUK国会のNZに対する立法権は最終的に一掃され（*id.*, 6)、NZ国会にParliament名称が正式に採用されている。
(28) なお、1953年からNZの正式国名はNZ王国（Realm of New Zealand）とされ、74年には女王を「NZ女王」とする布告が出された。
(29) Race Relations Act 1971. 同条約の批准は1972年。
(30) Human Rights Commission Act 1977. 同条約の批准は1978年。
(31) New Zealand Bill of Rights Act 1990. 同法の詳細な解説書として、Rishworth, Paul et al., *New Zealand Bill of Rights* (2003) がある。また、同法の政治的背景については、Hiebert, Janet L.／Kelly, James B., Parliamentary Bill of Rights : the Experiences of New Zealand and the United Kingdom (2015), 33ff. 参照。なお、同法は2005年に改正され、同性婚・事実婚の差別の禁止等が盛り込まれた。また、Human Rights Act 1993が制定され、1971年法と77年法が統合され、Office of the Human Rights ProceedingsとHuman Rights Review Tribunalが設置され、保障の実効性を高めるためにHuman Rights Amendment Act 2001が制定された。
(32) 白書*A Bill of Rights for New Zealand* (1985).
(33) Human Rights Act 1998 (UK). 施行は2000年10月 2 日。同法は、NZ法とは異

なり裁判所による「不適合宣言」（declaration of incompatibility）の方式を導入している。
(34) Crimes Act 1961. ただし、反逆罪（treason）については1989年。
(35) Official Information Act 1982. 地方政府については、Local Government Official Information and Meetings Act 1987.
(36) Privacy Act 1993.
(37) Homosexual Law Reform Act 1986や、同性婚を認めるCivil Union Act 2004、Marriage (Definition of Marriage) Amendment Act 2013.
(38) Supreme Court Act 2003（発効2004年）. ちなみに、イギリス本国の枢密院への上訴の禁止は、カナダは1949年、オーストラリアは1986年である。
(39) 同条約が締結された2月6日（Waitangi Day）の最初の公式祝賀行事が行われたのは1934年で、この日は1974年からnational holidayとなった。
(40) Treaty of Waitangi Act 1975.
(41) 1872年の議会のNative Affair Committeeはじめ、マオリの苦情を受け付ける機関はそれまでにもあった。
(42) Treaty of Waitangi Amendment Act 1985.
(43) このことは条約に定められていたが、Native Rights Act 1865はすべてのマオリをイギリスの入植者と同等の国王の生来の臣民と定めた。他方では、条約に反して1862年と65年のNative Lands Actは、マオリが入植者に直接土地を譲ることを認めた。McGuiness, *supra* note（2）, 31, 33.
(44) ただし、1893年選挙までは、制限選挙権の下で土地所有者たるマオリは二重登録が可能であった。なお、Electoral Amendment Act 1967以降、マオリ、非マオリとも、いずれの選挙区においても立候補可能となった。
(45) Citizens Initiated Referenda Act 1993. 以下、本稿で触れる各レファレンダムの結果については、NZ選挙委員会のHP（http://www.elections.org.nz/voting-system/referenda）参照。
(46) 1995年の消防士削減提案は反対88％で、2008年の親の体罰の犯罪化提案は反対87.4％で、2013年のエネルギー・航空産業資産の売却は反対67.3％で拒否されたが、1999年の犯罪被害者補償・重大暴力犯罪の刑期の下限提案は賛成91.8％で可決され立法化された。同じく1999年に行われた議員数の削減提案（120人を99人に削減する）は、賛成81.5％、反対18.5％の圧倒的支持を得たが（投票率84.8％）、改正のための法律案の提出さえなされなかった。2006年になりNZ First党の100人案が提出されたが、第二読会で9対112の大差で否決されている。
(47) 拘束か非拘束かは、実施のために制定される個別法律による。既述したように代議院（国会）の議員任期（国会の存続期）が3年であることは、国会や政府の継続

性にとって短すぎるとの声が強くあった。この任期を4年に延長する提案が2回なされたが、Electoral Poll Act 1967による1967年投票は賛成31.9%、反対68.1%（投票率69.7%）で、Term Poll Act 1990による1990年投票は賛成30.7%、反対（3年の現状維持）69.3%（投票率85.2%）で、いずれも否決された。議員任期の変更は、後述する選挙制度改革と同じく法律によってレファレンダムが代替的要件になっている。3回の選挙制度改革にかかわる政府提案レファレンダムについては次項で触れる。残りの1949年場外馬券販売と強制軍事訓練（徴兵制。ただし1972年からは志願制に変更）提案は多数の支持を得たが、1997年の強制的高齢者退職制（定年制）導入の提案は反対91.8%（投票率80.3%）で拒否されている。なお、憲法事項の改正にレファレンダムを行うことは憲法習律化しているとも言われているが、いかなる憲法改正がそれを不可欠とするかについて、Chen, Mai, *Public Law Toolbox : Solving Problems with Government*（2012), 1002-5 参照。

(48) Electoral Amendment Act 1969とElectoral Amendment Act 1974による。なお、British subjectと区別されるNZ市民権は、生地主義を基本にBritish Nationality and New Zealand Citizenship Act 1948が定めた。その後の修正については、*cf.* Angelo, *supra* note（2), 141.

(49) Electoral Amendment Act 1975. なお、NZでもイギリスやヨーロッパ人権裁判所同様に受刑者の選挙権が問題となっている。受刑者の選挙権の停止が、Electoral (Disqualification of Sentenced Prisoners) Amendment Act 2010により3年以上の受刑者から全受刑者に拡大された。このような選挙権の停止、とくにその拡大については、権利章典法12条違反ではないかと議論されている。

(50) ダボス会議を主催する「世界経済フォーラム」(World Economic Forum) の2013年と14年のGlobal Gender Gap IndexでのNZの女性の地位は、7位（136カ国中）と13位（142カ国中）である（ちなみに日本は105位と104位）。

(51) このほか習律・慣行を含めた政府の憲法運用の教本としての"*Cabinet Manual*"の定着を挙げておく。その起源は1948年に遡るとされる（Joseph, Philip A., *Constitutional and Administrative Law in New Zealand*［3 rd ed., 2007], 747) が、イギリスでもNZを参考に労働党ブラウン政府の下で検討が進み、2011年の保守党キャメロン内閣から正式に作成されている。*Cf.* The Constitution Society, *The UK Cabinet Manual : Briefing Paper*（2011), 5.

(52) 例えば、Social Security Act 1938が制定され、「社会保障省」が設置された。

(53) UKでの福祉国家への転換は、1942年の「ベヴァリッジ報告」(Beverridge Report) を経て、第二次大戦末期の1945年の労働党政権の成立以降である。参照、阿部照哉編・比較憲法入門（1994) 38, 49頁（松井執筆）。

(54) Marsh, *supra* note（2), 332. 国民党結成後の1938年からFPP最後の93年まで

19回の総選挙では二大政党はほぼ全議席を独占していた（46年から63年、69年から45年および87年の計11回は100％）。得票率は、1963年までは（54年を除き）90％を超え（とくに46年から51年の3回では超99％）、66年から78年までは80％を超え、81年から90年でも70％台後半から90％台前半の支持を得ていた。しかし、1970年代後半からは新党が次々結成され、選挙制度改革直前の93年総選挙では二大政党の得票率は70％を割ることとなった。なお、イギリスでも、二大政党の得票率は74年総選挙以降70％台に低下し（注（53）阿部50頁（松井執筆）参照）、2005年以降は60％代に低下している。NZの総選挙結果については、NZ選挙委員会（Electoral Commission）のHP（http://www.elections.org.nz/events/past-events）参照。

(55) 1985年に設置された王立委員会 Royal Commission on the Electoral Systems.

(56) *Report of the Royal Commission on the Electoral Systems : Towards a Better Democracy*, 1986.

(57) イギリスではAM（S）＝additional member(s) system と呼ばれ、1999年に設立されたスコットランド議会とウェルズ議会の選挙方法である。詳しくは、松井「スコットランド法の成立とその意味」島大法学42巻4号（1999）132-3頁以下、「ウェールズ統治法の成立とその特徴」同43巻3号（1999）42頁参照。

(58) Electoral Referendum Act 1991に基づき実施され、変更支持が84.7％、現行の小選挙区制（FPP）支持は15.3％であり（投票率55.2％）、同時に問われた、もし変更するとすればいかなる選挙制度が望ましいかとの問に対する結果は、MMP70.5％、北アイルランド議会やアイルランド共和国で行われている単記移譲式（STV）17.4％などであった。

(59) Electoral Referendum Act 1993に基づく。Electoral Act 1993の268条は、議会存続期（任期）、選挙区割・再配分、投票年齢、秘密投票については、国会の全議員の4分の3以上または国民投票における有効投票の多数の支持を要件として定め、軟性憲法国NZの例外としての「特別保障」を規定している（ただし、同条は単純多数で改正可とされている）。投票ではMMPへの変更と現行FFP維持との選択が問われ、結果は、MMP支持53.9％、現状維持支持が46.1％であった（投票率85.2％）。なお、MMP導入の経緯については、*cf.* Alan Renwick, *The Politics of Electoral Reform : Changing the Rules of Democracy*（2010）, 194ff.

(60) Electoral Act 1993. なお、この改革を日本の選挙制度改革と比較して論じたものとして、*cf.* Asaka, Kichimoto, 'Electoral Reform in Japan : A Comparative Constitutional Law Perspective', [1996] 2 *New Zealand Association for Comparative Law: Year Book* 25.

(61) 総議席数は120。王立委員会はマオリ選挙区の廃止と小選挙区60、政党リスト60を勧告したが、93年法は人口の少ない南島の選挙区を16に固定し、選挙区間の較

差を厳格に規制したことから、1996年選挙では選挙区65（マオリ選挙区7を含む）、リスト55となった。この配分比率は5年ごとの国政調査によって見直され、2006年国勢調査の結果では選挙区70、リスト50に、2013年国勢調査（2011年カンタベリ大地震により延期して実施）では選挙区71、リスト49となっている。

(62) 賛成運動は Electoral Reform Coalition（ERC）により、反対運動は、比例代表制の導入は「民主主義にとっての壊滅的災厄」(a catastrophic disaster for democracy)、「経済的破滅」(economic ruin) や「カオス」をもたらすと主張する経済界を主体とした Campaign for Better Government（CBG）であった。

(63) Marsh, *supra* note（2), 255-60. また、*cf.* Palmer, *supra* note (27), 12. なお、選挙制度改革と既述した権利章典法との関係については、*cf.* Hiebert, *supra* note (31), 72ff. 参照。

(64) 1996年以降の政府形成における政党関係については、Marsh, *supra* note（2), 266参照。新制度の下ではじめて単独で国会の多数を制する可能性が指摘されていた直近の2014年9月の総選挙でも、国民党は過半数に達しなかった。後注（69）参照。

(65) NZは、ウェストミンスターの典型的移植例から「異端者」となった。Rhodes, *supra* note（1), 74. しかし、Rhodesらは、この動きを肯定的に評価する。また、*cf. id.,* 202-03.

(66) 例えば、廃止され何もない旧上院議場で行われる国会開会式や、上院と命運を共にすべきはずの古色蒼然たる「伝統的」官職によって執り行われる公式儀式とか。

(67) 変更可は41.06％、否＝現行のMMP支持56.17％（投票率74.2％）で、仮に変更するとすればという問について最も多かったのは旧小選挙区制（FPP）31.19％。このレファレンダムは、1992年同様非拘束的なものであった。

(68) 2011年のレファレンダム実施のためのElectoral Referendum Act 2010の78条に基づいて設置されたNZ選挙委員会が2012年10月29日に司法大臣に提出した*Report of the Electoral Commission on the Review of the MMP Voting System*参照。この報告書では、政党投票による議席配分の阻止条項の基準を5％から4％下げる一方で、選挙区で議席を獲得した政党には比例配分議席を認めている例外規定と超過議席の廃止、選挙区と比例選挙の議員割合を60：40に固定するという提案とともに、現行の拘束名簿式、選挙区・政党リストへの重複立候補（現状では80％弱が重複立候補であるとされる）、比例当選議員の選挙区での補欠選立候補の容認については、その維持を勧告している。また、上記改正には、選挙制度改革で一般的に用いられるようになっているレファレンダムは不要であるとされている。

(69) 国民党の議席は、2008年総選挙では122議席中58、11年選挙では121議席中59で、わずかばかり過半数を下回り、マオリ党等との間で"relationship and confidence

and supply agreements" を結んで、少数内閣（minority cabinet）ながら政権を維持した。直近の2014年9月20日の総選挙でも、国民党は、121議席中60議席（政党得票率47.04%）と過半数に1議席届かず、"confidence and supply agreements"をマオリ党、United Future、ACTと結び、3党は閣外大臣各1を送っている。なお、同選挙での第2党労働党の獲得議席（政党得票率）は32（得票率25.13%）、第3党Green Partyは14（10.70%）であった。

(70) 前注のマオリ党との間でのagreements（協定）は憲法改革を含み、両党間での「憲法見直し」作業が2010年に始まっている。そこでの検討対象は、国会存続期（議員任期）、国会の規模、ワイタンギ条約の憲法上の地位、マオリ代表の在り方、憲法の法典化と特別保障（硬性憲法化）、などが含まれている。そのほか大きな憲法改革課題としては、権利章典法の特別保障、君主制の廃止（共和制化。失敗したものの隣国オーストラリアでは1999年には共和制レファレンダムが行われている）、中央—地方関係、さらには繰り返し提起されている私的所有権の憲法的保障その他健康や教育の権利などの保障などがあるとされる。*Cf.* Chen, *supra* note（46）, 988-95, 1005-28. 成文憲法、ワイタンギ条約、共和制、国会改革、選挙制度等の憲法改革上の争点を整理したものとして、*cf.* Miller, Raymond (ed.), *New Zealand Government & Politics*（5 th ed., 2010）, *esp.*, part B.

(71) 彼は、ウェリントン・ビクトリア大学（VUW, Victoria University of Wellington）の教授から1979年に労働党の国会議員となり、司法大臣・副首相を経て89-90年に首相を務め、その後再びVUWに戻った。代表的著作は、Palmer, *supra* note（27）（1 st ed., 1979）。

(72) *Id.*, 9-12.

(73) 小選挙区制のもとNZでは、1951年総選挙を最後に政権を獲得した二大政党を選挙民の多数が支持したことは一度もなく、78年と81年の総選挙では、労働党よりも得票の少なかった国民党が国会の多数を制するという「逆転現象」も生じている。*Id.*, 13. まったく同じ現象がイギリスでも見られ、「選挙制独裁」（elective dictatorship）の問題として論じられてきたところである。注（53）阿部50, 80-82頁（松井執筆）参照。

(74) パーマーはこの権力を制約する世論や情報公開、地方政府、裁判所、苦情処理制度や権利章典法、ワイタンギ条約、国際法などの重要性は指摘している。*Cf. id.*, 12.

(75) *Id.*, 15-21. MMP導入後の変化についての評価については、さらに、*cf.* Marsh, *supra* note（2）, 332ff, Malone, Ryan, *Rebalancing the Constitution : The Challenge of Government Law-Making under MMP*（2008）、とくにchap. 5以下。

(76) *Cf.* Palmer, *supra* note（27）, 21.

第10章
イギリス憲法の「現代化」と人権

受刑者の選挙権から見たヨーロッパ人権裁判所とイギリス

河合　正雄

1　受刑者の選挙権保障を論じる意義

　日本では、現在もなお、公職選挙法11条１項２・３号がすべての「禁錮以上の刑に処せられその執行を終わるまでの者」と「禁錮以上の刑に処せられその執行を受けることがなくなるまでの者（刑の執行猶予中の者を除く。）」を選挙権者から排除している。立法府や世論は2013年９月27日の大阪高裁の同条項２号の違憲判決(1)の確定を無視したが、選挙権は個人的属性に関わらず一定の年齢に達した全国民に保障が及ぶとする普通選挙原理からすると、この姿勢には問題がある。

　イギリスでは、1983年国民代表法（the Representation of the People Act 1983）３条１項（以下、同法３条１項を単に「1983年法」とする）が、拘禁中の受刑者の選挙権を一律に剝奪している(2)。2005年にヨーロッパ人権裁判所（以下、単に「人権裁判所」とする）が1983年法のヨーロッパ人権条約（以下、単に「条約」とする）違反を認定したが、イギリスが判決を履行しないため、人権裁判所やヨーロッパ評議会閣僚委員会はイギリスに対して1983年法の改正を求め続けている。このようなストラスブールの姿勢も相俟って反ストラスブール感情が高まったイギリス国内では、1983年法の改正が実現しないばかりか、ついには条約を事実上国内法化した1998年人権法（the Human Rights Act 1998）の廃止という重大な憲法改正に相当する議論が政治日程に上がるに至った(3)。本稿では、イギリスの受刑者の選挙権保障をめぐるここ10年間のイギリス国内とストラスブールの展開や相互関係をさぐると共に、両者の膠着状態を解決する糸口を示そうとした最高裁判決に着目する。

2 受刑者の選挙権に関するヨーロッパ人権裁判所の判例法理

まず、受刑者の選挙権をめぐる人権裁判所の判例の展開を確認する。現時点では、大まかに3つの時期に分かれる。

（1）ハースト対イギリス（第2）事件

ハースト（Hirst）らイギリスの3人の受刑者は、1983年法が自由選挙に対する権利を保障した条約第1議定書3条に反する旨の不適合宣言等を求めたが、高等法院女王座部合議法廷は、立法府への敬譲から実質的な判断を回避し、請求を退けた。控訴院への上訴は認められず、彼らのうちハーストが人権裁判所に提訴した。イギリス政府は、1983年法の目的は「受刑者を制裁することによって犯罪を予防し、市民としての責任（civic responsibility）と法の支配への尊重を強めること」にあり、選挙権剥奪は各国の「評価の余地」の範囲内であると主張した。2004年3月の小法廷判決は、1983年法の目的に正当性がないとまではいえないとしたが、一律の剥奪は許容された「評価の余地」を越えるとして、全員一致で条約違反を認定した。

2005年10月の大法廷判決は、以下のように述べ、12対5で条約違反を認定した。条約第1議定書3条上の権利は、民主主義の基盤を確立・維持する上で非常に重要である（para. 58）。締約国には広範な「評価の余地」が許容されるが、同条上の権利に制約を課す場合は、正当な規制目的と、規制手段が比例性を満たす必要がある（paras. 60-62）。

受刑者は、拘禁中も身体の自由以外のあらゆる条約上の権利・自由を享受し続けるのであって、単に有罪判決による拘禁という地位を根拠として条約上の権利を失うことはありえない（paras. 69-70）。条約第1議定書3条は、公的地位を著しく濫用したり、法の支配や民主主義の基盤をおびやかす行為を行う個人の選挙権の制約を排除していないが、そのような場合は比例原則をしっかりと満たすべきであり、選挙権の剥奪と受刑者が行った犯罪行為との間に「はっきりとした十分な関連性（a discernible and sufficient link）」が必要である。この点に関して、政治的権利の剥奪は明確な裁判所の判決によってのみなされるべきとする（2002年7月の）ヴェニス委員会の勧告に注目する（para. 71）。

1983年法の目的の正当性を否定する理由は見当たらないが、規制手段については、刑期の長さや罪種に関係なく受刑者の選挙権を一律に剥奪しているほか、選挙権の剥奪と個々の事案の事実との間の直接の関連性は明らかとはいえない（paras. 75 and 77）。そのような「非常に重要な条約上の権利（a vitally important Convention right）」に対する包括的、一律かつ無差別の制約は、いかに「評価の余地」が広範であるとしても、許容されうる制約範囲を逸脱する（para. 82）。

　ハースト判決は、具体的にどの範囲の受刑者に選挙権を付与すれば比例性が満たされるかについて明示しなかったこともあり、同判決の「関連性」基準によって、どの程度の受刑者にまで選挙権の付与が求められるかに関しては、多様な解釈の余地がある(9)。それでも、民主主義社会における受刑者の法的地位のあり方を考えた場合、条約第1議定書3条が原則として受刑者への選挙権付与を要請しているとする解釈を導き出した点に、大きな意義が見出される。

（2）フロドル対オーストリア事件

　第2の流れは、2010年のフロドル判決である。故意犯罪で1年以上の刑期に服する受刑者の選挙権を剥奪するオーストリア法が争われた。2010年4月に小法廷は、ハースト判決の「関連性」基準の本質は、個々の受刑者に対して選挙権の剥奪を必要とする個別の理由づけを求めることによって、たとえ受刑者であっても剥奪は例外的に行わなければならないという点にある。選挙権の剥奪は、個別に裁判官が判断し、受刑者が行った犯罪行為と選挙や民主主義制度との間の関連性を要する必要があり、例外的な場合にしか認められないところ、オーストリア法の規定には選挙権の剥奪と受刑者の犯罪行為との間に「はっきりとした十分な関連性」は何ら見出されないとして、条約違反とした（6対1）(10)。この判決からすると、条約第1議定書3条は、事実上ほとんどの受刑者に対して選挙権付与を要請していることになる。

　同様に、3年以上の刑期の受刑者の選挙権を剥奪し、5年以上の者は原則として生涯にわたって剥奪するイタリア法が争われたスコッポラ対イタリア（第3）事件でも、小法廷判決はフロドル判決を踏襲し、申立人特有の罪状を考慮せずに彼の無期刑（後に30年に減刑）という刑期を理由として機械的に剥奪し

たとして、条約違反の判断を下した。(11)

（3）スコッポラ対イタリア（第3）事件大法廷判決──ゆり戻し？

しかし、スコッポラ小法廷判決は、大法廷に回付された。2012年5月の大法廷判決は、フロドル判決の流れを覆し、ハースト判決の「関連性」基準は一般論であって、申立人の個別の状況を斟酌する必要はなく、剥奪には必ずしも裁判所の個別審査を要さないとした。その結果、イタリア法は刑期の長さで区分をつけ、比例性をふまえた立法をしているとして、条約違反を否定した。(12)

もっとも、大法廷判決は、「行刑の制度は、被拘禁者の矯正及び社会復帰を基本的な目的とする処遇を含む」と規定した国際人権B規約10条3項を確認し、拘禁中の全受刑者の選挙権を剥奪するロシア法が選挙権を保障した同規約25条に違反するとした2011年3月の自由権規約委員会の見解や、(13)受刑者の選挙権制限を違憲とした2002年10月のカナダのソーヴ（第2）判決と1999年4月の南アフリカのオーガスタ判決にも注目した上で、(14)(15)(16)ハースト判決が示した受刑者の選挙権に関する規範論を維持した。(17)

そのため、2013年7月の小法廷判決は、拘禁中の受刑者の選挙権を一律に剥奪するロシア法に対して、(18)同年9月と翌年10月の小法廷判決は、故意犯罪で有罪となった受刑者の選挙権を仮釈放中も含めて一律に剥奪するトルコ法に対して、条約違反を認定した。(19)すなわち、現時点での人権裁判所判例法理は、選挙権は重要な基本的人権であり、剥奪には比例性を満たす必要があるという段階にある。それを最も消極的に解釈しても、受刑者の選挙権の全面的な剥奪は許容されえないことになる。

3　ハースト判決に対するイギリスの応答とストラスブールの対応

ハースト判決から10年が経過してもなお、1983年法は効力を有している。そこで次に、イギリス政府の判決履行に向けた応答過程を確認する。

（1）イギリスの応答経過

イギリス政府はハースト判決の確定によって1983年法を改正する条約46条1項上の義務を負い、2006年2月2日に受刑者の選挙権付与に関して国民に意見

を募ることを表明したのを皮切りに、1983年法の改正へ向けた手続に一応は着手した。[20]しかし、2回行うとした国民への意見聴取は、1回目がハースト判決から1年以上経過した2006年12月14日、[21]2回目が1回目の締切りから約2年後の2009年4月8日に行われ、[22]拘禁中の全受刑者の選挙権を排除したまま2010年5月の総選挙が実施された。結局、首相が正式に法改正案の国会提出を表明したのは2010年11月3日であった。[23]イギリス政府は、人権法施行から同日までに確定した国内裁判所の条約不適合宣言18件に対して、1983年法を条約不適合としたスミス判決（後述）を除いて何らかの応答をしてきたことからしても、労働党、保守・自民連立政権共にハースト判決の履行に明らかに消極的であった。[24]

しかし、イギリスで1983年法改正の動きが極めて遅々としていたことには、それなりの理由がある。というのも、イギリス国内では、日本と同様の厳罰化論に加えて、イギリス国民によって直接選出されず説明責任を負わない国外の機関が、国内の制定法や政策に変更を繰り返し迫ることへの強い反発があり、1983年法改正が極めて難しい政治情況にある。その最たる象徴例が、超党派の有力議員が提起した2011年2月10日の庶民院の受刑者への選挙権付与反対決議である。法的拘束力がなく、バックベンチャーのみの投票であったものの、234対22の圧倒的大差で可決され、この問題に対する庶民院の強い意思が内外に示された。[25]

ハースト判決に対する反発は、受刑者への選挙権という個別の問題にとどまらず、ストラスブールや人権法そのものに対する反発として顕在化した。2012年6月には、人権法を廃止してイギリス独自の「イギリス権利及び責任章典（the United Kingdom Bill of Rights and Responsibilities）」におきかえる1998年人権法（廃止及び代替）法案（the Human Rights Act 1998 (Repeal and Substitution) Bill）が実際に国会に提出され、2013年3月に第2読会で審議された。[26][27]2015年5月の総選挙では、人権法の廃止などストラスブールとの大幅な関係見直しを公約に掲げた保守党が単独過半数の議席を占め、[28]ヨーロッパとの関係に親和的な自民党との連立を解消した。スコットランドやヨーロッパなどとの関係から公約通りの実現は困難であるにせよ、国会主権原理を維持しつつも事実上の違憲立法審査制を導入し、実際に20件の条約不適合宣言を確定させ、スミス判決（後述）を除いて判決に従ってきた人権法の試みは、大き

な岐路に立たされている。

　それでも政府は、2012年11月22日に両院合同委員会で立法前審査をするために、受刑者への選挙権付与草案を公表した。草案は、刑期が4年以下の受刑者への選挙権付与、6ヶ月以下の受刑者への付与、1983年法維持（人権裁判所に従わず、全受刑者の選挙権を剥奪し続ける）の3案を提示した。これを受けて、草案の立法前審査のための両院合同委員会が設立された。草案発表から約1年後の2013年12月16日に、84頁に及ぶ合同委員会報告書が出され、刑期が12月以下の受刑者への選挙権と仮釈放予定期日から6ヶ月前に達した受刑者への選挙登録資格の付与を提案した。前者は、受刑者の選挙権に関する初の制定法である1870年（財産）没収法（the Forfeiture Act 1870）2条が12ヶ月を超える刑期の受刑者の剥奪を規定したことや、庶民院議員の欠格条項に刑期が1年を超える受刑者を定めた1981年国民代表法1条、治安判事裁判所が科しうる量刑の上限（刑事法院の判事によって量刑を宣告されない限り選挙権を失わない）を、後者は円滑な社会復帰の準備を根拠とする。

　これによって、条約46条の判決履行システムが辛うじて機能した。すなわち、政府の草案公表は、グリーンズ判決（後述）が求めた履行最終期日である2012年11月22日に行われた。合同委員会報告書は、明示こそしていないものの、スコッポラ判決（刑期3年以上の剥奪であれば条約に違反しない）と、判断基準が後退したとはいえフロドル判決（刑期1年以上の故意犯の剥奪は条約に違反する）から、国内の対ストラスブール感情に最大限配慮した上で、刑期12ヶ月以下の受刑者への選挙権に加えて仮釈放予定期日から6ヶ月前に達した受刑者への選挙登録資格の付与を提案した。その際に、複数の国会制定法を根拠として示すことで、国内における一定の説得力を持たせつつ、実質的に人権裁判所が求めうる最小限の範囲内での付与を提案したように思える。これは、イギリスなりのストラスブールとの「対話（dialogue）」と評することができよう。

　その後のイギリス政府は、グレイリング（Grayling）大法官兼法相が2014年2月25日付で、ギブ（Gibb）合同委員長に報告書作成に謝意を示しつつ、政府として更に深く検討する旨の簡潔な儀礼的な書面での返答を行った。しかし、2014年6月4日の女王演説には1983年法改正を進めることは盛り込まれずに2015年5月の総選挙が行われ、同年5月27日の女王演説にも言及されなかっ

た。

（２）ストラスブールの対応

これに対して、ストラスブールはどのように対応したか。

ハースト判決を現実に履行する気配のないイギリスにしびれを切らした人権裁判所は、2010年11月のグリーンズ対イギリス判決で、判決確定から６ヶ月以内に1983年法改正案の国会への提出を政府に求めるパイロット判決を出すに至った。大法廷への上訴が退けられた日から半年後の2011年10月11日が最終期日となったが、同年８月31日に人権裁判所は、イギリス政府のスコッポラ事件大法廷弁論への第三者参加（条約36条２項）とスコッポラ判決の確定から６月後までの履行期限の延期を認めた。大法廷は、結果として小法廷判決を覆した。イギリスの国内事情を酌んだ人権裁判所によるある種の「対話」であるとも考えられる。

その後も、イギリスの受刑者が2010年総選挙、2009年ヨーロッパ議会選、2007年・2011年スコットランド議会選、2011年の庶民院の選挙制度に関するレファレンダム、地方自治体選挙で投票できなかったことなどを申立てたマクリーンおよびコール対イギリス事件で、2013年６月の小法廷は、総選挙・ヨーロッパ議会選・スコットランド議会選については６ヶ月ルールの経過（条約35条１項）、条例制定権限を持つにすぎない地方自治体は条約第１議定書３条上の「立法機関」とは区別される、レファレンダムは条約第１議定書３条の保障の範囲外であることなどを理由に、全員一致で不受理とした。また、イギリスの受刑者が2009年ヨーロッパ議会選で投票できなかったことを提訴した2014年８月のファース対イギリス判決では、条約第１議定書３条違反こそ認定したものの（５対２）、訴訟費用支払いの請求を退けた（全員一致）。1,015名のイギリスの受刑者による同種の申立を併合審理した2015年２月のマクヒュー対イギリス判決でも、同一の判断がなされた。ハースト判決など、申立人が訴訟費用の支払いを求めた事件で条約違反が認定された従来の判決が支払いを認めていたことからすると、これらの判決もイギリスに一定の配慮を見せた可能性がある。

さらに、閣僚委員会も、2009年６月以降、イギリス政府に対して1983年法改正のための措置を講ずるよう促す声明を繰り返し出したものの、2012年12月

4－6日の会合では政府が国会に草案を公表したことを「歓迎し強く支持」し、2014年3月4－6日の会合でも2013年12月の両院合同委員会報告書を歓迎し、同年9月23-25日の会合では次回の審査を2015年9月に延期するとした。閣僚評議会は、(イギリス政府が本音では1983年法を改正する意図がないことを承知の上でも)、イギリスが厳しい国内事情を抱える中で行った応答に、同年5月の総選挙前に法改正を行いにくいことを念頭におきつつ好意的に応じたとも考えられる。

4 最高裁判所の立ち位置

選挙権を求める受刑者訴訟は、国内裁判所に対しても多数なされている。そこで、国内世論を肌で感じつつも、条約上の一定の権利(条約2-12・14条・第1議定書1-3条・第6議定書1・2条)が関連する問題を判断する際にストラスブール判例法理などを考慮する義務を負い(人権法2条1項)、人権裁判所裁判官との人的交流を持つ国内裁判所はどのような判断を下したか。1983年法に関して最高裁が判断を示した2013年10月のチェスター判決を検討する。同判決は7人法廷全員一致によるものであり、受刑者の選挙権保障についてストラスブール判例法理に従うか(争点1)、その場合、1983年法に対して唯一条約不適合宣言を出した2007年1月の民事上級裁判所(スコットランド)のスミス判決に引き続き最高裁として不適合宣言を出すべきか(争点2)などが論点となった。

主導的意見を述べたマンス(Mance)裁判官(カー(Kerr)、ヒューズ(Hughes)、ホープ(Hope)裁判官が同調)は、人権法2条1項の「考慮する(take into account)」の解釈について、ホーンカースル、ピノック両最高裁判決に触れ、イギリス法の基本的な事柄と矛盾した効果を持たず、主張や原則を見落とすか誤解した理由づけでない限り、国内裁判所は人権裁判所の「明確かつ一貫した諸判決(a clear and constant line of decisions)」に従うべきことを確認した(paras. 25-26)。

その上で、国側による、全面的な選挙権の剥奪も各国の「評価の余地」として許容される、選挙権剥奪に関して2011年1月11日・同年2月10日・翌年11月22日の3回にわたって国会で十分に審議している、有罪宣告された者のうちご

く一部が実刑を科されるにすぎず、犯罪者に対する一律かつ無差別の剥奪とは言えないという主張や事実は（paras. 30-33）、ハースト、スコッポラ両判決で確立した判例法理に従わない理由とはならないとした。すなわち、イタリア法は、受刑者の選挙権を一律かほぼ一律に剥奪しておらず、多くの受刑者が選挙権を有している。スコッポラ判決がハースト判決を変更したことは示唆されえず、「この点に関しては、国内裁判所とストラスブールの間でこれ以上意義ある対話が行われる見通しはない」（これ以上、ストラスブールはイギリスに譲歩しない）とした。さらに、全受刑者の選挙権の剥奪が、イギリスが享受するような安定した民主主義や法制度にとって不可欠であるとは言い難いとして、ストラスブール判例法理の適用の拒絶を否定した（paras. 34-35）。

　他方で、第2の争点については、スミス判決の条約不適合宣言は薬物犯罪で5年の自由刑に服する受刑者の事例においてなされ、イギリス政府は人権法10条上の救済命令を行わなかった。しかし現在、国会はハースト、スコッポラ両判決を考慮しつつ、1983年法改正を議論の俎上にのせている。さらに、法務総裁も、1983年法が条約不適合であることを認めている。不適合宣言は裁量的な救済であり、このような状況下でさらに不適合宣言を行う必要はない（para. 39）。国内法上、法改正を行うのは「民主的に選出された立法府としての国会」であるとして、求めを退けた（para. 42）。[49]

　この点で、ヘイル（Hale）裁判官の補足意見（カー、ホープ裁判官が同調）は、今後の問題解決の糸口を示唆しているように思える。すなわち、民主主義には多数派の意思の尊重のみならず、「不人気な少数者（unpopular minorities）」を含む少数者の権利も保護することが求められる。現行法が一定の人々の選挙権を不当に奪っているのであれば、その旨を宣言して適切な救済を講じることが裁判所の義務である。選挙権を含む基本的権利の享受に関して平等な取扱いを保障した憲法・権利章典・1998年人権法があるならば、基本的権利の擁護者として不当な排除を違憲と宣言することが裁判所の任務である（paras. 88-90）。しかし、すべての受刑者は社会から隔離されるのに十分に悪質と思料される犯罪を行っており、女性・アフリカ系カリビアン・同性愛者の選挙権剥奪とは性質を異にする（para. 91）。1983年法が恣意的かつ無差別であるとするストラスブールの見解には一定の賛意を示すが、スコッポラ判決に

てらして、ヨーロッパ人権裁判所が謀殺で有罪となった無期刑受刑者（本件の原告2名）の選挙権の剥奪を支持するだろうことは明らかであり、原告の主張には全く賛同できない（paras. 87 and 98-99）。さらに、本件のような自身の権利が条約不適合にはならない訴訟では、不適合宣言は極めて慎重に行うべきであるとした（para. 102）。

この点について、ヘイル裁判官は、「ストラスブールに対するささやかな反乱（small rebellion）を起こした」と述べている。すなわち、人権裁判所の判例法理には従うが（争点1）、本件のような（ストラスブール判例法理にてらして）自身の権利が侵害されていない個人に対しては、条約不適合宣言を含むいかなる救済もしないとした（争点2）。[50] つまり、部分的な受刑者に対する選挙権付与を求めている（にすぎない）人権裁判所の判例法理を冷静に認識した上で、国内世論に配慮した、少しでも実現可能性のある妥協点（「対話」）のあり方を提言したのである。[51]

5　おわりに

人権裁判所が締約国の世情に反する方向で判断を下すほど、国内での反発が強まり権利救済の実現可能性が遠のくジレンマが示されたのが、イギリスの受刑者の選挙権をめぐる訴訟である。しかし、選挙権が基本的人権である以上、とりわけマイノリティ集団に対する権利の剥奪が多数決や世論如何で定まることは適切さを欠く。

かつてのイギリスでは、刑期が1年以下の受刑者については（実際に投票できたかは別にして）少なくとも選挙権者から排斥していなかったほか、仮釈放予定期日から一定の期間に達した受刑者への選挙登録資格の付与は、段階的処遇方式を採用するイギリス行刑の運用に合致している。[52] 少なくとも、合同委員会報告書の提案に従った限度での受刑者への選挙権付与については、イギリス国内法や政策からも根拠を見出すことができる。

マイノリティに対する排外ムードが高まる時代であるからこそ、強い批判があるとしても、事実上の違憲立法審査を行う人権法の枠組みを後退させずに、国家権力や国内世論からの独立をより保つことのできる国際人権機関が一定の影響力を有する形で国内の人権保障を補完する仕組みを存続させる意義は大き

いものと思われる。

謝辞：本研究はJSPS科研費26780008の助成を受けたものです。

注
（1）判時2234号29頁。辻村みよ子『選挙権と国民主権―政治を市民の手に取り戻すために―』（日本評論社、2015年）172-183頁。控訴審に提出された意見書として、倉田玲「公職選挙法第11条第1項第2号の憲法適合性の欠如」立命館法学352号（2014年）187-214頁。元受刑者の弁護人の論稿として、大川一夫「受刑者選挙権訴訟について―大阪地裁2013（平成25）年2月6日判決、大阪高裁2013（平成25）年9月27日判決―」国際人権25号（2014年）62頁以下。同判決後に、公選法11条1項2・3号の違憲性などを理由として2013年参院選の比例代表の無効を求めた事案がある。最高裁は、公選法204条の選挙無効訴訟は他人の選挙権の制限規定の違憲性を争うことを予定していないとして上告不受理としたが、原審は、公選法11条1項2・3号について、「制裁の一つとして、欠格事由を定めたものであり、一応の合理的理由がある」として違憲性を否定した。これに対して千葉補足意見は、ブランダイス第4・第7準則に言及し、「受刑者の選挙権の問題に関しては、諸外国の法制度が区々に分かれ、特に英国など欧州において様々な議論が行われており、近年、諸外国における制度の見直しを含む法制上の対応や議論の動向は極めて流動的な状況にある…ことを踏まえると」、「当事者の主張に対する念のための応答として憲法判断を付加的に判示すること」を疑問視した（最決2014年7月9日判時2241号20頁）。
（2）イギリスの受刑者の選挙権に関する立法の変遷につき、House of Lords and House of Commons Joint Committee on the Draft Voting Eligibility (Prisoners) Bill, 'Draft Voting Eligibility (Prisoners) Bill : Report', Session 2013-14 (HL Paper 103, HC 924), paras. 9-24.
（3）詳細につき、江島晶子「イギリス憲法の「現代化」とヨーロッパ人権条約」本書306-307頁。
（4）2．の判例展開の整理は、河合正雄「コメント：受刑者選挙権訴訟について―大阪高裁2013（平成25）年9月27日判決―」国際人権25号（2014年）68-69頁と重複する。
（5）R (Pearson) v the Secretary of State for the Home Department, Hirst v Attorney General [2001] EWHC Admin 239.
（6）Hirst v UK (No. 2), Application 74025／01 (2004), paras. 44-47, 49 and 51-

52.
(7) Hirst v UK（No. 2), Application 74025／01（2005, GC).
(8) Adopted by the European Commission for Democracy through Law at its 51st Plenary Session, 5-6 July 2002.
(9) E. Bates, 'Analysing the Prisoner Voting Saga and the British Challenge to Strasbourg', (2014) 14 HRLR 503, at 509.
(10) Frodl v Austria, Application 20201／04 (2010), paras. 34-36.
(11) Scoppola v Italy（No. 3), Application 126／05 (2011), paras. 48-49 and 51.
(12) Scoppola v Italy（No. 3), Application 126／05 (2012, GC), paras. 99-100, 102 and 106-110.
(13) Yevdokimov and Rezanov v Russia, Communication No.1410／2005, CCPR／C／101／D／1410／2005, paras. 7. 4-7. 5.
(14) Sauvé v. Canada（No. 2), [2002] 3 SCR 519.
(15) August and another v Electoral Commission and others, CCT 8 ／99：1999（3）SA 1.
(16) ちなみに、両国共に 2 度の国内裁判所での違憲判決を受け、全受刑者に選挙権を付与した。
(17) Scoppola (GC), supra note（12), paras. 40-42, 49-58, 81-86 and 96.
(18) Anchugov and Gladkov v. Russia, Applications 11157／04 and 15162／05 (2013), paras. 101, 103-106, 109-110 and 112.
(19) Söyler v. Turkey, Application 29411／07 (2013), paras. 38-39, 41-42 and 44-47 and Murat Vural v Turkey, Application 9540／07 (2014), paras. 79-80.
(20) HL Deb, 2 February 2006, vol. 442, col. 26WS.
(21) Department for Constitutional Affairs, 'Voting Rights of Convicted Prisoners Detained within the United Kingdom- The UK Government's Response to the Grand Chamber of the European Court of Human Rights Judgment in the Case of Hirst v The United Kingdom', CP29／06, 14 December 2006.
(22) Ministry of Justice, 'Voting Rights of Convicted Prisoners Detained within the United Kingdom：Second Stage Consultation', CP 6 ／09, 8 April 2009. これらの意見聴取の詳細につき、河合正雄「受刑者の選挙権保障—2000年代のイギリスの動向を題材として—」早稲田法学会誌62巻 2 号（2012年）55-57頁。
(23) HC Deb, 3 November 2010, vol. 517, cols. 921-922.
(24) Ministry of Justice, 'Responding to Human Rights Judgments：Report to the Joint Committee on Human Rights on the Government Response to Human Rights Judgments 2011-12', September 2012, Cm. 8432, at 43-57.

(25) HC Deb, 10 February 2011, vol. 523, cols.493-586. 受刑者の選挙権に関する国会での議論の整理と分析につき、See, D. Nicol, 'Legitimacy of the Commons Debate on Prisoner Voting', [2011] PL 681.
(26) 法案の附則1「イギリス権利及び責任章典」の15条(条約第1議定書3条に相当)に、拘禁中の受刑者の選挙権の剥奪を明記した2項を新設することで、法的な「解決」を狙っている。
(27) HC Deb, 1 March 2013, vol. 559, cols. 574-640.
(28) The Conservative Party Manifesto 2015, 'Strong Leadership : A Clear Economic Plan : A Brighter, More Secure Future', at 73. これらの動向につき、江島・前掲(3)。
(29) Voting Eligibility (Prisoners) Draft Bill, November 2012, Cm. 8499, paras. 28-40.
(30) Joint Committee, supra note (2), paras. 236-237 and 239. 選挙権剥奪の根拠について、刑罰の一部として正当化する論拠は弱いものの、選挙権付与が受刑者の社会復帰に資するという説明も法改正を正当化するのに十分な説得力に乏しく、選挙権の剥奪は、市民としての責任を高め法を尊重しなかった結果を反映する象徴的な意味があるとした (Joint Committee, supra note (2), paras. 139-153 and 156-158.)。
(31) 2012年の草案の6ヶ月や4年を基準とする根拠(単一の犯罪について治安判事裁判所が科しうる刑期の上限と、2003年刑事司法法以前の長期刑と短期刑の分岐点(HC Deb, 20 December 2010, vol. 520, col. 151WS.))よりも説得力がある (Joint Committee, supra note (2), paras. 213-217.)。
(32) Joint Committee, supra note (2), paras. 218 and 221.
(33) See, Bates, supra note (9), at 519.
(34) もっとも、国内裁判所と人権裁判所との間の「対話」の制度上の限界について、中村民雄「欧州人権条約のイギリスのコモン・ロー憲法原則への影響—「法の支配」の変・不変—」早稲田法学87巻3号(2012年) 683-684、689-690頁。
(35) Greens and M. T. v UK, Applications 60041/08 and 60054/08 (2010), paras. 78-79, 111 and 115.
(36) HC Deb, 6 September 2011, vol. 532, col. 14WS.
(37) Bates, supra note (9), at 517-518. もっとも、刑期の長さのみを基準とするなど、裁判所の個別判断を経ずに選挙権を剥奪する締約国は多数に及んでおり (A. Horne and I. White, 'Prisoners' Voting Rights', House of Commons Library, SN/PC/01764, 11 February 2015, at 52-65.)、他国の受刑者による同種の訴訟に対してフロドル判決を素直に適用すれば、少なくない国が条約違反とされかねない

という事情も、「対話」を行った理由にあげられよう。
(38) McLean and Cole v UK, Applications 12626／13 and 2522／12（2013），paras. 25, 28-30, 32 and 37-38.
(39) Firth and others v UK, Applications 47784／09 and 9 others（2014），paras. 15 and 20-22.
(40) McHugh and others v UK, Application 51987／08 and 1,014 others（2015），paras. 11 and 14-17.
(41) Committee of Ministers, 1059th DH meeting, 5 June 2009. Committee of Ministers, Interim Resolution CM／ResDH(2009)160, 3 December 2009. Committee of Ministers, 1086th DH meeting, 3 June 2010など。
(42) Committee of Ministers, 1157th DH meeting, 6 December 2012.
(43) Committee of Ministers, 1193rd DH meeting, 6 March 2014.
(44) Committee of Ministers, 1208th DH meeting, 25 September 2014.
(45) Smith v Scott ［2007］CSIH 9, paras. 38, 40-43, 52 and 55-56.
(46) スミス判決以降の国内裁判所は、1983年法の条約不適合を認めつつも新たな不適合宣言を出しておらず、必ずしも受刑者の選挙権保障に積極的とは言えない。See, Toner and Walsh［2007］NIQB 18, R（Chester）v the Secretary of State for Justice［2010］EWCA Civ 1439（最高裁判決の原審の１つである）and Tovey v Ministry of Justice［2011］EWHC 271（QB）. 例えばトヴィー判決では、傍論ながら、司法府と立法府の役割の違いから、人権法の下でも、受刑者は条約不適合宣言や損害賠償を得ることはできないだろうと述べている（para. 71）。
(47) R（Chester）v Secretary of State for Justice and another, McGeoch v Lord President of the Council and another［2013］UKSC 63. 謀殺罪で無期刑を宣告された受刑者による２件の訴訟が併合審理された。
(48) R v Horncastle and others［2009］UKSC 14, para. 11 and Manchester City Council v Pinnock［2010］UKSC 45, para. 48. 国内裁判所と人権裁判所との関係における両判決の意義につき、中村・前掲（34）、684-687頁。締約国内の事情を斟酌した条約の解釈に向けて、国内裁判所が人権裁判所に与えうる影響につき、P. Sales, 'Strasbourg Jurisprudence and the Human Rights Act：A Response to Lord Irvine', ［2012］PL 253, at 264-266. And also, N. Bratza, 'The Relationship between the UK Courts and Strusburg', （2011）EHRLR 505, at 510-512.
(49) もっとも、2003年のベリンガー事件貴族院判決は、政府が法改正作業に着手している事実を認定した上で、男女間の婚姻のみを有効とする1973年婚姻事由法11条c項に不適合宣言を下しており（Bellinger v Bellinger［2003］UKHL 21, paras. 25-26 and 54-55.）、国会の動向を理由とした不適合宣言の回避に必然性はない。

(50) Lady Hale, 'What's the Point of Human Rights?', Warwick Law Lecture 2013, 28 November 2013, at 18-19, www.supremecourt.uk/docs/speech-131128.pdf（accessed 8 November 2015）.
(51) なお、ブライス・ディクソン、北村泰三訳「欧州人権条約と英国最高裁判所」比較法雑誌48巻2号（2014年）37-38頁。
(52) 財団法人矯正協会『行刑法（改訂増補版）』(2002年) 43-44頁。See, S. Livingstone, T. Owen and A. MacDonald, *Prison Law*, (4 th ed., Oxford, 2008) at 173-194 and 200-205.

イギリスと憎悪扇動表現

村上　玲

1　はじめに

イギリスは憎悪扇動表現に関し、コモン・ロー上の扇動罪を有しているだけでなく、1936年以降は制定法による憎悪扇動表現規制も有している。現行法である1986年の公共秩序法（Public Order Act 1986、以下「1986年法」という。）は人種的憎悪扇動表現のみを規制対象としていたが、2000年代に入って以降、宗教的憎悪扇動罪及び性的指向に基づく憎悪扇動罪がわずか2年の間に、立て続けに規制対象に加えられている。

そこで本稿は、イギリスにおける憎悪扇動表現規制の展開を概観し、2000年に施行された1998年の人権法（Human Rights Act 1998）が同規制に与えた影響という観点から、この憎悪扇動表現規制の拡大について考察したい。

2　コモン・ローによる憎悪扇動表現規制と1986年の公共秩序法の制定

（1）コモン・ロー上の罪——SeditionとPublic Mischief

イギリスの言論に対する主な刑事規制としては、制定法によるものとコモン・ローによるものがある。特に、憎悪扇動表現に関しては、制定法による規制が導入される1936年まではコモン・ロー上の罪が用いられていたという経緯が存在する。

憎悪扇動表現に適用しうるコモン・ロー上の罪としてまず挙げられるのが、コモン・ロー上の扇動罪（Sedition）である。本罪の定義については、臣民間の敵意と政府に対する暴動を扇動したとして、John Burnsら4名が罪に問われたものの無罪となった1886年のR. v. Burns事件判決において引用されたStephenの定義が用いられている。これによると、扇動罪とは、①国王あるい

は女王、その継嗣若しくは相続人、政府、法によって公定化された連合王国の組織、両議院及び司法に対する憎悪又は侮辱すること、②非合法の手段でもって、公定化された教会又は地方政府に関する事柄を改変するために臣民を扇動すること、③平和攪乱罪を犯すよう扇動すること、④臣民間に不平や不信を生じせしめること、⑤臣民の異なる階級間に強い嫌悪感と敵意の感情を促進することのいずれかを意図して、口頭又は文書で発表することであるとされていた。しかしながら、罪の成立要件については、1947年のR. v. Caunt事件判決において、暴力を扇動する意図が必要との判断が示されて以降、その適用が困難になるまでに厳格化され、1991年のChoudhury事件判決では、本罪の要件である扇動意図について、国王や政府組織に対する暴力を扇動すること又は公衆騒乱若しくは秩序紊乱を発生させることとし、当該扇動意図の立証には臣民の異なる階級間における強い嫌悪や敵意感情を促進する意図のみでは足りず、暴力を扇動する意図がなければならないとされた。

憎悪扇動表現に適用可能なコモン・ロー上の罪としては、公的迷惑罪（Public mischief）も挙げられる。1801年のR. v. Higgins事件において提示され、1933年のR. v. Manley事件において確認された定義によると、「共同体への偏見による不利益を意図したすべての行為若しくは試みであるところの、公共性（public nature）に対するすべての罪」であるとされている。但し、「その罪は非常に曖昧に定義されているため、裁判所に対して、国家の道徳的福利に反するがゆえにある行為が罪であると宣言する、事実上無制限の権力を与えてしまう」と指摘されており、実務上も本罪に基づく訴追自体が少ない状況にあった。

このように、いずれの罪も当該表現を規制するにあたっては十分機能しているとは言えない状況にあった。なお、コモン・ロー上の扇動罪は2009年の検屍官及び司法法の73条でもって廃止されている。

（2）1936年の公共秩序法から1976年の人種関係法

前節で述べたように、コモン・ローによる規制が機能不全状態にあったことから、1930年代以降は制定法による憎悪扇動表現規制が行われており、以下の経緯を経て、現行法である1986年法に至っている。

①1936年の公共秩序法（Public Order Act 1936）

　憎悪扇動表現を規制するイギリス初の制定法は1936年の公共秩序法（以下「1936年法」という。）である。本法は反ユダヤ主義的ファシスト運動に対抗するために制定したとされる。(12)本法の主たる規制対象はデモ活動であり、不法なデモ活動を煽る言論を規制対象としていた。このため、本法では、秩序紊乱を引き起こす意図を持って、又は秩序紊乱を引き起こす蓋然性がある場合であって、威嚇的（threatening）、罵倒的（abusive）又は侮辱的（insulting）言説又は振る舞いを、公共の場又は公共の集会で行うことを罪としていたのである（5条）。

　それゆえ、単に憎悪を煽るだけであって、治安紊乱が発生する蓋然性のないものに対しては本罪が適用されないという問題点や、大多数に不安を抱かせる言論については本罪が適用されうる余地があるものの、少数派に対するものについては治安紊乱に発展する可能性が低いために本罪が適用されにくいという問題点が存在していた。なお、同法は1963年の公共秩序法（Public Order Act 1963）1条1項によって、刑罰の上限が引き上げられている。

②1965年の人種関係法（Race Relations Act 1965）

　1965年の人種関係法（以下「1965年法」という。）は北アイルランドを除く英国本土において初めて人種的憎悪扇動表現を刑事犯罪とし、マルタやキプロスといった海外領からの有色人種移民問題に対処し、公共秩序の維持に関するものだけでなく、公の場での差別と扇動を規制すること目的として制定された。(13)本法6条1項は、肌の色、人種又は種族的若しくは民族的出身（ethnic or national origins）によって区別されるグレート・ブリテンに存する公衆の一部に対して、憎悪をかき立てる意図を持って、（a）威嚇的、罵倒的又は侮辱的な文書を出版又は配布した者及び（b）公共の場や公の集会において、威嚇的、罵倒的又は侮辱的な言説を用いた者は、その表現物又は言説が肌の色、人種又は種族的若しくは民族的出身を根拠に、その一部に対して憎悪を扇動する蓋然性が存在する場合、罪としている。加えて、刑罰の上限は1963年の公共秩序法から更に引き上げられている（6条3項）。但し、1936年法5条では、扇動意図と扇動の蓋然性のいずれかで罪が成立するとされていたのに対し、本法では表現の自由に配慮して両要件を充たすことと、訴追するためには法務総裁

(Attorney General) の許可（6条3項）が必要とされることになった。

人種的憎悪の扇動への対処を目的とする本法については、これまで規制対象とされてこなかった人種差別を扇動するプロパガンダを公共の場から排除したという評価がなされる一方、本法による訴追によって結果的にはその思想の流布や衆目を集めることに貢献してしまうという課題や威嚇・罵倒・侮辱的な表現を用いていない場合は人種的憎悪を扇動するものであっても本罪の適用対象とはならないという問題、扇動意図要件の立証困難による訴追の減少、法務総裁の許可の下り難さによって実効性が欠けるといった問題が指摘されており、その改正が主張されていた。

③1976年の人種関係法（Race Relations Act 1976）

1976年の人種関係法（以下「1976年法」という。）70条は、1965年法を廃止し、1965年法6条の内容を修正した5A条を1936年法に挿入するものである。本法70条は、すべての状況に鑑みて、問題となっている表現物又は言説によって、グレート・ブリテンに存するあらゆる人種的集団に対する憎悪をかきたてる蓋然性がある場合であって、（a）威嚇的、罵倒的又は侮辱的文書を出版又は配布すること及び（b）威嚇的、罵倒的又は侮辱的言説を公共の場又は公共の集会で用いることを罪としている。

本法では、起訴の際の法務総裁許可要件は維持されている（5A条5項）ものの、立証困難な扇動意図要件が削除されている。本法については、1965年法6条が単に言説と行為を処罰対象としていたのに対して、本条は憎悪をかきたてる蓋然性を要件として言説を処罰可能なものとしたため、1936年の公共秩序法5条の位置に立ち戻っているとの評価がある。しかしながら、法務総裁許可要件によって訴追件数は少ない状態にあった。

（3）1986年の公共秩序法第3編「人種的憎悪」

1936年法制定以降半世紀が経過し、時代に応じた改正が求められていたことを受け、人種的憎悪扇動表現関係について、1936年法、1968年の劇場法（Theatres Act 1968）及び1984年のケーブルテレビ及び放送法（Cable and Broadcasting Act 1984）を一本化したのが現行法である1986年の公共秩序法である。人種的憎悪の扇動は「人種的憎悪」と題されている第3編に位置づけ

られており、17条から29条までが人種的憎悪扇動表現に関する規定となっている。なお、本法によって1936年法5条及び5A条は廃止されている。

本法17条は人種的憎悪について「皮膚の色、人種、国籍（市民権を含む）又は種族的若しくは民族的出身によって定義される人々の集団に対する憎悪」と定義し、人種的憎悪扇動表現の表現形態ごとにそれぞれの罪を設けている。すなわち、これまで人種的憎悪扇動罪として位置づけられてきたものは18条1項として定められており、個人の住居内でなされ、かつ当該又は他の住居内にいる人以外の他人が見聞きしていない場合を除き、公的又は私的な場所（18条2項）において、（a）人種的憎悪を扇動することを意図して又は（b）すべての状況に鑑みて、人種的憎悪を扇動する蓋然性がある場合であって、威嚇的、罵倒的又は侮辱的言説又は振る舞いを行うこと及び威嚇的、罵倒的又は侮辱的文書を掲示する行為を罪としている。ただし、人種的憎悪を扇動する意図が立証されなかった場合であって、当該言説等が威嚇的、罵倒的又は侮辱的であること意図せずかつ認識していなかった場合は罪とはならない（18条5項）。このほかに、威嚇的、罵倒的又は侮辱的な文書の出版又は配布（19条）、当該言説若しくは振る舞いを用いた舞台演劇等の上演（20条）、録音・録画物の配布、上映（21条）、ケーブル放送を含む番組放送（22条）を罪とし、展示、配布目的での所持も罪（23条）としている。法務総裁許可要件は維持されている（27条1項）。

本法の特徴としては、①人種的憎悪扇動表現物の配布目的での所持の禁止（23条）、②警察に立入、捜査、押収権限を与えており（24条）、特に18条3項は同条1項に係る犯行が疑われる場合、令状なしの逮捕権限を警察に与えていること、③被告人による扇動意図の欠如についての立証を反証として認めたこと（18条4項等）、④配布の定義を変更したことが挙げられる。しかしながら、本法は1965年法の制定当時より指摘されていた宗教に対する憎悪扇動という課題には対応できないでいた。[21]

3 宗教的憎悪扇動罪の創設

（1）コモン・ロー上の罪——Blasphemy

イギリスではコモン・ロー上の罪である神冒瀆罪（Blasphemy）が2008年

の刑事司法及び移民法（Criminal Justice and Immigration Act 2008）79条によって廃止されるまで存在していた。宗教に対する罪の一つとして、教会裁判所の管轄下にあった神冒瀆罪は、宗教改革以後、コモン・ロー裁判所の管轄下に置かれ、国家権威の維持のために用いられていた。これは、国教制度を採り法廷での宣誓に聖書を用いるなど、宗教と国家との関連性が深く、かつ、国王が世俗と英国国教会の長を兼ねるイギリスにおいて、英国国教会やキリスト教の神、教義などを批判・中傷することは国家の権威を損ない国家転覆につながると考えられていたためである。英国国教会を国家権威の一部とみなす認識は、最も古いリーディングケースとされている1676年のTaylor事件判決で示されて以降、1883年のR v. Ramsay and Foote事件判決において覆されるまで維持されていた。

　神冒瀆罪の適用範囲については、英国国教会が中心に据えられており、当該宗派教義の基礎となっているキリスト教信仰そのものを毀損する表現は訴追対象となるが、英国国教会を守るために、他のキリスト教宗派やユダヤ教を攻撃した場合は罪に問われないとされていた。このため、「英国国教会と相通じる本質的な信条の範囲」については他の宗教宗派も保護されるとされたが、イスラム教そのものに対する神冒瀆罪の適用は否定されている。

　神冒瀆罪の成立要件に関しては、20世紀の後半になっても神冒瀆的行為を犯すという主観的要件は問われず、神冒瀆的な言説を出版・公表するという客観的要件のみで足りるとされ、訴追するためには①意図的に出版・公表しようとしたこと、②公表しようとした言説が神冒瀆的あることで十分だとされていた。どのようなものが神冒瀆的であるかに関しては、キリスト教に共感する人を基準として、英国国教会の教義や信条に対する攻撃的表現であったとしても、「穏当（sober）で節度（temperate）があり礼儀正しい様式（decent style）で」提示されているならばもはや神冒瀆的ではなく、神冒瀆罪が成立するためには、「キリスト教又はその象徴、儀式書に関するものであって、大変下品かつ攻撃的であり、ある意味で、平和を危険に晒し、公衆道徳を悪化させ、社会構造を攪乱し、市民の不和を引き起こす傾向」のある表現が神冒瀆罪に該当するとされている。

　しかし、コモン・ロー上の神冒瀆罪に基づく訴追自体20世紀以降はごくわず

かであり、この罪自体、死文化しているとみなされつつも、訴訟が提起されるたびに神冒瀆罪が存続していたことを意識させられるという状況にあった。

（２）1998年の人権法と同時多発テロ

　英国は1949年に発足したヨーロッパ評議会の構成国であり、1951年にヨーロッパ人権条約を批准し、1966年にヨーロッパ人権裁判所の義務的管轄と個人申立権を承認している。しかし、条約に対して二元主義の立場を採っていたため、ヨーロッパ人権条約上の権利を国内法に編入し、同条約上の権利と国内法との適合的解釈を要請する1998年の人権法が制定されるまでは、ヨーロッパ人権条約に拘束されるのは英国政府であって、裁判所が国内法化されていないヨーロッパ人権条約と国内法とを適合的に解釈するといったことは一般的にはなされていなかった。このため、1990年代前半に至るまで、英国は個人申立件数及び提訴件数が加盟国中１位であり続けるという不名誉な地位に立たされていただけでなく、敗訴することも見受けられていた。このような状況の中で、1997年の総選挙に勝利した労働党は、「憲法改革（constitutional reform）」を掲げ、その要の１つとして、ヨーロッパ人権条約を国内法化する1998年の人権法は制定されている。

　1998年の人権法は可能な限り裁判所は第一次立法及び従位立法をヨーロッパ人権条約と適合的に解釈し（３条）、第一次立法を適合的に解釈できない場合は、不適合宣言を出し（４条）、第一次立法の改廃を議会にゆだねるとしている。また、法案の提出に当たっては、当該法案と条約上の権利が適合する旨の説明を行わなければならない（19条）とされている。

　1998年の人権法制定以前に、ヨーロッパ人権裁判所において神冒瀆罪が争われたWingrove事件では、神冒瀆罪の不平等性が争点になっていないこと、当該不平等性は規制目的の正当性を減じないこと、宗教領域での個人の内奥の確信を傷つける可能性のある事柄に関し表現の自由を制約する場合には、政治的言論に関する場合よりも広い評価の余地が認められること、神冒瀆罪を理由とした表現規制は民主社会においては不必要という統一的な認識が構成国間に存在していないことなどを理由として、表現の自由を保障する条約10条違反が認められていない。

それにもかかわらず、1998年の人権法制定以降、議会では神冒瀆罪はヨーロッパ人権条約に適合しないとの見解が示されるようになっていった。その理由として、①イギリスが当事国となった、性同一性障害者の変更後の性別に基づく結婚が認められていないことに関し、1986年の事件ではイギリスの評価の余地が認められたのに対して、2002年の事件では条約違反とされたように、Wingrove事件において示された判断が将来においても維持されるとは限らないと認識されていること、②コモン・ロー上の神冒瀆罪は制定法ではないため法の適用範囲が不明確であり、刑罰に対してなされる制裁に限界がないという点が条約7条と抵触するおそれがあること、③これら不明確性によって条約10条が保障する表現の自由を侵害するおそれがあること、④英国国教会及び英国国教会の信条等と類似するキリスト教宗派に対する表現を適用対象としているため、信教の自由を保障する条約9条及び条約上で規定する権利・自由についての差別を禁止する条約14条を侵害するおそれがあること、⑤条約14条が「政治的意見その他の意見」によるいかなる差別も禁止していることから条約10条の観点からも条約14条を侵害する重大なリスクがあること、等が挙げられている。

また、1986年法が定める人種的憎悪扇動罪の適用対象には「宗教」が含まれていないことから、民族と同義にとらえられているユダヤ教徒やシーク教徒に対する憎悪扇動表現は同罪の適用対象となるのに対し、多民族で構成される宗教徒に対する憎悪扇動表現は適用対象外となっている。このため、2001年に発生した9・11米国同時多発テロ及び2005年7月に発生したロンドン爆破テロ以降、英国国内ではイスラムフォビアが社会問題となっていたにもかかわらず、有効な対応策がない状況にあった。

(3) 宗教的憎悪扇動罪の創設

2001年の9・11米国同時多発テロ及び2005年7月のロンドン爆破テロを受けて、議会に提出されたテロ対策法案に宗教的憎悪扇動罪は盛り込まれたものの、テロ対策と宗教的憎悪扇動罪は関連がないとの理由から、この条項は法案から削除されている。この削除を受けて、エーヴベリー（Avebury）男爵により、1986年法を修正し、宗教的憎悪扇動罪を創設する宗教犯罪法案が貴族院に提出

されたが、第二読会に付託されたのち全院委員会に移送され、そこで神冒瀆罪を含む関連法案との関係について広い議論が必要であるとして特別委員会が設立されている。

2003年の貴族院における特別委員会（Select Committee on Religious Offences in England and Wales）では、①神冒瀆罪等の存続又は廃止及び②宗教的憎悪扇動罪の創設が主要テーマとして議論されている。本委員会の報告では、前節で述べた問題点について検討した結果、ヨーロッパ人権条約に適合しないなどの理由によって、神冒瀆罪による起訴はイギリス国内においても欧州人権裁判所においても成功しないだろうと指摘されているほか、ヨーロッパ人権条約9条で保障する「信教の自由」は万人に対して保障されているにもかかわらず、現行の神冒瀆罪は差別的適用がなされていると指摘し、全ての信仰及び無宗教者に対して同様の保護を与えるべきであると述べられている。

特別委員会で上記のような指摘がなされた後、宗教的憎悪扇動罪の制定をマニフェストに掲げていた労働党が2005年の選挙で勝利したために、同罪制定を目的とした宗教的憎悪法案は再度提出され議会を通過し、2006年の人種的及び宗教的憎悪法（Racial and Religious Hatred Act 2006、以下「宗教的憎悪法」という。）として成立するに至っている。

宗教的憎悪法は1986年法に宗教的憎悪扇動罪を内容とする3A編を挿入するものである。同法は、「宗教的憎悪（religious hatred）」を、宗教的信条（religious belief）とその欠如によって定義される人々の集団に対する憎悪（29A条）と定義し、人種的憎悪扇動罪と同様の条文構造となっている。但し、表現の自由に配慮した結果、宗教的憎悪扇動罪が適用される表現につき、貴族院における修正によって「威嚇的な」という文言のみに限定されたほか、特定の宗教や信条、信仰体系などに対する、議論、批判、反感、嫌悪、嘲笑、侮辱を表現することを禁止し、又は制限するといった効果を与えるものではないと規定する29J条が挿入されている。

本法に対する評価としては、犯罪の成立要件として宗教的憎悪を扇動するという「意図」を課したことと、実質的な表現の自由の保障を規定している29J条を設けたことによって、宗教的憎悪扇動罪によって訴追される見込みがほんのわずかになってしまったという評価、貴族院での修正によって宗教的憎悪扇

動罪の射程が狭められたことを評価するものの、すでに公共秩序に関する制定法が十分存在していることから、これ以上の規制は不要であり、同罪は言論の自由に対してトロイの木馬のような役割を果たしているとの批判や、たとえ有罪となる可能性がほとんど無いとしても、司法的手続きという脅威は作家や出版者を萎縮させ、宗教に関する批判を抑圧するという批判がなされている。

（4）性的指向に基づく憎悪扇動罪

イギリスにおいて、同性愛は道徳上の罪であった。しかし、EU指令やヨーロッパ人権裁判所判決の影響を受けて、同性愛者をはじめとする性的少数者を巡るイギリスの法環境は、2000年以降、劇的変化を遂げている。例えば、性行為の同意年齢について異性間・同性間では異なる取り扱いがなされていたが、2003年の性犯罪法（Sexual Offences Act 2003）140条により、この違いは廃止されている。さらに、2004年のシヴィル・パートナーシップ法（Civil Partnership Act 2004）により同性間でのパートナーシップが、2013年の同性婚法（Marriage (Same Sex Couples) Act 2013）により同性婚が可能になっただけでなく、同性カップルによる養子も2002年の養子及び児童法（Adoption and Children Act 2002）により可能となっている。加えて、性的指向に対する敵意を動機とする犯罪への加重条項が2003年の刑事司法法（Criminal Justice Act 2003）146条により設けられている。

上記状況を背景として、同性愛者を憎悪犯罪より保護することと表現の自由とのバランスをとることを目的に、2008年の刑事司法及び移民法（Criminal Justice and Immigration Act 2008）74条及び附則16によって1986年法第3A編に新たに挿入されたのが、性的指向に基づく憎悪扇動罪である。性的指向に基づく憎悪扇動罪は、性的指向に基づく憎悪について、（同性、異性又は両性に対するものであろうとも）性的指向によって定義される人々からなる集団に対する憎悪と定義し（29AB条）、宗教的憎悪扇動罪に性的指向を加えるという形での法改正を行っている。また、ヨーロッパ人権条約との適合性については、法案それ自体が全体として適合するようになっているとの説明が議会においてなされている。

このような中で、本罪創設の議論における中心議題となったのは、同性愛に

ついての話し方であり、特に同性愛に反対する宗教観念に基づき発言された当該表現が本法の射程内に入るか否かということであり、これによって宗教的伝統主義者をも違法化するか否かということであった。このため、表現の自由及び信教の自由という観点から挿入された29JA条は、性行為に関する疑義への否認、議論又は批判は威嚇又は憎悪の扇動には当たらないとしている。なお、世論の注目を集めた宗教的憎悪扇動罪と異なり、性的指向に基づく憎悪扇動罪はそれほど注目を集めなかったとされる。⁽⁵⁰⁾

4　おわりに—憲法改革とヨーロッパ人権条約による影響

　1998年の人権法制定は、長い間議論されながらも廃止されることのなかった神冒瀆罪を廃止に追いやり、1985年当時は不要と考えられていた宗教的憎悪扇動罪を制定へと至らせた大きな一因となった。特に、神冒瀆罪廃止の議論では、1998年の人権法制定以前に神冒瀆罪がヨーロッパ人権条約に違反しないとの判断をヨーロッパ人権裁判所より得ていたにもかかわらず、時代の経過によってその判断が覆されうることも考慮していたのは、明らかな1998年の人権法制定による影響と評価できよう。

　また、性的指向に基づく憎悪扇動罪制定の背景となっていた、性的少数者を巡る一連の法制度もヨーロッパ人権裁判所判決の影響を受けており、その意味で、性的指向に基づく憎悪扇動罪についても1998年の人権法19条を通じた条約の影響を受けていたと評価できる。

　少なくとも、憎悪扇動表現規制をめぐる議論において、1998年の人権法を媒介として、ヨーロッパ人権条約及びヨーロッパ人権裁判所判例が検討されているが、脱欧州という機運が高まる現在の英国において、今後もこの蜜月状態が継続するかについて注目されるところである。

　注
（１）イギリスはイングランド及びウェールズ、スコットランド、北部アイルランドごとに議会があり、法制度が異なるため、本稿におけるイギリスとは、イングランド及びウェールズを指すものとする。国家としてのイギリスについては、英国という表記を用いるものとする。
（２）コモン・ロー上の扇動罪は、コモン・ロー上の名誉毀損罪の類型であるlibel及び

slanderの一種で、口頭によるものをsedition、文書によるものをseditious libelとに分けられるが、一般的には両者の総称としてSeditionが用いられていることから、本稿においても両者の総称として「コモン・ロー上の扇動罪」を用いることとする。同罪に関する、国内の先行研究としては、元山健「現代イギリスにおける公共秩序法制の研究—1986年公共秩序法を中心に—」早稲田法学64巻1号（1988年）57頁以下、内野正幸『差別的表現』（有斐閣、1990年）48頁以下、奈須祐治「イギリスにおける憎悪扇動（Incitement to Hatred）の規制」名古屋短期大学研究紀要43号（2005年）111頁以下、奈須祐治「イギリスにおけるヘイト・スピーチ規制法の歴史と現状」西南学院大学法学論集48巻1号260頁以下、師岡康子「イギリスにおける人種主義的ヘイト・スピーチ規制法」神奈川大学法学研究所研究年報30号（2012年）19頁以下、が挙げられる。

（3）*R v Burns*（1886）16 Cox C. C. 355.
（4）James. F. Stephen, *Digest of the Criminal Law*（3rd edn, Macmillan, 1883）art 91.
（5）*R v Caunt, The Times*（18 November 1947）. For a note on the case see E. C. S. Wade（1948）64 L. Q. R. 203.
（6）*R v Chief Metropolitan Stipendiary Magistrate, ex parte Choudhury*［1991］1 QB 429.
（7）*R v Higgins*（1801）2 East 5.
（8）*R v Manley*［1933］1 KB 529.
（9）Anthony Lester and Geoffrey Bindman, *Race and law in Great Britain*（Harvard University Press, 1972）350.
（10）Patricia M. Leopold 'Incitement to Hatred -the History of a Controversial Criminal Offence'［1977］PL 389, 391.
（11）Coroners and Justice Act 2009, s 73. 本条項ではコモン・ロー上の扇動罪のほか、defamatory libel及びobscene libelも廃止されている。
（12）Leopold（n 10）392.
（13）HC Deb 3 May 1965, vol 711, cols 926-927.
（14）Anthony F. Dickey, 'English Law and Incitement to Racial Hatred'［1968］9（3）Race & Class 311, 317.
（15）Leopold（n 10）397-399.
（16）Dickey（n 14）318.
（17）Report, The Red Lion Square Disorders of 15 June 1974（Cmnd 5919, 1975）para 125.
（18）Leopold（n 10）403.

(19) 1979年から1986年までの間に59人が訴追されている。HC Deb 19 March 1986, vol 94, col 188.
(20) HC Deb 13 January 1986, vol 89, col 792.
(21) HC Deb 03 May 1965, vol 711, col 932.
(22) 国内の先行研究としては、内野正幸「神冒瀆的表現の規制をめぐって」芦部信喜先生古希祝賀『現代立憲主義の展開』(有斐閣、1993年) 559頁以下、斉藤小百合・奥平康弘「イギリスにおけるコモン・ロー上の"blasphemy"(神聖冒瀆)について」時の法令―1584号 (1998年) 30頁以下、等を参照。なお、blasphemyの日本語訳に関して、「神冒瀆」(前掲、内野正幸) 又は「神聖冒瀆」(前掲、斉藤小百合・奥平康弘) が用いられているようだが、本稿ではblasphemous libel (神冒瀆的文書誹毀) 並びにblasphemy (神冒瀆罪) 総称として、神冒瀆罪 (Blasphemy) を用いることとする。
(23) Ivan Hare, 'Blasphemy and Incitement to Religious Hatred : Free Speech Dogma and Doctrine' in Ivan Hare and others (eds), *Extreme Speech and Democracy* (Oxford University Press 2009) 289, 291.
(24) *R v Taylor* (1676) 1 Vent 293, (1676) 86 ER 189, (1676) 3 Keb 607.
(25) *R v Ramsay and Foote* (1883) 15 Cox CC 231.
(26) Gathercole's (1838) 2 Lewin 237.
(27) *Choudhury* (n 6).
(28) *R v Lemon, R v Gay News Ltd* (1979) AC 617.
(29) *R v Gott* (1922) 16 Cr. App. R. 87.
(30) *R v Hetherington* (1840) 4 St. Tr. N. S. 563.
(31) R (on the application of Stephen Green) v The City of Westminster Magistrates' Court [2007] EWHC 2785 (Admin).
(32) 1998年の人権法制定までの欧州人権条約のイギリス司法への影響及び1998年の人権法を検討したものとして江島晶子『人権保障の新局面 ヨーロッパ人権条約とイギリス憲法の共生』(日本評論社、2002年) 及び同法制定後の状況については江島晶子「ヨーロッパ人権条約とイギリス1998年人権法」芹田健太郎ほか (編)『国際人権法と憲法』(信山社、2006年) 203頁以下を参照。
(33) *Wingrove v United Kingdom* ECHR 1996-V.
(34) Select Committee on Religious Offences in England and Wales, Religious Offences in England and Wales (first report), (HL 2002-03, 95-I) App 3, para 12-15.
(35) *Rees v United Kingdom* (1986) 9 EHRR 56.
(36) *Christine Goodwin v United Kingdom* (2002) 35 EHRR 18.

(37) 英国のイスラムフォビアに関する現状としては清末愛砂「9・11&7・7以降の英国の対テロ法の変容とイスラーム・フォビア―宗教差別とレイシズムの相乗効果―（上）」国際公共政策研究24巻2号（2010年）18頁以下を参照。
(38) Anti-Terrorism, Crime and Security HC Bill（2001-02）［49］.
(39) Religious Offences HL Bill（2001-02）39.
(40) Select Committee on Religious Offences in England and Wales（n 34）App 3, para12.
(41) Select Committee on Religious Offences in England and Wales（n 34）para137.
(42) Religious Hatred HC Bill（2005-06）［11］.
(43) Russell Sandberg and Norman Doe, 'The Changing Criminal Law on Religion'（2008）161 Law & Justice 88, 95.
(44) Ivan Hare, 'Crosses, Crescents and Sacred Cows : Criminalising Incitement to Religious Hatred'［2006］Public Law 521, 534.
(45) Eric Barendt, 'Religious Hatred Laws : Protecting Groups or Belief?'（2011）17（1）Res Publica 41, 42.
(46) Council Directive 2000/78/EC of 27 November 2000 establishing a general framework for equal treatment in employment and occupation［2000］OJ L 303/16.
(47) *Sutherland v UK* App no 25186/94（Commission Decision, 21 May 1996）,（Commission Report, 1 July 1997）.
(48) Criminal Justice and Immigration Bill Deb 16 October 2007, col 35. Criminal Justice and Immigration Bill Deb 29 November 2007, col 688.
(49) しかしながら、本条項に対する反対はいまだに存在しており、成功はしていないものの、Coroners and Justice Bill 2009には本条項の廃止条項が盛り込まれていた。
(50) Kay Goodall, 'Challenging hate speech : incitement to hatred on grounds of sexual orientation in England, Wales and Northern Ireland'（2009）13. 2-3 The International Journal of Human Rights 211, 214.

市民権概念における国家のかたちの「現代化」
―イギリスの国民国家化？―

宮内　紀子

1　はじめに

　イギリスの国籍法制では、市民権も国籍も両者ともに有効なものとして用いられているが、いずれの文言にも明確な法的定義は存在していない。しかし、2008年の前法務長官のゴールドスミス（Goldsmith）卿による市民権に関する報告書にみるように、近年、とりわけ、市民権概念に対して再考が求められている。

　市民権と国籍は互いに異なる定義づけがおこなわれることがあるが、おおむね、両者ともに個人と国家との関係性を表すものとされており、ある国家において、自国の市民権または国籍を有する者は自国市民または自国国民とされ、これらを持たない者とは法的に区分されている。これらの自国市民または自国国民とは、当該国家の構成員であり、市民権や国籍は当該人物の構成員性を示すものである。国家のかたちが変われば、国家を構成する市民や国民の範囲、その市民像や国民像まで同時に変容することとなる。それゆえ、市民権や国籍の得喪を扱う法律には、当該国家のあり様が反映されているといえる。

　イギリスは第一次および第二次大戦前後から現在に至るまで、大きく国家のかたちを変容させている。つまり、かつては帝国の宗主国であったが、戦後、植民地が次々に独立することで、帝国は徐々に崩壊した。近年では、スコットランド、ウェールズおよび北アイルランド議会への権限移譲により、連合王国の内部からも国家のかたちに変容が生じているといえる。こうしたなか、近年、憲法改革が進められており、市民権概念を含め国籍法制全体についても調査、検討がおこなわれている。本稿は、とくに近年の憲法改革のなかでの市民権概念の形成を分析することを通じて、イギリスが国家としてどのように変容しようとしているのかについて検討しようとするものである。ただし、この市

民権概念の形成は、現在の複雑な国籍法制を清算しようとするものであるので、本稿ではまず、第二次世界大戦以後の国籍法制を概観したうえで、ゴールドスミス卿による市民権概念に関する報告書および当該報告書への反応を検討することとする。

2 国籍法制の歴史の概略とその帝国的構造

(1) 1948年イギリス国籍法

第二次世界大戦以前の国籍法では、自然人はイギリス臣民か、外国人かのいずれかに分類されていた。イギリス臣民は国王に忠誠義務を有する一方、国王はイギリス臣民を保護する義務があり、両者は相互義務関係にあった。そして、このイギリス臣民という法的地位はイギリスのみならず植民地およびドミニオンすべてにおける共通の地位であった。しかし、第一次および第二次世界大戦を通じ、ドミニオンが独立性を高め、自国国民を規定するなど、コモンウェルスにとどまりながら植民地とは異なる取り扱いを求めるようになった。これにより共通の地位としてのイギリス臣民を維持することが次第に難しくなり制定されたのが1948年イギリス国籍法(British Nationality Act 1948、以下、1948年法と略する)であった。

本法では、まず、イギリス臣民の国王への忠誠義務が廃止された。そして、これまでイギリス臣民であった者は、本法でもコモンウェルス市民(互換的にイギリス臣民)とされ、さらに当該地位は3つの法的地位に細分化された。具体的にはイギリスおよび植民地市民(Citizens of the United Kingdom and Colonies)、独立自治領(ドミニオン)の市民(Citizens of Independent Commonwealth Countries)、そして市民権を持たないイギリス臣民(British subjects without citizenship)であった。これらのほか保護国や保護領のためのイギリス保護民(British Protected Persons)も設けられていた。

1948年法が制定されたものの、コモンウェルス市民と認められる範囲はこれまでイギリス臣民とされていた範囲と変わらず、イギリス本国市民以外にも植民地やドミニオンの市民にまで法的地位が認められていた。本法は植民地とは異なる取り扱いを求めるドミニオンに配慮するために制定されたものであり、新たに設けられた3つの法的地位にイギリス本国への入国について法的に差異

はなく、これらは形式的な分類であった。

（２）コモンウェルス市民を対象とした移民法

　1948年法で法的地位が細分化されていたものの、すべてのコモンウェルス市民はイギリス本国に自由に入国が可能であった。これはつまり、約8億人に対してイギリス本国への入国を認めていたということであり、実際に1950年代頃からコモンウェルス市民の入国者数が増加した。これに対して移民規制の可能性を検討する特別調査委員会が設けられたほか、移民規制を設ける法案も作成されていた。しかし、移民法により一部のコモンウェルス市民の入国を規制するにはいくつか問題があった。まず、1948年法ではコモンウェルス市民という法的地位をそれまでイギリス臣民であった者に付与しており、国籍を付与する範囲が変わっていなかったことから、国籍法はイギリスにとって帝国の宗主国であることと結びつき、一部にイギリス本国への入国を拒否することは、この帝国との結びつきを壊すことにつながった。同様に、移民規制を設けることで、コモンウェルス構成国のなかでもとりわけ歴史的にイギリスとのつながりの深かったカナダやオーストラリアなどオールド・コモンウェルス国と呼ばれる国との関係性への配慮もあった。さらに、規制対象と想定されていた者が有色人種であったことから当時の政府が人種差別的方針を有しているととらえられるおそれもあり、制定法としての移民規制は設けられなかった。

　しかしコモンウェルス市民の入国は増加し続け、これを対象とした1962年コモンウェルス移民法（Commonwealth Immigrants Act 1962）、さらに本法を強化する形で1968年コモンウェルス移民法（Commonwealth Immigrants Act 1968）が制定された。1962年コモンウェルス移民法はコモンウェルス市民のうち、イギリスで出生していない者に加え、イギリスおよび植民地市民としてイギリス発行の旅券を有していない者などに入国規制を設けた。当時、イギリスおよび植民地市民であっても、当該人物の帰属がイギリス本国である場合と植民地である場合とでは発行権限が分けられていたために、本法によりイギリス本国の市民を規制対象外とすることが可能であった。しかし、アフリカの植民地の独立後、インド・パキスタン系のアジア人のコモンウェルス市民の入国が増加した。アフリカの植民地が独立した際に、それぞれに新たな市民権が

設けられたのであるが、多くのアジア人は新たな市民権を取得できずに、イギリスおよび植民地市民の法的地位を維持し続けた。これらの者の旅券の発行権限は、独立前は植民地政府であったが、独立後、高等弁務官へと変わり、本法の規制対象外となり、アフリカ諸国からの入国者数が増加したのであった。そこで1968年コモンウェルス移民法が設けられ、イギリスにより発行された旅券を有していても、本人または、その父母あるいは祖父母のうちの少なくとも1人がイギリスで出生、養子縁組、登録もしくは帰化によってその市民権を取得していない場合、イギリスに自由に入国することができなくなった。[10]

　その後、国内での移民への反発が高まり、コモンウェルス市民を「歴史的なごり」[11]とし、外国人と同様に扱うことによりその入国を規制できるとしていたエドワード・ヒース（Edward Heath）の下、1971年移民法（Immigration Act 1971、以下、1971年法と略する）が制定された。これまでの移民法はその対象が1948年法のコモンウェルス市民であるか、外国人であるかで分けられていたが、1971年法はその対象をすべての自然人とした。そして、すべての自然人を「パトリアル（patrial）」かそうではない者の二分類にして、パトリアルと認められた者についてのみ、「居住権（right of abode）」[12]を認めた。パトリアルおよび居住権という概念は本法により初めて設けられたものである。なお、パトリアルとは、1948年法のイギリスおよび植民地市民のうちイギリスでの出生や養子縁組などを通じて認められるものであった。[13]

　本法では、その対象をすべての自然人とすることにより、1948年法でコモンウェルス市民であった者もパトリアルでなければ、イギリスでの居住権が認められず、出入国管理法制上は外国人と同様の取り扱いを受けることとなった。これにより出入国管理法制上の事実上の市民が形成されたのであった。イギリスは1948年法制定から、国籍法の基本構造を変えることなく、コモンウェルス市民のうち一部の者に対して入国規制を設け、その範囲を徐々に拡大させていった。しかしこの手法も限界にあり、移民の増加を抑制できず、イギリス国内ではこれまでの移民法が人種差別的であると批判され、加えて、国籍法制と出入国管理法制が一致しないことにより出入国管理の実務が複雑化していた。イギリス本国市民のための法的地位を設けていない1948年法の基本構造は、もはや時代遅れと評価され、現代化が求められるようになり、新たな国籍法が制定[14]

されることとなった。

(3) 1981年イギリス国籍法

1981年イギリス国籍法（British Nationality Act 1981、以下、1981年法と略する）では、1948年法でイギリスおよび植民地市民であった者は、イギリス市民（British citizens）、イギリス属領市民（British Dependent Territories citizens）あるいはイギリス海外市民（British Overseas citizens）のいずれかの法的地位が認められた。これらの地位のほか、1981年法によるイギリス臣民および各コモンウェルス構成国の市民をすべて含め、コモンウェルス市民とされた。さらにイギリス保護民の地位についても規定されており、1948年法で法的地位を有していた者はすべて、1981年法でもこれらのうちいずれかの地位が認められた。

本法はこれまでの国籍法制とは異なり、国籍法上、初めてイギリス本国市民のための法的地位としてイギリス市民の地位を設け、そして当該法的地位によってのみ居住権を認めた。イギリス市民以外に複数の法的地位が設けられているが、これらによって居住権が認められることはない。本法は国籍法であるにもかかわらず、イギリス市民によってのみ居住権が認められることが明らかとされている。これは、出入国管理法制との相互関係により事実上の市民が形成され、本法のイギリス市民はこれを基礎としたからである。本法にいうイギリス市民とは「イギリスに密接なつながりを有する者」が該当し、具体的にはイギリスおよび植民地市民のうち、1971年法でパトリアルとされていた者であった。

(4) 1981年イギリス国籍法制定以降の国籍関連法

1981年法制定以後、国籍法に関連した大きな問題は香港返還であった。香港には多数のイギリス属領市民が居住しており、返還に際して住民の国籍の処遇が問題となった。香港返還にともない、香港とのつながりによるイギリス属領市民の法的地位は消滅し、当該地位に代わる法的地位としてイギリス国民（海外）（British Nationals (Overseas)）の登録による取得が認められることとなった。さらに、1997年イギリス国籍（香港）法（British Nationality (Hong

Kong) Act 1997）により、香港の住民のうち、ほかに国籍または市民権を有しない者にはイギリス市民への登録資格が付与された。

　香港返還を経て、イギリス属領市民の法的地位を有する者は半数以下となった。1999年、イギリス属領と新たな関係としてパートナーシップを構築するためにイギリス属領に関する白書が発表され、これを基礎として2002年イギリス海外領法（British Overseas Territories Act 2002）が制定された。「属領」や「植民地」といった文言が時代錯誤であり、これら領土が「活動的で自治をおこなっており、従属からほど遠い」ことから、本法により、その名称をイギリス属領（British Dependent Territories）からイギリス海外領（British Overseas Territories）とした。さらにイギリスが主権を有することから生じる特別の責任があるとして、本法により、イギリス海外領市民に対しイギリス市民の法的地位を付与した。

　同年には、2002年国籍・出入国管理および庇護法（Nationality, Immigration and Asylum Act 2002）により、ほかに国籍または市民権を有しないイギリス海外市民、1981年法によるイギリス臣民またはイギリス保護民にイギリス市民への登録資格を認めた。これらの法的地位は、帝国としての歴史に起因するものであり、これらを有する者は、かつて、植民地とのつながりによりイギリスの国籍法上の法的地位が認められたものの、居住する国や地域で国籍や市民権を取得することができずにこれらを維持または継承していた。しかし、これらの法的地位によってイギリスでの居住権は認められず、世界中のいずれにも自由に入国および居住することができない者も多かった。イギリスは、国籍を与えながら出入国管理法制によりその入国の自由を拒否してきたことから、これらの者に対し歴史的および道義的責任を認め、本法により登録資格を認めたのであった。

　1981年法ではそれまで同様にイギリス本国市民以外にも国籍を付与し、複数の法的地位を設け、現在でもこれらの法的地位は有効で帝国的構造を有している。しかし、2002年の両法により帝国としての責任を清算することにより、イギリス市民へと事実上、収斂しつつあるといえる。

3 『イギリスの統治』における市民権概念の再考の提起

　2007年、当時の首相であったゴードン・ブラウン（Gordon Brown）は、トニー・ブレア（Tony Blair）が1997年よりおこなってきた憲法改革をさらに進めるために『イギリスの統治』と題する緑書を発表した。当該緑書は４章で構成されており、市民としての権利と責任をいかに擁護および強化するかという基本的な問題を検証する目的の下、第４章の「イギリスの未来：市民と国家」にて市民権について考察をおこなっていた。

　アメリカ、カナダ、オーストラリアおよび南アフリカなどでは国家を形成するため、または国家としてのかたちを保つために市民権概念を発展させなければならず、その定義は明確であるが、他方でイギリスでは人々とコミュニティを結びつけるものである権利、責任および価値観を定義することが避けられてきたため、イギリスとは何かがはっきりしなくなっていることが指摘されていた。そこで、イギリス市民権を、国家を１つにまとめる国家のアイデンティティと位置づけ、市民権を明確に定義し、権利および責任を付随させることにより、よりよいアイデンティティ形成につながるとしていた。さらに、市民権に権利および責任を付随させることにより、イギリスの民主主義社会において構成員となることがいかなることであるかを潜在的市民に明らかにすることが可能となるともしていた。ここでいう潜在的市民とはこれからイギリス市民になろうとしている者、つまり外国人のみならず、若年層のイギリス市民も含むものであった。前者に対して政府は市民権と権利および責任との一致によりイギリス社会への統合の促進を見込み、後者については政治離れが進んでいることから、青年市民権委員会（Youth Citizenship Commission）を設置することで政治参加を促そうとしていた。

　当該緑書では国家としてのアイデンティティやイギリス的価値の共有の欠如を問題ととらえており、これを克服するために市民権に対し、国家を１つにまとめあげるものとしての役割を見出そうとしていた。そのため権利や責任を一致させたうえで、市民権がいかなるものであるのかという意見が広く一致し、理解されていることが重要であった。しかし現行法上、市民権に必ずしも権利や責任は付随しておらず、国籍法制は非常に複雑になっていた。そこでゴール

ドスミス卿に対し市民権の再考が依頼されたのであった。⁽⁴⁰⁾

4 『市民権：私たちが共有する絆』における「絆」としての市民権概念

　2008年、ゴールドスミス卿は『市民権：私たちが共有する絆』を発表した。当該報告書でゴールドスミス卿は新しいイギリスの市民権概念を、市民を1つにまとめることが可能な、人々に共有された絆としていた。当報告書は7章で構成されており、具体的には、「第1章：市民とは何か」、「第2章：イギリス市民権の歴史の概要」、「第3章：市民権にともなう法的権利および責任」、「第4章：市民権の再考」、「第5章：社会的絆としての市民権」、「第6章：絆としての市民権の強化」および「第7章：ニューカマーの参加」という構成になっていた。

　ゴールドスミス卿は当該報告書で新たな市民権概念を求めるにあたり、まず、国籍法制の歴史および現状を概観した。既述のように、1981年法ではイギリス市民以外にも複数の法的地位が設けられていた。この国籍法制をめぐる複雑な法的状況は、1971年法の「パトリアティ」のように1960年代から設けられていた出入国管理法制による市民権と入国の自由との関係性の断絶により生じたものと分析し、その結果、イギリス市民権を有していることと、イギリス社会に貢献しているまたは参加していることとの間に明白で強力な結びつきを見つけることが困難になっていると結論づけていた。当該報告書では、これを法的観点から、市民権と権利および責任との関係にとらえなおしていた。そして、具体的に移動の自由および居住権、イギリス国民として享受可能な保護の内容、政治的権利および公共サービスへのアクセスを分析対象とし、これらの享有範囲、つまり、イギリス市民、コモンウェルス市民、アイルランド共和国市民またはEU市民としての享受の可否を紹介していた。ここから明らかとされたのは、イギリス市民としての法的地位によってのみ認められるのは、居住権や国外での投票権であり、そのほかの権利についてはコモンウェルス市民、アイルランド共和国市民およびEU市民も享有主体となりえるという法的状況であった。一元的にイギリス市民のみが権利や自由の享有主体とされているのではなく、個別の権利や自由の享有主体が各領域毎に設定されているということであ

った。2007年の政府緑書もゴールドスミス卿もこうした状況を問題としてとらえていた。

　当該報告書では以下の3点が提案されていた。まず1点目は、1981年法に残る複数の法的地位の廃止であった。この提案を支えるものとして2002年における2つの国籍関連法によるイギリス市民の法的地位の付与をあげ、これらに市民権と居住権とを再びイコールの関係にする傾向があると指摘していた。この傾向によりイギリス市民以外の残りの地位がいずれ姿を消すことになるであろうと予測し、最終的に無国籍回避に配慮しつつ廃止を提案していた。歴史に起因するこれらの法的地位の廃止は、「絆」と位置づけようとする新しい市民権概念には重要なこととされていた。2点目は、市民権と権利の一致であった。とくに政治的権利については、すべての選挙で選挙権を有することは市民権を有していることの究極の証とし、国政選挙における選挙権をイギリス市民に限定して付与することを提示していた。3点目は、永住資格取得の制度改革であった。本報告書では市民権と権利とを一致させたうえで、市民としての社会参加を求めていた。しかし現行制度では、永住者を前提とした場合、とくに権利や自由の享受に際して市民権の有無の境界はあいまいなものとなっていた。さらに永住資格の取得には当該人物の居住期間が基準とされているため、必ずしもイギリスへのコミットメントやイギリス社会への貢献が結びついていなかった。そこで既述のように市民権と権利を一致させたうえで、永住資格取得の過程でイギリスへのコミットメントや社会への貢献が示されるべきとして、制度改革が提示されていた。

　また社会学的観点からは、イギリスでは現在、個人主義化、生活様式の変化、若年層と老年層の乖離などの問題が生じているとして、これらへ対処するために市民権概念への検討がおこなわれていた。そのなかで市民権は、とりわけ帰属意識および社会参加を促すものと位置づけられ、若年層を含むイギリス市民全体についてのさまざまな提案がおこなわれていた。具体的には、とくに若年層に対して、2002年からおこなわれている市民権教育の維持、女王への忠誠またはイギリスへのコミットメントの宣誓などを含む儀式の導入、市民参加による高等教育の授業料の支援や、そのほか一般的なものとして、新たな祝日の設定、ボランティアなどによるカウンシル税の割引などの導入であった。政府が

帰属意識を高められるような制度設計をおこない、市民がこれにのっとり積極的に社会参加をおこなうことで連帯が生じうるとしていた。[59]

　本報告書は、法学的観点からのみならず社会学的観点からも市民権概念を広く分析し、法学的分析からは権利および責任と市民権との一致、そして社会学的分析からは市民参加を求めていた。前年の政府緑書でも、国家をまとめあげるものとしての役割が見出されていたことから、本報告書での「絆」としての市民権概念は当該緑書での市民権概念をおおむね引き継ぐものであった。市民権に「絆」としての役割を見出し、市民としてそれぞれに社会参加を促すことにより、市民権を有することから生じる当該国家の形式的な構成員性と市民としての社会における帰属実態を一致させようとしていたといえる。本報告書の市民としてのイギリス社会への参加および帰属の強調、そして2007年の緑書でのイギリス的価値や国家としてのアイデンティティの追求の背景には、イスラム過激派をめぐり明らかとなったイギリス市民がイギリス市民に対して政治的な暴力を振るいうるという衝撃、スコットランドや北アイルランドの議会の権限移譲をめぐるイギリス内部での政治および領土での不安定さの継続などの存在が指摘されている。[60]

　イギリスにおける市民権概念には、国籍法制における帝国としての歴史と、帝国が徐々に解体されるなかで制定された出入国管理法制が深く関連していた。これらにより、イギリスでは、現行法制からいえば、国籍とは、1981年法で付与されている法的地位すべてを包括するものであり、市民権はその下位概念にあたり、イギリス本国のほか海外領や、当該人物の祖父母などにさかのぼる歴史的な関係により取得されるそれぞれの法的地位を指している。この市民権概念は、帝国の崩壊、コモンウェルス市民の入国者数の増加という現実にともない生じたものであり、国籍法制と出入国管理法制との相互関連により形成されてきた。それゆえ、市民権概念への積極的な意味づけ、または居住権以外の権利との一致がおこなわれてこなかった。1981年法の基礎となった白書では、イギリス市民権創設により、選挙権をはじめとするさまざまな権利と市民権との一致の可能性が認められていたものの、これらが必ずしもイギリス市民権を有していることと結びつく必要はなく、イギリス臣民という幅広い範囲にこれまで通り付与することが望ましいとされていた。[61]ゴールドスミス卿の当該報告書

は、これまでの国籍法制に残る帝国的構造を廃止し、イギリス市民権のみとしたうえで、これに権利を集約させようとしており、これまでの国籍法制とは異なる構造の提案をおこなっていたのである。

5　ゴールドスミス卿の報告書への反応

ブラウンはゴールドスミス卿による上記の報告書についておおむね歓迎していたようである。(62)当該報告書は多くの提案をおこなっていた。そのなかでも、国籍法制上の複数の法的地位の廃止や選挙権の付与の範囲の変更はこれらの関連法制の歴史を大きく変えるものであったが、本報告書発表当時はあまり関心をひきつけられなかった。(63)他方で、イギリスへの忠誠の儀式の導入は、多くの批判を招いた。とくに、スコットランド、ウェールズおよび北アイルランドのそれぞれの議会の一部の議員からは強い反発が生じており、スコットランド首相であったアレックス・サモンド（Alex Salmond）も反対の意を表明していた。(64)

ここでの強い反発の背景には、イギリスの多層的な政治的構造がある。イギリスは連合王国であり、近年までの権限移譲により、スコットランド、ウェールズおよび北アイルランドのそれぞれの議会は徐々に独立性を高めていた。本報告書が作成される以前の2007年の政府緑書ではイギリス的価値や国家としてのアイデンティティの追求が明らかとされており、本報告書ではこれらの文言は用いられていないものの、新たな市民権概念によりイギリスとして連帯が強調されていた。本報告書で提案されていた新たな市民権概念はおおむね、国家と市民の垂直的な関係を前提とする、国家的観点によるものであり、ここにはスコットランド、ウェールズおよび北アイルランド議会を有する非常に複雑なイギリスの政治状況が充分に反映されていなかった。(65)権限移譲により独立性を高めているこれら地域にとってみれば、このゴールドスミス卿による国家的観点からの新たな市民権概念は、近年の権限移譲に逆行するものといえるものであり、受け入れがたいものであった。

6　おわりに

数多くの植民地を抱えていた大英帝国では、帝国領土内で出生した者はすべ

てイギリス臣民とされた。しかし第一次および第二次世界大戦を通じ、ドミニオンが独立性を高めていたことから1948年法が制定され、複数の法的地位が設けられた。国籍の付与の範囲はこれまでと変わりなく1948年法は帝国的構造を有しており、複数の法的地位はイギリスへの入国についていえばドミニオンの独立性に配慮するための形式的なものであった。帝国的構造の下で国籍を付与することにより、数多くの植民地を有している宗主国の責任および誇り、そしてドミニオンとのつながりを維持しようとしていたのである。

　その後、植民地が次々に独立し、帝国は徐々に崩壊しつつあり、国家のかたちは大きく変容しようとしていた。しかし、これは国籍法には反映されず、一部のコモンウェルス市民の入国が否定され、この範囲は拡大された。国籍法の基本構造を改正しなかった背景には、宗主国としての責任および誇り、ならびにオールド・コモンウェルス国とのつながりへの維持がまだこの時期は強く望まれていたことがあった。しかし国籍法制における帝国的構造も移民法の集大成として設けられた1971年法により大きく変わる。本法ではすべての自然人を対象とし、パトリアルにのみ居住権を認めることにより、事実上の市民が形成されたのである。そして1948年法の帝国的構造がもはや時代遅れであり、「現代化」が必要として、1971年法のパトリアルを基礎として、1981年法のイギリス市民が設けられ、これに居住権が認められた。国籍法制と出入国管理法制との相互関連により、コモンウェルス市民の入国の自由の否定および事実上の市民の形成がおこなわれ、1981年法にこれが反映されることとなった。この国籍法の「現代化」に、帝国の崩壊にともなう国家のかたちの変容、それはつまり、国民国家化を見出すことができる。ただし1981年法におけるイギリス市民は、出入国管理法制の観点から事実上形成されたものを基礎としており、本法制定に際して、イギリス市民であることの意味の追求や、出入国管理法制以外の権利との一致はおこなわれていなかった。それゆえ、ここでの国民国家化とは、イギリス本国市民と入国および居住権とを一致させようとする目的の下で生じた形式的なもので、出入国管理という非常に限られた領野におけるものであった。

　しかし、コモンウェルス市民のなかでイギリス本国市民のための法的地位が国籍法上、設けられたという点は、国籍法制を歴史的に概観すると大きな変化

であったといえる。1981年法にはイギリス市民以外にも複数の法的地位を残していたが、これらに対して2002年の2つの国籍関連法を制定することで、宗主国としての国籍法制上の一定の責任を果たし、事実上、イギリス市民に法的地位を収斂させつつある。帝国が崩壊し、もはやオールド・コモンウェルス国とのつながりも過去に比べれば希薄になっていた。さらに2000年以降イギリス国内では、テロの発生やスコットランドをはじめとして権限移譲が進むことにより、帝国崩壊後の新たな国家としてのあり方を示す必要性が生じていた。そして、これまでのように帝国として植民地やコモンウェルス構成国との関係を前提としたものではない、新たな市民像や市民権概念を求めようとしていたのが、2007年の政府緑書や2008年のゴールドスミス卿による報告書であった。

　ゴールドスミス卿の報告書は、市民権を「絆」ととらえ、市民権を有することから生じる、法的な構成員性と、社会での帰属実態を一致させることにより国家と市民、さらに市民同士を連帯させようとしていたのである。イギリスでは国家と市民の関係は、1948年法以前ではイギリス臣民と国王の間の忠誠と保護の相互義務として存在していたが、1948年法によりこれは廃止されている。帝国が徐々に崩壊するなかでも1948年法を維持しながら出入国管理法制において事実上の市民が形成されたことにより、国家および市民の関係ならびに、市民権および権利との関係は必ずしも一致しなくなり、さらにイギリス市民や市民権への意味も積極的に見出されてこなかった。ゴールドスミス卿の報告書はこの法的状況に対して、複数の法的地位をイギリス市民に単一化したうえで、市民権に意味を見出し、これを権利と一致させることにより、以前とは異なる形で、国家と市民の間のつながりを取り戻そうとしていた。さらに社会参加などを促すことにより、国家と市民の間の垂直的な関係のみならず、市民同士の平行線上のつながりも生じさせることで、国家を1つにまとめようとしていたのである。本報告書発表以前まで市民権と権利の享受の関係については認識されていたものの、実際にはこれらは一致させられなかった。むしろ、既述のように、イギリス市民以外も権利の享有主体と認める法的状況を維持することが望ましいとまでされていた。しかし帝国はもはや崩壊し、帝国の宗主国から国家としての新たなかたちを模索しはじめており、本報告書は、国籍法に残る帝国的構造の清算をおこなったうえで、市民権と権利の関係を一元的にとらえよ

うとしていた。本報告書における新たな市民権概念の展開とは、1981年法が国籍法制にもたらした「現代化」、つまり形式的であった国民国家化を発展させ、国民国家へと実質的に転換させようとするものであったといえる。

国籍法制を概観すると、現在までに帝国としての歴史的責任を一定程度、清算していると評価できるため、今後、イギリスは、帰化制度改革や現行の市民権教育などを通じて、市民権および市民を形成していくであろう。ただし、国民国家に変容しようとする場合、ゴールドスミス卿の報告書への反発でみたように、連合王国内で独立性を高めるスコットランド、ウェールズおよび北アイルランドをどう取り扱うべきかという問題が生じる。帝国が崩壊し、憲法改革のなかでの市民権の再考を通じて国民国家への実質的な転換を試みたものの、連合王国としての多層性および複雑さがこれを阻んでいるといえる。イギリスは帝国の宗主国から、連合王国としての多層性をかかえながらどのように変容していくのか。これは検討に値する問題であり、国籍関連法制の動向を通じて継続的に検証していくことにする。

注

（1）Laurie Fransman, *Fransman's British Nationality Law*（3 th edn, Bloomsbury Professional 2011）para 1. 2.
（2）Lord Goldsmith, *Citizenship : Our Common Bond*（2008）.
（3）*Fransman*（n 1）para 1. 2.
（4）国籍の得喪についての初めての制定法は1914年イギリス国籍および外国人の地位に関する法律（British Nationality and Status of Aliens Act 1914）であった。それ以前にもコモン・ロー上には、国籍に関する原則として国籍の生来取得における生地主義の採用および臣民の国王に対する忠誠義務などが存在していた。See Calvin v Smith（1608）77 ER 377（KB）. 柳井健一『イギリス近代国籍法史研究　憲法学・国民国家・帝国』（日本評論社、2004年）37頁以下を参照のこと。
（5）1948年法、本法制定背景およびコモンウェルス市民への移民規制についての詳細は、拙稿「1948年イギリス国籍法における国籍概念の考察—入国の自由の観点から—」法と政治第62巻第2号（2011年）163頁以下を参考のこと。
（6）Randall Hansen, *Citizenship and Immigration in Post-war Britain : the Institutional Origins of a Multicultural Nation*（Oxford University Press Inc 2000）97.

（7）詳細は、Ann Dummett and Andrew Nicol, *Subject, Citizens, Aliens and Others* (Weidenfeld and Nicolson 1990) 65-75を参照のこと。

（8）See ibid 68.

（9）そのほかアイルランド共和国発行の旅券を有していない者、イギリスの旅券またはアイルランドの旅券に併記されていない者も本法の規制対象となった。Commonwealth Immigrants Act 1962 s 1.

（10）Commonwealth Immigrants Act 1968 s 1, amending Commonwealth Immigrants Act 1962 s 1（2）（b）.

（11）*Hansen*（n 6）181.

（12）Immigration Act 1971（IA 1971）s 2.

（13）詳細は、拙稿・前掲注・5・193頁を参考のこと。

（14）Her Majesty's Stationery Office, *British Nationality Law : Discussion of Possible Changes*（Cmnd 6795, 1977）Preference p 4 and Her Majesty's Stationery Office, *British Nationality Law : Outline of Proposed Legislation*（Cmnd 7987, 1980）para 4.

（15）1981年法については、佐藤潤一『日本国憲法における「国民」概念の限界と「市民」概念の可能性：「外国人法制」の憲法的統制に向けて』（専修大学出版局、2004年）186頁以下および拙稿「イギリス国籍法制の構造的転換—1981年イギリス国籍法における現代化および国籍概念—」法と政治第63巻第2号（2012年）167頁以下を参照のこと。

（16）1981年法では「イギリス臣民（British subjects）」とされていたが、本法制定以前にも「イギリス臣民」の文言は法的に用いられており、これと区別するため本稿では、「1981年法によるイギリス臣民」と表記する。

（17）British Nationality Act 1981（BNA 1981）s 37（1）（a）,（b）and sch 3. 後に、香港返還に関連し、イギリス国民（海外）（British Nationals（Overseas））がここに加えられている。Hong Kong（British Nationality）Order 1986 art 7（3）.

（18）なお本法によりパトリアルは廃止された。IA 1971, s 2（1）（a）, as amended by BNA 1981, s 39（2）.

（19）BNA 1981, ss 1 and 2, and Cmnd 7987 paras 18 and 32-33.

（20）BNA 1981, s 11（1）（a）and（b）.

（21）香港返還については、藤本富一「香港返還と香港住民の法的地位」北海学園大学学園論集第61号（1988年）77頁以下、香港返還を含め1981年法制定以後の国籍関連法については拙稿「1981年イギリス国籍法制定以後の国籍関連法について—帝国的構造と国籍概念の観点から—」法と政治第64巻第1号（2013年）75頁以下を参照のこと。

(22) Hong Kong Act 1985 sch 2（1）（b）and Hong Kong（British Nationality）Order 1986 art 3（a）.
(23) British Nationality（Hong Kong）Act 1997 s 1（1）（a）and（b）.
(24) Foreign and Commonwealth Affairs, *Partnership for Progress and Prosperity : Britain and the Overseas Territories*（Cm 4264, 1999）.
(25) See Explanatory Notes to Overseas Territories Act 2002（Explanatory Notes 2002）para 4.
(26) HC Deb 17 March 1999, vol 327, cols 1125-26.
(27) British Overseas Territories Act 2002（BOTC 2002）ss 1 and 2.
(28) Cm 4264, para 3. 12.
(29) BOTC 2002, s 3（1）．また本法によりイギリス本国に加えイギリス海外領における出生、養子縁組、血統または未成年の登録によってもイギリス市民の法的地位の取得が認められた。BOTC 2002, sch 1.
(30) Nationality, Immigration and Asylum Act 2002 s 12.
(31) HC Deb 4 July 2002, vol 388, col 527W and HL Deb 9 October 2002, vol 639, cols 285-89.
(32) Ministry of Justice, *The Governance of Britain*（Cm 7170, 2007）.
(33) ibid Foreword p 5.
(34) See ibid ch 4 paras 183-84.
(35) ibid ch 4 para 182.
(36) See ibid ch 4 para 185.
(37) ibid ch 4 para 186.
(38) ibid ch 4 paras 189-90.
(39) ibid ch 4 para 193.
(40) ibid ch 4 para 193.
(41) *Goldsmith*（n 2）, Introduction p 3 para 2.
(42) See ibid ch 2 para 27.
(43) 詳細は、ibid ch 3 を参考のこと。
(44) ibid Executive Summary and ch 4 para 9.
(45) ibid ch 4 para 6.
(46) ibid ch 4 para 7.
(47) ibid Executive Summary.
(48) ibid ch 4 para 17. なお、当該段落でゴールドスミス卿は選挙権を「UK citizens」のみに付与すべきとしている。「UK citizens」の文言には、法的定義および当該報告書での定義は存在しない。イギリス市民以外の法的地位の廃止を提示し、コモン

ウェルス市民にも付与している現行の法制度改革を説いていることから、おおむね、イギリス市民と同様の範囲を示すものであるととらえて、本文中ではそのように明記した。

(49) ibid ch 4 para 23.
(50) ibid ch 7 para 18.
(51) ibid ch 7 para 16. なお、帰化および永住資格取得の制度改革については同年の２月に政府発行の緑書が発行されていた。Home Office, *The Path to Citizenship : Next Steps in Reforming the Immigration System*（February 2008）. そのなかで、帰化および永住権取得にあたり、ルートを限定し、市民権取得の過程を３段階に分け、次の段階に進む際にはイギリスへの貢献（英語の習得、納税、法の遵守およびコミュニティでの積極的貢献）を示すことが求められていた。これらを基礎として2009年国境・市民権および移民法（Borders, Citizenship and Immigration Act 2009）のなかに関連条文が設けられ、帰化制度への「ポイントテスト（points tests）」の導入を求める緑書（Home Office, *Earning the Right to Stay a New Points Test for Citizenship*（July 2009））が発表された。しかし当該関連条文は2011年６月まで施行されないこととなっており、さらに連立政権下の2010年には内務大臣のテレサ・メイ（Theresa May）より施行されないことが明らかとされた。See, Immigration : Home Secretary's Speech of 5 November 2010 〈https://www.gov.uk/government/speeches/immigration-home-secretarys-speech-of-5-november-2010〉 accessed 28 March 2015.
(52) *Goldsmith*（n 2 ）, ch 5 para 3.
(53) ibid Executive Summary.
(54) ibid ch 6 paras 11-17. 学校教育課程での市民権教育については、佐藤潤一「第９章イギリス「憲法改革」とシティズンシップ」松井幸夫編『変化するイギリス憲法――ニュー・レイバーとイギリス「憲法改革」――』（敬文堂、2005年）191頁以下を参照のこと。
(55) ibid ch 6 para 45. 帰化制度ではすでに宣誓の儀式はとりおこなわれており、当該儀式については、岡久慶「特集：外国人問題　連合王国市民権の獲得――試験と忠誠の誓い」外国の立法（2007年）第231号14頁以下を参照のこと。
(56) *Goldsmith*（n 2 ）, ch 6 para 60.
(57) ibid ch 6 paras 33-41.
(58) ibid ch 6 para 82.
(59) ibid ch 6 paras 8-10.
(60) Jo Shaw, Citizenship and Electoral Rights in the Multi-Level 'Euro-Polity': The Case of the United Kingdom (Working Paper Series, University of

Edinburgh School of Law 2009) 6.
(61) Cmnd 7987, para 110.
(62) Richard Ford, 'Scots Lead Rebellion against Oath of Allegiance' *the Times* (London, 12 March 2008).
(63) *Shaw*（n 60）7.
(64) *Ford*（n 62）.
(65) See *Shaw*（n 60）14-15. 本報告書では選挙権の付与について、コモンウェルス市民やアイルランド共和国市民に選挙権を与えないとする一方で、EU市民の処遇については一切論じられていなかった。ShawはEU市民への選挙権の付与は構成国の自由であるため、理論構造上、これらにも選挙権を与えないとする提案が導かれるはずであり、この点に矛盾があると指摘していた。*Shaw*（n 60）7.
(66) See Cmnd 7987, para 110.

差別禁止・平等法理の変動と「現代化」
―障害差別禁止・平等法理の変遷を中心に―

杉山　有沙

1　はじめに

　現在、イギリスの差別禁止・平等立法は、大きな変化を見せている。これまで、人種、性別、障害などの特徴に対して個別に制定されてきた差別禁止立法が、2010年に、平等法（Equality Act）が制定されることで、単一の差別禁止・平等立法として統合されたからである。イギリスの差別禁止・平等法理の歴史は、比較的新しい。イギリスでは「『人は、法によって禁止されていないことは何でも自由になし得る』という」自由の原理から、人種差別や性差別などを容認してきた。こうしたコモン・ローに対して、1950年代以降に移民流入が進んだことで人種差別問題が露わになり、1965年にはじめて差別禁止法理として人種差別禁止法（Race Relations Act. 以下、RRA）が制定された[1]。

　このようにイギリス差別禁止・平等法理は、1960年代後半から2010年にかけて急速に発展した。しかし、1960年代の差別禁止法理が、そのままの形で残っているわけではない。そこで、本稿は、特に2010年平等法に注目しながら、同国における差別禁止・平等法理の法構造と変遷を明らかにする。

（1）イギリスにおける差別禁止・平等立法の基本的変遷

　B. ヘッペル（Hepple）によれば、差別禁止・平等立法の形成・変遷過程について5つの世代に分けて説明することができる。第1世代は、形式的平等の概念に基づいて、移民・人種政策を中心に展開した。この世代で制定されたのは前述1965年RRAである。第2世代は、第1世代と同様に、形式的平等の時代であった。この世代において、法律の適用領域が、雇用、住宅、商品そしてサービス提供まで広がった。この世代で、1968年RRAが制定された。第3世代では、対象者の範囲が広がった。この世代では、1970年同一賃金法と

1975年性差別禁止法（Sex Discrimination Act. 以下、SDA）を通じて性差別が禁止された。また、障害の観点から1995年障害差別禁止法（Disability Discrimination Act. 以下、DDA）が制定された。第4世代では、1997年調印、1999年発効のアムステルダム条約によって改正されたEC条約13条を受け、包括的な対象者の平等実現手段として新たな法制定の必要性が求められた。しかし、この世代では、差別禁止事由ごとの差別禁止立法を別々に制定したままだった。これら一連の世代的流れを受けて、第5世代は、包括的でかつ単一の平等実現枠組を築くことが求められた。この要請に応えたのが、平等法である。[2]

このようにイギリスでは、1965年RRA制定を契機に、差別禁止事由が人種、性別、障害というように徐々に増え、また、保障すべき平等の射程も形式的平等のみから、実質的平等も含んだものへと変化した。こうした45年に渡る差別禁止・平等立法史の集大成が、平等法であるといえるが、そもそもこの平等法とは、どのような法律なのだろうか。

（2）分析視点としての「障害差別」

平等法とは、9つの差別禁止事由（障害、年齢、性別再指定、婚姻・民事パートナーシップ、妊娠・出産、人種、宗教・信条、性別、性的指向）を保護特徴とし、これらを理由とした労働、不動産取引、教育など包括的場面における差別、ハラスメント、報復的取扱いを禁止し、社会経済的不利益の結果として生じる不平等を緩和・解消するために平等促進について規定する法律である。

イギリス差別禁止・平等法理の法構造と変遷を把握する本研究において、いずれか1つの保護特徴に注目して検討することは有益であるといえよう。平等法以前から存在していた差別禁止立法として、RRA、SDA、DDAの3つがある。

西原博史は、差別禁止事由が法的目的にとって無関係であるという規範的な推定を読み込み、「無関係性のテーゼ」を提唱する。[3]この法的目的分類と差別禁止事由の関係は、救済すべき差別の特定方法に関係する。原則として法的目的分類に差別禁止事由が無関係ならば、問題となる不平等取扱いも原則的に法的な救済対象となるだろう。一方、法的目的分類に差別禁止事由が関係する可能性があるならば、先行論点として問題となる不平等取扱いに差別禁止事由が

関係するかどうかを検討する必要がある⁽⁴⁾。

この観点から見ると人種と性別は、原則として法的目的分類に無関係であると分類できる。しかし障害は——知的障害者が知力不足で高等な計算ができない場面が想定できるように——、法的目的分類に関係する可能性がある。では、平等法の保護特徴と法的目的分類はどのような関係にあるのだろうか。性別再指定や宗教・信条などの差別禁止事由は、雇用など問題となる能力に影響を原則として及ぼさないといえるだろう。しかし、年齢や妊娠・出産については、障害と同様に法的目的分類に関係する可能性を否定できない。平等法が法的目的分類に関係する差別禁止事由と無関係の事由を同一に扱うので、「障害」に着目して検討するのは理に適うといえる⁽⁵⁾。

2　障害差別禁止法理の形成と変遷

現在、イギリスの障害差別禁止法理は、平等法が担っている。2010年に平等法が制定された際に、DDAが築き上げた障害差別禁止法理を平等法が引き継いだ。そこで、本稿は、特にDDAから平等法に渡って形成・発展してきた障害差別禁止法理の構造に着目する。

(1) DDA
①基本構造と立法経緯

DDAとは、雇用、商品、施設、サービスの提供、そして不動産の売却や管理に関連する障害差別を禁止する法律である。同法は、難産の末に1995年に制定された。障害差別に対する問題意識は、比較的早い時期から認識されていた。1979年1月に、当時政権を握っていた労働党は"障害者に対する制約に関する委員会"を設置し、差別禁止立法の制定を目指し、構想を練っていた。しかし同年5月に政権が保守党に移り、この障害差別禁止立法制定の動きは頓挫した。そして、差別禁止立法の導入を目指す野党・労働党と、福祉財政を縮減したい与党・保守党の間で、15年という長期に渡る議論が繰り広げられることになる。この硬直化した状態を打破したのは、障害者運動の存在だった⁽⁶⁾。

②障害者運動と障害モデル

障害差別禁止法理の立法化を促した障害者運動として、特に注目すべきは、

隔離に反対する身体障害者連盟（Union of the Physically Impaired Against Segregation. 以下、UPIAS）による障害モデルの転換である。これを、障害の責任の観点から見ると、医学モデルと社会モデルに分けることができる。

医学モデルとは、障害の責任は本人にあると捉えるモデルである。障害者が抱える不利は、障害者本人の身体的・知的・精神的機能障害（以下、インペアメント）の結果として生じたものとされる。したがって、この医学モデルにおいて、障害者が被る不利は障害者自身の個人的な悲劇となり、この悲劇から脱却するために、インペアメントの治療または緩和が求められる。つまり、障害者が、社会に合うように変わることが求められるのである。このモデルにおいて、障害者は、インペアメントのために社会的もしくは主要な生活活動を行うことができないとみなされ、日常生活を送るためには特別な保護と福祉が必要な存在として位置づけられる。このようにみなされることで、結果的に排除や分離を伴う社会政策が正当化された。(7)

社会モデルは、この医学モデルに異議を唱える形で形成された。UPIASは1976年発行の報告書である『社会から生じる障害の基本原理』において、障害者の社会参加を邪魔し、排除することによって、彼らは、インペアメントだけでなく、さらに社会から生じる障害が課されると指摘した。これにより障害者は社会において抑圧された集団となる。このようにUPIASは、インペアメントと社会から生じる障害を切り離し、障害者はその両方による不利を被ると強調した。ここでいう"社会から生じる障害"とは、社会のメインストリームへの参加から障害者を排除する現在の社会体制によって生じる活動への不利もしくは制限である。(8) 具体的には、法律、制度、建物の物理的特徴などである。社会モデルにおいて障害者が抱える不利の責任は、社会側に見出される。つまり、このモデルが求めるのは社会に組み込まれた差別構造の除去であり、社会が障害者に合わすように変わることである。(9)

この社会モデルは、障害差別禁止法理の立法化を促す原動力になった。障害者が、他者依存的な存在ではなく主体者として生きるためには、差別を是正することが必要とされたからである。UPIASの障害モデルを受け継いだ差別禁止立法のための任意団体（Voluntary Organisations for Anti-Discrimination Legislation）は、国会議員に積極的に働きかけることを通じ

て、障害差別禁止法理導入のために尽力した。(10)

③イギリス初の障害差別禁止立法としてのDDAの制定

障害者運動が差別禁止立法制定に向けて積極的に活動を行っていた頃、国会では、差別禁止立法の導入を目指す野党・労働党と福祉財政を縮減したい与党・保守党の駆け引きも激化していた。1994年に労働党のH．バーンズ（Barnes）下院議員が提出した「市民権（障害者）法案」（Civil Rights (Disabled Persons) Bill. 以下、CRB）を廃案にした際、保守党政府は、最初の5年間で170億ポンド、そしてそれ以降は1年間に1億ポンドの負担が経営のために必要になり、このような財政的な負担は競争にダメージを与えるだけではなく、障害者雇用にも悪影響を及ぼすと述べた。(11)しかし、他方で政府は『障害者に対する差別と戦うための政府の施策に関する協議文書』を1994年7月1日に公表し、翌95年1月12日にはDDAの原案としてCRBと基本構造が類似するDDA草案を国会に提出し、同年11月8日に可決させた。

1995年の成立時点で条文に基本的な差別禁止が規定された以降、DDAは、幾度も法改正を行い、その基本構造を障害差別の緩和・解消に資するように変化していった。

（2）平等法

DDAの運用と同時並行で2000年には、イギリス国内で差別禁止立法が乱立していたことを問題視し、単一の差別禁止・平等立法の制定のために動きがあった。A．レスター（Lester）上院議員とヘッペルが先頭に立ち、平等立法制定に向けた調査会を1997年総選挙後に設立し、2000年に報告書を提出した。(12)この報告書には、現行の差別禁止立法や諸機関を調整するために、単一の平等立法の必要性の指摘があった。この報告書は、労働党政府に受け入れられた。そして政府は、この報告書に沿うような差別禁止・平等立法制定に向け、準備を進めた。(13)2005年5月に総選挙が行われ、再度、労働党が勝利した。このとき党首であったT．ブレアがマニフェストにおいて「次の国会で、我々は、すべての人の平等を促進するために平等権利委員会を設立し、そして差別と戦い、平等立法の現代化と単一化を図るために、単一平等法の導入を行う」と宣言した。(14)労働党は、この選挙で再勝利し政権を維持し、単一の平等立法制定に向けて本

格的に動き出した。

　ブレア率いる労働党は、まず2006年平等法案を国会で可決させた。この2006年平等法は、差別除去と平等機会の促進のために働きかける機関として、SDA、RRA、DDAにおいて別々に設けられていた機会均等委員会、人種平等委員会、障害権利委員会を廃止し、単一の平等権利委員会を設立した。そしてまた、同法は、宗教または信条、そして性的指向に関する差別規定を新たに導入した。

　さらに労働党は、単一の差別禁止・平等立法制定に向けて足を進めた。2006年平等法制定後、2007年にコミュニティ・地方自治体省からグリーンペーパーである『差別禁止法レビュー』が提出された。ここで差別禁止諸立法の、調和、簡素化の必要性が主張された。その後、2008年6月に『公平な未来への法枠組：平等法案』や同年7月に『平等法案：報告書に対する政府見解』が政府平等局から提出されたことで、公的セクターの義務や、ポジティブ・アクションの必要性などが確認された。これらをもとに作成された平等法案は、2010年4月3日に可決された。その後、同年5月に総選挙が行われ、労働党は敗退した。

　このように平等法は、別々に制定された各差別禁止立法を統一・調整し、いくつかの点で拡大した法律となった。この背景には、公正な社会を実現する手段として、差別被害者の容易な権利救済枠組の必要性が認められ、乱立する各法を一貫性があり、明確で、簡素なものにすることが求められたことがある。したがって同法の目的は、差別禁止立法の調整と平等促進を支援する法律の強化という2つに集約できる。

（3）小　括

　以上から明らかなように、イギリスにおける障害差別禁止法理の形成、変遷の背景には、1997年に大勝したブレア率いる労働党の活躍があった。DDAと平等法は、連続した関係の障害差別禁止・平等法理といえるが、両法は差別禁止事由が異なり、結果として禁止する差別類型も違うものを採用した。

3　法対象者

　障害差別禁止法理を通じて差別救済を求める際に、第1に、申立人が、同法

理が対象とする障害を有しているかどうかが問題になる。ここで、法律の対象者と認定された場合に、第2に、申立人が受けた取扱いなどが、同法理で救済すべき差別かどうかが判断される。

(1) DDA

1995年制定時、DDAが規定する「障害」は、社会モデルを意識して規定されたものの不十分であり、2005年DDA改正法制定の際に、社会モデルに近づくように改正された。[21]

DDAは、障害を通常の日常生活活動を行う能力に、重大でかつ長期に渡り不利な影響を及ぼす身体的もしくは精神的インペアメントをもつ場合と規定し、この障害を有する者を「障害者」と定義した（1条）。また、附則1で"インペアメント"や"長期的な影響""重度の傷""通常の日常生活活動""重大な不利の影響""医学的処置の影響""見なし障害者""進行性の症状"が詳しく説明された。

社会モデルとの関係で特に注目すべき点は、2005年DDA改正法制定により、附則1にあった"インペアメント"の定義が改正された点である。1995年のDDA制定時において、精神的インペアメントは、その病気が"臨床的によく知られた"ものである場合に限り、同法が対象とするインペアメントになるという限定的な規定があった（附則1の1条1項）。しかし、2005年DDA改正法によってこの規定は廃止され、精神的インペアメントも、身体的インペアメントと同様に"臨床的によく知られた"ものでなくても、申立人が精神的インペアメントの存在を証明できれば、同法が対象とする障害であると認められることになった。

この一連の改正について政府は、DDAが規定する「障害」の定義が、より社会モデルに即したものになったとして評価している。DDAは、障害者運動に影響を受けて成立したため、成立時点から社会から生じる障害を意識していた。しかし、DDA制定当初の"障害"は、インペアメントを重視するもので、特に精神的インペアメントは医師による診断が必要とされ、社会から生じる障害に十分目を向けていない、と批判された。[22][23]

医師が診断しない限り、精神的インペアメントがDDAの対象にはならない

のでは、いくら申立人である障害者が、社会から生じる障害で苦しんでいても救済されない。そこで、2005年改正で"臨床的によく知られた"規定を削除したことで、診断がなくてもインペアメントを持つ事で不利を被っていることを証明できれば、DDAの対象となると認められるようになったのである。

（2）平等法

このDDAの「障害」の定義の大部分は、そのままの形で平等法に引き継がれた。平等法は、4条で同法が対象とする保護特徴を規定するが、この1つが"障害"である。平等法の対象となる障害者とは、身体的または精神的インペアメントがあり、そのインペアメントが通常の日常生活活動を行う能力に重大で長期の不利な影響を及ぼすような障害を持つ者をいう（6条1項、2項）。DDAと同様に"インペアメント"などについて附則1で説明しているが、DDAとの違いとして注目すべきなのは"通常の日常生活活動"に関する規定がなくなった点である。

DDAは、附則で"通常の日常生活活動"という項目を設けた。そして、移動能力、手先の器用力、身体の調整能力、自制力、日用品を持ち上げ、運び、そして動かす能力、言語力・聴力・視力、記憶力・集中力・学習能力・理解力、物理的危険の察知能力に関わる活動を"通常の日常生活活動"と説明した（附則1の4）。

平等法の起草段階において、政府は、"通常の日常生活活動リスト"を不要な存在として位置づけた。DDAの枠組で救済を申立てる場合、障害者は、通常の日常生活活動リストにある能力に影響を与えるインペアメントを持つことを証明しなければならなかった。この証明責任は、障害者に余計なハードルを課し、また、混乱を引き起こしていたと政府は捉えた。このような通常の日常生活活動を定義する制定法上のリストを廃止することは、事実上、通常の日常生活活動の解釈の幅を柔軟で広範なものにし、立証要件を容易にしたと評価された。[25]

（3）小 括

一連の検討からイギリス障害差別禁止法理の対象となる「障害」が、立証要

件を段階的に減らすことで広がったことが明らかになった。そもそも削除されたこれらの要件は、医師による診断など非障害者が設定した基準に合わせて障害を特定するというものであった。社会モデルとは、社会が障害者に合わせることを求めるものであり、これらの要件は社会モデルとは合致しない。社会側が定めた基準に即して「障害」を特定する規定を削除することで、障害差別禁止・平等法理は、個別・具体的に障害者が被る障害を法律の対象として反映できるような法枠組みを作り上げたと評価できる。

4 禁止される差別

DDAと平等法は、法対象者の基本的な位置づけを共有するものの、同法らが禁止する差別の種類は同じではない。DDAは、直接差別、障害に関連する差別（以下、関連差別）、そして合理的配慮義務の不履行を禁止する。これに対して平等法は、直接差別、障害に起因する差別（以下、起因差別）、間接差別、合理的配慮義務の不履行を禁止する[26]。この違いは、何を意味するのだろうか[27]。

（1）直接差別

DDAは、障害を理由に、諸事情が同じまたは実質的に異ならない非障害者よりも、障害者を不利に取扱った場合、行為者は直接差別をしたとすると規定する（3A条5項）。これに対して平等法は、障害を理由に、行為者が非障害者を扱う、もしくは扱うであろうよりも障害者を不利に扱った場合、行為者は差別したとするとある（13条）。両法ともに、行為者が、障害を理由に比較対象者よりも不利に扱うことを直接差別としている。

しかし、そもそもDDAは、1995年同法制定時において直接差別を採用していなかった。2003年DDA改正法で雇用領域に対してのみ直接差別規定が導入された（4条）[28]。この契機になったのが、EUの2000年雇用および職業における平等取扱のための一般枠組を確立する雇用枠組指令であった[29][30]。

このほかに、1995年DDA制定時点から2010年平等法制定までの流れの中で注目すべき点として、直接差別の対象者の拡大がある。2003年に直接差別が導入された時、この差別の対象者は、障害者本人のみだった。しかし、2008年

Coleman v. Attridge Law and another事件欧州司法裁判所判決を契機に、直接差別の対象者が障害を持つ者に関係する者（たとえば、障害者の親）も含まれるようになり、さらに平等法制定によって障害を持つと誤解されたことを理由に受けた者も救済対象者とみなされるようになった。

(2) 関連差別と起因差別・間接差別

DDAで禁止してきた関連差別は、平等法において、起因差別と間接差別として再規定された。DDAの関連差別とは、障害に関連した理由で、この理由が適用しないまたは適用しないであろう者よりも、障害者を不利に扱ったにもかかわらず、行為者が問題の取扱いを正当化することができない場合を指す（3A条1項）。

これに対して平等法における起因差別とは、障害に起因する何らかの事柄を理由に障害者を不利に取扱い、かつこの取扱いが適法な目的達成に適う均衡のとれた方法であることを、行為者が証明できない場合をいう（15条1項）。この起因差別は、行為者が、申立人が障害を持つ事を知らなかったこと、または知っていることが合理的に予測できなかった場合には、認められない（同条2項）。

また同法の間接差別とは、申立人の障害に関連するような差別的な規定、基準または慣行を設けることで、障害者に間接的に不利益取扱いを行う場合に生じる（19条1項）。ここでいう"差別的"とは、問題となる規定、基準または慣行を、非障害者にも同様に適用するが、しかし、それが障害者とその障害を有さない者を比較した際に障害者たちに特定の不利に働き、行為者がその取扱いを適法な目的達成に適う均衡のとれた方法であることを証明できない場合をいう（同条2項）。

このように平等法制定時に関連差別が大きな変貌を遂げた背景には、2008年London Borough of Lewisham v. Malcolm and Equality and Human Rights Commission事件貴族院判決がある。関連差別の特徴は、直接差別のように、比較対象者との不平等取扱いを問題とするにもかかわらず、差別行為者の正当化の余地を残す。そこで関連差別は、比較対象者の特定を容易にすることで、申立人である障害者の差別の立証要件を簡単にしていた。

Malcolm判決以前の関連差別は、1999年Clark v. Novacold ltd事件控訴院判決で示された非常に緩やかな比較対象者特定方法を採用していた。ここでいう比較対象者とは、申立人と異なる状況にいたとしても、その理由が当てはまらない、または当てはまらないだろう者とされた。これに対して2008年Malcolm判決は判例変更をし、比較対象者をほかの点で同じ事情の障害を持たない者とした。

　このMalcolm判決により、関連差別の比較対象者の特定方法が制限的なものとなり、直接差別と関連差別の比較対象者が事実上、同じ者とみなされるようになった。障害問題担当局は、障害領域に間接差別概念の導入を目指して作った調査報告書において、Malcolm判決によって関連差別の救済枠組が弱体化したと評価した。そこで、関連差別の代わりに間接差別を禁止することでMalcolm判決の問題を解決することを検討した。しかし、平等人権委員会は、間接差別だけではMalcolm判決以前の関連差別の水準を取り戻せないと指摘した。そして、この問題に対応するために、起因差別と間接差別の両方が平等法に導入された。

（3）合理的配慮義務の不履行

　DDAは、合理的配慮義務の不履行について領域毎で異なって規定していた。そこで平等法は、雇用領域におけるDDAの合理的配慮義務の不履行規定を採用した。DDAは、合理的配慮義務を、使用者が定めた規定、基準そして慣行、もしくは使用者が占有する建物の物理的特徴に、非障害者と比較して障害者に対する相当程度の不利益があると認められた場合に、合理的な範囲内で、この不利益を緩和・解消する措置を講じることをいうとし（4A条1項）、この義務を課された者が、合理的配慮を講じない場合、差別であると規定した（3A条2項）。

　これに対して平等法は、義務づけられた者が、合理的配慮を障害者に講じない場合に発生すると規定する（21条2項）。この義務の内容とは、義務づけられた者が定める規定、基準、慣行と物理的な特徴が障害者に相当程度の不利を課す場合は、その不利を避けることが合理的であるような措置をとらなくてはならないし、また、補助的支援がなければ障害者を相当程度の不利な立場に立

たされる場合も、この不利を避けるために合理的であるような手段をとらなければならないというものである（20条2項～5項）。

DDAと平等法の違いは、合理的配慮として補助的支援を請求することができる点にある。これにより、この内容の範囲が広がったと評価できる。そもそもDDA時代においても、この義務の構造が変更された。制定当時DDAは、要請された合理的配慮が使用者に重大で相当程度の影響を及ぼす場合には、この義務の不履行が正当化されるとしていた（旧DDA5条2項、4項）。しかし、2003年DDA改正法により、この正当化規定は削除された。[41]

（4）小 括

DDAと平等法の両法が禁止する差別類型は、DDA制定時と比較して、徐々に障害差別禁止の射程が広がった。このように射程が広がったのは、社会が障害者の存在を考慮しないで形成してきたことによって障害者が背負う不利の存在が、時代を経ることに顕在化し、これに対する問題意識が立法レベルで認められたことの現れといえるだろう。

5　平等促進

平等法は、1条で、公的セクターに対して「どのように権限を行使するのか、[42]について決定する際に、社会経済的不利益によって生じる結果の不平等を緩和させるような方法で、その権限の行使の望ましいあり方を検討しなければならない」と規定し、その具体的な内容を149条で定めている。また、平等促進のために158条でポジティブ・アクション（以下、PA）も認めている。

（1）公的セクターの義務

公的セクターに対する平等促進義務は、2005年DDA改正法により障害差別禁止・平等法理に導入された。これにより、障害差別禁止法理は、事後的な差別に対応するものから、国家に積極的義務を課すものも含むようになった。[43]この公的セクターの義務は、政策決定などの場面で、不利益を受ける障害者集団らに積極的に働きかけることで、彼らをメインストリームに平等に参加できるように、組織的な差別を一掃させることを目的とする。[44]

DDAは、これについて、公的機関は、（1）同法において禁止する差別の除去の必要性、（2）障害に関係する障害者に関するハラスメントの除去の必要性、（3）障害者と非障害者の間における機会の平等促進の必要性、（4）たとえ、障害者を非障害者より優遇するようなものであったとしても、障害者の障害を考慮した積極的措置の必要性、（5）障害者に向けられた積極的態度促進の必要性、（6）公的生活における障害者による参加促進の必要性を考慮して運用すべきであると規定した（49A条）。

　この規定の根底には、障害者は、非障害者と同程度の機会や選択を有していないことに対する問題意識がある。政府によると多くの障害者が経験する不利益や社会的排除は、インペアメントや医学的な状況で避けられないものではなく、あくまで周囲の物たちによる態度や環境的障壁が原因である。これは、社会モデルとして知られている（行為準則2005：1.6）[45]。これらの態度などは、差別を引き起こし、障害者に不要な制限を課す（ibid. 1.7）。公的機関は、障害者の機会の平等を阻害する障壁を取り除く政策などをすることが可能であるとした（ibid. 1.9）。

　この49A条の一般原則とは別に、49D条に基づき、特定義務として、具体的には、公的機関による障害平等スキームの公表、同スキームを3年以内に見直すこと、同スキームに基づく措置の実施、年次報告の実施などを規則で定めていた（2005年規則2条1～5項）[46]。

　平等法も、このDDAの規定を基本的に引き継いでいる。平等法は、149条1項で公的機関は、（1）本法に基づいて、または本法が禁止する差別、ハラスメント、報復的取扱い、そしてその他の行為の除去、（2）障害を有する者と有さない者の間の機会の平等促進、（3）障害を有する者と有さない者の間の良好な関係の助成の必要性を考慮して、機関を運営しなければならないと定める。さらに、特定義務として、149条1項によって課せられた義務の遵守を示す情報の公表（2011年規則2条1項）[47]、公的機関は、前述149条1項を達成するような基本方針を1つ以上作成・公表しなければならないとしている（同3条1項）。

　このようにDDAも平等法も、社会に組み込まれている差別構造に対して事件が起きる前に予防措置を行うように定めている。社会構造に内在する差別を

予防するために、国家が措置を講ずる姿勢は、差別被害者を最小限にする試みとして評価に値するといえよう。しかし、この規定に対して、命令であるものの、あくまで差別と戦うように「考慮する」ことを必要と規定しているに過ぎず、実効性については疑問であるという指摘がある[48]。この法的拘束力が「禁止される差別」と異なるという指摘は、重要な論点である。

（2）ポジティブ・アクション

PAは平等法で新たに導入された。平等法は、（1）障害を有する個人が、その特徴に関係した不利益を被っていること、（2）障害を有する個人が、その特徴を有さない個人とは異なって取扱われる必要性を有すること、そして（3）障害を有する個人による活動への参加が、不釣り合いに低いこと、をある個人が想定した場合、（1）障害を有する個人が不利益を克服または最小化することを促進又は奨励するため、また（2）これらの必要性に合致するため、そして（3）障害を持つ個人がその活動に参加することを促進・奨励するために、先の個人が行動することを禁止しないと規定する（158条）。

このように平等法は、障害者の平等を向上させるためにPAを認めているが、PAの射程は平等法が規定する条件にあった場合のみであり、同法が定める範囲を超える場合は違法であるとし、明確にその許容範囲を示す（行為準則2011：12.1、12.4、12.6）[49]。

T．ロイス（Lois）は、イギリス差別禁止・平等法理が伝統的に反応型・提訴主導型制度であったが、平等法でPAを取り入れたので、同法理の法構造が徐々に変わってきているという。これは、実質的平等に向けた小さなステップであり評価に値すると彼は述べた[50]。

ロイスが指摘するように、たしかに、従来の差別禁止・平等法理では反応型差別救済が中心だったものの、平等法で予見型差別救済を個人レベルで行うことが可能になった。ここで、注目すべきは、法的拘束力の違いである。「禁止される差別」では、権利として差別救済を求めることが可能であった。これに対してPAは、あくまで講じることを「許可する」というものである。

(3) 小 括

　障害差別禁止・平等法理は、公的セクターへの義務づけを2005年に、PAの許可規定を2010年に導入した。しかし、これらは前者が「考慮」の義務づけ規定であり、後者が許可規定であるように、それぞれ法的拘束力が異なる。これは、「禁止される差別」の法的拘束力と比較すると、弱いものであるといえる。

　これに関連する指摘として、S. フレッドマン（Fredman）も、障害者たちの包摂や実質的平等の概念を用いた、新しい平等原則は、好意的な発展といえると評価しつつも、しかし、公的セクターへの義務づけ規定にある「考慮して」という文言は、結果の達成を求めるものではないので、社会経済的不平等の緩和の効力について疑義を唱える。[51]

　少しでも多くの差別被害者を減らすために予防措置は意義があるといえる。しかし、いくら予防措置を講じても、差別被害者となる障害者自体が個別具体的で多様な存在なので、事前に差別を完全になくすことは不可能であるし、また過剰包摂になる可能性がある。対象者を正確に把握することが困難である以上、「禁止される差別」に対する個別救済を第一次的な課題とし、障害者集団共通の利害関係を有することを前提にする平等促進を逆差別にならない範囲で講ずることを求める平等法の枠組みは適切であるといえるだろう。

6　むすびに代えて—イギリス差別禁止・平等法理とは何か

　イギリス障害差別禁止・平等法理は、法対象者も、禁止される差別も、平等促進措置も、時代ごとに障害差別の緩和・解消に資するように内実が拡充された。また、同法理における「禁止される差別」規定と「平等促進」規定は、法的拘束力が異なる。たしかに、障害者が差別被害を受けることを未然に防ぐために平等促進措置を行うことは意義がある。しかし、個人が多様な存在である以上、集団を想定して行う平等促進措置には限界がある。この意味で、両規定の法的拘束力を区別したことは理に適っている。

　以上が本稿で指摘した障害差別禁止・平等法理の特徴であるが、これらの法理構造の特徴は障害差別に限ったことではない。平等法が9つの保護特徴を理由にした差別禁止・平等促進規定を統一・調和することを目的に制定された以上、前述の障害差別禁止・平等法理の基本構造は、ほかの保護特徴の法理も共

有するといえるだろう。

注
（1）小松浩「平等権と差別からの自由」元山健、倉持孝司編『新版現代憲法：日本とイギリス』（敬文堂、2000年）p. 135。
（2）Hepple, Bob, *Equality : The New Legal Framework*（Hart Publishing, 2011), pp. 7-11.
（3）西原博史『平等取扱の権利』（成文堂、2003年）p. 189。
（4）法的目的分類と違憲審査基準の関係について、杉山有沙『障害差別禁止の法理』（成文堂、2016年刊行予定）第11章。
（5）DDAで採用されてきた差別類型が、SDAやRRAと異なることから、障害差別はしばしば差別禁止法理の中でも例外的なものとして位置づけられる。たとえば、Archibald v. Fire Council事件貴族院判決（［2004］IRLR651.＝2004年7月1日貴族院判決）において、女性を男性より優遇して扱うことは男性に対する差別となり、妊娠の事案を除いて、ジェンダー間の違いは通常無意味とされるのに対し、障害者と非障害者の違いを無意味であるとみなさないとし、両者を同じように扱うことをDDAは求めていないと説明した。

　　DDAが例外的な法理と位置づけられたのは、特に合理的配慮義務の不履行が障害差別領域のみで禁止されていたからである。しかし、直接差別のような平等取扱原則に反する差別との関係でいえば、この義務の不履行は、平等取扱原則に反する差別と連続関係にあるものとして位置づけられる。そもそも合理的配慮義務がほかの差別禁止法理に存在しないことに必然性はない。したがって、この義務の存在をもって障害差別を例外的なものと位置づけることは妥当とはいえない。杉山、前掲注書（4）。
（6）杉山、前掲注書（4）第1章。
（7）Nicholas Bamforth, Maleiha Malik and Colm O'Cinneide, *Discrimination Law : Theory and Context : Text and Materials*（Sweet & Maxwell, 2008）pp. 975-976.
（8）Union of The Physically Impaired Against Segregation （UPIAS）, *Fundamental Principles of Disability*（UPIAS, 1976）p. 14.
（9）障害モデルについて、杉山、前掲注書注（4）第1章。
（10）Roger Berry, "A Case Study in Parliamentary Influence : The Civil Rights (Disabled Persons) Bill", *The Journal of Legislative Studies* vol. 2 issue 3 （1996）p. 138.
（11）Industrial Relations Services, *Industrial Relations Law Bulletin* 516 March, IRS（1995), p. 2.

(12) Bob Hepple, Mary Coussey and Tufyal Choudhury, *Equality : A New Framework*（Hart Publishing Oxford, 2000）.
(13) Hepple, note（2）2-4.
(14) 2005 Labour Party Manifesto：112.
(15) Department for Communities and Local Government, *Discrimination Law Review : A Framework for Fairness Proposals for a Single Equality Bill for Great Britain*（Department for Communities and Local Government, 2007）.
(16) Privy Seal, *Framework for a Faire Future-The Equality Bill*（GEO, 2008）.
(17) Privy Seal, *The Equality Bill : Government response to the Consultation*（GEO, 2008）.
(18) Government Equality Office, *Equality Act 2010 : What Do I Need to Know? Disability Quick Start Guide*（GEO, 2010）p. 3.
(19) Vincent Keter, Business & Transport Section, *Equality Bill : Bill 85 of 2008 -2009 : Research Paper 09/42*（House of Commons Library, 2009）p. 11.
(20) 杉山、前掲注書（4）第8章。
(21) Disability Discrimination Act 2005.
(22) Brian Doyle, "Disabled Workers' Rights, the Disability Discrimination Act and the UN Standard Rules", *Industrial Law Journal* vol. 25 No. 1（1996）pp. 11-12.
(23) DDAの「障害」定義について、杉山、前掲注書（4）第2章。
(24) Seal, note（17）, p. 148.
(25) John Wadham, Anthony Robinson, David Ruebain and Susie Uppal, *Blackstone's Guide to The Equality Act 2010*（Oxford University Press, 2010）p. 19.
(26) 9つの保護特徴を有する平等法は、禁止する行為について13条から27条にかけて規定している。具体的には、直接差別（13条）、結合差別（14条）、起因差別（15条）、性的再指定差別（16条）、妊娠・出産差別（17条～18条）、間接差別（19条）、合理的配慮義務の不履行（20条～21条）、ハラスメント（26条）、報復的取扱い（27条）である。25条によると、年齢差別は直接差別、間接差別を、障害差別は直接差別、起因差別、間接差別、合理的配慮義務の不履行を、性的再指定差別は直接差別、16条の性的再指定差別、間接差別を、婚姻・民事パートナーシップ差別は直接差別と間接差別を、妊娠・出産差別は17条と18条の妊娠・出産差別を、人種差別は直接差別、間接差別を、宗教・信条差別は直接差別と間接差別を、性差別は直接差別、間接差別を、性的指向差別は直接差別、間接差別を禁止する。
(27) 平等法は9つの保護特徴を同時に扱うので、protected characteristicと規定する。しかし、本稿では「障害」と読み替えて論じる。

(28) Disability Discrimination Act 1995 (Amendment) Regulations 2003.
(29) Council Directive 2000/78/EC of 27 November 2000 establishing a general framework for equal treatment in employment and occupation.
(30) Malik Bamforth and O'Cinneide, note (7), p. 1052
(31) Case C-303/06.＝2008/7/17ECJ判決。
(32) DDAの直接差別規定について、杉山、前掲注書（4）第7章。
(33) ［2008］IRLR700.＝2008年6月25日貴族院判決。
(34) ［1999］IRLR319.＝1999年3月25日控訴院判決。
(35) 2011年JP Morgan Europe ltd v. Chweidan事件控訴院判決（［2011］IRLR673.＝2011年2月27日控訴院判決）。
(36) Office for Disability Issues, *Consultation on Improving Protection From Disability Discrimination* (HM Government, 2008) p. 19.
(37) Equality and Human Rights Commission, *Response of the Equality and Human Rights Commission to the Office of Disability Issues consultation "Improving protection from Disabiliy Disacrimination"* (EHRC, 2010) pp. 1-3.
(38) DDAの関連差別規定の詳しい説明は、杉山、前掲注書（4）第3章。
(39) 杉山、前掲書注（4）第8章。
(40) 障害者をサポート・アシストするものであり、テキスト読み上げソフトの提供や手話通訳者の手配などがある（行為準則2011：6. 13）。
(41) DDAの合理的配慮義務規定について、杉山、前掲注書（4）第5章、第6章。
(42) 本稿は、各法律に沿って公的機関と公的セクターの両方を用いているが、両者とも公権力の担い手という意味で同義である。
(43) Peter Alldridge, "Locating Disability Law", *Current Legal Problems* 59 (1) (2006) p. 315.
(44) Caroline Gooding, "Promoting Equality Early Lessons from the Statutory Disability Duty in Great Britain", 1 *Eur. Y. B. Disability L.* 29 (2009) p. 30.
(45) Disability Rights Commission（行為準則）, *The Duty to Promote Disability Equality Statutory Code of Practice* (DRC, 2005).
(46) The Disability Discrimination (Public Authorities) (Statutory Duties) Regulations 2005.
(47) The Equality Act 2010 (Specific Duties) Regulations 2011.
(48) Thwaites Lois, "British Equality Framework is Incapable of Achiving Equality in the Workforce", *North East Law Review* 2 (2014) p. 164.
(49) Equality and Human Rights Commission（行為準則）, *Equality Act 2010 Code of Practice : Employment Statutory Code of Practice* (EHRC, 2011).

(50) Lois, note (48), p. 161.
(51) Sandra Fredman, "The Public Sector Equality Duty", *Industrial Law Journal* vol. 40, No. 4 (2011), p. 419、427.

【執筆者・翻訳者一覧】（五十音順。※は編者）

愛敬　浩二	（あいきょう・こうじ）	名古屋大学大学院法学研究科教授
岩切　大地	（いわきり・だいち）	立正大学法学部准教授
植村　勝慶	（うえむら・かつよし）	國學院大學法学部教授
江島　晶子	（えじま・あきこ）	明治大学大学院法務研究科教授
大田　肇	（おおた・はじめ）	津山工業高等専門学校教授
河合　正雄	（かわい・まさお）	弘前大学人文学部講師
※倉持　孝司	（くらもち・たかし）	南山大学大学院法務研究科教授
小松　浩	（こまつ・ひろし）	立命館大学法学部教授
榊原　秀訓	（さかきばら・ひでのり）	南山大学大学院法務研究科教授
佐藤　潤一	（さとう・じゅんいち）	大阪産業大学教養部教授
杉山　有沙	（すぎやま・ありさ）	早稲田大学社会科学総合学術院助教
鈴木　眞澄	（すずき・ますみ）	龍谷大学法学部教授
成澤　孝人	（なりさわ・たかと）	信州大学大学院法曹法務研究科教授
Chris Himsworth	（ヒムズワース，クリス）	エディンバラ大学法学部名誉教授
藤田　達朗	（ふじた・たつろう）	島根大学理事・副学長
John McEldowney	（マケルダウニィ，ジョン）	ウォーリック大学法学部教授
※松井　幸夫	（まつい・ゆきお）	関西学院大学大学院司法研究科教授
松原　幸恵	（まつばら・ゆきえ）	山口大学教育学部准教授
宮内　紀子	（みやうち・のりこ）	九州産業大学基礎教育センター講師
村上　玲	（むらかみ・れい）	大阪大学大学院法学研究科招へい研究員
※元山　健	（もとやま・けん）	龍谷大学名誉教授
柳井　健一	（やない・けんいち）	関西学院大学法学部教授
Keith Ewing	（ユーイング，キース）	ロンドン大学キングスカレッジ法学部教授

憲法の「現代化」
――ウェストミンスター型憲法の変動――

2016年2月20日　初版発行　　定価はカバーに表示してあります

編著者　倉　持　孝　司
　　　　松　井　幸　夫
　　　　元　山　　　健
発行者　竹　内　基　雄
発行所　株式会社　敬文堂
〒162-0041　東京都新宿区早稲田鶴巻町538
電話(03)3203-6161㈹　FAX(03)3204-0161
振替　00130-0-23737
http://www.keibundo.com

©2016　T. Kuramochi, Y. Matsui, K. Motoyama　　Printed in Japan

印刷／信毎書籍印刷株式会社　製本／有限会社高地製本所
カバー装丁／株式会社リリーフ・システムズ
落丁・乱丁本は、お取替えいたします。
ISBN978-4-7670-0214-9　C3032